박기출박사 논집 I

韓國政治史

朴己出 著

이화

〈如海 朴己出〉

삼선개헌 반대 강연회에서 저자(1969년)

책을 내면서

한 사람의 일생을 글로 쓴다는 것은 본인 하든, 삼자가 하든 어려운 일이다. 그것은 욕심과 허영이라는 귀신이 사람의 생각과 글쓰는 데에 늘 깃들기 때문이다. 의학박사 여해 박기출(醫學博士 如海 朴己出)선생은 전기나 일대기를 쓰는 것을 평소 퍽이나 쑥스러워 하셨다. 망명지나 진배없는 일본에서 70년대 말에 삶을 얼마 남기지 아니 하시고, 망각의 늪에 묻혀 가는 조국의 평화통일과 민족의 양심세력의 투쟁과 입장을 자신이 걸어온 발자취와 생각을 정리하여 갈무리하였으니 이를 대하는 후학은 가슴이 저려옴을 느낀다.

석가모니나 예수님과 같은 성인의 반열에 이르지 못한 보통 사람들은 한평생을 어떻게 살아야 올곧은 삶일까 하는 고민은 당연한 일일 것이다. 자신이 옳다고 생각한 삶과 그 삶이 자신을 위한 것이 아니라 다른 모든 이를 위한 즉 민족과 조국통일을 위한 것이고 그로 말미암아 본인의 삶이 고난과 투쟁의 길이였으며 그 길을 변함없이 묵묵히 걸었다면, 이 또한 보통사람의 삶으로서 대단한 것이라고 믿는다. 이와 같은 삶을 사신 분들 중 한분이 여해선생이시다.

원래 이 책 – 한국정치사 – 은 1974년에 일본 동경에서 출간되었고 한국을 제외한 여러 나라의 유수한 도서관과 관계자들에게 이미 십 수 년 전에 잘 알려진 책이다. 한국의 현대정치현상을 연구하는 많은 이들이 이 책을 적극 참조하여 큰 도움을 받고 있었다. 한국에서는 박정희 유신정권이 불온서적으로 처분하여 절간 당하고 갖는 것 조차 금했었다. 그리하여 서울대학교를 비롯한 한국 대학생들과 관심있는 분들은 비밀리에 이 책을 복사하여(그림-) 돌려들 읽곤 했으며 조국민주화 과정에서 어느 책보다도 큰 영향을 받았다고들 증언하고 있다. 건국대학교에서 정치학박사학위를 받은 정태영박사의 경우도 그러하고 그의 저서 「조봉암과 진보당」에도 많이 인용하고 있으며 외국에서 한국정치현상에 대한 논문이나 연구과정에서 반듯이 인용되는 책 중에 하나이다. 이제 이 책이 조국민주화 과정에서 발간할 수 있겠금 비교적 자유롭게 되었음에 본학회에서 뜻을 모아 출간하게 되어 그 감격이 크다 하겠다.

본 학회의 「새한」이란 이름은 일찍이 여해선생께서 육이오사변 중에 조국의 파괴와 절망 속에서 민족의 나아갈 길을 찾고자 하는 뜻에서 학회를 세워 그 이름으로 지었다. 그리고 여해선생은 자신의 사재로 「새한의숙」을 이르켜 수업료를 받지 않은 새한중학교(남·녀공학)를 부산의 초량동에 있는 구봉산의 자락에 세웠으나, 진보당사건의 와중에 이승만정권의 억압으로 고난 속에서 삼자에게 넘기게 되었던 것이다.

일찍이 여해선생은 개인의 존엄과 가족의 지고함 그리고 민족의 숭고함을 늘 힘주어 말씀하신 인본주의자셨다. 그리고 당신의 姓氏인 朴이 이두로 표현되어 진 것으로서 혁거세께서 빛을 발하는 알에서 탄생한 것은 우리 민족이 밝은 곳 즉, 해가 뜨는 곳으로 「우랄 알타이」 지역에서 이주한 민족이라고 믿으시며 당신의 성을 한글로 쓰실 때는 「밝」이라고 쓰시는 민족주의자셨다.

이제 여해선생이 돌아가시고 십 수 년이 되어 선생의 저서들을 재출간함에 있어서 후학의 무능하고 무심함에 몸 둘 바를 모르겠으나 늘 마음과 생활에서 여해선생의 뜻을 받들고 살고 있다는 구차한 구실로 뻔뻔스러운 대거리를 삼고자 한다.

부디 이 책을 읽으시는 분은 민족번영과 조국평화통일을 위한 여해선생의 고민과 노력을 미쁘신 눈으로 읽어주시기 바란다. 덤으로 민족번영과 조국평화통일에 올바른 눈과 힘찬 노력에 도움이 되신다면 여해선생의 크나크신 복일 것이다.

2004년 8월 15일
새한학회 직.

머리말

일반적으로 대부분의 역사서술이 그러하듯이 정치사 특히 정당사에 관한 서술은 객관성과 과학적 정확성을 기대한다는 것은 꽤나 어려운 일이다. 정치적 지배세력은 사실을 자기네에게 유리한 방향으로 왜곡하려 하고, 학자나 정당인은 사실을 주관적으로 돌려서 서술하는 예는 부지기수로 흔한 일이다. 어쨌든 조선반도와 같이 이질적인 정치세력이 국토를 양단하여 대립하고 있는 조건에서는 사회적·정치적 당위에 대한 평가는 입장의 차이에 따라 역전하여, 대한민국에서 애국적 행위는 북조선(조선민주주의 인민공화국)에서는 반역적 행위로 되고 북조선에서 정당한 정치행위는 남한에서 범죄행위로 된다.

1945년 8월 15일 이후 남조선에서는 잡다한 정치세력이 활동하여 다양한 정치적 주장을 부르짖었지만 아메리카의 극동정책에 동조한 이승만계와 한국민주당계가 38도선 이남에 국한하는 형태로 대한민국을 수립한 이후, 이들 외의 다양한 정치적 당위는 정당한 비판, 평가를 받지 못하고 위로부터의 정치폭력에 의하여 일방적으로 매도되어 버렸다.

특히 한국에서는 사회주의를 규제하는 국가보안법과 정치활동을 제약하는 반공법 등이 제정되어 정치권력의 어용적 성격을 갖는 것들을 제외하고는 일반적인 연구나 언론에 대한 자유는 허용되지 아니한다.

한국에서는 신문·잡지 뿐만 아니라 정치사, 정당사와 같은 전문적 저술까지도 아메리카의 대한정책을 옹호하고 집권세력의 권력유지에 유리한 논지를 강요당하고 있다. 국내의 천민자본주의적 친아메리카 세력의 주장은 아메리카와 한국지배권력을 옹호함과 더불어 충분히 선전하여 왔고 사대적인 교조주의적 공산주의 세력의 주장은 초기에는 자기의 조직역량을 통하여, 후에는 친아메리카 반공세력에 대한 목적의식에서 왜곡하여 국내외에 설명하여 왔다. 그러하기 때문에 외국에서 한국정치 그리고 한국사회주의 세력에 관한 서술은 대부분의 경우 과장되고 또는 왜곡되어져 있다.

따라서 이들의 서술을 통하여서는 한국의 진정한 정치상황을 객관적으로 파악하기 어렵다고 하겠다.

어떠한 정치세력이나 어느 정치지도자들도 모두가「조국의 통일독립」을 주장하고 정치적으로는「민주적 질서확립」을 약속하여 왔지만, 현실은 적대하는 남북정권이 대처하여 남쪽에서는 숨막히는 전제적 체제가 포진하고 있다. 아메리카의 승인하에서 정권을 장악한 자 또는 이 자들과 타협한 자들은 영예와 부를 즐기고 있지만, 그 외의 인민들은 민족적으로 조국과 동포와 국권의 분열을 강요당하여 주권자의 입장, 나아가서는 모든 기본권을 박탈당하고 있다. 그 뿐만 아니라 남북의 안보는 일방은 아메리카제(製)의 총기로 무장한 자본주의 세력의 첨병이 되고, 다른쪽은 소련제(製)의 화기를 갖고 공산주의 전사가 되어 동족상잔(同族相殘)케 하는 비극을 연출하는 데까지 왔다.

조선민족은 일본제국주의 침략에 의한 식민지노예상태에서 해방되어, 조국땅에 통일된 자주적 민주정부를 수립하는 일은「카이로」선언 이후 여러 번에 걸쳐 국제적으로 공약된 세계사적 과제였으며 또한 조선민족사적 당위라고 할 사명이었다. 그런데 아메리카와 소련의 이기적 극동정책, 특히 아메리카가 생각하는 세력지배의 기도는 조선의 허리에 잔인한 분열의 쐐기를 박아 미친놈 같은 앞잡이들을 조종하여 무고한

9

인민을 피로써 피를 씻게 하는 대립과 증오·원한·살육으로 내몰았던 것이다.

　사상 또는 제도 간의 상극으로 말미암아 인류를 멸망으로 내몰았던 어리석음은 논의의 여지가 없는 일이나, 이와 같이 대국간의 이기적 대립 때문에 한 민족의 운명을 희생시키는 일, 역시 단호히 허락할 수 없는 것이다. 지구상에 인류가 생을 유지하는 것은 모든 것의 전제조건인 것과 같이, 조선반도에서 조선민족의 생존권리 역시 어떠한 참견도 받아들일 수 없는 피와 생명의 문제이다.

　1945년의 해방이후 한국에서는 김구, 김규식 등을 중심으로 한 혁명적 민족주의 세력, 여운형, 조봉암 등을 중심으로 한 진보적 민족주의 세력은 국제 세력과의 협조에서 조국의 자주적 통일 독립을 주장하였으나, 이승만일파 내지 한국민주당 등의 천민자본주의적 친미세력과 박헌영 등의 공산주의 세력에 의한 협격으로 말미암아 어떤 때는 모살당하기도 하고, 탄압으로 그 모습을 잃게 되어 오늘날에는 그 존립자체조차 알기 어려운 상태에 빠져들게 하였다. 전민족이 조국과 민족의 통일독립을 열망함에도 불구하고, 해방 후 30년간 대국과 손을 잡은 그 앞잡이 등에 의하여 모든 동포의 피의 절규를 말살시켜온 것은 오로지 조선민족의 이름에서 뿐만 아니라 인류의 이름에서도 용서할 수 없다.

　필자는 해방이후 한국에서 혁명적 민족주의세력 내지 진보적 민족주의세력의 운동에 몸을 바쳐, 민족제 세력의 결집에 의한 조국의 자주평화적 통일을 실현하는 일에 노력하였으며 그러하기 위해서 가능한 한 민족자주·정치적 중도의 자세를 견지하였지만, 그것 때문에 필설로 표현 못할 정치적 박해를 당하지 않을 수 없었다. 그러나 이러한 정치적 체험은 도리어 필자로 하여금 한국에서의 여러 정치현상을 냉정하게 객관적으로 고찰하고 판단할 수 있는 조건을 갖출 수 있게 되었다.

그리하여 여기에 8·15해방 이후 30년에 걸친 한국의 정치제 세력의 당위를 객관적으로 기술케 하는 계기를 마련케 하였다.

말할 필요도 없는 것이지만, 본 원고는 전문사가(史家)의 학술적 연구나 많은 문헌자료를 구사한 세심하고 정밀한 정치사는 아니다. 본 원고는 어디까지나 현실정치에 관여하여 온 한 정치인의 입장과 직접 겪은 체험에서 나온 소박한 기록적 서술에 지나지 아니한다.

따라서 많은 흠을 갖고 있다고 생각하며, 이 흠은 말살되어 버린 한국의 혁명적 민족주의 세력, 진보적 민족주의세력의 피의 희생에 대하여 진심으로 용서를 받고자 한다.

본서를 출판함에 있어서 많은 친구와 친지로부터 각별한 고마운 배려를 받았다. 여기에 한 분 한 분의 이름을 밝히는 것은 위험할 수 있으므로 다음으로 미루고, 우선 빈약한 저서의 출판함에 직접, 간접으로 후한 뜻을 내려주신 여러분께 마음으로부터 감사의 뜻을 표한다.

특히 독자여러분의 참고에 도움이 되고자, 지난해에 소책자로 출판한 「조선의 분단에 반대한다」를 수록하였음을 부기한다.

1974년 초여름 북구주 「가마고시기야」에서
박 기 출 백

목 차

제1편 일본 제국주의 시대의 반식민지 투쟁

제1장 이씨 조선의 멸망 ········· 29
1. 일본의 제국주의적 팽창 ········· 29
2. 일본에 농락 당한 조선의 정치가들 ········· 32
3. 구미 열강의 제국주의적 침략 ········· 34
4. 왕실의 권력 투쟁 ········· 37
5. 정견(定見)과 절조(節操)가 없는 지배계급 ········· 40

제2장 일본 제국주의의 지배시대 ········· 45
1. 무력에 의한 국가 권력의 강탈 ········· 45
2. 조국 광복을 위한 항일 투쟁 ········· 48
3. 비망(備忘) ········· 63

제2편 8·15해방 후의 자주통일 독립운동

제3장 조선 독립의 국제적 공약과 민족적 당위(當爲) ···· 75
1. 조선 민족 해방 제 세력의 대일 참전 ········· 75
2. 연합국에 의한 조선의 자유독립 공약 ········· 76

제4장 조국 재건을 지향하는 민족내부 제 세력의 동향 ···· 78
1. 연합국의 협조와 민족내부 제 세력 통일의 요청 ········· 78
2. 미·소는 조선의 독립보다도 자국의 이익추구 ········· 79

   3. 교조적 공산주의 세력의 건국준비위원회 침투 ·················· 80
   4. 한국민주당의 민족주의세력 잠칭 ····························· 83
   5. 임시정부의 좌절과 미국 및 친미세력 ························· 86
   6. 이승만 : 독선적 야심가 ····································· 88
   7. 김구 : 봉건적 애국자 ······································ 91

제 5 장 남한에서의 미군정 ······································ 93
   1. 북위 38도선에 따른 한반도 분단 ····························· 93
   2. 미군은 한국민의 민족적 권위 무시 ··························· 95
   3. 미군정은 조선민족의 지향에 역행 ···························· 96
   4. 미군정에 의한 친일세력의 친미세력화 ························ 97
   5. 남조선 과도정부 ·· 98

제 6 장 모스크바 3상회의 ······································· 99
   1. 조선의 통일독립에는 미·소 양국의 합의가 전제조건 ·········· 99
   2. 신탁통치는 거시적으로 보아 피할 수 없는 조건 ·············· 101

제 7 장 신탁통치 반대운동과 3상회의결정 지지 ············· 103
   1. 반탁운동은 외부세력의 악질적인 선동에 의한 것 ············· 103
   2. 반탁운동과 민주의원의 구성 ································ 104
   3. 3상회의결정 지지운동과 민주주의 민족전선의 결성 ·········· 106
   4. 비 망 ··· 108

제 8 장 미군점령 하에서의 정당과 정치단체 ················ 109
   1. 정책은 정치적 장식 ······································· 109
   2. 조선공산당 ·· 110
   3. 남조선 노동당 ··· 113
   4. 조선인민당 ·· 115

5. 사회노동당 ··· 116
　　6. 근로인민당 ··· 117
　　7. 조선국민당 ··· 117
　　8. 한국독립당 ··· 118
　　9. 민주독립당 ··· 122
　　10. 민족자주연맹(민련 = 民聯) ··· 123

제 9 장 미·소공동위원회 ··· 126
　　1. 모스크바 3상회의 결정의 성격 ····································· 126
　　2. 미국의 헤게모니 확보 기도 ··· 127
　　3. 미·소공동위원회 제 1차회의 ······································· 128
　　4. 미·소공동위원회 휴회중의 경과 ·································· 131
　　5. 미·소공동위원회 제 2차 회의 ····································· 134

제 10 장 좌우합작 운동 ··· 137
　　1. 미군정에서 나타난 불일치 ··· 137
　　2. 통일조선정부의 수립에는 좌우 양익의 합의가 긴요 ······· 138
　　3. 친미세력, 공산세력은 좌우합작에 반대 ························· 142

제 11 장 미군정하의 제(諸) 대의기관 ······························· 144
　　1. 인민위원회 ·· 144
　　2. 민주의원(民主議院) ··· 144
　　3. 남조선 과도입법의원 ··· 145

제 12 장 남한단독정부수립 운동 ······································· 149
　　1. 단독정부수립은 미국정책에 기초한 것 ························· 149
　　2. 조국분단의 앞잡이가 된 친미적 매판세력 ···················· 150
　　3. 이승만파와 한민당의 미국책모 정당화 ························· 154

제13장 남북협상 ·· 156
1. 미국에 의한 한국문제의 UN 이관 ························ 156
2. 남한 단독선거에 반대한 민족자주세력 ···················· 157
3. 남북한 정당·사회단체 대표자 연석회의 ···················· 159

제14장 남한 단독선거의 강행 ························ 162
1. 미국주도 하에 행해진 UN결의 ··························· 162
2. 친미적 매판세력의 독무대가 된 단독선거 ················ 164
3. 민족주의세력과 사회주의세력의 배제 ···················· 167
4. 비 망 ··· 168

제3편 미국 후견 하의 정권 수수시대

제15장 이승만 정권시대 ······························· 183
1. 제헌국회의 성립 ·· 183
2. 이승만정부의 성립 ·· 184
3. 친미매판세력의 분열 ······································· 186
4. 민족주의세력과 국회내 반대파의 억압 ··················· 189
5. 좌익정당의 불법화 ·· 191
6. 한국민주당을 민주국민당으로 개편 ······················· 192
7. 이승만 등의 「5월 위기설」 ································ 194
8. 자주평화통일세력의 재편성과 북진통일세력의 작위 ····· 195
9. 제2대 국회의원 선거에서 이승만파 참패 ················· 198
10. 이승만의 폭정에 가담한 한민당 ·························· 200
11. 비 방 ··· 202

제16장 6·25사변 ··· 207

1. 민족의 참극을 몰고온 것 ·· 207
 2. 미국의 위장전술과 유도정책 ··· 208
 3. 미국의 대한 군사지원과 UN군의 참전 ························· 211
 4. 중공군의 참전 ··· 214
 5. 전쟁의 경과 ··· 215
 6. 휴전회담 ··· 216
 7. 제네바 회의 ··· 220
 8. 전시중의 반대파와 주민학살 ··· 221
 9. 인민재판과 보복살육 ··· 223
 10. UN군 산하의 한국군 ··· 224
 11. 비 망 ··· 226

제 17 장 이승만 독재와 개헌 ·· 232

 1. 신여당 결성의 움직임 ··· 232
 2. 각 정파의 파쟁과 이합집산 ··· 233
 3. 신여당 자유당(自由黨)의 결성 ······································ 235
 4. 헌법개정 소동과 발췌개헌 ··· 238
 5. 이승만 개인 독재체제의 확립 ······································· 243
 6. 정부통령 선거의 부정 ··· 245
 7. 자유당 세도정치(勢道政治)의 성립 ······························· 248
 8. 제3대 국회의원 선거는 몽둥이 선거 ···························· 250
 9. 비 방 ··· 251

제 18 장 보수세력의 대동운동(大同運動)과 혁신정당의 대두 ····· 254

 1. 「사사오입(四捨五入) 개헌」 ·· 254
 2. 반독재세력 결집은 좌절 ··· 255
 3. 보수대동에 의한 민주당 창당 ······································· 257

4. 진보당(進步黨) 창당준비위원회의 발족 ················ 259
   5. 5·15 정·부통령 선거 ······································ 260
   6. 진보당 창당위원회의 분열 ······························ 263
   7. 비 망 ·· 269

제 19 장 진보당 창당과 혁신세력의 말살 ················ 271
   1. 진보당 창당 ·· 271
   2. 진보당 말살의 모의(謀議) ·· 272
   3. 진보당 사건 ·· 273
   4. 비 망 ·· 274

제 20 장 친미보수 양당정치의 제도화 ······················ 278
   1. 남한 단독선거 지지세력에 의한 대한민국의 사물화(私物化) ···· 278
   2. 한국사회의 「체념」 ·· 280
   3. 제4대 국회의원선거와 보수양당제 ······························ 282

제 21 장 부정 불법을 다한 3·15선거 ······················ 284
   1. 국가보안법의 개악과 경향신문의 폐간 ························ 284
   2. 부정선거는 자유·민주 양당의 합작 ···························· 286
   3. 자유당 어용단체의 조직 정비 ···································· 286
   4. 반독재 민주수호연맹의 결성 ······································ 287
   5. 폭로된 부정선거 계획 ·· 288
   6. 반독재 민주수호연맹 후보의 등록을 방해 ·················· 289
   7. 부통령을 다툰 3·15 부정선거 ···································· 290
   8. 비 망 ·· 292

제 22 장 4·19의거와 이승만의 사임 ······················ 298
   1. 미국에 의한 정권교체의 포석 ···································· 298

  2. 이승만정권 붕괴의 도화선 ·· 299
  3. 4·19 의거 ·· 300
  4. 4·19 의거와 미국 ··· 304
  5. 비 망 ··· 306

제23장 허정 과도정부의 친미체제유지책 ···················· 308
  1. 과도정부는 미국의 대행기관 ··· 308
  2. 부정선거사범에 대한 유화책 ··· 310
  3. 사회대중당 창당 준비위원회의 결성 ································ 311
  4. 7·29 민·참의원선거 ·· 313
  5. 비 망 ··· 315

제24장 장면정권 시대 ·· 317
  1. 민주당정부의 성립 ··· 317
  2. 민주당의 분열 ··· 318
  3. 사회대중당 창당준비위원회의 분열 ································ 320
  4. 사슬 풀린 민중의 남북통일 기운 ····································· 321
  5. 비 망 ··· 323

제25장 5·16 군사쿠데타 ··· 326
  1. 미국과의 관계 ··· 326
  2. 군사쿠데타의「사명」··· 328
  3. 혁신세력, 자주통일세력의 말살 ······································· 330
  4. 정치활동정화법 ··· 332
  5. 비 망 ··· 333

제26장 박정희 군사독재정권 ··· 336
  1. 남한 단독선거 법통의 유지 ·· 336

2. 위법적인 헌법개정 ·· 337
   3. 미국의 뒷바라지와 한일 접근 ······················· 339
   4. 군사정권의 시행착오와 실패 ························ 340
   5. 민정참여를 둘러싼 박정희의 번의 ·············· 342
   6. 제 정당의 결성 ··· 345

제 27 장 군정연장을 위한 민정이양 ···················· 350
   1. 제5대 대통령선거 ··· 350
   2. 제6대 국회의원 선거 ···································· 352
   3. 제3공화국의 발족 ··· 354
   3. 비 망 ··· 355

제 28 장 매국적 한일협정의 체결 ······················· 357
   1. 미국에 의한 한일유착정책 ··························· 357
   2. 박정희 정권의 대일 굴욕외교 ····················· 359
   3. 굴욕외교에 반대하는 야당세력 ··················· 362
   4. 3·24 데모~6·3 데모 ···································· 364
   5. 언론, 학원 규제의 기도 ······························· 367
   6. 한일협정조인과 반대투쟁 ···························· 369
   7. 월남 파병 ·· 376
   8. 비 망 ··· 379

제 29 장 재야정당의 이합집산 ···························· 381
   1. 삼민회(三民會), 민정당(民政黨), 민주당 ···· 381
   2. 민중당의 창당과 내분, 신한당(新韓黨)의 발족 ··· 382
   3. 반독재 재야민주세력 단일화추진위원회 ···· 386
   4. 신민당 창당 ·· 389
   5. 통일사회당과 대중당의 발족 ······················· 390

제 30 장 「사상 유례없는」 부정선거 ········· 393
1. 제6대 대통령선거 ································· 393
2. 제7대 국회의원선거 ······························ 395
3. 부정선거 수단의 전모 ························· 397
4. 부정선거 반대투쟁 ······························ 399
5. 통합야당 신민당의 좌절 ····················· 401
6. 비 망 ·· 404

제 31 장 특권자본가층과 근대화 정책 ········· 406
1. 미국에 의한 특권자본가층의 육성 ······ 406
2. 근대화정책과 특권 자본가의 비대 ······ 408
3. 비 망 ·· 410

제 32 장 장기집권을 위한 대통령 3선 개헌 ········· 412
1. 3선 개헌안의 강행 ······························ 412
2. 3선개헌 반대운동 ································ 415

제 33 장 친미보수세력 간의 쟁투와 선명야당 ········· 419
1. 친여야당과 선명야당 ·························· 419
2. 국민당 창당 ··· 420
3. 비 망 ·· 421

제 4 편 다극화 시대에 있어서의 민족 재통일운동

제 34 장 강대국지배의 후퇴 ········· 431
1. 유엔의 변모 ··· 431
2. 자주·독립은 세계의 추세 ··················· 433

제35장 보수야당의 체질 ········· 435
1. 미국의 각본과 정치적 연기 ········· 435
2. 신민당과 「사꾸라」 ········· 437

제36장 격동하는 아시아와 한국의 반정부운동 ········· 441
1. 신민당의 40대 기수들 ········· 441
2. 한국언론계의 한계 ········· 443
3. 통일문제를 정권욕 충족에 이용 ········· 446

제37장 제7대 대통령선거 ········· 448
1. 여·야당 지도층의 특권의식 ········· 448
2. 미·일의 지지를 내세워 ········· 450
3. 제3당을 노린 국민당의 혼미 ········· 451
4. 무시된 국민당후보의 호소 ········· 454
5. 군사교련 반대 데모 ········· 456
6. 입후보자의 공약과 선거 결과 ········· 458
7. 국민당의 대통령선거 포기 ········· 460

제38장 제8대 국회의원선거 ········· 462
1. 국회의원선거 보이코트 요구 ········· 462
2. 야당의 내분과 선거결과 ········· 463
3. 비 망 ········· 465

제39장 중국의 유엔 복귀와 남북통일의 기운 ········· 470
1. 미국의 후퇴와 미·중 접근 ········· 470
2. 7·4 남북 공동성명의 발표 ········· 472
3. 유엔에서의 자주적 평화통일지지 결의 ········· 474

제40장 유신 독재체제의 강화 ····· 477
1. 「대화있는 대결」과 10월 유신 ····· 477
2. 제9대 국회의원선거 ····· 480
3. 유신독재 반대운동 ····· 483
4. 긴급조치와 민청학련 사건 ····· 487
5. 번지는 반정부 운동 ····· 491
6. 결과가 뻔한 국민투표 ····· 495
7. 비 망 ····· 498

제41장 결 론 ····· 503
1. 남북협상에 의한 민족자주통일의 조건 ····· 503
2. 민족의 대의(大義)에 서지 않으면 전쟁을 초래한다 ····· 507
3. 관계 대국은 통일방해 요소를 제거할 의무가 있다 ····· 508
4. 비 망 ····· 511

부 록

부 록 1
한국의 분단에 반대한다 ····· 519

부 록 2
민족통일문제 연구원 설립 취지문 ····· 536

Abstract

The Political History of the Republic of Korea ····· 543

박기출박사와 한국정치사

독립운동·민족자주노선과 『한국정치사』
.... 서 중 석(성균관대교수, 역사문제연구소장) 559

여해 선생님의 "한국정치사" 출판을 기념하며…
.... 유 정 열(정치학박사, 한국외국어대학교 명예교수) 571

박기출박사님의 『한국정치사』의 출간에 붙여
.... 정 태 영(정치학박사) 575

보도자료 – 국제신문 <1992년 8월 8일>
.... 부산경남 政脈 – 如海 朴己出 ① 578

보도자료 – 국제신문 <1992년 8월 22일>
.... 부산경남 政脈 – 如海 朴己出 ② 583

보도자료 – 국제신문 <1992년 8월 29일>
.... 부산경남 政脈 – 如海 朴己出 ③ 588

보도자료 – 東萊高等學校同窓會報 <2003년 12월 3일>
.... 도쿄에서 만난 박기출 대선배님의 눈물 593

〈3·1 반일항쟁을 하는 서울시민(1919년)〉

〈3·1 반일항쟁 시위를 하는 서울 여학생들(1919년)〉

〈일본관헌은 3·1 반일항쟁을 한 조선인민을 학살하다〉

〈3·1 반일항쟁으로 학살된 조선인민〉

제 1 편
일본 제국주의 시대의 반식민지 투쟁

제1장 이씨 조선의 멸망

이씨 조선의 시조 이성계가 고려의 제34대인 공양왕(瑤)을 없애고 이씨 조선을 건국한 한 것은 서기 1392년의 일이고, 그 제27대인 순종(拓)이 일본 제국주의에 의해 한·일 합방조약을 강요당한 것은 1910년 8월 22일이었다. 그 날은 이씨 조선 멸망의 날임과 동시에 조선 민족이 일본의 식민지 노예로 전락한 날이기도 하다. 이 민족적 비극은 더 말할 것도 없이 일본 제국주의의 야만적인 침략으로 야기된 것이지만, 거기에는 이씨 조선 자체의 내부적 모순과 국제 정치 무대에 있어서의 열강의 제국주의적 팽창이라는 추세가 크게 작용했던 것이다.

1. 일본의 제국주의적 팽창

1868년의 명치유신(明治維新)은 도쿠가와 바쿠후(德川幕府) 권력을 정점으로 하는 봉건 체제의 붕괴임과 동시에 천황을 정점으로 하는 근대적 민족 국가 형성으로의 출발, 중앙 집권 체제의 확립 등을 뜻하고, 이와 함께 특권 자본가와 지주를 토대로 하는 자본주의 경제 체제로의 출발이기도 했다. 일본의 근대화에는, 러시아의 아시아 진출을 견제하는 방패막으로 일본을 이용하려던 영국을 주축으로 하는 영·미 앵글로색

슨의 극동 정책이 커다란 뒷받침이 되어 있었다고 볼 수 있겠다. 이를테면 영일동맹이 러일전쟁을 일본의 승리로 막을 내리게 하는 데에 크게 작용했었다는 것은 부정할 수 없는 사실이다. 다시 말해서 일본은 영국과 미국의 제국주의적 아시아 침략의 선봉 역할을 하면서 후진 제국주의로 등장하여, 구미 선진 제국주의 국가로부터 먹이의 찌꺼기를 얻어먹으면서 성장해 갔던 것이다. 이것은 제 2차 세계대전 후, 일본이 미일 안전보장 조약 등을 내세워, 미국의 극동정책에 협조하면서 성장하는 것과 같은 맥락이다. 청일전쟁(1894～1895년), 러일전쟁(1904～1905년), 제 1차 세계대전(1914～1918년) 참전 등에 의한 여러 이익의 획득은 모두 영국과 미국의 양해와 지원 협력에 의해 비로소 가능했다고 해도 과언이 아니다.

  19세기 후반에 들 무렵부터 일본은 이미 구미 열강과 손을 잡거나, 또는 그들에게 빼앗긴 것을 되찾기 위해 여러 나라를 침략하는 일이 당연하다는 듯이 생각하고 있었다. 일본은 조선이나 중국 등과 선린 관계를 맺을 나라도 아니며, 황색 인종으로서의 형제 나라도 아니었다. 일본은 바야흐로 백색 인종과의 공범 관계를 맺고, 같은 아시아인의 가슴에 일본도를 꽂았던 것이다. 이미 말한 바와 같이 1902년 영일동맹의 체결은 영국이 극동에 있어서의 일본의 팽창과 권익 확대를 지지하는 기점이 되었고, 1905년 7월의 태프트·가츠라(桂) 협정은, 미국의 조선에서의 일본의 우월권을 인정하는 것이었다. 1905년 9월, 포츠머드에서 체결된 러시아와 일본의 강화조약에서, 러시아 정부는 조선과 만주에 있어서의 일본의 우월권을 인정하였고, 1905년 제 2차 영일동맹협약에서 영국은 일본의 조선 독점 지배를 인정했다. 1908년 3월 23일 조선 정부의 외교 고문이었던 미국인 스티븐은 일본의 조선 침략을 당연하다는 듯이 긍정적으로 발언했는데, 이것은 당시 미국의 정세 인식을 말해주는 것이다. 제1차 세계대전 후 중국 지도층이 구미 자본주의구가의 「민주주의」에 국제적 신의를 기대한 적도 있었지만, 미국은 이미 대전중에 탠싱·이시이(石井) 비밀협정(1917년 11월)에 의해 중국에서의 일본의 특수권익, 즉 침략을 보장하고 있었던 것이다. 근대국가를 형성해 가고 있었던 일본이 일찍부터 조선 침략을 계획했고, 청일전쟁 후에는 청국을 대신하여 조선을 완전히 지배하기 위한 기반을 급속도로 굳힌 사실도 잘 알려져 있다.

19세기 후반에 들 무렵 일본이 구미 열강의 앞잡이로 아시아 여러 나라에 대한 침략을 기도하고 있었다는 것은 이미 말한 바 있는데, 조선 침략의 계획은 사이고 난슈(西鄕南洲) 등의 정한론(征韓論)(1873년)에 잘 노출되어 있다. 그 후 일본은 구미 열강의 양해 아래 착실하고 치밀하게 침략의 발톱을 갈다가, ① 1875년에는 강화도 앞바다에 군함을 침입시켜 다음해 병자수호통상조약을 체결했고, ② 1882년에는 신식·구식 군대의 충돌을 유발시켜 제물포조약을 체결, ③ 1885년에는 조선 정부와 한성조약을 체결함으로써 한성(서울)에 일본군이 주둔할 수 있는 권리를 잡았고, 같은 해 텐진조약(天律條約)에 의해 청국 군대를 조선으로부터 물러나게 했으며, ④ 1894년에는 청나라의 출병을 구실로 아산(牙山)에 군대를 상륙시켜 동학당의 민중 봉기를 진압했고, ⑤ 1895년에는 청일전쟁 후의 시모노세키조약(下關條約)에 따라 청국으로부터 조선에서의 우위를 빼앗았고, ⑥ 1895년에는 일본 공사 미우라 고로(三浦梧樓)를 시켜 친러시아 세력인 고종 왕후 민비를 시해했으며, ⑦ 1904년에는 러일 전쟁을 일으켜 조선 및 만주에서의 우월권을 빼앗고, ⑧ 1905년에는 을사조약에 의해 조선을 보호국으로 삼았고, ⑨ 1907년에는 고종

황제를 퇴위시키는 한편, ⑩ 1910년에는 조선의 주권을 완전히 탈취함으로써 조선 민족을 망국의 식민지 노예로 지배하기 시작했다.

2. 일본에 농락 당한 조선의 정치가들

일본의 군국주의 세력은 청국 또는 러시아와 밀접한 관계에 있는 조선의 사대주의적 보수세력을 견제하기 위해, 새로운 세계 정세를 주목하여 왕정을 혁신하고자 한 신흥 세력에 접근, 교묘하게 이들 혁신적 정치가들을 길들였다. 물론 그렇다고는 하나, 일본은 조선의 정치사회를 혁신하여 근대화할 의도를 가지고 있었던 것은 아니다. 조선의 정치정세의 혼란을 이용하여 조선을 집어삼키려고 호시탐탐하던 일본은 진지한 신뢰감과 기대를 가지고 일본에 접근해온 조선의 혁신적 정치가들(개화당 또는 독립당)을 교묘하게 다루면서 농락해 버렸던 것이다.

1881년 하나부사 요시타다(花房義貞) 공사는 일본으로부터 육군소위 호리모토 레이조(堀本禮造)를 군사 고문으로 끌어들여 일본식 군대인 별기군(別技軍)을 편성하여 훈련시켰는데, 결국 1882년 구식 군대의 불평을 증대시킴으로써 임오군란을 유발하기에 이르렀다. 이 사건을 계기로 일본은 제물포조약을 강요하게 된다.

1882년 다케조에 신이찌로(竹添進一郎) 공사는 독립당의 김옥균, 박영효 등을 지원하겠다고 약속했다. 외무 대보(外務 大輔) 요시다 기요나리(吉全淸成)는 박영효를 통해 김옥균에게 300만엔(圓)의 차관을 준다는 구실 아래 초청했으나, 타케조에 공사(竹添公使)는 조선의 외아문(外衙門—외무부의 협판(協辦)고문) 멜렌돌프의 중상을 구실로 외무 대신 이노우에 가오루(井上馨)로 하여금 국가간의 약속을 위약토록 함으로써 조선의 재정을 혼란 속에 빠뜨렸고, 독립당 정치가의 입장을 궁지에 몰아넣었다.

1883년 일본 정부는 주조선 공사관의 시마즈 히사요 서기관과 낭인(浪人) 이노우에 가쿠고로(井上角五郞)를 시켜 독립당 관계 정책들을 지원하겠다고 선전했다. 1884년 1월 4일, 다케조에 공사(竹添公使)는 시마무라(島村) 서기관을 박영효의 사저로 파견하여 박영효, 김옥균 등과 함께 우정총국의 낙성식 축하연을 이용하여 친청국파인 사대당 내각을 타도하도록 밀모하였다. 1884년 12월 1일 시마무라 서기관과 김옥균, 박영효, 서광범 등은 쿠데타의 대강을 합의하고, 같은 해 12월 4일 일본군의 협력을 전제로 김옥균, 박영효 등이 우정총국 사변(갑신정변)을 결행했으나, 다케조에 공사는 우왕좌왕하던 끝에 청국군의 개입을 눈감아 줌으로써 12월 6일 독립당 신정권은 와해되고 말았다.

12월 7일, 혁명에 실패한 독립당 내각의 김옥균, 박영효, 서재필 등은 인천에 정박중인 일본 선박 지토세마루(千歲丸)에 피난했으나, 다케조에 공사는 독립당 내각과 자리바꿈한 사대당 내각의 요청에 따라 이들 망명 정객에 대해 하선을 명했는데, 의협심이 강한 쯔지(십) 선장의 덕분으로 겨우 난을 면했다. 이노우에 가오루 외무대신은 독립당(개화당) 관계자의 흘린 피가 채 마르지 않은 1885년 1월에 보병대대를 이끌고 서울에 들어와 일본측의 주장을 일방적으로 나열한 한성조약을 강제로 맺게 했다.

일본에 망명한 김옥균은 후쿠자와 유키치(福澤諭吉), 도야마 미츠루(頭山滿) 등의 우정에 희망을 걸고 일본 정부의 성의 있는 정치적 지원을 기대했으나, 마침내 일본 정부의 침략적 야심과 배신을 알아차리고는 궁여지책으로 청국의 이홍장에게 부탁하기로 결심했으나 끝내 상하이(上海)에서 암살 당하고 말았다(1894년 3월). 이보다 앞서, 일본 정부의 저의를 알아차린 서재필, 서광범, 박영효 등은 1885년 미국으로 망명했었다.

1894년 2월에 시작된 동학당의 봉기는 조선 백성들의 영광을 건 반봉건 투쟁이었다. 그러나 일본 정부는 이 민중 봉기의 진압을 구실로 조선에 군대를 보내어 청국군과 함께 이 의거 백성들을 닥치는 대로 무자비한 학살을 자행했다. 조선 농민의 시신을 짓밟은 피투성이의 군화는 닦지도 않은 채 그대로 만주의 광야에까지 이르게 된다.

일본 정부의 배신 행위는 이것만이 아니었다. 1898년 12월 가토 마쓰오(加藤增雄) 공사는 서재필과 이승만 등 독립당 지사로 조직된 독립협회를 해산시키기 위해 일본군을 투입하는 데에 동의했다. 독립협회는 1898년 11월 4일 강제 해산을 당했는데, 여기에는 1898년 5월 15일에 알렌 미국 대사가 거짓 전보로 서재필을 미국으로 불러들인 일이 커다란 계기가 되었다.

요컨대, 이상에서 살펴본 바와 같이 일본은 당초부터 조선의 민족주의적 혁신 세력을 정략적으로 농락하고 있었던 것이다.

3. 구미 열강의 제국주의적 침략

아는 바와 같이 19세기 후반부터 20세기 전반에 걸쳐 구미 선진 여러 나라는 아시아에 대한 제국주의적 침략과 식민지적 착취를 한껏 자행하고 있었다. 포악한 군사적 침략과 비인도적인 타민족 지배와 같은 움직임이 선진국의 통상적인 외교활동의 대세를 차지하고 있었다. 예를 들어 영국의 인도 지배(1858년), 화란의 인도네시아 지배(1905년), 프랑스의 인도지나 지배(1887년), 미국의 필리핀 지배(1899년) 게다가 유럽 자본주의 국가에 의한 아프리카 대륙의 분할 영유와 같은 것들은 여러 약소 민족에 대한 선진국의 제국주의적 지배가 그 얼마나 비정과 잔인과 포악에 찬 것인가를 잘 말해주고 있다. 이와 같은 식민지 영유의 세계적 풍조에 뒤떨어지지 않으려고 일본 정부는 무엇보다도 조선과 중국에 침략의 마수를 뻗쳤다.

이씨 조선은 전근대적 정치체제와 청국에 대한 사대주의 때문에 세계사의 새로운 움직임에 눈을 가리고 쇄국정치를 계속하다가, 열강의 끈질긴 요구와 압력을 견디지 못하고 하는 수 없이 불평등한 외교조약의 체결과 국가적 이권의 양여(讓與)를 감수하지 않을 수 없는 지경에 이르렀다. 앞에서도 말한 바와 같이, 일본은 1876년에 무력의 위협으로 조선에 수호통상조약을 강요하여 부산, 인천, 원산의 세 항구를 개항토록 하였는데, 이를 계기로 미국은 1882년에, 영국은 1883년에, 독일・이탈리아・러시아는 1884년, 그리고 프랑스는 1886년에 각각 조선과 수호통상조약을 체결했었다.

러시아는 1884년의 수호통상조약 체결 후, 공사 웨베르를 조선 왕실에 접근시켜 부동항을 얻어내려는 속셈으로 반도 남쪽의 마산항에 기지를 구축하기 위한 조사에 착수했다. 이에 자극받은 영국은 동양함대를 시켜 거문도를 점령토록 했다. 이 때문에 청국의 이홍장은 러시아로부터 조선에 군사 기지를 만들지 않겠다는 보장을 받아냄으로써 영국을 설득하여 1887년에 동양함대를 거문도로부터 철수시켰다.

청일전쟁 후, 친러시아파인 이범진(李範晉)은 웨베르와 손을 잡고 1896년 러시아 군대의 지원 아래 친일 내각의 각료 김홍집(金弘集), 어윤중(魚允中) 등을 암살하고, 친러시아파인 박정양(朴定陽), 이관용(李寬用),

이범진(李範晉), 이윤용(李允用) 등을 중심으로 한 새 내각을 조직했다.
군세를 마음대로 휘두르던 탁지부(度支部−재무부)의 러시아인 고문 알렉세프의 농간으로 친러시아 내각은 식민지 분할 경쟁을 벌이던 열강들에게 여러 이권을 빼앗기고 있었다. 그 주요한 것을 들면 다음과 같다.

- 1896년, 러시아에게 함경도 경원(慶源) 및 종성(鍾城)의 광산 채굴권과 압록강 유역 및 울릉도의 삼림 채벌권을 주었다.
- 1896년, 미국에게 경인 철도의 부설권과 평안도 운산(雲山)의 금광 채굴권을 주었다.
- 1896년, 프랑스에게 경의 철도의 부설권을 주었다.
- 1897년, 독일에게 강원도 금성(金城)의 당현(堂峴) 금광 채굴권을 주었다.
- 1898년, 미국에게 한성 시내의 전차 부설권을 주었다.
- 1898년, 영국에게 평안남도 은산(殷山)의 금광 채굴권을 주었다.
- 1898년, 일본에게 경부 철도 부설권을 주었다.

조선에 대한 이들 열강의 진출은 열강의 정치·외교적 압력도 압력이지만, 청국의 쇠퇴가 무엇보다도 크게 작용한 것으로 생각된다. 청국은 병자호란(1636년) 이후 조선을 예속국으로 간주해 왔고, 조선의 지배층은 명나라에 이어 청국에 대해서도 신종(臣從)하듯이 했었다. 1876년, 일본 군함의 무력적 위압 아래 병자수호통상조약이 체결되었을 때도 청국은 조선 정부에 외교권이 없다고 선언하였고, 1882년 조미(朝美)수호조약을 체결하였을 때도 청국의 승인이 명시되어 있었다. 그러나 이 무렵의 청국은 이미 「병든 사자」였다. 1885년 4월에 체결된 텐진조약(千律條

約)에서 청국은 조선에서의 군대 주도권을 잃었고, 1894년~1895년의 청일전쟁의 패배로 청국은 조선으로부터 마침내 완전히 손을 떼지 않을 수 없게 되었다. 이것을 계기로 조선은 대한제국으로서의 「독립」을 선언하기에 이른다(1895년). 그러나 이 「독립」은 진정한 국가적 독립을 뜻하는 것이 아니고, 일본이 조선을 합병할 목적으로 먼저 청국과 조선 사이의 썩은 인연을 끊어버리는 수작에 지나지 않았다.

4. 왕실의 권력 투쟁

제23대 순조와 제24대 헌종(奐)은 어려서 왕위에 오른 탓인지 혹은 무능했던 탓인지 왕실의 실권은 왕비의 손에 쥐어졌고, 그 결과 외척인 안동 김씨가 60여년에 걸친 세도를 한껏 누렸다. 제25대왕 철종(昇)에 이르러서는 왕위 계승과 안동 김씨의 세도 유지가 표리일체의 관계가 되었다. 안동 김씨가 강화도에서 넋이 빠진 듯한 왕손을 데리고 와서 왕의 자리에 앉힌 것이 철종이다. 세도가인 선하는 나약하고 근친이 없는 왕손을 찾아내어 왕위에 오르게 한 다음, 자기 딸을 왕비로 삼게 함으로써 왕의 실권을 가로챘던 것이다. 당시 왕은 병약하고 방만하거나 무능하기를 바랐고, 왕족 왕손에 왕자다운 유능한 인물이 없는 편이 세도가로서는 안성맞춤이었다. 그래서 세도가인 안동 김씨 일족은 수단 방법을 가리지 않고 왕과 왕족이 실권에 접근하지 못하도록 획책했다.

이씨 조선의 실질적인 최후의 왕인 고종의 아버지 대원군은 안동 김씨의 감시의 눈을 흐리게 하려고 모든 의태(擬態)와 위계(僞計)를 다했다고 전해지고 있다. 어쨌든 이 대원군의 일화가 사실이라면, 그것은 단순한 의태 또는 위계의 영역에 머무는 것이 아니라고 본다. 왕위에 대한 야망을 실현하기 위해 표면적으로는 무능과 방만(放漫)을 가장했다치더라도, 또는 본디의 기개와 능력을 감추고 연명을 도모하는 수단으로 그렇다치더라도, 그의 의태와 위계는 연기의 범주를 넘어 그 자신의 인간성을 보여주는 것이었다고 생각된다. 그는 19세기라는 세계사의 격변 속에서 조선의 운명을 염려하는 통찰력이 뛰어난 사람이 아니라, 세도를 휘어잡기 위한 처세술과 그러기 위해서는 수단을 가리지 않는 성격의 소유자였다고 생각된다. 그는 몰락 직전의 청국에 대처할 정책을 검토하는 것도 아니었고, 일본의 침략적 야망에도 생각이 미치지 않았으며, 제국주의 침략과 영토 분할에 혈안이 되어 있던 열강의 각축에 대해서도 아랑곳하지 않은 대신 오직 쇄국 일변도의 조선 안에 틀어박혀 세도를 잡는 것과 그것을 유지하는 일에만 급급했다. 또 그는 처세에는 유능했지만 결코 구국자는 아니었다. 대원군의 그와 같은 본질을 보여주는 한 예로서 고종 왕비의 선택 경위를 들어볼까 한다. 그는 왕비의 선택에서 일국의 왕후에 알맞은 덕성과 교양과 문벌에 기준을 둔 것이 아니고, 자기의 세도에 장애가 되지 않는 조건, 즉 아무런 인연이 없는 여성에게 중점을 두었다. 그래서 그는 찌부러진 민씨 가문의 고아를 왕비로 끌어들였던 것이다. 더구나 기본적인 교양도 갖추지 못한 야생마 같은 성격의 고아를 말이다. 세도를 유지하기 위해 우매한 왕족을 물색하여 국왕으로 추대한 안동 김씨 일문과 무연무고(無緣無顧)의 고아를 찾아내어 왕비로 추대한 대원군과의 사이에 인간적으로 큰 차이는 없다. 대원군은 이씨 조선을 멸망으로 이끈 중요한 책임을 지니고 있다.

  고종이 유능하고 덕망있는 황제였는지 어떤지는 단정할 수 없으나, 중요한 시기에 왕비 민씨가 정권을 가로채고 있었다는 사실을 생각해 보노라면 그가 왕으로서의 자격이 결여되어 있었다고 밖에 생각하지 않을 수가 없다. 본의였든 아니든 간에 고종은 아버지 대원군의 처세술에 의해 왕위에 올랐고, 아버지에게 정권을 맡기고는 소년시대를 미숙한 왕으로 지냈다. 성인이 된 후에도 왕비 민씨가 모략과 청국의 힘을 빌어 대원군을 몰아내는 것을 좌시한 일은 이해한다손 치더라도, 왕비에게 짓눌려 무기력했다는 일은 납득이 가지 않는다. 그래서 망국의 비극을 짊어진 이씨 조선 최후의 황제로서의 고종에게 동정이 가기는 하나 조선을 망국으로 몰고 간 직접적인 책임이 고종 자신에게 있었다는 사실은 누구도 부정할 수 없을 것이다.

왕비 민씨는 1873년 청국의 힘을 빌어 대원군으로부터 실권을 탈환한 후 이어 대원군을 지지하는 군대를 거세하기 위해 구식 군대를 억압 또는 해산시키고, 1881년부터 일본군 육군소위 호리모토 레이조(堀本禮造)를 교관으로 앉혀 신식 군대인 별기군(別技軍)을 편성 훈련시키는 한편, 그 당상에는 조카뻘인 민영익(閔泳翊)을 임명했다. 그 결과 1882년 6월에 구식 군인들의 반란이 발발했다(임오군란). 민비는 충청도 장호원으로 도망갔고, 청국과 일본군의 외교적 협력 아래 왕실은 혼란에 빠져 들었다. 민비를 중심으로 모여든 보수적 사대세력은 다시 청국의 힘을 업고 권세를 휘둘렀으나, 1884년 12월 4일에 김옥균, 박영효, 서재필 등 독립당(개화당)이 일본을 등에 업고 쿠데타를 일으켰다. 민비는 즉각 심상훈(沈相薰) 등을 시켜 원세개(袁世凱)에게 알리고 청나라 군사를 끌어들여 독립당 내각을 엎어뜨리고 그 지도자와 가족을 학살했다. 그후 민비는 러시아 공사 웨베르의 외교적 수완을 믿고 친러시아파도 등용하게 되었다. 이로써 왕실은 청국의 원세개와 러시아의 웨베르에 의해 좌우되기에 이른다. 1895년 청일전쟁이 일본의 승리로 끝나자, 조선에 대한 일본의 발언권은 크게 증대했다. 사대당의 김홍집을 영의정으로 하는 연립내각이 구성되고, 독립당 잔당인 박영효, 서광범이 입각했다(갑오개혁). 그러나 1895년 6월 3국 간섭이 일어나 일본 공사 오도리 게이스케(大鳥圭介)가 귀국하자, 민비를 비롯한 사대당 관계자는 러시아 공사 웨베르와 모의하여 김홍집, 박영효 등을 쫓아내고 박정양(朴定陽)을 총리로 앉히는 한편, 친러시아파인 이범진(李範晉)을 입각시켰다. 이 때문에 1895년 8월, 일본 공사 미우라 고로(三浦梧樓)는 군대와 낭인들을 왕궁으로 침입시켜 민비를 시해하고 친러시아파에서 친일파로 변신한 김홍집을 총리의 자리에 앉혔다.

민비는 새롭게 전개되는 국제 정세를 외면하고, 자파의 세도 유지를 위해 친청, 친일, 친러시아라는 식으로 줏대없는 외교정책을 펴다가 마침내는 자신을 비명의 죽음으로 몰고 갔던 것이다. 민비의 경우도 그 비극적 운명에 의분과 동정을 느끼는 것은 자유겠지만, 민비가 이씨 조선의 멸망을 부채질한 요괴의 역할을 해냈다는 것은 부정할 수 없을 것이다. 이씨 조선 멸망 직전의 조선 왕실의 실태는 이상과 같이 선량하기는 하나 무능한 왕은 안일 속에서 헤매이고, 세도를 잡는 데에만 급급하던 대원군과 민비는 모신(謀臣)과 외국 앞잡이들에게 농락 당하면서 비극적 역할에만 시종했다. 이런 식으로 그들은 조선을 일본의 식민지로 전락시키는 길을 텄던 것이다.

5. 정견(定見)과 절조(節操)가 없는 지배계급

이씨 조선 말기의 조선의 정치가들 중에서 철저한 반봉건 근대화의 이념을 표방한 지도자는 찾아볼 수 없다. 나라의 기본 체제는 전제적 왕권정치이고, 그것은 주자학(朱子學)에 의한 봉건적 윤리관에 의해 뒷받침되고 있었다. 사회구조는 양반 계급, 상인 계급, 천민(종과 백정) 계급 등 제도적으로 확립된 계급적 신분 관계로 구분되고, 정치의 실권은 언제나 양반 계급의 수중에 있었다. 게다가 왕조는 전통적으로 중국의 압력 아래 있었고, 원나라, 명나라, 청나라 등 역대 중국 왕조에 신종(臣從)하듯이 하면서 쇄국정책을 견지해 왔으므로 일반 백성들의 진취 의욕을 위축시키고, 특권 계급은 한줌의 관직에 눈독을 들여 가지각색의 대립 항쟁과 파벌 싸움에 밤을 지새는 등 모략과 중상과 모살(謀殺)의 악순환만 되풀이 하고 있었다. 이씨 조선 말기의 정치가들은 일부의 특수한 사람을 제외하고는 거의가 왕실과 강대국에 기대어 보다 좋은 관직에 오르려고 하는 집착과 출세욕에 사로잡힌 자들 뿐이었다. 그들에게는 구국의 이념도 정치가로서의 절조도 국가 이익도 안중에 없었던 것이다.

왕가의 전제 권력이 절대적으로 만민을 복종시키는 동안은 국가정책 또는 관직, 세도를 에워싼 공공연한 반대당파가 생겨날 여지가 없었으나, 왕실의 권위가 동요하고 양반 세력이 유림(儒林)으로 조직화됨에 따라 국정에 대한 비판 세력이 생기고, 그것은 관직 또는 세도를 목적으로 하는 여러 당파간에 항쟁을 낳게 하였다. 그러나 이들 당파 싸움은 왕에 대한 「충성심」의 입장의 차이를 뜻하는 데에 불과했다. 각 당파의 입장에 대한 왕의 「인정」에 따라 관직과 세도에의 길이 열렸다. 조선 왕조에 있어서의 유림이란 주자학을 전공하고 공자묘를 중심으로 하여 모인 양반 계급을 가리키지만, 그들의 당파적 입장은 국왕의 권위를 주자학이라고 하는 보편적 윤리의 상위에 두어야 한다고 주장하는 공선파와 대의명분을 중심으로 하는 보편적 윤리를 왕권의 지표로 하고자 하는 명분파로 나눌 수 있다. 연산군 4년(1498년)부터 50년 동안에 공선파가 명분파를 모살한 사화(士禍)가 네 번이나 일어났으며, 그 때문에 처형당한 문신의 수는 150여명에 이른다. 이와 같은 지배 계급 내부의 피의 대립 항쟁은 양반 계급과 유림의 파벌 싸움을 더욱 부채질했다. 동인, 서인, 남인, 북인 등을 사색당파라고 하는데 이들 당파 내부에도 다시 세분화된 대립이 있었고, 서로간의 모략과 항쟁은 끊임없이 되풀이되었다.

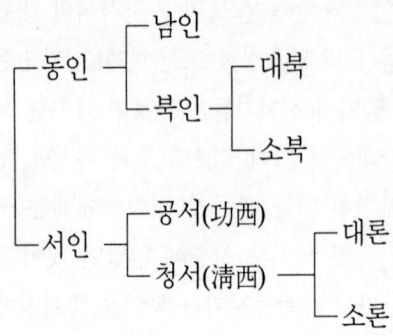

이씨 조선 말기인 1875년에 있었던 일본 군함의 강화도 침입은 잠자는 지배 계급의 눈을 뜨게 하는 커다란 충격이 되었다.

1881년 4월, 조선 정부는 정객 12명과 수행원 46명으로 신사유람단을 조직하였고 이를 일본에 파견하여 새로운 문화와 제도를 시찰토록 하였다. 또 1882년 임오군란의 뒤처리를 위해 특명 전권 대사 박영효, 종사관(從事官) 서광범, 수행원 김옥균을 일본에 파견했다. 일찍부터 국제 정세의 새로운 진전을 알아차리고 있던 의사 유대치(劉大致), 봉원사의 중 이동원(李東元), 청국어 통역관 오경석(吳慶錫) 등은 박영효, 김옥균, 서광범 등에게 일본의 명치유신을 본보도록 권했고, 일본 공사 다케조에 신이찌로(竹添進一郞)의 후원 아래 김옥균, 홍영식, 박영효, 서광범, 서재필, 박영교(朴泳敎) 등은 1882년 독립당(개화당)을 조직했다. 이미 말한 바와 같이 1884년 독립당은 일본의 다케조에 공사와 합의하에 쿠데타를 감행했고, 독립당 내각 조직에 성공했으나 다케조에 공사의 배신과 청나라 군사의 개입으로 집권 3일만에 끝나고 홍영식, 박영효를 비롯한 독립당 관계자 및 그 가족들은 무참하게 학살당했다. 이때 독립당 내각의 우의정이었던 심순택(沈舜澤)과 외아문독판(外衙門督弁)이던 김홍집은 민비와 내통하여「정부 요인이 출병을 요구한다」라는 형식으로 쿠데타 진압과 압살을 위해 청나라 군사 1,500명을 동원시켰다. 이들 배신자들은 다음의 친청나라파 사대당 내각에 참여했으며, 심순택이 영의정에 김홍집은 좌의정에 올랐다.

 1894년 청일전쟁 직전, 일본 공사 오도리 게이스케(大鳥圭介)는 군대를 이끌고 한성에 들어가 청국군을 대신하여 왕궁을 호위하면서 조선정부에 일대 정치 개혁을 단행시켰다(갑오경장). 이 때의 친일 내각에는 일본으로부터 귀국한 독립당의 박영효가 내무대신에, 서광범이 법무대신에 임명되었는데, 주목되는 것은 갑신정변 때 독립당의 동지를 배신하고 그 공으로 친청국 내각의 좌의정에 올랐던 김홍집이 영의정에 취임했다는 사실이다.

 청일전쟁 후, 독일·프랑스·러시아에 의한 3국간섭으로 일본 공사가 일시 귀국한 것을 틈타 1895년 6월에 민비 일파는 러시아 공사 웨베르와 모의하여 김홍집 내각을 사퇴시키고, 친러시아파로 새 내각을 조직하여 박정양(朴定陽)을 총리로 임명하고, 이범진(李範晉)을 농상공부대신에 앉혔다. 그러나 그 해 8월 일본 공사 미우라 고로(三浦梧樓)는 군대와 대륙의 낭인들을 앞세워 민비를 시해한 다음 다시 친일 내각을 조직했으며, 총리에 또 친청, 친일을 일삼아온 김홍집을 임명하였다.

1895년 12월에 친러시아파인 이범진, 이완용은 러시아 공사 웨베르와 손잡고 다시 친일 김홍집 내각을 몰아내고 박정양, 이완용, 이범진, 이윤용(李允用) 등의 친러시아 내각을 조직했다(이들 중 이완용은 러일전쟁 후 친일파로 변신하여 1905년 을사보호조약 체결 때는 적극적인 역할을 해냄으로써 조선을 일본의 보호국으로 삼았을 뿐만 아니라 1910년 8월 22일에 한일합방조약을 체결케 함으로서 조선을 일본의 완전한 식민지로 전락시켰다). 그런데 이완용은 1896년 7월에 서재필, 이승만 등 독립당의 지사를 중심으로 한 독립협회가 결성되자 협회의 초대 위원장의 자리에 들어앉는가 하면, 1898년 3월에는 독립협회의 지도 아래 개최될 정치적 대중 집회인 반민공동회가 친러시아 정부의 매국 행위를 비판하고 러시아 고문단의 철수를 요구한 다음 그 회장에도 취임했었다.

이와 같이 부조리와 무정견(無定見) 및 무절조가 이씨 조선 말기에 있어서의 지배층의 특징이었다. 제국주의 국가의 강한 압력과 간섭 앞에 무위(無爲) 무정견을 드러낸 지배층이 도사린 나라가 망하지 않을 리가 없다. 또 아시아, 아프리카의 약소 민족을 유린한 구미 제국주의 세력에 의한 침략의 길을 따라, 「사자 먹이의 찌꺼기」라도 얻어먹기에 여념이 없었던 일본 제국주의에게 조선의 양심적 개화 세력이 조선 근대화에의 우호·원조를 받고자 했던 데에 커다란 모순이 있고, 여기에 국권을 일본에 빼앗기게 되는 수렁에 스스로 빠져드는 결과를 낳았던 것이다.

제2장 일본 제국주의의 지배시대

1. 무력에 의한 국가 권력의 강탈

- 1894년 6월 ~ 11월 일본군은 동학당의 지도에 의한 국민 혁명을 청국군과 짜고 진압했다.
- 1894년 ~ 1895년 청일전쟁의 승리로 조선에 대한 일본의 발언권이 높아졌다.
- 1894년 7월 일본 공사 오도리 게이스케는 조의연(趙義淵)과 대원군을 이용하여 민비일파를 거세, 김홍집 중심의 내각을 조직하여 갑오개혁을 단행시키면서 내정에 깊이 간섭했다.
- 1894년 12월 일본 공사 이노우에 가오루는 김홍집·박영효 연립 내각을 조각시켜 대원군을 몰아내고, 홍범(洪範) 14조를 제정함으로써 조선이 청국에 의존하지 않고 있다는 것을 밝혔다.
- 1895년 일본은 시모노세키조약에서 청국으로 하여금 조선의 독립을 인정케 하고, 조선 지배의 소지를 만들었다.
- 1895년 10월 일본 공사 미우라 고로 등은 민비를 시해하고 친러시아 세력의 제거를 도모했다(을미사변).
- 1895년 갑오개혁과 민비 시해에 항의하여 반일 의병이 각지에서 봉

기했다. 그 주요한 것은 제천 유생 류인석(柳麟錫), 홍천 유생 김복한(金福漢), 충주 관찰사 김규식(金奎軾), 단영 군수 권소(權瀟), 청풍 군수 서상기(徐相耆), 지평(砥平) 군수 맹영재(孟英宰), 지평 유생 김백선(金伯善) 등이다.

- 1897년 1월 고종은 조선이 완전한 독립국임을 선포하고, 국호를 대한제국으로 하였다.
- 1902년 영일동맹에 의해 조선에서의 일본의 특수한 지위가 인정되었다.
- 1904년 ~ 1905년 러일전쟁은 일본의 승리로 끝났다.
- 1904년 2월 일본은 군대의 위압 아래 한일의정서의 조인을 강행했고, 한국에서의 징발 동원의 권리를 장악했다.
- 1904년 4월 일본 공사 하야시 곤스케(林權助)는 한국 내정을 장악하는 한국시정개혁 안에 조인할 것을 강요하고, 일본인을 내각 가부의 고문으로 앉혔다.
- 1905년 7월 태프트·가츠라(桂) 비밀협정을 체결, 미국은 한국에서의 일본의 특수한 지위를 인정했다.
- 1905년 9월 러일전쟁 후 포츠머드 강화조약에서 러시아는 한국에서의 일본의 정치, 군사, 경제상의 특권을 인정했다.
- 1905년 11월 18일 일본은 을사보호조약을 강제적으로 체결함으로써 한국을 일본의 보호국으로 하였고, 이토 히로부미(伊藤博文)가 통감부의 초대 통감이 되었다.
- 1905년 말 ~ 1906년 민영환(閔泳煥), 조병세(趙秉世), 홍만식(洪萬植), 이한응(李漢應), 이상철(李相哲), 전봉학(全奉學), 송병선(宋秉璿) 등이 을사보호조약에 반대하여 의분 자결했고, 충청도

의 민종식(閔宗植), 경상도의 신돌석(申乭石), 강원도의 류인석(柳麟錫), 전라도의 최익현(崔益鉉), 임병찬(林炳瓚) 등이 의병을 일으켜 일본군과 싸웠다.
- 1907년 6월   고종은 화란의 헤이그에서 개최된 만국평화회의에 을사보호조약의 무효를 호소하는 서한을 밀사를 통하여 제출했다.
- 1907년 7월   이토 히로부미의 강요로 고종은 황제의 자리에서 물러났다.
- 1907년 7월   고종의 아들 순종 즉위.
- 1907년 7월   제3차 한일협약이 체결됨으로써 한국의 내정 외교 등 여러 행정권은 통감부로 이관되었고, 한국의 군대는 해산되었다.
- 1907년 7월 ~ 8월   군대 해산에 반대하여 시위대장인 박성환(朴性煥)이 자결하자 시위보병들이 봉기하여 일본군과 싸웠다.
- 1907년 ~ 1910년   경기도의 허조(許蔦), 유명규(劉明圭), 조인환(曺仁煥), 권준(權俊), 이은찬(李殷贊), 강원도의 민긍호(閔肯鎬), 이연영(李麟榮), 김덕제(金德濟), 이언영(李彦榮), 정대일(鄭大一), 경상도의 이강년(李康年), 신돌석(申乭石), 변학기(邊鶴基), 류명용(柳明用), 최성천(崔聖天), 전라도의 김동식(金東植), 이학사(李學士), 김해산(金海山), 충청도의 지용기(池龍起), 이인재(李寅在), 황해도의 이진룡(李鎭龍), 민효식(閔孝植), 김정안(金貞安), 평안도의 양혁진(梁赫鎭), 이승훈(李昇薰), 함경도의 차도선(車道善), 홍범도(洪範圖), 이범윤(李範允), 송상봉(宋相鳳) 등이 일본의 지배와 군대 해산에 반대하여 각지에서 항일 의병을 일으켰다.

- 1907년 장홍법(張鴻法) 등이 상하이에서 대동보동회(大同保同會)를 조직했다.
- 1908년 전명운(田明雲), 장인환(張仁煥) 등이 샌프란시스코에서 일본의 한국 지배를 지지한 스티븐스를 암살했다.
- 1909년 7월 일본은 을유각서 조인을 강요, 한국 정부는 사법권을 통감부에 이양했다.
- 1909년 10월 안중근이 하얼빈 역두에서 이토 히로부미를 암살했다.
- 1909년 12월 일본 정부는 일진회의 이용구(李容九)로 하여금 한일합방청원서를 제출하도록 하였다.
- 1909년 이래주(李來珠), 안원규(安元奎) 등은 LA에서 한국민회를 조직하여 신한민보를 발간했다.
- 1910년 한일 양국은 한국의 경찰권을 통감부에 이양하는 약정을 체결했다.
- 1910년 8월 22일 통감 데라우치 마사다케(寺內正毅)와 매국노 이완용은 어전회의 후 한일합방조약을 체결했다.

2. 조국 광복을 위한 항일 투쟁

- 1910년 8월 일본 정부는 통감부 대신에 조선총독부를 설치하고 식민지 통치를 시작했다. 총독부의 자문기관으로 중추원을 설치하여 이완용을 부의장으로 앉혔다. 총독부는 전체 경찰 기구에 헌병을 충원하여 총검에 의한 위협 통치를 하는 한편, 총독부는 언론, 출판, 결사, 집회, 시위 등 모든 기본적 권리를 박탈했다.

- 1910년 이시영(李始榮), 이동녕(李東寧) 등은 중국의 랴오닝성(遼寧省) 류하현(柳河縣)에서 한족회를 조직하고, 경학사(耕學社)와 신흥강습소를 설립하여 항일운동을 전개했다.
- 1910년 안창호(安昌浩)는 로스앤젤레스에서 흥사단을 조직하여 항일운동을 지도했다.
- 1910년 12월 안명근(安明根)은 데라우치 총독을 암살하려다가 실패로 끝났다. 이 때문에 지도적 인사 600명이 투옥되었다(105인 사건).
- 1912년 서간도(西間島)의 통화현(通化縣)에서 윤기섭(尹琦燮), 김창환(金昌煥) 등 의병 출신 인사가 부민단(扶民團)을 조직하여 항일운동을 전개했다.
- 1912년 1년 동안에 조선인 5만 2,000여명이 투옥되었다.
- 1912년 이상설(李相卨)은 시베리아에 사는 조선인을 지도하여 항일투쟁을 전개했다.
- 1913년 9월 임병찬(林炳瓚), 이용순(李溶淳), 전용규(田鎔圭) 등은 독립의군부(獨立義軍府)를 조직하여 일본 정부에 국권 반환을 요구하는 투쟁을 전개했다.
- 1913년 채기중(蔡基中), 한훈(韓焄), 김상옥(金相玉), 김동순(金東淳) 등은 경상도 영주에서 대한광복단을 조직하고, 대구의 박상진(朴尙鎭), 김경태(金敬泰) 등과 합류한 다음 광복회라고 개칭했다. 1916년 노백린(盧伯麟), 김좌진(金佐鎭), 박성태(朴惺泰) 등이 합류해와 광복단으로 다시 개칭하고, 대한독립 국권회복의 투쟁을 전개했다. 1917년 10월 광복회 사건, 1919년 3·1운동에 참가, 1920년 8월의 조선 총독 암살 기도 등이 그

주요 투쟁이다.
- 1914년   이승만은 미국 하와이에서 한국태평양지(韓國太平洋誌)를 발간하여 항일의 논진을 폈다.
- 1915년 1월   경상도 달성군을 중심으로 윤상태(尹相泰), 서상일(徐相日), 이시영(李始榮), 홍주일(洪宙一), 황병규(黃炳圭) 등은 국권회복단을 조직한 후, 3·1운동의 지도, 광복단의 군사 훈련, 파리강화회의에 제출할 독립청원서의 서명 운동 등을 전개했다.
- 1915년   이 한 해 동안에 조선총독부는 14만명의 조선인을 투옥했다.
- 1916년   조선총독부는 합방 후 토지 조사 사업의 명목 아래 조선인 소유의 토지를 몰수해 왔는데, 동양척식회사(東洋拓植會社) 등이 이 해에 약탈한 토지는 20여만 정보(町步)에 이른다.
- 1917년 8월   신규식(申奎植) 등을 중심으로 한국사회당이 결성되고, 스톡홀름에서 있은 국제 사회주의자 회의와의 접촉을 기도했다.
- 1917년 9월   미국의 한인국민회는 박용만(朴容萬)을 뉴욕에 파견하여 약소민족회의에 참가시켜 조선의 독립을 호소했다.
- 1918년   조선총독부는 일본인 자본을 써서 조선의 산업 시설을 독점했고, 이 한 해에 조선인 독립운동자 1만 4,358명이 투옥되었다.
- 1918년   이동휘(李東輝)는 각 계열의 조선독립군을 규합, 고려독립연대를 조직하여 러시아의 볼세비키군에 가담하여 일본군과 싸웠다. 이 군사 행동을 계기로 하바로프스크에서 한인사회당이 조직되었다.
- 1918년   여준(呂準) 등 39명은 만주 등산성(東三省)에서 조선 독립 운동을 위한 기구를 조직했다.
- 1918년   김좌진(金佐鎭) 등은 북간도에서 북로군정서(北路軍政署)를

설치했다.
- 1918년 1월   이르쿠츠크 공산당내의 조선인 유지는 이르쿠츠크 공산당 한국지부를 결성했다.
- 1918년 11월   이청천(李靑天) 등은 서간에 서로군정서(西路軍政署)를 설치했다.
- 1918년 12월   조선 유학생들을 중심으로, 동경에서 민족 자결의 원칙을 지지하는 웅변대회가 개최되었고, 관계자 12명이 투옥되었다.
- 1919년 1월   고종 서거. 일제의 사주를 받은 시녀가 독약을 들게 하여 암살했다고 전한다.
- 1919년 1월   독립 운동자 유지들은 신한 청년단의 김규식(金奎植)을 파리강화회의에 파견했다.
- 1919년 2월   최팔용(崔八鏞) XX 등 XX 조선독립청년단 600여명 동경XX 집회XX 독립선언서 대회결의문 채택(2·8독립선언). 관계학생 100여명 구속.
- 1919년 3월 1일   손병희(孫秉熙) 등 33명은 서울 인사동에 있는 태화관(泰和館)에서 독립선언서를 발표했다. 이것을 계기로 전국적인 반일 데모가 전개되었고, 일제의 무장 군경에 의해 피살자 7,509명, 부상자 1만 5,961명, 피검속자 4만 6,948명을 냈다. 파괴된 건조물은 교회 47개소, 학교 2개소, 민가 715동이었다. 3월 1일부터 5월 말까지에 각지에서 1,542회의 데모가 있었고, 223만명이 참가했다(3·1운동).
- 1919년 3월   연해주의 독립운동가들은 국민회의를 조직하여 대통령에 손병희(孫秉熙), 각료에 이승만, 안창호 등을 추대했다.

- 1919년 3월 현순(玄楯), 여운형(呂運亨), 김혁(金赫) 등은 상하이에 조선독립임시사무소를 설치했다.
- 1919년 4월 상하이에서 현순 등 28명의 지사는 조선 망명 정부를 발기하고, 제1회 임시 의정원 회의를 개최했다. 의장에 이동녕(李東寧), 부의장에 손정도(孫貞道)를 선출하였고, 임시 헌장 10개조를 의결하고 국호를 대한민국으로 하였다. 다시 국무위원을 선임하여 임시정부를 수립했고 총리에는 이승만, 내무총장에 안창호, 외무총장에 김규식, 법무총장에 이시영, 군무총장에 이동휘가 취임했다.
- 1919년 4월 서울의 독립운동 유지들은 서울 국민대회를 열고, 대한민국 집정관 총재에 이승만, 각료에 이동휘, 이동녕, 박용만, 노백린, 이시영, 김규식, 안창호 등을 추대했다.
- 1919년 4월 만주 류하현(柳河縣)에서 3·1운동 이전의 의병 결사(結社)인 보약사(保約社)(류인석(柳麟錫) 등), 농무계(農務契)(조동준(趙東準) 등), 향약계(鄕約契)와 3·1운동 후에 만주로 건너간 청년들이 규합하여 대한독립단을 조직했다.
- 1919년 5월 신흥강습소는 신흥군관학교로 개편했다.
- 1919년 6월 파리강화조약 조인. 미국 대통령 윌슨이 주장한 민족자결주의에 편승하여 발칸반도 및 발틱연안의 약소 민족도 독립했다.
- 1919년 6월 혈성단애국부인회(血誠團愛國婦人會)(오현주(吳玄州), 이정숙(李貞淑), 오현관(吳玄觀) 등)와 대조선독립애국부인회(최숙자(崔淑子), 김희열(金熙烈), 백성현(白性玄) 등)가 합하여 대한민국애국부인회를 창립하고, 회장에 김마리아(金

瑪利亞), 부회장에 이혜향(李惠鄕)을 선출했다.
- 1919년 8월 임시정부의 국무총리에 추대된 이승만이 대통령의 칭호를 요구하면서 취임을 거부했기 때문에 군무총장 이동휘가 총리에 앉았다. 이동휘는 레닌과의 접촉을 통해 볼세비키 정부와 임시정부와의 외교 교섭이 생겨났다.
- 1919년 9월 강우규(姜宇奎)가 조선총독 사이토 미노루(齊藤實)에게 폭탄을 던졌다.
- 1919년 10월 이후, 만주 각지에 대한정의군정사(大韓正義軍政司), 대한청년단연합회, 광복군총영(光復軍總營), 북간도 국민회 소속 독립군 등의 독립군이 창설되었다.
- 1919년 11월 김원봉(金元鳳)이 의열단을 조직하여 직접 행동에 의한 항일 투쟁의 선봉이 되었다.
- 1919년 말 하바로프스크의 한인사회당은 본부를 블라디보스톡으로 옮겨 고려공산당이라고 개칭했고, 이동휘는 레닌을 만나 그 승인을 받았다.
- 1919년 3·1운동 후, 사이토 미노루(齊藤實)가 새 총독으로 부임하여 이른바「문화정치」에의 정책 전환을 도모했으나, 그것은 조선인들의 반일 기운을 꺾는 기만적인 우민화 정책에 지나지 않았다.
- 1920년 5월 고려공산당 본부는 상하이(上海)로 옮겼다.
- 1920년 6월 임시정부는 레닌의 볼셰비키 정부와의 사이에 다음과 같은 합의를 보았다.
    ① 한국정부는 공산주의를 채택한다.
    ② 한국독립군을 볼셰비키 사령부의 지휘하에 둔다.

③ 볼셰비키 정부는 한국정부의 독립운동을 지원한다.
④ 볼셰비키 정부는 한국정부에게 200만 루블의 원조금을 제공한다.

- 1920년   볼셰비키 정부가 한국임시정부에게 제공한 200만 루블이 고려공산당 당내에서 행방불명이 되고, 이동휘에 반대하는 여운형, 최창식(崔昌植), 조동우(趙東祐), 김단야(金丹冶) 등이 이르쿠츠크 공산당 한국지부에 연락하여 반고려공산당 운동을 전개했다. 이로 인해 고려공산당은 제3인터의 승인을 취소당하고 본부를 치타로 옮겼다.
- 1920년 10월   김좌진 등은 지린성(吉林省) 허룽현(和龍縣) 청산리(靑山里)에서 일본군 900명을 섬멸했다.
- 1920년   만주에서의 조선독립군(대한독립군, 서로군정서(西路軍政署), 북로군정서(北路軍政署), 군무도감부(軍務都監部), 광복당 등)을 통합하여 간도에서 대한독립군단을 조직했다. 1921년 1월에는 이르쿠츠크로 본부를 옮기고, 고려혁명군으로서 조직을 확대했다.
- 1920년   박중화(朴重華), 박이규(朴珥圭), 고순흠(高順欽) 등은 서울에서 노농공제회를 조직하여 반제국주의 운동을 기도했다.
- 1920년   여운형, 김단야 등은 이르쿠츠크 공산당 한국지부와 연계하여 고려공산당을 치타로 옮겨가게 하는 데에 성공했으나, 그 후 국제공산당의 지령을 받아 상하이에서 조선공산당을 조직했다.
- 1920년 12월   일본군은 간도에서 조선이주민을 무차별로 학살했다.
- 1921년 5월   조선총독부는 결사(結社) 금지를 법제화했다.

- 1921년 6월 고려혁명군은 볼셰비키군과 충돌하여 괴멸적인 타격을 받았다(흑룡강 사건).
- 1921년 고려혁명군의 생존 부대는 만주로 돌아와 서로군정서(西路軍政署)를 재건했다.
- 1921년 9월 의열단원 김익상(金益相)이 총독부 청사에 폭탄을 던졌다.
- 1921년 10월 조봉암(曺奉岩), 김약수(金若水) 등 신인연맹(新人聯盟)과 원종린(元鍾麟), 황석우(黃錫禹), 임택룡(林澤龍) 등의 흑양회(黑洋會)와 박열(朴烈), 정우영(鄭又影) 등이 합동하여 흑도회(黑濤會)를 발족시켰다.
- 1922년 3월 독립군 행동대원이 상하이 부두에서 일본 육군대장 다나카 기이치(田中義一)에 폭탄을 던졌다.
- 1922년 4월 조선청년연합회내의 좌파인 이영(李英), 김사국(金思國), 조봉암, 김약수 등은 서울 청년회를 조직하고 고려공산당과 접촉했다.
- 1922년 홍명희(洪命熹), 조봉암, 박헌영 등은 화요회를 조직하고 상하이의 조선공산당과 접촉했다. 김두희(金枓熙) 등은 북풍회를, 김한원(金翰元), 원우관(元友觀)은 무산자동맹회(無產者同盟會)를 박승병(朴崇秉)은 카우투브회(會)를 조직했다.
- 1922년 8월 서로군정서(西路軍政署), 한족회, 대한독립단, 광복군총영, 만주광복군사령부, 광한회(光韓會), 대한국민단 등 8개 단체가 통합하여 대한통의부(통군부)(大韓統義府(統軍部))를 만들었다.
- 1922년 9월 일본에서 관동대지진이 일어났고, 그 혼란을 이용하여 일본제국주의자는 조선인 6,000여명을 학살했다.

- 1923년 1월　김상옥(金相玉)이 경성 종로경찰서에 폭탄을 던졌다.
- 1923년 1월　박열(朴烈), 백무(白武) 등 무정부주의자는 풍운회를, 김찬(金燦), 김약수(金若水) 등 사회주의자는 북성회(北星會)(나중에 1월회라고 고쳤음)를 조직했다.
- 1923년 9월　박열은 일본 천황 암살을 계획한 혐의로 검거되었고, 무정부주의자들은 분산하여 흑색청년회, 부령사(不逞社), 흑풍회 등을 조직했다.
- 1923년　서울청년회는 노동자농민대회의 개최준비를 추진하고, 북성회(北星會)는 노동자농민총동맹 조직준비회를 구성했다.
- 1924년　박원민(朴元玟), 허정숙(許貞淑), 정경명(鄭鏡鳴) 등이 조선여성동무회를 조직했다.
- 1924년 1월　의열단원인 김지섭(金址燮)이 도쿄 니주바시(二重橋)에서 일본 천황에게 폭탄을 던졌다.
- 1924년 4월　서울청년회의 노동대회준비회와 북성회의 노농총동맹 준비회는 합동하여 조선노농총동맹을 조직했다.
- 1924년　북성회는 재일본조선노동자동맹을 조직했다.
- 1924년　통의부(統義府) 산하의 광복군사령부계 제1, 2, 3, 5중대가 분리 통합하여 참의부(參議府)를 구성하고 임시정부 산하에 들어갔다.
- 1925년 1월　통의부(統義府)내 광복군사령부계 제4중대 대한독립군단, 고려혁명당 분리통합 정의부 구성.
- 1925년 3월　북로군정서(北路軍政署)의 김좌진, 조성환(曺成煥)과 김혁(金赫) 등이 합하여 신민부(新民府)를 구성했다.
- 1925년 4월　조선노농총동맹은 분열하여 서울청년회계는 적박회(赤

雹會), 사회주의자 동맹, 경성여자청년회를 만들고, 1월회(전 북성회)계는 경성청년회, 경성여자청년동맹을 만들었다.

- 1925년 4월 17일 화요회, 북풍회, 무산청년회, 노동당 등이 통합하여 조선공산당을 조직했다. 주요 참가자는 화요회계의 김재봉(金在鳳), 홍증식(洪增植), 박헌영, 조봉암, 홍남표, 김찬, 북풍회계의 김약수, 고려공산당계의 주종건(朱鍾健), 유진희(兪鎭熙), 노동당계의 윤혁(尹赫) 등.
- 1925년 4월 18일 박헌영, 김단야, 박원근 등은 조선공산당 산하 고려공산청년회를 조직했다.
- 1925년 5월 조선총독부가 치안유지법을 시행했다. 같은 해 박헌영, 김약수 등 다수가 검거되었다.
- 1925년 9월 조선사정연구회(朝鮮事情硏究會)가 발족.
- 1925년 11월 화요회와 북성회의 후원으로 경성여자청년동맹이 결성되었다.
- 1925년 12월 신의주 사건으로 조봉암 등 조선공산당 간부가 검거되었다.
- 1926년 4월 순종 장례 때, 경성대학의 조선인 학생이 조선 독립 만세를 절규하며 시위를 벌였다.
- 1926년 서울청년회계의 이영(李英), 김사국 등은 소련공산당 상하이 극동국에 연락하여 춘원공산당(春園共産黨)을 조직했다.
- 1926년 김재봉(金在鳳), 홍덕유(洪悳裕), 강달영(姜達永), 이준태(李準泰) 등은 조선공산당 조직을 재건했다.
- 1926년 6월 10일 조선공산당의 지도하에 6·10만세 사건이 일어났고, 조선공산당과 춘원공산당의 간부가 검거되었다.
- 1926년 12월 조선공산당의 김철수(金綴洙), 조선공산당의 상하이파

(上海派) 한위건(韓偉健), 양명(梁明), 서울청년회계의 이정윤(李廷允), 최창익(崔昌益), 정백(鄭栢), 레닌주의동맹계의 고광수, 김강(金剛), 이인수(李仁洙), 한빈(韓斌), 1월회계의 안광천(安光泉) 등은 조선공산당을 재조직하여 ML당이라고 약칭했다.

- 1926년 12월 조선여성동우회, 경성여자청년동맹, 경성여자청년회 등은 1월회의 이현향(李賢鄕) 등의 협력으로 중앙여자청년동맹을 결성했다.
- 1927년 1월 20일 백관수(白寬洙), 신석우(申錫雨), 안재홍(安在鴻), 이상재(李商在), 권동진(權東鎭), 홍명희 등 사회주의 운동가, 공산주의 운동가, 민족주의 운동가, 조선사정연구회 관계자 34명의 이름으로 신간회(新幹會)가 발족되었다. 지회는 100 수십 개소, 회원은 3만.
- 1927년 5월 애국부인회와 중앙여자청년동맹이 통합하여 근우회(槿友會)를 발족시켰고, 정칠봉(丁七鳳), 우봉운(禹鳳雲), 박호진(朴昊辰), 허정숙(許貞淑) 등이 활약했다. 지회는 30여개 소.
- 1927년 지린(吉林)에서의 조선 독립 운동자들에 대해 전면적인 대량 검거가 있었다.
- 1927년 8월 만주에서 참의부(參議府), 신민부(新民府), 정의부(正義府), 동만주 교민 대표, 북만주 교민 대표, 임시정부, 주중국 청년총연맹(駐中國靑年總聯盟) 등의 유지로 이룬 한족자치연합회는 한국독립당을 조직하고, 군민의원회(軍民議員會)를 병설했다. 한국독립당은 김동삼(金東三), 김승학(金承學), 김좌진, 홍진(洪震), 전성과(全盛鍋), 김상덕(金尙德), 이응서

(李應瑞) 등이 지도하고, 군민의원회는 위원장에 김동삼, 부위원장에 홍진, 군무위원에 김좌진, 황학수(黃學秀), 이청천(李靑天), 전성과(全盛鍋)를, 민사위원회에 김승학, 정신(鄭信), 이관일(李寬一) 등을 선임했다.

- 1928년 2월 조선공산당에 대해 제3차 검거가 있었다.
- 1928년 3월 김구, 이동녕(李東寧), 이시영 등은 한국독립당을 조직했다.
- 1928년 5월 통의부(統義府)의 분열로 파생한 참의부, 정의부와 북로군정서계인 신민부는 합동을 모색했으나 실패로 끝났다.
- 1928년 8월 조선공산당에 대해 제4차 검거가 가해졌다.
- 1928년 11월 만주 지방 독립군의 좌익이 중심이 되어 국민부(國民府)가 조직되었다.
- 1928년 이X근(李X根), 박석홍(朴錫洪), 육홍균(陸洪均) 등은 무정부주의자의 재조직을 기도했고, 일부 무정부주의자는 신간회(新幹會) 운동을 방해했다.
- 1929년 3월 만주의 국민부를 중심으로 조선혁명당이 조직되었다.
- 1929년 11월 3일 신간회의 지도 아래 광주학생사건은 전국적인 반일 운동으로 발전했다.
- 1929년 조선공산당 만주 총국이 당원의 대량 검거로 해체 상태에 빠졌다.
- 1929년 안상훈(安相勳) 등 45명이 고려공산당을 재건했으나 검거되었다.
- 1930년 조선공산당 일본 총국이 당원의 검거로 해체 상태에 빠졌다.
- 1930년 조선총독부는 독립운동자 1만 8,811명을 검거했다.
- 1931년 9월 일본군이 만주를 침략했다(만주사변).
- 1931년 가을 한족자치연합회의 군민의원회(軍民議員會)는 지린성(吉林省) 자위군장(自衛軍長)인 정초(丁超)와 협력, 만주 한중연

합회를 구성하고 일군에게 저항했다.
- 1932년 1월　일본군이 상하이를 침범했다.
- 1932년 3월　일본군 만주국을 건국했다.
- 1932년 4월　김일성은 항일 무장 투쟁 노선에 따라 간도의 안도현(安圖縣)에서 청년, 노동자, 농민으로 구성된 항일유격대를 결성하고 동부 만주 각지에서 무장투쟁을 전개했다.
- 1932년 5월　임시정부는 저장성(浙江省) 항저우(抗州)로 옮겼다.
- 1932년　임시정부는 이승만을 제네바의 국제연맹회의에 파견했다.
- 1933년 11월　이청천(李靑天) 등은 만주독립군 뤄양(洛陽)군관학교에 입교하여 한국인 특별반으로 교육을 받았다.
- 1934년 3월　항일유격대의 조직이 정비 개편되어 조선인민혁명군이라고 칭하였다.
- 1935년 7월　중국에서의 독립운동 단체가 통합하여 조선민족혁명당을 만들었다. 그 중 주요 단체로는 한국독립당(김두봉, 조소항, 이시영 등), 조선혁명당(류동열(柳東悅), 최동오(崔東旿), 김학규(金學奎) 등), 신한독립당(윤기섭(尹琦燮), 이청천(李靑天), 조경한(趙擎漢) 등), 의열단(김원봉(金元鳳), 윤세주(尹世冑), 이영준(李英俊) 등), 대한인민독립단(신익희(申翼熙) 등), 한국국민당(김구, 이동녕(李東寧), 이시영 등), 조선민족해방동맹(현정향(玄正鄕), 김성숙(金星淑), 박건웅(朴健雄) 등), 조선혁명자연맹(류자명(柳子明), 정화암(鄭華岩) 등)이다.
- 1936년 5월 5일　만주 통화성(通化省) 푸쑹현(撫松縣)의 둥강(東崗)에서 김일성은 반일민족통일전선 조직인 「조국광복회」를 결성하고 10대 강령과 창립 선언·규약을 발표했다. 강령에는

반일 애국 세력의 총결집으로 독립을 쟁취하고, 반제국주의, 반봉건 민주주의 혁명을 수행하기 위한 정치, 경제, 사회, 문화, 교육 등의 과제가 제시되었다.
- 1937년 6월 김일성이 이끄는 조선인민혁명군의 주력부대가 압록강을 건너 국내로 진격하여 일본군의 요충인 보천보(普天堡)의 경찰관청 등을 공격하고 인민들에게 반일 투쟁을 호소했다.
- 1937년 7월 일본군의 만주 침략은 중일전쟁으로까지 확대했고 일본군은 중국 본토에 전면 침입했다. 조선에서는 지원병 제도가 실시되었고, 조선민족 말살의 황민화(皇民化) 정책이 강행되었다.
- 1937년 7월 독립운동자의 우익은 한국 광복전선을, 좌익은 조선민족전선을 결성했다.
- 1938년 조선총독부는 조선인민에 일본어의 상용을 강요(이른바 「고쿠고 조요(國語常用)」)함과 동시에 언론을 탄압하고, 동아일보와 조선일보를 정간시켰다.
- 1939년 5월 김일성이 이끄는 조선인민혁명군의 주력부대가 다시 압록강을 건너 무산지구에 나타난 일본군에게 큰 타격을 입혔다.
- 1940년 3월 총독부는 조선인민으로 하여금 창씨개명(創氏改名)을 강요하였고, 민족고유의 성명을 일본식으로 바꾸도록 하였다.
- 1940년 8월 김일성 주재하에 둔화현(敦化縣) 소하얼바령(小哈爾巴嶺)에서 열린 조선인민혁명군의 당군정간부회의에서 조국해방을 앞두고 혁명 간부의 온존(溫存) 육성과 소부대 활동으로의 전환 방침이 채택되었다(북한측의 자료).
- 1940년 한국광복전선은 한국독립당을 발족시켜 임시정부를 지원하

고, 한국광복군을 창설했다.
- 1940년   조선민족전선은 조선민족의용대를 조직했다.
- 1940년 8월   동아일보와 조선일보가 결국 폐간되었다.
- 1941년 12월 8일   일본군이 진주만을 기습함으로써 태평양전쟁이 시작되었다.
- 1942년 4월   중국 국민정부는 충칭(重慶)으로 옮겼고, 동행한 대한민국임시정부를 정식으로 승인했다.
- 1942년 7월   임시정부 산하의 광복군은 중국군의 지휘하에 들어갔다.
- 1942년 10월   독립운동 세력의 좌우 양파는 통합하여 대한민국임시정부를 양파의 연립내각으로 개각했다. 좌파는 조선민족의용대를 광복구의 지대(支隊)로 임정 산하에 편입시켰다. 의정원(議政院)은 의장에 홍진(洪震), 부의장에 최동오를 선출하고, 내각은 주석 김구, 부주석 김규식, 군무총장 김원봉(金元鳳) 등으로 조직했다. 중국군의 지휘하에 들어간 광복군은 부사령에 김광봉(金光鳳), 참모장에는 김홍일(金弘一)을 임명했다.
- 1942년 11월   일본정부는 조선인민에 대해서도 징병 실시를 결정했고, 학도동원령에 의해 학도병이 강제적으로 전쟁터에 끌려 나갔다.
- 1942년 10월   조선총독부 경찰은 조선어학회 사건을 꼬투리로 잡아, 이극로(李克魯), 이윤재(李允宰), 최현배(崔鉉培), 김윤경(金允經), 장지영(張志暎) 등 수 십명을 투옥했다.
- 1945년 2월   임시정부는 일본과 독일에 대하여 선전 포고했다.

3. 비망(備忘)

1) 국내에 있어서의 항일운동

다음과 같이 구분할 수가 있다. 제1기(1910년 ~ 1919년) - 봉건적 국가관과 유교적 도덕관에 입각한 유림과 의병을 중심으로 항일운동이 전국적으로 있었다. 제2기(1920년 ~ 1931년) - 사회주의적 지식인이 중심이 되어 반제국주의 독립을 지향하는 약소 민족의 해방운동으로 항일투쟁이 전개되었다. 제3기(1931년 ~ 1945년) - 파쇼화(化)한 일본 군부 세력에 압도되어 국내 저항세력은 지하로 숨거나, 또는 압력에 굴복하여 친일파로 전향했다. 내선일체론(內鮮一體論)이 제창되면서 황민화(皇民化) 운동이 강행되었다.

2) 조선인의 망명 정권

인민유지회의(人民有志會議)와 정부적 조직을 가진 기관은 세 지역에서 만들어졌다. ① 1919년 3월 17일 연해주에서 결성된 국민회의 ② 1919년 4월 10일 상하이에서 결성된 대한민국 임시정부 ③ 1919년 4월 23일 서울에서 결성된 국민대회이다. 그러나 장차 국내의 인민대표로 의정원을 구성하는 것을 조건으로서 상하이의 임시정권을 법통적인 망명정권으로 한다는 것에 합의했다.

3) 실질적인 항일운동은 만주에서 있었다.

청·일, 러·일 양 전쟁 후 일본은 군사적, 경제적 역량을 쏟아 만주 정책을 밀고 나갔다. 한일합방 이후에 조선총독부의 폭정을 피해 간도

지방을 중심으로 만주로 이주한 조선인은 200만을 넘었다. 조선민족의 항일운동은 이 만주에서 뜨거운 불을 뿜었던 것이다. 조선독립군의 조직도 거의 만주에서 결성되었고 만주에서 싸웠다. 조선독립군은 중국정부에 의존하는 우파와, 소련 또는 중국공산당에 의존하는 좌파로 나눌 수가 있다. 그 주요한 것은 다음과 같다.

고려독립대, 고려공산당, 통의부(統義府), 참의부(參議府), 정의부, 신민부, 국민부, 조선혁명당, 만주광복군사령부, 광복군총영(光復軍總營), 광한단(光韓團), 대한국민단, 천마산대(天摩山隊), 한족회, 경학사(耕學社), 신흥군관학교, 서로군정서, 부민단(扶民團), 대한독립단, 청년단연합회, 의열단, 보약사(保約社), 농무계(農務契), 향약계(鄕約契), 대한국민회, 대한독립군단, 고려혁명당, 대한독립군, 북로군정서, 군무도감부(軍務都監府), 광복단, 고려혁명군, 대한정의군, 의군부(義軍部), 대한신민회, 혈성단(血誠團), 부여통일회의, 한국독립당, 고려혁명군관학교, 성동사관학교, 중광단(重光團), 정의단, 한족자치연합회, 군민의원회(軍民議員會), 만주한중연합군 등이다. 1922년 만주에 통외부가 구성되었으나 다음해 분열되었다. 1927년 만주에서의 독립운동 세력은 김동삼(金東三), 김좌진을 중심으로 한족자치연합회, 한국독립당, 군민의원회 등을 구성했으나, 김동삼은 검거되었고(1927년), 김좌진은 죽음을 당하고 말았기 때문에(1929년) 기능을 상실했다. 미국에는 이승만을 중심으로 하는 국민회, 안창호를 중심으로 하는 흥사단, 북조선계 인사를 중심으로 하는 재미한족연합회 등이 있었으나 효과적인 저항 세력은 못되었다.

4) 만주에서의 김일성 항일 유격 투쟁

1920년대에 만주에서 볼 수 있었던 민족주의 각파 독립군은 일본군의 탄압과 내부의 파벌 싸움, 대중적 기반의 취약, 확고한 민족해방 이론의 결여 등으로 급속하게 쇠퇴했다. 그러나 만주사변 전후에 한층 가중된 일본제국주의의 식민지 수탈, 억압에 항거한 1931년 가을 ~ 1932년 봄의 농민봉기에서 볼 수 있는 것과 같은 폭동성을 띤 항일투쟁이 높아져 가는 속에서 김일성은 그때까지의 반일 민족 해방투쟁, 공산주의 운동을 조직적인 항일 무장 투쟁으로 발전시키는 독자적인 조선혁명 방침에 따라 1932년 4월 25일 동만주 안투현(安圖縣)에서 항일유격대를 결성했다. 그 후 두만강 연안 일대에 유격 근거지, 해방지구가 구축되었고, 인민혁명 정권의 수립, 토지개혁, 교육보급 등을 추진하는 한편, 중국인 반일 부대와의 공동행동도 가졌었다. 1934년 3월 항일 유격대는 9개 사단과 독립연대로 이루어진 조선인민혁명군으로 개편되어 만주 각지에서 활발한 게릴라 전투를 전개했다. 조선통독부의 통계에 의하면, 1931년부터 1936년까지 조선 대안의 중국령에서의「항일 게릴라 출몰」은 2만 3,928회, 연인원 13만 9,027명, 총기탈취 3,179정에 이르렀다고 한다(조선사연구회(朝鮮史研究會)편「조선의 역사」).

5) 식민지 치하에서의 친일 특권 부자의 분류

(1) 매국 지배 세력 : 이완용(李完用), 송병준(宋秉畯), 이용구(李容九) 등.
(2) 정치적 특권자 : 국내에 있어서는 중추원 참의, 도회(道會) 또는 부회의원(府會議員). 일본에서는 박춘금(朴春琴), 임모(任某), 신모(辛某) 등.
(3) 고급 관료 : 김대우(金大雨), 박중양(朴重陽) 등 지사.
(4) 경찰 관료 : 특히 고등 경찰과 국경 경찰에 종사한 자가 악질이었

는데, 검사가 된 자도 같은 부류이다.
(5) 매판적 경제인 : 김X수(金X洙), 박흥식(朴興植), 한상룡(韓相龍) 등.
(6) 황민화(皇民化) 교육가
(7) 황민화 종교가
(8) 친일 문필가 : 특히 논기연맹(論旗聯盟) 관계자 등.
(9) 국가총력연맹 또는 대정익찬회(大政翼贊會) 등의 간부.
(10) 일본 군대 또는 만주국 군대의 직업 군인.
(11) 일제의 개(犬) : 면장·면직원·순사 등 하급 관직에 있으면서 잔혹하게 서민을 압박한 자.

6) 전향자

저명한 민족해방 운동가였던 자가 일제통치 말기에 그 식민지 정책에 협력한 경우도 적지 않다. 대표적인 자를 들면 다음과 같다.
(1) 3·1독립선언문의 서명자 33인 중 최인(崔麟), 이모(李某) 등.
(2) 문필가 : 최남선, 이광수 등.
(3) 정부 지도층 : 윤치호(尹致昊), 장덕수(張德秀), 최근우(崔謹愚) 등.

7) 상해 임시정부의 활동

국공 합작 후 1942년 10월 좌우 양파의 협력에 의한 상하이 대한민국 임시정부의 연립내각으로의 개편으로 임시정부는 항일운동의 유력한 거점이 되었다. 임시정부 성립 후의 외교활동을 보면 다음과 같다.
1919년 1월 파리강화회의에 김규식을 파견했다. 1920년 볼세비키 정부의 승인을 받았다. 1931년 제네바 국제연맹회의에 이승만을 파견했다. 1942년 4월 중국 정부의 승인을 얻었다. 1943년 8월 광복군 별동대 1지대가 버마 전선에 참전했다. 1944년 6월 프랑스와 폴란드의 승인을 얻었다. 1944년말, 에스토니아와 소련의 승인을 얻었다. 1945년 2월 일본과 독일에 선전 포고했다.

8) 광복군·민족해방군의 외국군과의 접촉

(1) 중국 국민정부군의 지도를 받은 것은 주로 대한민국임시정부 산하 이청천의 광복군이다.
(2) 소련 공산군의 지도를 받은 것은 이동휘(李東輝) 등이 이끄는 독립군이다.
(3) 중국 공산군의 지도를 받은 것은 김두봉(金枓奉) 등이 이끄는 독립동맹계의 군대이다.
(4) 미국군(웨드마이어 장군 관리)에 의해 정보 교육을 받은 것은 이범석(李範奭)의 광복군이다.

9) 한국에서는 김일성이 가짜라고 말한다.

한국에서는 북한의 김일성 주석을 소련 장교 출신의 풋내기이고, 노(老) 독립운동가인 김일성과는 다른 사람이라고 했고, 일부 국민도 그것을 그대로 믿고 있는 경향이 있다. 그러나 김일성 주석의 공적은 일제시대 총독부의 자료나 신문 등으로 밝혀져 있으나, 노(老) 김일성의 공적은 전혀 불명이다.

金 九(김 구)

李承晩(이승만)

呂運亨(여운형)

金奎植(김규식)

安在鴻(안재홍)

宋鎭禹(송진우)

趙炳玉(조병옥)

金性洙(김성수)

〈일본항복으로 자유를 얻은 조선정치범들(1945년)〉

〈남북연석회의 출석을 하려고 38도선을 넘는 김구(1948년)〉

〈남북연석회의 출석을 하려고 38도선을 넘는 김규식(1948년)〉

〈미·소공동위원회의 회담전경(1946년)〉

〈소련대표 치차코프중장〉

〈미국대표 하지중장〉

제 2 편

8·15해방 후의 자주통일 독립운동

제3장 조선 독립의 국제적 공약과 민족적 당위(當爲)

1. 조선 민족 해방 제 세력의 대일 참전

앞에서 말한 바와 같이, 조선의 독립을 지향하는 해방운동은 주로 나라 밖에서 있었다. 중국 국민당 정권의 협력 아래에 김구, 김규식, 김원봉(金元鳳), 홍진(洪震) 등이 있고, 중국 공산당의 협력 아래에는 김두봉(金枓奉) 등이 있다. 미국 정부의 협력 아래에는 박용만(朴容萬), 이승만, 안창호 등이 각각 반일 운동을 전개했고, 만주에서는 김일성이 항일 유격대를 이끌고 일본 제국주의 관동군을 상대로 피투성이의 무장 투쟁을 했다.

1937년 중일전쟁이 발발하자 김구, 김규식 등 민족주의 세력이 이끄는 대한민국임시정부산하의 한국독립당(1928년 결성) 및 조선광복군(1940년 창설)과 김원봉 등 좌파 민족해방 세력이 이끄는 조선민족전선(1935년 결성), 조선민족의용대(1940년 결성)는 중국 국민당 정부의 알선으로 1942년 10월 김구, 김규식, 김원봉, 홍진, 최동오(崔東旿), 조소항, 윤기섭(尹琦燮), 장건상, 김성숙 등을 중심으로 하는 연립적인 대한민국임시정부를 수립하여 민족주의 세력과 사회주의 세력의 통일 전선을 실현했고, 그들은 에스토니아, 중국, 소련, 프랑스의 승인을 획득했다. 1941

년 12월 9일에 대일 선전 성명을 발표한 바 있는 임시정부는 1945년 2월에 다시 일본과 독일 양국에 대해 선전 포고했다. 임시정부의 광복군은 국민당 정부군의 지휘 아래, 김두봉 등의 독립 동맹군은 중국 공산군(연안 팔로군)의 지휘 아래 참전했다. 그 형식과 역량의 여하는 어쨌든 간에 임시정부가 연합국의 일원으로 일본군과 싸운 것은 사실이다. 그래서 대한민국임시정부는 그 역사적 투쟁의 승리를 바탕으로, 조선에서 포츠담 선언을 실현하기 위한 현실적 민족해방 세력으로써 인정을 받아야만 했었다. 그런데 1945년 9월 9일에 미국 태평양 방면 육군 최고사령관 더글라스 맥아더는 북위 38도선 이남에서의 통치의 전권이 자신의 수중에 있음을 초고하고, 10월에 맥아더 사령부 지휘하의 남조선 주둔 미군 당국은 대한민국임시정부가 한 기관으로 공식 입국하는 것을 거부하였으며, 같은 해 12월에는 미군정 당국이 임시정부의 공적 권리와 기능을 부인하는 성명을 냈던 것이다.

2. 연합국에 의한 조선의 자유독립 공약

이미 1920년 레닌의 볼세비키 정부는 대한민국임시정부의 이동휘 임시 총리에 대해 조선 민족이 일본의 식민지적 예속에서 벗어나 조선이 자주독립을 할 수 있도록, 1942년 동 임시정부의 김구 주석에 대해 대한민국임시정부의 법적 지휘를 승인하고 조선의 독립을 약속했다. 1943년 11월에 제차 세계대전의 3대 동맹국(미국・영국・중국)의 수뇌인 루즈벨트, 처칠, 장제스(莊介石)는 이집트 카이로에서의 회담 결과 — 이른바 카이로 선언 —를 발표하면서 「조선인민의 노예상태에 유의하여 앞으로 조선을 자유독립토록 한다」는 것을 공약했다. 1945년 2월의 얄타 협정에서 소련은 카이로선언을 추가로 인정했다. 1945년 7월 26일 미국・영국・중국 3

국 수뇌는 포츠담 선언을 발표함으로써 일본군의 무조건 항복 요구와 카이로선언의 제 조항 이행을 확인·공약했다. 1945년 8월 8일에 소련 정부는 대일 선전을 포고했는데, 그 내용에서「1945년 7월 26일의 연합국의 선언에 참가한다」는 것을 밝힌 바 있다.

 1945년 8월 15일 일본 정부가 포츠담 선언을 수락하고 항복한 사실은 조선민족의 입장에서 볼 때 미국·영국·중국·소련 등 연합국이 조선을 자유독립국으로 발족시킨다고 하는 국제 공약의 실천 의무를 지니게 되었음을 뜻하는 것이다. 한편 조선민족으로서는 민족해방 투쟁의 전통 위에 조국의 자주독립을 쟁취하는 당위성을 안겨주는 것이었다고 볼 수 있다.

 이 국제적 의무와 민족적 당위를 실행하기 위해서는 공약 실천에 대한 국제 세력간의 책임있는 협조와 조국 재건에 대한 조선 민족 내부 제 세력의 높은 차원에서의 애국적 통일이 요구되었다.

제4장 조국 재건을 지향하는 민족내부 제 세력의 동향

1. 연합국의 협조와 민족내부 제 세력 통일의 요청

　일본 식민지 체제를 청산하고 새로운 자주적 민주통일의 조선을 건국한다는 것은 국가기구의 새로운 구조라고 하는 높은 차원의 영위(營爲)이지 단순한 정권 장악을 위한 정치활동과는 질적으로 다른 것이다. 민족해방운동이 봉건적 민족주의 세력과 진보적 민족세력에 의해 독자적으로 또는 연립적으로 전개되었고, 일본의 항복이 자본주의국과 사회주의국 양자의 연합군에 의해 실현된 이상, 재건되어야 할 국가의 기본 구조는 어디까지나 민족 내부 제 세력이 평등하면서도 자유스럽게 각각의 소신을 민주적으로 반영시킬 수 있는 조건에 입각해야만 하는 것이었다. 즉 제 1차적으로 요구되는 국제 세력과 민족 세력의 지향은 「자국의 이익」 또는 「자파의 이익」이라고 하는 낮은 차원에서의 영위가 아니고, 합리적인 합의에 의한 협조와 양보에 의한 독립조선의 민주적 국가기구 창립을 지향하는 통일적인 노력이어야만 했었다.

2. 미·소는 조선의 독립보다도 자국의 이익추구

제2차 세계대전 종료 후에 있어서의 미·소 양국의 정책은 유감스럽게도 세계의 평화와 인류의 복리를 위해 협조했다기 보다 오히려 각자의 지배권 확장을 둘러싸고 대립해 있었다. 제2차 대전의 종료는 곧바로 미·소 2대 세력의 냉전으로 직결해 버렸던 것이다. 중화인민공화국의 지도자들은 미국을 제국주의·식민지주의의 원흉이라고 규정하였고, 1960년 이후는 소련을 수정주의 최근에는 사회제국주의라고 비난하고 있다. 이런 비난들은 전부가 딱 들어맞는다고는 할 수 없겠지만, 그래도 진상의 절반은 지적했다고 볼 수 있겠다.

미국은 역사적으로 조선민족의 자주독립에 관해 냉담했었다. 미국은 19세기 후반 이래 식민지를 가진 나라의 입장에서 또는 제국주의 국가군의 선진적 성원(成員)의 관점에서, 약소국으로서의 조선 혹은 일본의 식민지화의 대상으로써의 조선이라고 보고 냉혹 무정한 시각으로 대처해 왔다. 1882년 미국은 조선과 수호통상 조약을 맺었는데 그것은 어디까지나 청국의 예속국으로써의 조선을 보는 입장에서 이루어졌다. 서재필, 이승만 등이 독립협회를 조직하였고, 만민공동회를 주최하여 조선의 정치를 혁신하고자 했을 때 조선 주재 미국 대사 알렌은 서재필을 미국으로 쫓아보내기 위해 힘을 썼다. 1905년 미국이 일본과 러시아간의 중재역을 맡아 포츠머드 강화조약이 체결되었을 때도 미국은 일본의 조선에 대한 단독 지배를 인정함으로써 한일합방(1910년)으로의 길을 열었다. 1917년 랜싱·이시히(石井) 비밀협정에서 미국은 극동에서의 일본의 기득권을 재확인하고 조선에서의 일본의 식민지 지배를 승인했었다.

카이로선언(1943년)에서 조선에 대해서는 「궁극적으로 조선을 자주독립시킨다」로 밝혔으나, 미국은 궁극에 이르기까지 극동에서의 발판을 조선 반도에 구축할 계획이었던 것으로 생각된다. 이와 같이 제국주의적 야망이 있었기 때문에 얄타협정(1945년)에서는 조선에서의 일본군의 무장해제를 일국에 일임할 것이 아니라, 미국과 소련이 조선에 주둔하는「일본군의 무장해제」를 이유로 북위 38도선의 남북을 나누어서 점령하기로 했던 것이 아닐까 생각된다. 이런 모양으로 미국과 소련은 38도선의 남북에 각각 세력을 뻗어 미국은 남쪽 소련은 북쪽에 각각 상호묵계 하에서 세력권을 구축하려고 했던 것이다.

3. 교조적 공산주의 세력의 건국준비위원회 침투

조선 총독 아베노부유키(阿部信行)와 정무총감 엔도류사쿠(遠藤柳作)는 1945년 8월 9일 송진우(宋鎭禹)에게 패전 후의「치안 유지와 일본인의 생명 재산 보호」에 대한 협력을 요망했으나, 송진우는 연합군의 진주와 대한민국임시정부가 입국하기 이전에 행정권을 인수하는 일은 삼가겠다는 이유로 이를 거절했다. 같은 해 8월 15일 오전에 아베와 엔도는 여운형(呂運亨)과 면담하여 송진우에게 요망했던 같은 취지를 당부했는데, 여운형은 연합군이 진주하기 전에 민족 세력의 대표 기관을 설치할 필요가 있고 현실적으로도 치안 문제는 긴급을 요하는 일이므로 임시정부 귀국 이전이라도 조선인에 의한 치안 유지가 중요하다는 생각으로 총독부의 요망을 받아들였다.

여운형은 총독부 당국의 부탁을 받아들이는 대신 다음 다섯 가지의 조건을 확약시켰다. ① 전국을 통해 정치범과 경제범을 즉각 석방할 것, ② 8~10월의 3개월분의 식량을 확보할 것, ③ 치안유지와 건국 운동에 대해 절대로 간섭하지 말 것, ④ 학생과 청년을 훈련 조직하는 일에 대해 절대로 간섭하지 말 것, ⑤ 노동자와 농민을 건국 사업에 조직 동원하는 일에 절대로 간섭하지 말 것 등이다.

1945년 8월 17일에 여운형은 안재홍의 협력을 얻어 건국동맹(1944년 8월 10일 여운형이 조직한 비밀결사)을 모체로 장안파 공산주의자 이영(李英), 최익한(崔益翰), 강진(姜鎭)과 안재홍의 주위에 모여 있던 진보적 민족주의자 등을 결집하여 건국준비위원회('건준위'라고 약칭)를 조직했다. 위원장에 여운형, 부위원장에 안재홍, 총무부장에 최근우(崔謹愚), 조직부장에 정백(鄭栢) 등이 선임되었다. 같은 해 8월 28일에 발표된 건국준비위원회의 선언은 다음과 같은 요지였다. ① 건준은 민족을 진정한 민주주의적 정권으로 재조직하기 위한 새로운 국가 건설의 준비 기관이다. ② 진보적 민주세력을 결집하기 위해 각계 각층에 조직을 개방한다. ③ 건준 이질적 세력 협동지관 ④ 일본 제국주의와 결탁한 반민족적 반동 세력을 배제한다. ⑤ 정권은 전국 인민 대표 회의에서 선출된 인민위원으로 구성한다. ⑥ 해외에서 조선 해방운동에 헌신한 혁명전사 등 특히 그 지도적 집결체에 대해서는 적당한 방법에 의해 성심성의껏 이를 영입한다. ⑦ 새로운 정권이 성립할 때까지의 일시적 과도기의 치안은 자주적으로 유지한다. ⑧ 건준의 사명은 완전한 독립국가 조직의 실현과 새로운 정권확립을 위한 산파적 역할에 있다. 이상 건준의 지향은 해방된 조선 민족의 국가 재건에 대한 의욕과 일치하고, 그 조직구조는 자연발생적인 분위기 속에서 확대해 갔다. 8월 말까지 전국 도지부의 결성은 물론 시·군 지부도 144개에 이르렀다.

건준 창립 초기에 선수를 빼앗긴 박헌영을 중심으로 하는 커뮤니스트 그룹계(契)는 치밀하게 건준 조직에 침투했다. 8월 말에는 중앙 조직 뿐만 아니라 지방 조직도 대부분 좌익계의 손으로 들어감으로써 일부 지역을 제외하고 건준은 거의 사회주의 정당의 모습으로 변하고 있었다. 여운형과 안재홍의 그 후의 행적을 보아도 알 수 있듯이 그들은 결코 교조주의적 사회주의자도 아니며 극좌적 친소파도 아니었다. 건준의 창립 선언에서 명시한 바와 같이 그들은 건준이「새로운 국가 건설을 위한 준비 기관으로써의 역할」을 충실하게 다할 수 있도록 각계 각층에 문호를 개방하여 민족내부 제 세력의 통일을 도모했으나, 교조주의적 공산주의자의 침투는 건준의 성격을 완전히 변질시켰다.

동년 9월 3일 커뮤니스트 그룹파의 허헌(許憲)이 건준 부위원장으로 참가했고, 안재홍은 건준을 탈퇴했다. 그리고 건준은 9월 6일 발전적으로 해산하여 조선인민 공화국이 선포되었고, 이와 동시에 각급 건준 조직은 각급 인민위원회에 흡수 개편되었다. 이들 조직 개편이 소련 점령하의 북조선에서 이루어진 것이 아니고, 미군 점령하인 남조선에서 이루어졌다는 데에 문제점이 있다. 커뮤니스트 그룹파는 미국을 제국주의적 점령자라고 비난하면서 도수 공권의 인민 대중을 미국 군대와 그 앞잡이의 총구 앞에 내쫓는 극좌적 방향을 이미 제시하고 있었던 것이다. 건준 조직은 단시일에 요원의 불처럼 맹렬한 기세로 전국에 확대하여 일찍이 볼 수 없었던 강대한 조직이 되어 있었다. 그러나 여기에 참가한 인민대중 특히 부녀자들은 무엇이 우익이며 무엇이 좌익인지조차 충분히 이해 못하고 있었다. 도시·농촌할 것 없이 인민 대중은 해방된 조국을 재건하는 준비 조직이라는 기대와 포부를 안고 건준에 참가하였고, 어느 사이에 각급 인민위원회의 멤버가 되었으며, 그 결과 미군 군정에 의한 억압과 박해를 받게 되었다.

인민위원회의 간부 및 인민공화국을 선언한 지도 세력은 박헌영을 중심으로 하는 커뮤니스트 그룹파인 공산당원이었다. 그들은 이 시기에 있어서의 조선의 정치 변혁의 단계를 반봉건·반제국주의의 민주주의 민족 혁명의 단계라고 규정하였고, 원칙으로는 새로운 국가 구성을 위해 민족 내부 제 세력의 통일과 협력의 필요성을 인정하고 있었다. 그래서 그들은 중앙인민위원회에 적지 않은 우익 인사를 추천하였고, 조선인민공화국 정부의 구성에 있어서도 이승만(주석), 김구(내무부장), 김규식(외무부장), 조만식(재무부장), 김성수(문교부장), 김병로(사법부장), 신익희(체신부장) 등 우익인사를 주요 부서에 앉혔다. 그러나 인민위원회의 조직은 공산당이 장악하고 있었다. 게다가 주둔 미군에 대한 입장 때문에 우익계는 인민위원회에의 참가를 거부했다. 이런 연유로 당초 민족 자주적 사회주의세력과 진보적 민족주의 세력(여운형과 안재홍)이 시도한 「새로운 나라 만들기」를 위한 민족세력 결집의 노력은 결국 교조주의적 공산주의 세력에 대해 조직확대의 대중적 기반을 제공하는 결과에 그치고 말았다.

4. 한국민주당의 민족주의세력 잠칭

건준의 민족감정에 호소하는 선언과 인민대중의 열렬한 호응은 눈부신 조직적 발전을 가져와 국내 각층의 지도적 인사들은 건준에 참여하든가 또는 숨을 죽이고 돌아가는 결과를 지켜보았다. 이 같은 상황 하에서 적극적으로 건준에 반대한 것은 동아일보사를 아성으로 하는 호남재벌이었다. 김성수·송진우·김준연·김계수 등을 중심으로 하는 호남지방의 봉건적 지주출신자들은 일본의 식민지시대에 경성 방적회사를 기반으로 하여 일본 자본주의 팽창의 일익을 담당하였다. 또한 중앙고

등보통학교, 보성전문학교 등을 통해서「신학문의 보급」에 힘쓰는 한편 동아일보를 통하여 조선민족의 사회적 정치적 지향을 반영시켰다. 김계수·이광수(李光洙)·최남선(崔南善)·장덕수 등 동아일보 그룹은 만주 침략으로 시작되는 일본 제국주의의 대륙 침략전쟁에 적극적으로 협력했다. 반면 식민지시대에 호남재벌이 합법적인 민족적 지도세력을 형성하여 그들 나름의 입장에서「민족의 실익」을 위해 노력하고자 한 것은 사실이다.

건국준비위원회가 건국동맹의 사회주의적 민족해방세력(여운형), 장안파 공산주의세력(이영(李英)·최익한·강진(姜進)) 및 콤그룹파 공산주의세력(박헌영·허헌·이강국) 등 좌익에 의해 조직이 장악되었다. 따라서 안재홍 등 민족주의세력이 탈퇴하지 않을 수 없는 상황에 이르자 봉건적 민족주의 인사들은 건준의 좌익화를 비난하고 민족주의의 기치하에 신당을 만들기 시작했다. 1945년 4월 28일 김병로(金炳魯)·원세훈(元世勳)·조병옥·이인(李仁) 등은 조선민족당(朝鮮民族黨)을 동년 9월 4일 백남훈(白南薰)·김도연(金度演)·허정(許政)·장덕수(張德秀)·윤치영(尹致暎)·윤보선(尹潽善) 등은 한국국민당을 각각 창당했다. 동년 9월 1일에 송진우는 국내에서의 제당파의 정치활동을 부인하고 대한민국임시정부를 중심으로 하는 건국운동의 전통성을 강조하여 대한민국임시정부를 지지하는「대한민국임시정부 환국 환영회」의 조직화를 제안했다. 송진우·김성수·김준영·서상일 등은 동아일보사를 거점으로 하여 임시정부 환국 환영 국민대회 준비위원회 조직 작업에 착수했다. 동년 9월 6일 건준조직이 인민위원회로 개편되고 조선인민공화국을 선포하기에 이르자, 동일 대한민국임시정부 환국 환영 국민대회 준비위원회·한국국민당·조선민족당 등은 한국민주당으로 통합하기로 합의하여 조선인민 공화국 선포는 부당한 일이라고 성명했다. 9월 7일 송진우·김성수 등은 임정 환영 국민대회 준비위를 정식으로 발족시키고, 이튿날인 8일 한국민주당의 이름으로 임시정부 지지를 강조함과 동시에 조선인민공화국의 타도를 성명했다. 9월 16일에 송진우, 김성수, 장덕수, 원세훈, 백관수(白寬洙), 서상일, 김도연, 허정, 윤보선, 이인, 김병로 등을 중심으로 한 한국민주당 창당대회가 개최되고, 「대한민국임시정부 이외에 이른바 정부를 참칭하는 일체의 단체 및 그 행동은 종류 여하를 불문하고 이를 배격한다」고 결의했다.

이에 앞서 9월 2일 남조선 주둔 미군사령관 하지는 포고령을 통하여 「주민에 대한 포고 및 제 명령은 현존하는 제 관청을 통해서 발포한다」, 「일본인 및 상륙 미군에 대한 반란행위, 재산 및 기설기관 파괴 등의 경거망동을 금지한다」고 명령했다. 이 포고에 입각해서 9월 3일 일본의 조선군관구 사령부는 「일본군은 미군이 책임을 인수할 때까지 북위 38도선 이남에서 조선의 치안을 유지함과 동시에 행정기관을 존속시킨다」라고 발표했다. 9월 9일 미 태평양 방면 육군총사령관 맥아더는 포고 제1호를 발하여, 「북위 38도선 이남의 지역과 동지 주민에 대한 모든 통치권은 당분간 본관의 권한하에 시행할」 것을 명백히 했다. 동일 조선총독부의 항복을 수락한 남조선 주둔 미군 사령관 하지는 11일 아놀드 소장을 미군정장관으로 임명하고 미군정청의 설치를 선포했다. 14일 신구정장관은 성명을 발표하여 「일본인을 포함한 모든 총독부 경찰관을 존속시킬」 것을 명백히 하고 조선총독부 관할하의 관리들에게 일본인·조선인의 구별없이 종전과 다름없는 업무 수행의 계속을 명령했다.

제 2차 대전 후 미국이 일본 제국주의 세력의 온존을 유도하여 극동에서 미군의 앞잡이로 이용하고자 한 정책은 조선에서도 여실히 실행되었다. 이와 같은 미군의 정책으로 인하여 대한민국임시정부의 역사적 권위는 두말할 것도 없이 민족해방 운동자의 발언권까지 거부당했다. 그 반면 구 일본제국주의의 고등 경찰관을 비롯한 식민지 관료·매판적 경제인·친일파·민족반역자 등은 그대로 보호 온존되었다. 그들은 미군정의 유력한 협력자가 되었다. 이처럼 부조리한 미국에 대한 정책은 인민대중의 크나큰 불만과 견딜 수 없는 불쾌감을 불러 일으켰다. 민족적 양식을 지닌 지도자들도 당파를 초월해서 한국의 구지배자를 군정에 고스란히 받아들이는 미국의 반동적 시책에 반대했다. 그러나 한국민주당만은 민중의 불만을 무시하고 미군정의 앞잡이 역할을 청부하는데 혈안이 되었다. 1945년 10월 5일 한국민주당은 김성숙·전용순(全用淳)·김동원·김용무(金用茂) 등을 미군정의 고문으로 들여보내 경무국장에 조병옥, 학무국장에 유억겸(兪億兼)을 추천하고 미군정의 여당적 지위를 확보했다. 다시 한국민주당은 대한민국임시정부를 경원시하는 한편 일본의 식민지 관료·매판경제인·친일파를 영입하여 인민위원회의 좌익에 대항하는 우익세력의 강화에 힘썼다. 한국민주당은 이미 송진우 등이 구상하고 있던 민족주의정당이 아니라 반민족분자를 중심으로 한 자본주의적 친미 일변도의 세력으로 되어 있었다. 그러나 그들은 여전히 동아일보 등을 통해서 자기들이 민족주의 세력에 속하는 것처럼 잠칭하였다.

5. 임시정부의 좌절과 미국 및 친미세력

대한민국임시정부는 1942년 10월 잡다한 민족해방 세력을 통합해서 연립내각을 설립했다. 한국 민족해방운동은 해외 각지에서 각파 나름의 역량에 따라 수행되고 있었는데 대한민국임시정부는 일부 국가의 승인 하에 일본 침략에 반대하여 싸웠다. 때문에 해방 한국의 건국사업은 이 민족해방투쟁의 전통에 입각해서 수행되어야 하며, 그 의미로 임시정부는 중핵이 되었어야 할 일이었다. 그런데 일본의 항복 후 전개된 미·소 양국의 부조리한 대한정책은 한국의 자주독립에 대한 연합국의 국제적 책임을 망각하고 한반도를 세력확장의 장으로 바꾸어 놓았다. 임시정부의 지도자들은 이에 크나큰 실망과 좌절을 맛보고 있었다. 한편, 사회주의계의 지도자들은 임시정부와 의정원(議政院)의 해산을 요구하고 있었다. 원칙을 존중하는 민족주의 지도자는 미·소 양국에 의해 분할된 한국이 준(準)식민지상태를 벗어나고 있지 못하기 때문에 귀국해서는 안 된다고 주장하기도 했다. 그러나 중국에 오래 체류하는 것도 부조리하다는 이유로 1945년 11월 29일에 김구·김규식 등의 제1진이 개인자격으로 귀국했다. 그러나 임시정부의 민족사적 법통은 이미 맥아더의 9월 9일 포고로써 완전히 말살되어 있었던 것이다.

이리하여 임시정부의 독립운동 제 세력에서의 구심점적 권위는 상실되고 각 파벌은 그들 나름의 좌표에 따라 뿔뿔이 흩어졌다. 독립동맹의 김두봉(金枓奉)을 중심으로 한 연안(延安)세력은 북한으로 들어갔고, 의열단(義烈團)의 김원봉(金元鳳)을 중심으로 한 좌파세력은 남한에서 민족혁명당을 조직하였으며, 장건상·김성숙(金星淑) 등 사회주의 지도자들은 여운형과 협력했고, 김규식을 중심으로 한 진보적 민족주의세력은 민족통일전선을 주장하여 결집했다. 신익희(申翼熙)는 일찍이 한국민주당과 이승만에 접근했고, 조소앙(趙素昂)은 사회당 창립을 고려하고 있었다. 따라서 끝까지 임시정부의 법통을 주장한 것은 김구(金九)를 중심으로 한 봉건적이고 낭만적인 민족주의자들 뿐이었다. 이처럼 해서 임시정부는 객관적으로나 주체적으로 새로운 건국의 통일세력이 될 권위를 급속히 상실했다.

한국민주당은 건준을 기반으로 한 좌익세력의 놀라운 조직확대에 대항하기 위하여 미국의 반공정책과 임시정부의 민족사적 법통을 이용할 생각으로 송진우(宋鎭宇) 등 합리적 민족주의자의 원칙적 요구도 있고 해서, 스스로를 민족주의세력인양 선전하고 임시정부의 봉대는 민족적 개명이라고 주장했다. 임시정부의 법통과 권위가 맥아더의 포고로 인해 유린되자 한국민주당은 잽싸게 민군정청의 여당적 위치를 차지하여 친일파나 반민족적 세력과도 제휴했다. 그러나 한국의 자주통일독립에 대한 인민대중의 강한 욕구를 아는 한국민주당 지도층은 정상적(政商的)인 자본주의 친미파로서의 본질을 은폐하기 위하여 몸과 마음은 미군정청에 바치면서도 표면적으로는 임시정부를 지지하는 민족주의 집단인 것처럼 계속 가장했던 것이다.

6. 이승만 : 독선적 야심가

앞서도 밝힌 바와 같이 1896년 서재필(徐載弼)을 중심으로 한 개화파(開化派)정치인들이 독립협회를 조직하여 만민공동회(萬民共同會)를 주최하자 이승만은 이들 개화운동에 참가했다. 1898년 독립협회가 해산되고 협회관계자들이 투옥되자 이승만은 미국으로 망명했다. 3·1운동을 전후해서 미국에서 민족해방운동을 주도한 지도적 정치가로서는 안창호(安昌浩)·박용만(朴容萬)·이승만(李承晩)의 안창호의 흥사단(興士團)과 끝끝내 대립했고 또한 박용만이 정체불명의 사나이에게 암살되는 비극이 유발되었다. 안창호는 이미 1910년 로스앤젤레스에서 흥사단을 조직했었으며, 또한 박용만은 대한국민회를 조직하여 조선독립의용군을 훈련시켰고 1917년에는 뉴욕에서 25개국 약소민족 대표회의를 지도했다.

　1919년 상해에 대한민국임시정부가 수립되자, 이승만은 국무총리라는 최고 지도자로 추대되었다. 그러나 그는 대통령이라는 칭호에 연연하여 임시 헌장을 대통령제로 고쳐야 한다고 끝까지 고집하여 분규를 일으켰다. 1919년 1월 임시정부가 파리강화회의에 김규식(金奎植)을 전권대사로 파견하여 조선독립을 위한 청원운동을 전개하였을 때, 이승만은 스스로 대통령을 점칭하여 동회의에 한국에 대한 국제연맹의 위임통치를 요구하는 청원서를 제출하여 임시정부의 방침을 무시하는 독선적 행위를 감행하기도 했다. 그 뒤에도 이승만은 미국에서 대한민국임시정부 대통령이라 칭하며 행동하였으므로 임시정부는 불가불 1919년 9월 임시헌장을 대통령제로 개정했다. 이승만은 동년말 미국에 설치된 임시정부 구미(歐美)위원부를 구미에서의 정부 대표기관으로 이용하여 임시정부 국무원에서 부결한 공채(公債)발행을 김규식 명의를 도용해서 임의 발행하기에까지 이르렀다. 이들 독선과 불법행위가 끝내 말썽이 되어 이승만은 1925년 3월 23일 대통령직에서 축출되었다.

　제 2차 세계대전 중에도 이승만은 재미한국교포와의 융화를 이루지 못하고 흥사단과의 대립을 격화시켜 마침내 재미한족연합회(김호(金乎), 김원용, 김용중(金龍中) 등)와 법정투쟁의 개판싸움을 벌이는 등 드디어 재미한족연합회에의 접근을 금지 당하는 패소판결까지 받았다. 그 때문에 대전이 끝난 뒤 이승만은 김호·김용원 등 보다도 늦게 1945년 10월 15일에야 귀국했고 그 뒤에도 민족해방 운동자로서의 개인적 권위 이외에는 조직적 기반을 가지지 못했다. 말하자면 이승만은 국외·국내에서 시종 고독하고 독선적인 지도자였다 할 수 있다.

친일파・민족반역자・봉건지주 출신자 등으로 구성된 친미매판세력인 한국민주당은 한편으로 임시정부파를 지지함으로써 「민족주의세력」의 베일을 걸치고서, 또 다른 한편으로는 고독한 친미 독립운동가 이승만이 가진 개인적 권위를 이용하고자 그를 지도자로 추대했다. 조직적 기반을 갖지 못한 이승만의 입장에서 보면 미군정의 여당인 한국민주당이 자기를 최고지도자로 추대해 주는 것은 더없이 좋은 일이었다. 1945년 10월 23일 조선호텔에서 이승만 지지세력을 중심으로 각파에 의한 대한독립촉성중앙협의회가 결성되었는데(총재 이승만), 그 근간은 한국민주당 멤버로 구성되었다.

이승만은 1945년 10월 16일의 귀국 성명에서 미군기로 귀국한 것을 자랑스럽게 말했으며, 맥아더・하지・아놀드 등 미군사령관을 「친애하는 벗」이라 불렀다. 그는 또한 대한독립촉성중앙협의회에서의 연설에서 「조선인은 50~60여 개나 되는 정당을 만들고 떠들어대고 있다」고도 중상하며, 자기를 중심으로 일치단결해서 「새나라 건설」에 힘쓰자고 역설했다. 그는 당시 임시정부의 법통을 인정하면서도 김구가 그것을 양도해 주기를 은근히 바라고 있었다. 이승만은 「정부조직 또는 그 대행기관」에 준하는 기관의 설치에 반대하고 이미 만들어져 있던 인민위원회와 인민공화국을 부정하며, 임시정부의 귀국이 늦어지고 있는 것은 중국공산당의 방해 때문이라고 비난했다. 그는 각 당파에 의한 통일조직체의 구성을 호소하면서 실은 자기를 중심으로 하는 정치조직의 구축을 구상하고 시종 친미 반공 코스를 주장했다.

7. 김구 : 봉건적 애국자

김구(金九)가 남한 단독선거안에 반대하고 자주통일독립의 건국노선을 지지하여 김규식에게 접근하게 되자 한국민주당과 이승만은 김구가 극우 테러리스트라고 중상하며, 중간파·회색분자·용공분자라고 비난했다. 미군 당국은 이같은 중상과 비난을 액면 그대로 받아들였다. 그런데 한국민주당 지도층과 이승만 등이 8·15 해방 전에 국내 또는 미국에서 형식적인 반일운동만을 하고 있을 때 김구는 일제 군벌을 상대로 결사적인 항일투쟁을 전개하였고, 독립운동 안의 교조적 좌파세력과의 힘든 대립을 극복하고 있었던 것이다. 이것을 가지고 극우 테러리스트, 회색분자 등으로 중상 모략한다는 것은 당치 않은 일이었다. 김구는 봉건사상으로 뭉친 의열열사였고 자기의 조국애를 죽음으로 일관한 의지의 사람이었다.

김구는 전생애를 건 임시정부의 법통을 미군정에 의해 부정당했기 때문에 1945년 11월 29일 개인자격으로 귀국은 했지만 국내에서의 김구는 결코 외롭지 않았다. 그의 용감한 항일투쟁에 관한 존경과 지지는 인민들 사이에서 열렬한 것이었고 한국독립당, 임시정부 관계의 지도적 동지도 결코 적지 않았다. 게다가 한국민주당의 작위적 추대와 이승만에 의한 정략적 공명도 있었다.

귀국전인 1945년 9월 3일 김구(金九)는 중경(重慶)에서 대한민국임시정부 주석으로서 임시정부의 당면정책 14항을 발표하고 새나라 건설을 위한 요지인 다음과 같은 방침을 분명히 했다. 외교적으로는 중·미·소·영과 제휴하고, 나아가 세계 평화의 실현에 협력한다(제2, 제3항). 미·소 양군의 주둔기간 중은 이에 협조하고(제3항), 국제회의에는 발언권을 유지한다(제5항). 전국 보통선거에 의한 정식정권이 수립될 때까지는 국내 과도정권을 수립한다. 그러기 위해 국내의 각 계층·당파·종교단체·지방대표와 저명한 각 민주적 영수로써 구성하는 민족회의를 소집한다(제6항). 국내 과도정부가 수립되면 임시정부의 기능은 정지한다(제7항). 그러나 국내 과도정권의 수립까지 국내의 일체의 질서와 일체의 외교관계는 본 임시정부가 책임지고 유지한다(제9항). 이 같은 정책에 따라 김구는 귀국하자마자 좌익지도자와 접촉하고 임시정부를 모체로 하는 민족통일전선의 구성을 위해 노력하였으나 합의에 이르기 전에 신탁통치 반대의 소동이 발생하여 좌우 양파의 접근은 한층 곤란하게 되었다. 그러나 그는 1946년 1월 4일 성명발표를 통하여 신탁통치 반대와 국내 과도정권 수립을 목표로 하는 민족 통일전선으로서의 비상정치회의의 구성을 호소했다. 모스크바 3상회의 결정의 유산을 기도한 미국은 비상 정치회의를 자기의 지배하에 두려고 획책하였으며, 이승만과 한국민주당 또한 미국의 정책에 따라 비상정치회의를 반탁운동기관으로 변질시켰다.

제 5 장 남한에서의 미군정

1. 북위 38도선에 따른 한반도 분단

1945년 9월 2일 맥아더 사령부는 포츠담선언과 얄타협정에 기초한 지시 제1호 일반명령 제1호를 발표했는데 그 요지는 다음과 같다.

① 일본군은 미·영·중·소에 무조건 항복할 것.
② 만주, 북위 38도선 이북의 조선, 사할린 및 쿠릴열도에서의 일본군의 선임 지휘관과 모든 육·해·공 및 보조부대는 소련 극동군 최고 사령관에게 항복할 것.
③ 대본영, 일본국 본토에 북위 38도선 이남의 조선, 류구(琉球)제도, 필리핀 군도에서의 일본군의 선임 지휘관과 모든 육·해·공 및 보조부대는 미국 태평양 방면 육군 최고 사령관에게 항복할 것.

1945년 9월 2일에 조인된 일본의 항복문서에는 다음이 명기되어 있다.

① 시게미쓰(重光), 우메쓰(梅津) 양 일본대표는 미합중국, 중화민국 및 대영제국의 정부 수반이 1945년 7월 26일 포츠담에서 발표했

고, 그 뒤 소비에트 사회주의 공화국연방이 참가한 선언의 조항을 일본국 천황, 정부 및 대본영의 명령에 따라 또는 그들을 대신해서 수락한다.
② 천황 및 일본국 정부의 국가 통치 권한은 상기 항복조항을 실시하기 위해 연합국 최고사령관의 권한 하에 둔다.

이들의 명령과 문서에 의해 조선인민들은 비로소 미·소 양군이 38도선을 경계로 조국을 분단하여 진주한다는 것을 알았다.

1950년 7월 20일에 발표된 「한국의 위기에 대처할 미합중국 정책」이라는 제하의 이른바 한국백서에 따르면 대전 종전시점에서 미군의 최전진지역은 오끼나와이었는데, 소련군은 8월 13일에 이미 북한의 웅기(雄基)를 점령하고 있었다. 이를 군사적 상황에 따라 미국측은 38도선을 경계로 하여 미소 양군이 각각 분할 점령한다는 것을 제안하고 소련측이 이를 승인함에 따라 9월 2일의 맥아더 사령부의 일반명령 제1호가 되었던 것이라 한다. 그러나 38도선에 따른 분할점령은 1945년 2월 11일의 얄타 비밀협정에서의 미·소 양국의 합의사항이었다고 전해지며, 또한 한반도에서의 일본군 배치지역이 원산(元山)과 해주(海州)선 이북은 관동군사령부 이남은 조선군사령부의 분담으로 되어 있었기 때문에 이것이 38도선 설정이 기초로 되었던 것이라고도 전해진다. 1945년 8월 8일 소련군은 대일선전을 포고하자 파죽지세로 13일에 웅기를 19일에 평양을 22일에 개성·해주·원산 등을 점령하고, 25일에는 함흥을 점령했다. 이와 같은 사실로 미루어 볼 때 맥아더 사령부의 일반명령 제1호가 발해지기 이전에 소련군의 진주지역은 결정되었던 것으로 생각된다.

2. 미군은 한국민의 민족적 권위 무시

　맥아더의 일본 점령정책이 일본 제국주의의 해체를 가장하면서 자본주의 국가로서의 일본 국내체제의 온존·재편에 중점을 두었다는 것은 역사가 말해주고 있는 바와 같다. 맥아더의 이 정책은 오늘에 이르기까지 일본 지배계급의 감사의 대상이 되고 있다. 구일본제국주의 체제와의 근본적 대결을 피한 미국의 일본 점령정책은 한국에 진주한 미군의 정책에도 반영되었다. 전술한 바와 같이 1945년 9월 2일 「남조선 주민에 고함」이라는 포고문에서 한국 주둔 미군사령관 하지는 「주민에 대한 포고 및 제명령은 현존하는 제관청을 통해서 발표한다」라 하고, 조선총독부의 행정기능의 계속을 인정하였으며, 「일본인 및 상륙 미군에 대한 반란행위, 재산 및 시설 기관 파괴 등의 경거망동을 금한다」라고 한국에서의 일본인의 생명, 기득재산의 보호를 외치고 있다. 이 포고문에 입각해서 전술한 바와 같이 동년 9월 3일 일본군의 조선군관구 사령부는 「일본군은 미군이 책임을 인수할 때까지 북위 38도선 이남에서 한국의 치안을 유지함과 동시에 행정기관을 존속시킨다」라고 발표했다.

　이 때문에 한국에서의 일본의 식민지 지배기구는 패전한 8월 15일 이후에도 온존되었으며, 1945년 9월 11일까지 계속 기능하게 되었다. 게다가 맥아더 사령부는 9월 9일 「조선인민에 고함」이라는 포고 제1호에서 북위 38도선 이남의 남한에 대한 통치권이 미태평양 방면 육군 최고사령관에 있음을 선언함으로써 대한민국임시정부의 민족사적 법통을 유린하고, 건국준비위원회에 의해 만들어진 방대한 인민조직까지도 무시했다. 그 뿐만 아니라 미주둔군은 친일파, 민족반역자, 매판경제인, 식민지관료 등을 군정청에 등용 의식적으로 항일 민족해방운동 출신자를 배격했다.

이에 반해서 소련군은 잽싸게 북위 38도선 이북으로 진주한 뒤, 8월 말까지는 일본의 식민지 지배 제기관을 제거하고 9월 초에는 북조선 각 도에 걸쳐 인민위원회가 조직되었다. 1945년 8월 20일 조선 진주 소련군 사령부는 「조선인민에게 보내는 포고」에서 조선은 자유국이 되었음을 선언하였다. 또한 「조선인민의 행복을 창조하는 것은 조선인민 자신이 아니어서는 안된다」는 것을 명백히 했다. 각지에 결성된 인민위원회에는 민족주의자, 민주주의자, 사회주의자, 공산주의자의 구별없이 항일 민족해방운동에 참가한 독립운동자가 모조리 망라되었다.

다시 1945년 9월 14일 조선 진주 소련군사령부가 발표한 당면정책에 의해 일본 제국주의 통치시대의 친일분자는 숙청되고 일본인 소유 공장은 조선인 노동자에 의한 관리가 실시되었다.

3. 미군정은 조선민족의 지향에 역행

연합국은 이미 카이로선언에서 전후에도 「적당한 시기」까지 조선을 지도 또는 지배할 것에 합의한 것을 나타내고 있다 할 수 있다. 1945년 9월 2일 하지는 포고문 안에서 「국가 조직의 개편은 일조일석에 이룩되는 것이 아니다」는 것을 강조하고, 맥아더는 9월 9일의 포고에서 「북위 38도선 이남의 통치권은 본관에 속한다」라고 말했는데, 이는 한국인에게 있어서 일본으로부터 해방된 조국이 38도선을 경계로 해서 남북으로 분단되고 남조선에 미군의 직접 통치인 군정이 시행되리라는 것은 예상 밖의 일이었다.

당시 한국인민대중은 대한민국임시정부의 민족적·국제적 권위가 재확인되고, 그 법통 위에서 민족세력의 대동 결집을 얻어 만들어지는 새로운 임시정부가 조국 재건의 준비기관으로서의 역할을 다해주리라고 믿고 있었다. 그런데 미국은 봉건적 지주세력과 친일파, 친미파 등의 규합을 기도하는 한편 교조적 공산주의세력은 인민대중의 조직적 압력에 의한 미군의 철수를 꿈꾸고 있었다. 미군정의 실시, 친미세력과 공산주의세력의 격돌은 항일운동의 역사적 총괄에 기초해서 행해져야 할 건국의 당위를 좌절시키고, 세계사의 무대에 부상한 해방조선의 민족문제의 자주적 합리적 해결을 저해했다.

4. 미군정에 의한 친일세력의 친미세력화

조선 주둔 미군 사령관 하지는 1945년 9월 11일에 조선총독 아배노부유기(阿部信行)를 퇴임시키고 아놀드소장을 미군정장관으로 임명했다. 그러나 군정장관은 일본인을 포함한 구총독부 관리를 그대로 직무에 앉혀 놓았으며 동년 9월 14일에는 구식민지시대의 경찰관도 그대로 등용할 것이라고 발표했다. 동년 9월 17일에는 미군장교를 각각 구총독부에서 물려받은 경무국, 재무국, 광공국, 농상공, 법무국, 교통국, 체신국, 학무국 등의 8국장으로 임명했다. 9월 19일에야 조선총독부의 명칭이 폐지되고 미군정청의 이름이 선포되었다.

미군정청은 10월 5일 김성수, 전용순, 김동원, 이용설, 오영수(吳泳秀), 송진우, 김용무, 강병순(姜炳順), 윤기익(尹基益), 여운형, 조만식 등 11명을 군정장관 고문으로 임명하고 김성수가 위원장으로 호선되었다. 그러나 여운형은 고문을 사퇴하고 조만식은 북한에 있었기 때문에 참가할 수 없었다. 김성수(金性洙), 전용순(全用淳), 김동원(金東元), 김용무(金

用茂), 송진우 등은 한국민주당의 지도적 간부였다. 12월 말경까지는 군정청의 한국인 국장이 임명되고 미국인과 한국인은 양국장제를 채택하기 시작했는데, 한국인 국장의 대다수는 친미세력인 흥사단계(興士團系)였다. 그리고 또한 경무국장 조병옥, 학무국장 유억겸, 법무국장 김병로 등은 한국민주당 관계자였다.

이리하여 한국 주둔 미군은 친일파, 한국민주당, 흥사단을 규합하여 이것을 토대로 해서 반공의 중심세력으로서의 자본주의적 친미세력을 굳혀나갔던 것이다.

5. 남조선 과도정부

1946년 6월 3일 미군정장관은 미군정법령 141호에 의해서 미군정청에 근무하는 한인관리를 결집시켜서 미군정청 안의 남조선 과도정부를 잠칭케 하였다. 동년 12월 16일 미주둔군사령관 하지는 러치소장을 군정장관으로 임명하였고 1947년 2월 10일에는 안재홍(安在鴻)을 민정장관에 임명했다. 동년 7월 1일 미국정부는 서재필을 귀국시켜서 미군정청의 특별의정관(議政官)으로 취임케 했다. 그러나 군정장관의 거부권이 민정장관보다 우위에 있었기 때문에 한국민주당계의 경무부장 조병옥과 흥사단계의 인사처장 정일형(鄭一亨) 등이 민정장관에의 협력을 거부했기 때문에 민정장관 안재홍은 무력화되고, 남조선 과도정부는 양두구육의 존재로 전락되고 말았다.

제6장 모스크바 3상회의

1. 조선의 통일독립에는 미·소 양국의 합의가 전제조건

한국의 독립은 연합국의 선언에 의해 보장된 국제적 공약이고, 그렇기 때문에 또한 한국의 독립은 미·영·중·소의 합의 없이는 불가능했다. 현실적으로도 한국은 미·소 양군에 의해 분할 점령되어 있었기 때문에 한국의 통일 독립이 미·소 양국의 합의에 의해서 밖에 실현될 수 없다는 것은 불을 보기보다 분명한 일이었다. 그 때문에 한민족은 독립에 대한 미소의 합의를 바랄 뿐이었다. 그리고 미소간에 합의가 이루어지면, 그 위에 서서 문제를 해결하는 것이 한민족에게 과해진 역사적 당위이었다. 그러나 제2차 대전의 종결과 함께 냉전·대립의 방향으로 움직이기 시작한 미소의 긴장된 관계에서 한국을 둘러싼 양국의 이해가 완전한 합의점에 이르는 것을 저해하는 현실적 상황이 만들어져갔다. 그 때문에 한국에 관한 모스크바 3국 외상회의(미·소·영)도 쉽게 합의에 도달할 것 같이 보이지 않았으나 1945년 12월 27일 「조선의 통일 민주정부」 수립에 관한 합의가 성립되어 다음날 28일, 워싱턴·모스크바·런던에서 「모스크바 3상회의 결정」이 동시에 발표되었다. 결정의 주요 내용은 다음과 같았다.

① 한국을 독립국으로 재건하고, 한국을 민주주의적 원칙에 입각해서 발전시킬 조건을 조성하며, 오랜 일본의 조선통치의 나쁜 결과를 될 수 있는 대로 빨리 청산하기 위하여 조선민주주의 임시정부를 수립하고, 임시정부가 한국의 공업, 교통, 농업과 한국인민의 민족문화를 발전시키기에 필요한 모든 시책을 펴나갈 것이다.

② 한국임시정부의 구성을 돕고, 이에 적합한 제방책을 예비적으로 작성하기 위하여 남한 미군사령부와 북한 소련군사령부의 대표로 이루어진 공동위원회가 조직될 것이다. 공동위원회는 그 제안을 작성할 때에 반드시 한국의 민주적 제 정당 및 사회단체와 협의해야 된다. 위원회가 작성한 제 건의서는 공동위원회에 대표되어 있는 양국정부가 최종적 결정을 짓기 전에 미·소·영·중 4개국 정부의 심의에 붙여져야 한다.

③ 공동위원회는 조선민주주의 임시정부와 조선의 민주적 제 단체의 참가 하에 조선인민의 정치적·사회적 진보와 민주적 자치의 발전 및 독립국가의 수립을 원조 협력할 제 방책도 작성한다. 공동위원회의 제 제안은 조선임시정부와 협의한 뒤 5년 이내를 기한으로 하는 조선의 4개국 신탁통치에 관한 협정을 작성하기 위하여 미·소·영·중의 각 정부의 공동 심의에 붙여져야 한다.

④ 남북조선에 관련된 긴급한 제 문제를 심의하고, 또한 남조선 미군사령부와 북조선 소련군사령부와의 행정·경제면에 있어서의 일상적 조정을 확립할 제 방책을 작성하기 위하여 2주 이내에 조선에 주둔한 미·소 양군사령부 대표회의가 소집되어야 한다.

2. 신탁통치는 거시적으로 보아 피할 수 없는 조건

모스크바 3상회의의 결정이 발표되자 남한의 모든 정당은 좌우를 막론하고 제3항에 규정된 「3년 이내를 기한으로 하는 조선의 4개국 신탁통치」에 반대하는 의사를 표명했다. 그 중에서도 한국민주당과 이승만 등의 친미세력 그리고 김구 등의 봉건적 민주주의 세력은 「신탁통치」가 민족의 긍지를 짓밟고 조선의 독립을 유산시키는 것이라고 주장하고 전국적인 반대운동을 전개했다. 그들은 모스크바 3상회의의 결정이 조선민족의 「해방의 감격과 의기」, 「조선독립에의 열망」을 좌절시키고, 또다시 강대국에의 예속을 가져오는 것이라고 선전하며 선동했다. 그 때 한국민주당, 이승만, 김구 등 각파의 주장은 다음과 같은 문제점을 내포하고 있었다.

① 그들은 3상회의의 결정 내용중 제3항의 「신탁통치」를 UN헌장 제75조의 탁치(託治)조항과 혼동하고 있다. 전자, 즉 3상회의의 결정에서 말하는 「신탁통치」는 어디까지나 통일민주조선정부를 수립하기 위해 조선인민이 구성하는 임시정부를 후견할 목적으로 행해지는 신탁통치이다. 후자는 UN의 신탁에 의해 관계국이 당해 지역의 통치를 대행하는 것이다. 따라서 양자는 근본적으로 다른 정치적·외교적 조건과 상이한 목적을 가진 것이다.
② 일본의 식민지 지배 하에서 36년 간이나 노예상태로 신음해 왔음에도 불구하고 통일민주조선정부를 수립할 목적으로 5년 이내에 조선인민이 구성하는 조선 임시정부를 후견하기 위해 실시되는 4개국 신탁통치에 무조건 반대할 이유는 명확하지 않다.

③ 대한민국임시정부의 법통과 민족해방 운동자의 공적을 부정하고 친일파, 민족반역자를 규합해서 이루어 놓은 미군정체제를 긍정한 그들이 완전독립을 준비하기 위한 조선 임시정부 후견을 위한 신탁통치를 받아들이지 않는 이유는 도대체 무엇일까.
④ 미·소 양군에 의한 남북의 분단 점령이라는 현실 속에서 미·소 양국의 합의 없이 완전한 조선의 통일독립이 즉시 가능하리라고는 생각되지 않는다.
⑤ 미소간의 긴장 대립관계로 보아 모스크바 3상회의의 결정에서 볼 수 있는 미소간의 드문 합의가 앞으로도 가능하리라고 그들은 보았을까?

이상과 같은 점을 검토하면 한국민주당, 이승만, 김구 등이 강행한 불순한 반탁운동이 여하한 정치적 동기에 의해 행해졌던 것인가를 의심하지 않을 수 없다. 만약 그들이 당시 조선이 처해있던 내외의 제 조건을 똑바로 이해하고 있었다면, 또는 그들이 정치가로서의 상궤(常軌)를 제대로만 알고 있었더라면 그 같은 무분별한 반대운동은 일으킬 수 없었을 것이다. 그들의 동기를 굳이 들어본다면 그 하나는 조선의 자주적 통일독립을 방해하려 한 음모에서 나온 것인 한편 또 하나는 내외정세 파악의 불충분한데서 온 차원 낮은 감정적 대응이었다 할 수 있을 것이다.

제7장 신탁통치 반대운동과 3상회의결정 지지

1. 반탁운동은 외부세력의 악질적인 선동에 의한 것

 미국무성 극동부장 빈센트는 이미 1945년 10월 20일 미국 외교협회 석상에서 조선이 신탁통치 하에 놓일지도 모른다는 것을 시사하고 있다. 1945년 11월 4일 이승만은 미·소·영·중의 연합국에 보내는 대한독립촉성중앙협의회의 결의 속에서 「조선통치에 암담한 공동신탁통치제가 제기되었다는 보도에 접하고 놀라움을 금할 길이 없다」라고 술회하고 있다. 이들은 통일독립국가의 건설을 바라는 조선인민의 민족적 감정을 자극하는 것이었다. 게다가 그 때 유포된 신탁통치 운운은 20년 내지 30년 기한이라는 의식적 데마였다.

 모스크바 3상회의 결정은 1945년 12월 28일 미·영·소에서 동시에 발표되었는데, 서울에서는 이미 27일에 「조선은 신탁통치된다」라는 정보가 슬픈 소식으로 전해졌다. 당시 필자가 접한 미군 고관은 「신탁통치는 조선민족에 실망을 주는 것이기는 하지만 그것은 어디까지나 조선임시정부의 후견을 위한 것이지 결코 견딜 수 없는 류의 것이 아니다. 이것은 3상회의의 결정이기 때문에 변경될 수는 없다」라고 신탁통치의 적극면을 강조하고 있었다. 그러나 여러 정보는 신탁통치와 통일독립을 완전히 상호모순 되는 것이라 왜곡하고 신탁통치의 부정적인 면만을 확대 과장한 것이었다. 조선인민에 의한 조선임시정부의 수립과 이에 대한 후견을 통하여 5년 이내에 통일민주정부가 수립된다는 데 대해서는 거의 알려져 있지 않았기 때문이다.

게다가 1946년 1월 15일의 샌프란시스코 방송은 뉴욕 타임즈의 서울 특파원 보도를 원용하여 「조선공산당 책임비서 박헌영이 조선에 대한 소련 1국의 신탁통치를 절대 지지하며, 앞으로 5년 후 조선이 소련연방에 편입될 것을 희망했다」라는 선정적인 방송을 내보냈다. 이런 류의 유언비어는 조선인민의 민족적 감정을 부추겨 반탁으로 몰아세웠다.

2. 반탁운동과 민주의원의 구성

모스크바 3상회의의 결정이 발표된 1945년 12월 28일, 김구(金九)는 대한민국임시정부 국무위원회 주석의 명의로 연합국에 신탁통치반대의 전문을 발송했다. 임시정부를 기초로 국내 과도정부를 수립한 뒤 통일 조선정부를 수립할 일을 당면정책으로 삼고 있던 김구의 입장에서 보면 3상회의의 결정에는 반대하지 않을 수 없었으며, 그 명분을 결정안에 제기된 신탁통치문제에 두었을 것은 당연한 일이었다.

12월 29일에는 각 정당이 신탁통치에 반대한다는 뜻을 발표하고, 이미 유언비어에 흔들리고 있던 민심도 신탁통치 반대의 방향으로 크게 기울었다. 임시정부 관계자는 한국민주당, 한국독립당, 독립촉성중앙협의회 등의 우익정당·단체를 중심으로 신탁통치반대 국민총동원위원회를 결성하여 전국적인 반탁운동으로 나아갔다.

다음날 30일 임시정부는 포고 제1호를 발표,

2월 14일에 비상국민회의의 최고정무위원 등은 국민회의를 「남조선 대한민국 대표 민주의원」이라 개칭하고, 미군정과의 합의 하에 미군정의 자문기관역할을 담당하게 되었다. 민주의원은 임시정부의 당면정책 제6항에 기초한 과도정부의 수립과 3상회의 결정의 신탁통치 반대 등을 당면 과제로 삼았다. 의장에 이승만, 부의장에 김규식이 선출되었고 미군정청이 있는 덕수궁이 회의장으로 사용되기에 이르렀다. 이와 같은 사실은 매우 중요한 의의를 갖는다. 왜냐하면 미군정이 모스크바 3상회의 결정에 정면으로 반대하는 민주의원을 미군정의 자문기관으로 삼아 이것을 뒷받침하게 되었기 때문이다. 이것은 반탁운동과 미군정과의 밀접한 유착관계를 충분히 엿보게 하는 일이라 할 수 있다.

3. 3상회의결정 지지운동과 민주주의 민족전선의 결성

과도적 신탁통치의 실시를 내용으로 한 모스크바 3상회의의 결정에 당초 반대의사를 표시했던 조선공산당, 인민당 등 좌익계의 정당·단체는 1946년 1월 2일 북조선인민위원회의 방침에 동조하여 3상회의결정 지지성명을 발표했다. 그 결과 1월 3일부터는 도시와 농촌을 불문하고 전국 각지에서 우파의 반탁집회·데모와 좌파의 3상회의결정 지지의 집회·데모가 동시적으로 행해졌다.

1946년 1월 8일에 발표될 예정이었던 한국민주당, 국민당, 인민당, 공산당 등의 4대 정당 공동성명은 정쟁의 수단으로서의 암살·테러행위를 행하는 것은 민족의 단결을 파괴하고 국가의 독립을 방해할 자멸행위라 규탄하고 있었다. 이에 앞서 3상회의결정에 대한 현실적 적응을 주장했던 합리적 민족주의자 송진우(한국민주당)는 전년 12월 30일 반탁파에 의해서 암살되었다. 한국민주당은 이승만, 김구 등과 함께 반탁운동의 급선봉에 서있었으나 동당의 최고간부였던 송진우는 당초부터 3상회의 결정의 실시가 통일독립에의 지름길이라 생각하고 이를 지지하고 있었던 것이다. 송진우 암살 후, 그와 뜻을 같이하던 장덕수(張德秀) 등이 위 4당 성명의 기초에 참가하고 있었으나 공식성명으로 발표하기까지는 이르지 못했었다.

　1946년 1월 3상회의의 결정지지의 대중데모가 격화되는 와중에서 조선공산당과 인민당을 중심으로 하는 좌익 각 당파는 통일전선의 결성에 착수했다. 2월 1일 남조선 민주주의 민족전선(민전)준비위원회는 다음과 같은 요지의 발기선언문을 발표했다.「민전은 선거에 의해 인민대표대회가 구성될 때까지 과도적 임시국회의 역할을 장악한다. 민전은 모스크바 3상회의결정의 원칙에 의해 조선임시정부가 구성될 때, 조선민족 유일의 정식 대표로서의 발언권을 확보한다. 민전은 친일파, 민족반역자, 파시스트, 민족분열주의자, 등을 배제한 민주주의적 민족 총통일체이다. 민전은 정치, 경제, 문화 등 모든 부문을 통해서 참된 민주적 과업을 실시한다」.

　민주주의 민족전선 준비위원회는 동년 2월 15일부터 2일간 걸쳐 창립대회를 개최하고 각계의 민주적 애국세력을 결집한 남조선 민주주의 민족전선을 결성한다. 우익정당과 사회단체는 참가를 거부했다. 의장에는 여운형, 허헌, 박헌영, 김원봉(金元鳳) 등이 선출되고, 사무국장에는 이강국(李康國)이 임명되었다.

족세력에 의해서, 조선인민위원회 및 민주주의 민족전선의 지도는 박헌영, 허헌 등 교조적 공산주의자에 의해서, 독립촉성중앙협의회 및 대한독립촉성국민회는 이승만, 김성수 등 자본주의적 친미세력에 의해서, 비상정치회의준비위원회 및 비상국민회의의 지도는 김구 등 봉건적 민족주의세력에 의해서 좌우되었다. 제 단체는 그 구성 기반과 정치적 성향이라는 점에서 명백한 차이를 지니고 있지만 표면상의 공약에 있어서는 대동소이한 공통점을 지니고 있었다. 예컨대, 그 내용을 구체적으로 살펴보면 다음과 같다.

① 좌우의 구별을 초월한 민족세력의 조직적 통일체를 구성한다.
② 총선거에 의한 국회 설립 때까지 임시인민대표기관을 만든다.
③ 정식 정부 수립까지 임시행정기관을 만든다.
④ 친일파, 민족반역자를 배제한다.
⑤ 민주적 제 정책을 추진한다.

2. 조선공산당

해방 직후인 1945년 8월 16일, 이영(李英), 최익한(崔益翰), 정백(鄭栢) 등 이른바 서울파 공산주의자들은 장안빌딩에서 장안파 조선공산당을 재건했다. 그러나 8월 20일경 박헌영 등이 지도하는 콤그룹계가 공산주의 운동의 헤게머니를 장악하고 21일 조선공산당 재건위원회(재건파)를 조직했다.

조선공산당 재건위원회는 동년 9월 12일 박헌영, 허헌, 이강국, 이주하, 이승엽 등을 중심으로 조선공산당을 재건했다. 재건공산당은,

① 노동자, 농민, 빈민, 인텔리 등 일반 근로인민의 정치적, 경제적, 사회적 이익을 옹호한다.
② 조선인민의 완전한 해방을 쟁취하여 봉건적 잔재를 일소하고 자유발전의 길을 연다.
③ 혁명적 민주주의 인민정부의 수립을 위해 싸운다.

고 결의한다.

1945년 8월말 콤그룹계 공산당은 건준의 조직을 장악하고 9월 3일 허헌을 건준의 부위원장으로 취임시킨 뒤 9월 6일에는 건준을 인민위원회로 개칭하고 조선인민공화국의 수립을 선포했다. 공산당은 당초 모스크바 3상회의 결정의 신탁통치에 반대하는 의사표시를 하였으나 전술한 바와 같이 1946년 1월 초에는 3상회의 결정 지지성명을 발표하고 이 노선에 따른 대중운동을 전개해 나갔다. 공산당은 동년 1월 19일에 인민당과 함께 민주주의 민족전선(민전 = 民戰)을 발기하고 2월 15일 남조선민주주의 민족전선을 결성했다. 박헌영, 허헌이 그 의장단에 끼었다.

이에 앞서 1946년 1월 15일 뉴욕 타임즈 특파원은 "박헌영은 소련 1국의 신탁통치를 지지하며 조선을 소련연방에 가입시키기를 희망했다"라고 보도했고, 동년 5월 한민당의 경무부장 조병옥(趙炳玉)과 검사 조재천이 적발한「정판사(精版社) 위조지폐사건」은 날조된 것이라고 보도했지만 공산당에 대한 인민의 의혹과 반감을 증폭시키는데 도움을 주었다. 그 뒤 공산당에 대한 탄압이 강화되고 9월 7일 미군정청이 공산당 간부에 대한 체포령을 발했기 때문에 간부들은 모두 지하로 잠입했다.

미군정청은 1946년 6월, 서울대학의 각 학부와 각종 전문학교를 흡수 합병하여 국립서울종합대학을 신설하고 그 실권을 미국인에게 넘기려

과 같은 것이었다.

① 조선 근로인민의 이익을 보장할 수 있는 민주·자주·독립된 국가를 건설한다.
② 인민공화국 건설을 위해 인민위원회가 권력을 장악한다.
③ 토지개혁 등에 의해 봉건적 잔재를 청산한다.
④ 친일분자·민족반역자 등의 소유 재산 및 기업을 국유화하고 그들의 공민권을 제한한다.
⑤ 민주적 노동정책, 인민의 기본권, 남녀 평등권 등의 민주주의제도를 확립한다.

동년 11월 23일 남조선노동당 결성대회가 개최되어 위원장에 허헌, 부위원장에 박헌영, 이기석(李基錫) 등이 선출되었다. 남로당의 창당준비 및 결성은 10월 폭동을 전후한 소연한 분위기 속에서 진행되었다. 결성대회 당일에도 광주형무소의 수인 9백명이 폭동을 일으켜 수인 15명의 사상자를 내는 사건이 일어났다. 일련의 폭동은 한민당과 이승만계의 야만적인 반공폭력행위를 불러 일으켰다. 우익 청년단의 백색 테러는 미군정의 좌익탄압정책에 편승해서 일상화되었다. 1947년 2월 「국대안」에 반대하여 불법 파면된 교수의 복직 등을 요구하며 학생의 동맹휴학이 재개되자 우익 학생단체의 흉폭한 테러행위는 학원을 아수라장으로 바꿔놓았다. 동년 2월 7일에는 독립촉성노동조합총연합회(노총) 소속의 폭력단은 민전 산하의 조선노동조합 전국평의회(전평 = 錢評) 관계자들을 영등포에서 습격했다. 3월 22일에는 남조선 해고 폭압반대투쟁위원회의 지령으로 전국적으로 24시간 총파업이 일어났는데 남로당원 2,076명이 검거되었다. 1947년 3월 1일에 좌우 양세력은 각각 따로 3·1절 행사를 개최했는데, 서울을 비롯해서 부산·정읍·영암·순천·제주 등에서 양자가 충돌을 일으켜 경관대의 발포까지 겹쳐 비참한 유혈사태를 낳았다. 서울에서는 사망 2명, 지방에서는 사망 16명 등에 이르렀고 그밖에도 다수의 부상자와 구속자를 냈다.

이처럼 남로당이 미군정 반대의 격렬한 저항운동을 전개하게 되자 경찰과 우익청년단(서북청년단·대동청년단·민족청년단·광복청년단)은 일체를 이루어 좌익세력에 대한 야만적인 폭행·테러·살인 등을 자행하기에 이르렀다.

4. 조선인민당

건국준비위원회가 공산당에 의해 장악되어 인민위원회라 개칭하고 인민공화국이 선포되기는 했어도 미군정청이 행정권을 행사하게 되자 그 엄한 억압 하에서 인민위원회와 인민공화국은 기능정지 상태에 몰렸다. 여운형을 중심으로 한 건국동맹 세력은 박헌영 등의 교조주의적 공산세력을 경원시하고 1945년 11월 15일 고려국민동맹(高麗國民同盟), 인민동지회(人民同志會), 15회와 합동하여 조선인민당을 결성했다.

인민당은 강령으로서,

① 참된 민주주의 국가를 건설하고 조선인민의 정치적 해방을 달성한다.
② 계획경제제도를 확립하여 조선인민의 경제적 해방을 달성한다.
③ 진보적 민족문화를 건설하여 조선인민의 문화적 해방을 달성한다.

은 우파인 김규식을 지지하여 좌우합작운동 안에서 우파의 일익을 담당했다. 신한민족당은 1946년 3월 오세창(吳笹昌)·권동진(權東鎭) 등이 중심이 되어 결성된 당이다. 안재홍은 이듬해 7월 2일 김규식의 추천에 의해 미군정청 민정장관으로 취임했으나 그 뒤 국민당은 쇠퇴했다.

8. 한국독립당

한국독립당은 1929년 3월 김구·이동녕(李東寧)·이시영 등에 의해 상해에서 결성된 뒤, 1937년 우파 민족세력인 한국광복전선 산하에 편입되어 대한민국임시정부의 중심적 정당으로 해방을 맞이했다.

1945년 8월 24일에 발표된 강령은,

① 국가의 독립을 보위한다.
② 계획경제제도의 확립
③ 민주공화국의 국가체제를 완성한다.

라고 되어 있다.

동년 11월 29일 김구 등 임정요인이 귀국함과 동시에 서울에 한독당 본부가 옮겨졌다.

12월 28일 모스크바 3상회의 결정이 발표되자 한독당이 중심이 되어 서울에서 반탁국민 총동원위원회를 결성했다. 한독당은 또한 이듬해 1월의 비상정치회의 준비회의에서 주도적 역할을 맡아 이승만계 및 한민당 등 친미파는 물론이고 인민당, 공산당 등의 좌익까지도 동회의에 초청했다. 2월 1일 비상정치회의는 이승만계, 한민당, 한독당 등 우파세력으로 비상국민회의(非常國民會議)를 구성하고 최고정무위원회의 선출을 이승만과 김구에게 일임했다. 이승만과 김구가 추천하여 선출된 최고정무위원 28명의 면면은 우파 일색이었다(동년 2월 14일 최고정무위원회는 미군정청의 자문기관인 민주의원이 되었고 미군정청이 있던 덕수궁을 회의장으로 사용했다).

대한독립촉성중앙협의회와 반탁국민총동원위원회는 1946년 2월 8일 합동하여 대한독립촉성국민회를 결성하여 이승만이 총재로 김구가 부총재로 앉았다.

한독당은 1946년 4월 18일에 일부의 조선국민당원과 신한민족당원을 흡수하여 당세를 확장했다. 이 때에 발표된 흡수합당 성명 요지는 다음과 같다.

① 조국재건을 위해서는 전민족의 총력을 결집시켜야 하는데, 한국민주당은 당내사정 때문에 합당을 보류했다.
② 한독당은 모든 혁명적·전투적·애국적·진보적 민족 역량을 결집하여 새로 출발한다.
③ 미군정청의 존재와 좌익세력의 반대 때문에 대한민국임시정부가 주권행사 기관으로 활동할 수 없게 된 것을 유감으로 생각한다.

그리고 동당 중앙집행위원장에는 김구, 부위원장에는 조소앙이 선임되었다.

1946년 3월 20일부터 제 1차 미·소공동위원회가 개최되고 있었는데, 한독당은 이승만계와 한국민주당과 함께 반탁운동의 선봉에 서서 공동위원회사업의 유산을 노려 비협조적 태도를 취했다.

6월 3일 이승만이 남조선만의 단독정권 수립을 주장하고 한민당이 이에 동조하게 되자 한독당과 이들 친미매판세력과의 사이에는 틈이 생겼

⑨ 임정 산하 비상정치회의의 수 십 년 법통을 인정하고 민족통일총본부, 독립촉성국민회의는 이에 합류해야 한다.

1947년 2월 14일에 개최된 비상국민회의 전국대회는 민족통일총본부, 독립촉성국민회의의 합체를 결의함과 동시에 국민의회라 개칭되었다. 그러나 합체결의는 이승만과 한민당의 반대로 이루어지지 않았다. 그 뒤 김구는 한독당위원장직을 걸고 한민당과의 합당을 추진시키려했으나 한민당은 이에 응하려 하지 않았다.

당시 미국에서 남조선단독정부수립을 설득하고 다니던 이승만은 3월 6일 임시정부계 인사가 자기를 임시정부 주석으로 추대하려 하나 「알바 아니다」라고 방언했다. 4월 미국에서 귀국한 이승만은 「임시정부의 활동 때문에 조선독립이 지연되는 일이 있어서는 안된다」라고 임정계 활동에 브레이크를 걸었다.

1947년 9월 1일 국민회의는 임시정부기구를 개편했다. 주석에는 김구 대신 이승만을, 부주석에는 김규식 대신 김구를 밀고, 국무위원에는 한민당의 김성수, 이승만계의 이청천(李靑天) 등이 임명되었다. 그러나 당시 이미 이승만계와 한민당은 미국의 지시 하에 UN을 통한 남조선단독정부수립을 기도하고 있었으므로 임정의 개편에는 관심도 두지 않았다. 동년 9월 미국은 조선문제를 일방적으로 UN에 넘겨, 11월 15일 총회에서 미국이 제안한 UN 감시하의 남조선단독선거안이 가결되었다. 김구는 재빨리 이에 반대를 제기하였고 이듬해 1월 서울에 도착한 UN임시조선위원단에 대하여,

① 미·소 양군은 동시에 철수한다.

② 남북조선의 정치적 요인의 협의회를 개최한다.
③ 남북 정치요인의 협의에 선거 실시안을 제안한다.

등의 의견을 제시한다.

그뒤 김구 등 한독당 간부는 1948년 4월 평양에서 개최된 남북조선 정당·사회단체 대표자 연석회의에 참가하고 동년 5월 10일의 남조선 단독선거를 규탄 보이코트했다. 이승만의 강력한 정치 라이벌이었던 한독당 당수 김구는 1949년 6월 26일 이승만 배하의 테러리스트 육군소위 안두희(安斗熙)의 손에 의해 암살되었다. 이후 한독당은 자연히 소멸된다.

9. 민주독립당

1947년 9월초 민주통일당 창당준비위원회의 홍명희·조헌식·유석현, 조선국민당의 안재홍·박용의, 건민회의 이극로(李克魯)·박기출·이경석, 재미 한족 연합회의 김호(金乎)·김원용, 전한민당 김병로 등 민족자주연맹 산하의 주요 정당·사회단체가 중심이 되어 민주독립당 창당준비위원회가 만들어져다.

민주독립당은 동년 10월 20일에 결성되어 당대표로 홍명희(洪命熹)를 선출하고 정강으로서,

① 자주·민족·통일조선 정부를 수립한다.
② 사대주의적 매판행위와 반민주적 독재행위를 배격한다.
③ 계획성 있는 정제체제를 확립하여 조국의 경제적·사회적 후진성을 극복한다.

등을 들었다.

　민주독립당은 민족자주연맹의 중심적 역할을 담당했으며 미·소공동위원회 사업에 협력하고, 남조선단독선거안에 반대, 자주적 통일독립을 주장했다. 따라서 동당은 1948년 4월의 남북정당·사회단체 연석회의에도 참가하여 단독선거에 반대와 통일민주독립국가의 수립을 주장한 결정을 지지했다. 그러나 그 후 홍명희·이극로 등 지도간부가 북의 정권에 참가하였기 때문에 그 조직적 활동은 자연히 소멸되고 말았다.

10. 민족자주연맹(민련 = 民聯)

　이승만계와 한민당 등 친미 매판세력, 박헌영 등 교조적 공산주의세력, 김구 등 대한민국임시정부의 우파세력은 모두 민족적 주체성을 확립하지 못하고 조국의 자주·민주·통일독립이라는 대원칙을 망각하거나 정권욕에 사로잡혀 객관적 정세에 대한 과학적 파악에 실패했다. 광범한 대중은 사대적 매판행위, 좌익적 모험행위, 근시안적 자존행위를 모두 혐오하고 민족적 주체성을 기초로한 합리적인 조국재건을 열망했다. 이같은 추세에 호응하여 김규식 등 임시정부내 진보적 민족주의세력, 홍명희 등 민주통일당 창당준위 관계자, 안재홍 등 조선국민당 관계자, 이극로 등 건민회 관계자, 장건상 등 근로인민당 관계자, 조봉암 등 민족자주적 사회주의 관계자, 박기출 등 영남지방의 진보적 민족자주세력 등이 김규식을 정점으로 상호유대를 유지하고 있었다.

　이들 진보적 민족주의세력은 자본주의 내지는 사회주의를 강요함이 없이 또는 미국의 이익 내지 공산주의자 측에 관계없이 오로지 민족과 민중의 이익을 추구하는 입장에 서있었기 때문에 융통성 있는 다양한

정책을 취할·수가 있었다. 그 때문에 그들은 미국과 그 앞잡이들에게는 용공적 회색분자라 중상을 받았고, 교조적 공산주의자들로부터는 자본주의적 자유주의집단이란 비판을 받았으며, 봉건적 민족주의자들로부터는 무원칙한 현실타협주의자들이라는 비난을 받았다.

진보적 민족주의세력에 속하는 집단 내지 개인의 정치적 동향은 대체로 다음과 같이 요약할 수 있다.

① 일제 식민지통치기에 어떠한 형태로든 민족해방운동이나 반제운동에 가담하여 민족반역행위를 범한 바 없다.
② 8·15해방 이후를 근대적 민족자주국가형성의 과정, 조국재건 단계라 규정했다.
③ 조국재건은 이데올로기를 초월한 고차원의 민족적 영위이고 민족해방세력의 총단결에 의해 추진되어야 한다고 생각했다.
④ 자주·통일·독립의 민주정부 수립을 주장하고 남조선단독선거안에 반대했다.
⑤ 조선문제를 제 2차 세계대전의 전후처리문제에 속하는 것으로 규정, 4대 연합국의 합의 특히 미·소의 합의를 전제로 해야 한다고 생각했다.
⑥ 모스크바 3상회의에서의 합의는 요행인 일이라 생각하고 미·소 공동위원회의 활동에 협력했다.
⑦ 김규식·여운형 등에 의한 좌우합작운동을 지지했다.

민족자주연맹은 좌우합작운동을 지지하는 14개개 정당, 50개 단체 산하의 광범한 진보적 민족주의세력이 결집되어 1947년 12월 20일 결성되었다.

민주독립당·민중동맹·신진회·신한국민당·건민회 등이 중심 멤버였고 근로인민당·조선인민공화당·천도교 청우당·사회민주당·농민당·조선공화당 관계 인사도 개인의 자격으로 참가했다. 연맹 총재로는 김규식이 선출되고 다음과 같은 강령이 발표되었다.

① 사대주의 매판세력을 배제하고 자주·통일·민주적 조선중앙정부를 수립한다.
② 조선의 정치·사회·경제·문화적 다양성을 올바로 파악하여, 조국과 민족의 후진성을 극복하기 위해 다양한 계획을 추진한다.
③ 계획성 있는 경제정책을 추진하여 생산수단의 현대화를 도모한다.

제9장 미·소공동위원회

1. 모스크바 3상회의 결정의 성격

첫째, 모스크바 3상회의 결정은 카이로선언, 포츠담 선언에 기초한 연합국의 합의사항이다.

둘째, 포츠담 선언은 전승국, 미·영·중·소의 이른바 무제한의 권리를 보증하고 있는 까닭에 그대로 실행되기만 하면 되는 것으로서 그 원칙에 대한 거부란 있을 수 없다.

셋째, 모스크바 3상회의의 결정사항도 조선인민에게는 그 실행만이 허용될 뿐 결정 사항을 정면으로 거부할 수는 없다. 비판, 논의는 결정의 실행을 전제로 한 틀 안에 한정된다.

넷째, 마샬 미국무장관은 몰로토프 소련외상 앞으로 보낸 1947년 5월 2일부 서한에서 다음과 같이 말하고 있다. 「미·소공동위원회는 모스크바 협정의 엄정한 실천이 그 기초로 되어야 하는데, 공동위원회는 모스크바협정의 결정사항을 실천함에 있어서 민주적 권리 내지 자유의지의 표시는 존중되어야 한다」.

다섯째, 포츠담 선언을 실천에 옮겨 조선에 자주·통일·민주적 조선정부를 수립하기 위하여서는 미·소 양국의 합의가 전제로 되었다는 현실적 요건을 생각할 때, 모스크바 3상회의에서 이룬 합의가 얼마나 중요한 것인가는 두 말 할 것도 없다.

2. 미국의 헤게모니 확보 기도

8·15해방 후 남한은 미군의 단독점령하에 들어가 남한인민은 미군정의절대적 지배를 받았다. 미군사령관의 이름으로 된 한 장의 포고문은 수 십 년간에 걸친 대한민국임시정부의 전통적 권위를 일조일석에 매장시킬 수 있었으며, 미군정청의 명령 한마디로 해방의 기쁨에 들뜬 한민족의 애국적 입장에 선 건국운동이 하루아침에 유린되기도 했다. 미국은 한민족의 항일투쟁의 민족사적 전통을 묵살했을 뿐만 아니라 40여년에 걸친 일본제국주의의 포악한 식민지 지배에 대한 민족의 저주와 원한도 무시하고, 일본제국주의의 앞잡이였던 친일파·민족반역자를 군정에 끌어들여 그들의 발호를 허용했다.

두 말 할 것도 없이 카이로선언이나 포츠담 선언에서는 한국을 분단하여 남북으로 이질적인 제도·국가를 수립하기로 되어 있지 않았다. 양선언은 조선인민의 노예적 상태로부터의 해방과 자유독립의 조선정부수립을 공약하고 있는 것이다. 그럼에도 불구하고 맥아더 사령부의 일반명령(1945년 9월 2일)은 북위 38도선을 경계로 한반도의 남북에 미·소 양군이 진주할 것을 분명히 하여 결국 이 공약 실시를 불가능하게 했으며, 끝내는 피를 피로 씻는 내란의 원인(遠因)을 만들었던 것이다. 한민족은 미군사령부의 부당한 일반명령에 결연히 반대하였는데, 미 점령군은 무력으로 이를 누르고 한민족의 절실한 통일독립에의 의지와 절규를 압살했다.

조선인민의 민족적 긍지를 짓밟은 미군정 및 미군사령부가 모스크바 3상회의 결정에 반대하는 남한 일부 정계의 활동과 데모만은 왜 방임했던가. 게다가 미측은 반탁파가 신탁통치반대의 근거로 내건 「한민족의 긍지」에 조차 동정을 보내는 포즈를 취하면서 반탁운동을 부채질했던 것이다. 즉 미국은 마지못해 모스크바 3상회의의 타결에 동의는 했지만 남한을 자기들의 세력권 안에 눌러두기 위하여 내심으로는 3상회의 결정의 무효를 바라고 있었던 것이다. 그 때문에 3상회의 결정이 한민족의 긍지를 손상이라도 시키는 것인 양 여론을 오도하고 그 파괴를 은근히 선동했던 것으로 생각된다.

요컨대 미국은 점령 하에 있는 38도선 이남의 땅을 소련세력이 관여치 않는 자기의 세력권으로 확보하려고 기도하였고 그를 위해 어떻게든 통일·민주한국정부의 수립을 저지하지 않을 수 없었던 것이다. 그 때문에 미군정은 남한의 사태를 이 같은 방향으로 유도했다. 한편 소련은 그 같은 미국의 저의를 꿰뚫어 보고 3상회의 결정의 엄정한 실행을 바랐던 것인데 미국의 작위에 의해 미·소공동위원회가 결렬되기에 이르러도 북한에 대한 지기의 영향력 확보라는 점에서는 손실이라 생각하지는 않았다.

3. 미·소공동위원회 제 1차 회의

미·소공동위원회는 1946년 1월 16일부터 2월 6일까지 서울에서 열린 예비회담에 이어 동년 3월 20일부터 5월 8일까지 제 1차 본회의를 역시 서울에서 개최했다. 미국측 대표는 하지 중장, 소련측 대표는 스티코프 중장이었다. 3월 20일 양국 대표는 3상회의 결정안에 들어있던 민주적 제 정당·사회단체와의 협의에 의한 임시정부수립 준비문제를 둘러싸고 성명을 발표했다. 하지는 「민주적 언론의 자유를 보장하고 소수 정당만에 의한 한국지배를 반대한다」라고 말했으며, 스티코프는 「모스크바 3상회의 결정은 한국을 민주적으로 발전시키기 위한 방안이기 때문에 동결정에 규정된 한국임시정부의 수립은 3상회의 결정을 지지하는 민주적 제 정당·사회단체를 기반으로 해서 실행되지 않으면 안된다」라고 말했다. 동 20일에 개최된 제1회 회의에는 미국측에 아놀드 소장, 소련측에 챠라프킨 소장이 대표로 참석했다.

4월 18일에 발표된 이른바 미·소공동위원회 제5호 성명에서 한국임시정부수립을 위해 협의해야 할 민주적 정당·사회단체의 성격과 조건이 다음과 같이 결정되었다.

① 한국임시정부수립을 위해 미·소공동위원회의 협의대상이 될 수 있는 정당·사회단체는 모스크바 3상회의의 결정 즉 한국을 독립국가로서 재건하고 한국을 민주주의의 원칙 하에 발전시켜 일본제국주의의 잔재를 청산한다고 하는 목적을 지지하는 것이 아니어서는 안된다.
② 한국 민주주의 임시정부의 조직에 관한 공동위원회의 결의를 지키지 않으면 안된다.
③ 공동위원회가 한국임시정부와 함께 신탁통치에 관한 제안을 작성하는 데 협력하지 않으면 안된다. 즉 신탁통치에 관한 협의를 포함해서 모스크바 3상회의 결정을 수락한다는 요지의 선언서에 서명한 정당·사회단체만이 미·소공동위원회의 협의대상으로 인정받게 되었다.

미·소공동위원회 제5호 성명이 발표되자 김규식은 라디오를 통해서 지지를 표명하고, 진보적 민족주의세력도 이에 동조했다. 이튿날 19일 조선공산당이 5호 성명 지지의 선언서에 서명·제출한 것을 필두로 해서 좌익계 정당 및 사회단체가 일제히 지지서명의 동일행동을 취했다. 27일까지 5호성명 지지의 선언서에 서명한 좌익단체는 민주주의 민족전선, 조선공산당, 조선인민당, 노동조합전국평의회 등 32개의 정당·사회단체에 이르렀다.

하지는 4월 22일과 23일의 성명에서 한국임시정부는 미·영·중·소 4개국의 합의 하에 신탁통치를 받지 않아도 될 수 있으며 그 기간을 단축시킬 수도 있다고 하여 우익정당·단체도 5호성명 지지의 선언서에 서명하도록 종용했다. 그는 27일에도 성명을 발표하여「제5호 성명지지 선언서에 서명은 반드시 신탁통치에 대한 찬성 또는 지지의 언질이 되는 것은 아니다」라고 말하면서 우익단체의 참가를 독촉했다. 그 때문에 30일 비상국민회의 및 민주의원은 각각 제5호성명 지지의 선언서에 서명하기로 결의했다. 이리하여 5월 1일 민족통일총본부, 독립촉성국민회, 한민당 등 자본주의적 친미세력과 비상국민회의, 한국독립당 등 봉건적 민족주의 세력의 20여 정당·단체가 서명했다. 동시에 이들 우익정당·단체는「한국임시정부수립에 참가하여 신탁통치에 반대한다」라는 성명을 발표했다.

그 때문에 소련대표는 같은 날인 5월 1일「미·소공동위원회와의 협의에는 응할 것이나 임시정부가 수립되면 신탁통치에 반대한다」는 우익정당·사회단체는 공동위원회의 협의대상이 될 수 없다라고 주장했다. 이에 대하여 미측 대표는 8일에「신탁통치에 반대한다는 이유만으로 100개 이상의 우익단체를 협의대상에서 제외하고 신탁통치에 찬성하는 소수 좌익정당·사회단체만을 협의대상으로 한다는 것은 의사표시의 민주적 자유를 억압하는 것이다」라 말하고 미·소공동위원회의 무기휴회를 제의했다.

요컨대 미국측은 신탁통치반대를 외치는 우익세력을 끝까지 옹호하기 위해 모스크바 3상회의 결정에 대한 지지·반대를 불문하고 미·소공동위원회의 제5호성명 지지의 선언서에 서명만 하면 그 정당·단체를 공동위원회의 협의대상에서 제외시켜서는 안된다고 주장했던 것이고, 소련측은 모스크바 3상회의 결정을 지지하는 정당·단체에 한해서만 공동위원회와의 협의에 참가할 자격이 있으며, 또한 참가 후에도 3상회의 결정 및 그를 집행하기 위한 미·소공동위원회의 업무에 반대하지 않는 정당·단체에 한한다는 원칙적 입장을 견지하였던 것이다.

4. 미·소공동위원회 휴회중의 경과

미·소공동위원회는 1946년 5월 9일부터 1947년 5월 20일까지 1년 이상 휴회했는데 그간 미·소 양대표 간에 수차에 걸친 의견교환이 있었다. 1946년 8월 12일에 미국측 하지대표는 소련측 치스챠코프대표에게 서한을 발송하여 「모스크바 3상회의 결정에 기초하여 미·소공동위원회를 재개하고 싶다」라고 요청한데 대하여 10월 26일 치스챠코프대표는 「모스크바 3상회의 결정의 원칙이 준수된다면 한국인의 의견 및 의사제출의 자유발표권을 인정한다」라고 회신했다.

미국측은 1946년 11월 1일 「모스크바 3상회의 결정을 실행에 옮기기 위해 미·소공동위원회를 재개하고, 한국인의 의견발표의 자유를 보장해야 한다. 그러나 모스크바 3상회의 결정의 이행 내지 미·소공동위원회의 사업에 대하여 집단적 반대를 조장하거나 교사하는 개인, 정당, 사회단체는 미·소공동위원회의 협의대상에서 제외한다」라고 하여 공동위원회의 재개를 재촉구했다. 동년 11월 26일 소련측의 재개의 조건으로서

① 모스크바 3상회의 결정을 전면적으로 지지하는 정당·단체를 협의대상으로 한다.
② 정당·단체의 자율성을 인정하지만 지나치게 3상회의 결정에 반대하는 자에 한하여 정당·단체의 대표에서 물러날 것을 권고한다.
③ 미·소공동위원회의 사업, 연합국의 합의사항 및 모스크바 3상회의 결정의 실천에 적극적으로 반대하는 정당, 단체 및 개인은 미·소공동위원회의 합의에 입각하여 그 협의대상에서 제외한다.

등을 들었다.
  미국정부는 1947년 2월 14일 하지를 소환하여 3월에 개최되기로 되어 있던 모스크바 3상회의를 앞두고 한국의 현지정세를 검토했다 한다. 그러나 4월 5일 서울로 귀환할 때까지 하지는 마샬 국무장관과 미·소공동위원회 결렬에 대처할 문제에 관해서도 협의를 했던 것으로 보인다. 마샬은 몰로토프 소련 외상 앞으로 보낸 4월 8일자 서한에서「미·소공동위원회의 사업이 1947년 여름까지 이렇다 할 진전이 없을 경우, 미국은 단독으로 어떤 조치를 취하게 될 것이다」라고 말하고 있다. 이에 대해 몰로토프는 4월 19일자 회신에서 다음과 같이 지적했다.「미·소공동위원회의 미국측 대표는 모스크바 3상회의 결정에 위반되는 태도를

취해 민주적 제 단체의 참가를 제외하는 한편, 3상회의 결정에 반대하는 단체를 협의대상으로 참가시키려 했다. 예컨대, 모스크바 3상회의 결정에 반대하는 한민당(김성수 등), 민족통일총본부(이승만 등), 비상국민회의(김구 등) 등 17개 정당·사회단체를 협의대상으로 지지하고, 노동조합 전국평의회, 농민조합 전국총연맹, 조선민족혁명당, 조선청년총동맹 등의 정당·사회단체를 협의대상에서 배제했다」는 것이다. 이에 대해 마샬은 5월 2일 몰로토프에 대해

① 미·소공동위원회의 재개는 모스크바 3상회의 결정의 엄정한 실천이 그 기반을 이룬다.
② 3상회의 결정의 엄정한 실천에는 자유의지의 표명이 존중되어야 한다.

라고 강조했다. 그 뒤 몰로토프(5월 9일)와 마샬(5월 13일)은 각각 미·소공동위원회의 재개에 동의한다는 서한을 교환하고 있다.

　미·소 양국간의 절충이 행해지고 있는 동안 김규식과 여운형은 1946년 10월 18일 남북조선 주둔군사령관에게 미·소공동위원회의 재개를 요망하는 서한을 보냈고 12월 12일에는 북조선인민위원회에 공동성명위원회 재개 실현을 위한 노력을 요청하는 서한을 발송했다.

　12월 24일 미국측 대표는 「미·소공동위원회 제5호성명 지지의 선언서에의 서명한 것은 모스크바 3상회의 결정에 대한 전면적인 지지라고 인정하고, 서명 정당·단체는 협의대상으로 삼는다. 협의대상으로 초청된 자는 3상회의 결정과 공동위원회의 임무에 반대해서는 안된다. 3상회의 결정에 적극적으로 반대한 자는 정당·단체의 지도적 지위에서 물

러나야 한다」라는 견해를 공표했다. 그 때문에 이승만, 김성수, 김구 등이 지도하는 정당·단체는 미·소공동위원회 제5호성명 지지 선언서의 서명을 취소하고 신탁통치를 끝까지 반대할 태도를 재표명했다. 당시의 각 당파의 동태를 보면 이승만계와 한민당은 남한단독정부의 수립을 기도하고, 김구계는 반탁을 고수하여 대한민국임시정부의 법통에 선 자주통일정부의 수립을 주장했으며, 김규식·여운형 등은 미·소공동위원회의 재개에 의한 한국임시정부의 수립을 목표로 삼았고, 박헌영·허헌 등은 반미궐기를 추진하고 있었다.

5. 미·소공동위원회 제 2차 회의

휴회중에 교환된 소련측과의 절충에 입각해서 마샬 미국무장관은 1947년 5월 14일 하지에게 미·소공동위원회의 재개를 지령했다. 5월 20일 소련 수석대표 스티코프가 서울에 도착하고, 21일부터 미·소공동위원회 제 2차 회의가 열렸다.

미·소공동위원회는 6월 4일 제 정당·사회단체에 그 대표를 협의에 참가시키기 위해 6월 22일을 기한으로 미·소공동위원회에의 참가청원서를 제출하도록 요구했다. 그때까지 신탁통치에 반대하고 있던 민주의원, 비상국민회의, 민족통일총본부, 독립촉성국민회, 한민당, 한독당 등 170여 개의 정당·사회단체도 6월 22일까지는 참가청원서를 냈다. 그 중에서도 한민당은 미군정청의 권고에 따라 모스크바 3상회의 결정에 반대하지 않겠다는 서약서를 첨부했다. 이에 앞서 이승만은 민족대표자대회에서 「미·소공동위원회에 참가할 것인가의 여부는 자유이지만 참가는 반드시 신탁통치 지지의 의사표시가 되는 것은 아니다」라고 말했었는데, 한편으로는 장차 수립될 한국임시정부가 중간파와 좌익세력에 의해 장악될 것을 우려했다. 장덕수는 한민당을 3상회의 결정 지지의 방향으로 전술전환시키는데 있어서 중요한 역할을 다했는데, 이것이 원인이 되어 송진우와 마찬가지로 반탁파에게 암살되었다.

  미·소공동위원회의 협의에 참가하고자 청원서를 제출한 한국의 정당·사회단체는 463개이었고 그 중 남한관계가 425개로 압도적으로 많으며 북한관계는 38개이다. 남한의 정당·사회단체는 간판만의 유명무실한 것이 대부분이었다. 그 내용을 한번 훑어보자. 정당 39개, 정치단체 101개, 경제단체 54개, 과학기술관계단체 43개, 문화단체 40개, 노동조합 35개, 청년단체 34개, 종교단체 31개, 원호후생단체 18개, 농민농업단체 15개, 부녀단체 15개이다. 북한관계는 정당 및 노동조합이 21개, 문화단체 5개, 종교단체 3개, 후생단체 2개, 사회사업단체 2개, 농민단체 1개, 협동조합단체 1개, 부녀단체 1개, 청년단체 1개, 기술자단체 1개 등으로 되어 있다. 463개의 정당·단체의 등록 전성원은 총계하면 실로 7천만명이 넘는 것이었고, 그 중 88%가 남한관계, 12%가 북한관계였다. 당시의 남한 인구는 2천만, 북한 인구는 1천만으로 추산되므로 숫자가 엄청나게 불어난 것으로 되어 있다. 성원 1만이상의 정당, 단체는 18개이고, 그 중 남조선 민주주의 민족전선은 611만 7,819명, 남조선 부녀총동맹은 450만 5,150명, 남조선불교부인회는 406만 4천명, 한민당은 86만 5,766명, 북조선농민조합은 259만 2,714명, 북조선협동조합은 275만 1,798명의 멤버를 지니고 있는 것으로 되어 있다.

  463개의 정당·단체는 7월 5일 조선임시정부 수립을 위한 헌장과 정강에 관한 공동위원회의 자문서에 대한 답신서를 제출했다. 소련측 대표는 공동성명 제12호로 1천명 이상의 회원을 갖고 있으며, 1개소 이상의 지부를 갖는 단체를 협의의 대상으로 정한 사실을 상기시켰다. 소련측 대표는 6월 15일 공동위원회 재개에 관한 미소간의 합의 사항에 입각해서 과격한 신탁통치반대운동을 전개한 남한의 15개 정당·사회단체를 협의대상에서 제외하도록 요구했다. 그러나 미국측 대표는 이 요구를 거부했다. 그 때문에 미·소공동위원회는 끝내 결렬되고 말았다.

  이상의 경과를 보면, 소련측의 주장은 원칙적으로 옳았다고는 하더라도, 그러나 모스크바 3상회의 이후 남한에서 전개된 반탁운동과 미·소공동위원회의 유산은 소련과의 대결·냉전을 격화시키고 있던 미국과 그 매판세력의 계획적인 유도의 결과였다. 소련의 일관된 원칙적 주장과 자세가 미국측의 교묘한 함정을 무너뜨리지 못하고 결국은 미·소공동위원회를 실패로 이끈 하나의 요인이 된 것도 부정할 수 없다. 남한을 자기의 세력권화 하기 위해 단독정부수립을 획책하여 미·소공동위원회를 파탄시키고 한국문제를 일방적으로 UN으로 끌어들인 미국의 잘못은 말할 것도 없거니와 소련으로서도 자주통일조선을 목표로 어느 정도의 힘을 본격적으로 쏟았던가는 재검토를 요할 문제일 것이다.

제10장 좌우합작 운동

1. 미군정에서 나타난 불일치

8·15해방 후, 남한에 상륙하여 군정에 의한 지배를 꾀한 미군은 문자 그대로 군인이 대부분이었고, 훈련된 정치요원은 극히 일부에 불과했다. 따라서 중앙미군정청의 정책은 전국 전분야에 관철되지 않고 일부에서는 그것과 다른 현상이 나타나게 되었다. 예컨대 1945년 10월경의 경남 서북부의 거창군·함양군·의령군 등에서는 지역의 주둔군 사령관이 그 지방의 인민위원회를 승인하고, 인민위원회 관계자가 경찰서장이나 군수로 임명되었기 때문에 경남 군정장관이 임명한 경찰서장이나 군수가 임지에 부임할 수가 없는 상태였다. 이런 현상은 지역사령관의 경질에 의해 수습되었다.

그리고 또한 미군이 남한에 상륙한지 얼마 안되어 군의 일부 지도적 스탭의 행동에도 미군무성의 대한정책과 반드시 일치하지 않는 점을 보이기도 했다. 정치, 외교문제에 인연이 먼 순수한 군인 출신의 군정청 스탭의 일부에는 조선인민의 「노예상태로부터의 해방」과 새정치 출범에 협조하고자 한 자도 있었다. 필자도 몇 차례 일부 군정청 스탭과 의견을 교환했을 때, 그들은 단순 소박한 사명감에서 미·소 양국의 국제적 협조에 의한 통일민주조선정부의 수립과 그를 위한 국내 좌우 양 정치세력의 민족적 통합의 필요를 강조하고 있었다. 그러나 그들도 한편으로는 이승만 등 남한단독정부수립을 획책하는 세력에 기만을 당하고, 또 한편으로는 박헌영 등의 교조적 공산주의세력의 반미운동에 얻어맞는 형편이었다. 하지가 일단 지지한 좌우합작운동도 반공으로 굳어져버린 이승만이나 한민당으로부터는 반미적 용공행위라는 비난을 받고 박헌영 등 극좌세력으로부터는 「중간파와 좌우 양익을 끌어안으려는 미국의 책략이라」고 혹평을 받았다.

2. 통일조선정부의 수립에는 좌우 양익의 합의가 긴요

미·소공동위원회 제 1차 회의가 1946년 5월 무기휴회로 들어가자 이승만계와 한민당 등 남한단독정부 수립파는 이것을 환영하고 좌익 각파는 침묵했다. 그러나 김규식·여운형 등 자주통일독립을 주장하는 진보적 민족주의세력은 조국건설의 전도를 우려하였고, 김구 등의 봉건적 민족주의세력은 친미파의 남한단독정부수립에 의한 조국분단을 두려워했다. 5월 22일 김규식과 여운형계 인사들은 미군정청 정치고문관 버치 중위의 자택에 초청되어 미·소공동위원회의 성공에 의한 조선임시정부의 수립이 조선의 자주통일독립에의 지름길이라는 말을 듣게 됨과 동시에 그를 위해 김규식·여운형 등 좌우양익 지도자의 합작이 강조되었다. 좌우합작은 원래 진보적 민족주의자의 지론이기도 했다.

5월 25일 버치 중위의 알선으로 김규식과 여운형의 회담이 덕수궁에서 열렸다. 김규식은 「통일독립을 실현하기 위해 좌우 양 진영의 인사를 협력 합작하자」라고 민족세력의 통합을 호소했는데, 여운형은 명확한 의견의 표명을 회피했다. 6월 14일 김규식·여운형·허헌이 모여 의견을 교환했는데, 민족내 제 세력의 협조가 자주통일독립을 위한 기본요건이라는 원칙을 인정하기만 했을 뿐 그 이상 구체적인 진전은 없었다.

하지 사령관은 6월 30일 「남조선 민중은 정치지도자의 협동을 희망하고 있다」라고 표명하고 좌우합작운동 지지의사의 표명을 분명히 했다. 이승만은 하지의 성명에 따라 「7월 1일 이미 김구와도 합의했으므로 좌우합작의 노력을 지지한다」고 표명했으나 그의 배하인 친미세력은 합작을 파탄시키기 위한 맹렬한 방해운동을 전개하고 있었다. 김구도 7월 4일 좌우합작운동 지지성명을 발표하여 「조국의 완전독립과 동포의 참된 자유를 위해서는 3천만 동포가 일치단결해야 할 것으로 생각한다. 따라서 내 가슴속에는 좌파도 없고 우파도 없으며, 오로지 조국의 독립과 동포의 행복을 위한 투쟁이 있을 뿐이다」라고 말했다. 좌우합작을 지지하는 광범한 움직임을 배경으로 7월 22일 좌우 양익의 제 1차 예비회담이 행해졌는데, 우익계는 신탁통치반대를 고집하고 좌익계는 모스크바 3상회의 결정의 무조건 지지를 주장했다. 그러나 조국의 통일을 위해서는 좌우 양익의 협력과 합작이 필요하다는 기본원칙만은 확인되었다.

민주주의 민족전선은 7월 27일 좌우합작운동과 관련해서 성명을 발표하여, 민전의 권위를 재확인하는 한편 좌우합작운동의 정치적 의의를 무시했다. 즉,

① 모스크바 3상회의 결정을 전적으로 지지한다.
② 친일파 및 파쇼분자를 숙청하여 검거된 정치범을 석방한다.
③ 미군정은 인민위원회에 정권을 이양한다.
④ 미군정 하에서의 새입법기관의 설치에 반대한다.

라고 강조했다.

7월 29일 김규식은 좌우합작의 원칙에 관하여 다음과 같은 요지의 견해를 발표했다. 즉,

① 남북을 통해 좌우 양익의 정치세력을 통합·합작하여 그로써 민주적인 조선임시정부를 수립한다.
② 미·소공동위원회의 재개를 촉구한다.
③ 신탁통치문제는 임시정부수립 후 미·소공동위원회와의 협의에 의해 해결한다.
④ 임시정부수립 6개월 이내에 총선거를 실시하여 국회를 구성한다.
⑤ 국회구성 후 3개월 이내에 정식 정부를 수립한다.
⑥ 친일파·민족반역자는 임시정부 수립 후에 처리한다.

등이었다.

한편 여운형은 좌우합작운동에는 열의를 보이지 않고 공산당·인민당·신민당의 이른바 3당합당운동에 몰두하고 있었다. 김규식계의 일부 민족주의세력은 8월 22일 성명을 발표하고 공산당 및 민주주의 민족전선을 다음과 같이 비난했다. 「공산당 및 민전의 성명에 담긴 원칙은 불합리한 것이다. 우리가 추진하고 있는 좌우합작운동은 잡다한 세력의 야합이 아니라 현재의 민족사적 단계에 대한 이해를 기초로 해서 민족세력의 행동통일을 기하고, 관계 국제 세력의 관여하에 충분히 실현할 수 있는 타당성의 모색이다」라 하였다. 동월 24일 하지 사령관은 「좌우 쌍방의 참된 애국적인 지도자들은 비애국적인 소수분자를 무시하고 국민의 큰 지지의 소리에 귀를 기울여 일치 협력해서 이 목적의 완전한

성공을 달성할 수 있도록 희망하며 또한 확신하고 있다」라는 성명을 발표, 좌우합작운동을 뒷받침했다. 당시 워싱턴의 소식통은 「남조선에서 극좌공산주의자와 극우보수주의분자는 배제될 것이다」라고 보도하고 있다(UP통신 9월 1일).

1946년 9월 9일, 조선공산당을 제외한 남조선 좌익세력의 지도자들 － 여운형·장건상·박건웅·김찬 등은 좌우합작을 위한 예비회담을 갖고, 10월 5일에는 여운형·장건상·백남운·김성숙·박건웅 등이 좌우합작의 좌익세력대표로 선출되었다. 김규식·여운형 등 좌우세력의 대표들은 10월 7일 좌우합작을 위한 공식회합을 열어 좌우합작위원회를 구성함과 동시에 다음과 같은 합작원칙에 합의했다.

좌우합작 7원칙

① 조선의 독립을 보장하는 모스크바 3상회의 결정에 입각하여 남북을 통한 좌우정치세력의 합작에 의해 민주적인 조선임시정부를 수립한다.
② 미·소공동위원회를 재개하도록 촉구한다.
③ 토지는 농민에게 무상분배하고 주요 산업은 국유화하며 노동입법 등 민주적 질서를 위한 입법을 한다.
④ 친일파, 민족반역자를 처리하기 위한 입법을 한다.
⑤ 남북의 정치범을 즉각 석방한다.
⑥ 입법기관은 합작위원회의 권한하에서 구성·운영한다.
⑦ 언론·집회·결사·출판 등의 자유에 관한 기본권을 보장한다.

합작위원회는 합의를 본 이상의 7원칙을 미군정청에 건의했다.

3. 친미세력, 공산세력은 좌우합작에 반대

1946년 10월 중순 한민당, 독립촉성국민회 등의 자본주의적 친미세력, 한국독립당, 비상국민회 등의 봉건적 민족주의 세력, 조선공산당, 인민당, 신민당, 조선민족해방동맹 등의 사회주의세력은 모두 좌우합작위원회의 합작 7원칙에 반대의사를 분명히 했다. 그 중에서도 한민당은 농지의 무상분배와 친일파의 처벌에 반대한다는 것을 강조했다. 인민당 위원장 여운형, 신민당 위원장 백남운, 조선공산당 대회파 강진 등은 10월 15일에 「좌우합작운동을 지지하나 입법기관 설치에는 반대한다」라고 성명했다. 이에 대해 김규식은 11월 1일 성명을 발표하여 「입법의원과 좌우합작위원회는 직접적인 관계가 없다. 좌우합작운동은 통일독립을 위한 거족적 운동이며, 입법의원은 현실적 권리 획득을 위한 노력이다」라고 해명했다. 이듬해 1월 16일 이승만·김구·김성수 등이 중심이 된 애국단체협의회는 정식으로 좌우합작운동반대의 결의를 했다. 이리하여 좌우합작위원회는 공산세력과 친미세력으로부터 반대를 받았으며, 결국 남한의 진보적 민족주의세력과 민족자주적 사회주의세력과의 접촉으로 그쳤다.

이에 앞서 1946년 7월 9일 하지 사령관은 좌우합작위원회 관계자를 중심으로 미군정자문기관이 될 입법의원 설치의 구상을 발표했다. 미군정청은 공산당 및 여운형의 강한 반대를 물리치고 10월 12일 군정법령 제118호에 의해 「남조선과도입법의원설치안」을 공포했다. 10월 하순에 입법의원소속 의원의 간접선거가 있은 뒤 12월 12일 입법의원이 개원되었으며, 의장에는 김규식이 선출되었다. 그러나 여운형 등 합작위원회의 좌파계 인사 5명은 관선위원직을 사퇴했다. 1947년 1월 20일 입법의원은 모스크바 3상회의 결정에 기초한 신탁통치반대의 결의안을 가결하고 이듬해 1948년 2월에는 남조선 단독선거안을 지지하고 있다. 이 때문에 김규식은 의장직을 사임했다. 이같은 입법의원의 설치는 좌우합작추진 세력의 내부분열을 가져왔다. 게다가 입법의원은 합작위원회의 행동원칙을 무시하고 어용세력으로 변해 모스크바 3상회의 결정에 반대하기까지에 이르렀다.

제11장 미군정하의 제(諸) 대의기관

1. 인민위원회

8·15해방 직후에 발족한 건국준비위원회는 미군상륙을 앞두고 1945년 9월 6일 인민위원회라 개칭하고 동일 밤 경기여고에서 전국 인민대표자대회를 개최하고 조선인민공화국 임시조직법안을 통과시켰다. 중앙인민위원 55명, 후보위원 20명, 고문 12명이 선출되었다. 그러나 인민위원회는 미군상륙 직후인 9월 9일 맥아더 사령부의 포고령 제1호에 의해 그 권위와 기능을 박탈당했다.

2. 민주의원(民主議院)

1946년 1월 21일 대한민국임시정부 관계자는 비상정치회의 준비회의를 결성하여 이승만계, 한민당, 인민당, 공산당 등 좌우양익 정당·사회단체·개인의 참가를 호소했다. 동준비회의는 2월 1일 비상정치회의를 소집하였는데, 인민당·공산당·독립동맹 등은 초청을 거부하고 조선민족혁명당의 김원봉과 성주식(成周寔), 조선민족해방연맹의 김성숙(金星淑), 임시정부의정원의원 장건상 등도 또한 초청을 거부했다. 그 때문에 우익의 당파만으로 비상정치회의가 열리고 비상국민회의 조직대강을 채택하여 최고 정무위원회의 구성을 이승만·김구에게 일임했다. 비상정치회의는 비상국민회의 개최를 준비하는 권한이 부여되었고, 비상국민회의는 대한민국임시정부의 임시의정원의 기능을 계승한다고 했다. 이튿날 2일에 소집된 비상국민회의에서는 실무부서의 결정 및 인선을 행하고 이승만과 김구가 선출한 최고정무위원 28명의 이름이 발표되었다. 그러나 여운형 등 좌익계 3명은 지명수락을 거부했다. 최고정무위원회는 2월 14일 미군정청이 자문기관으로 탈바꿈하여 대한민국 대표 민주의원이 발족되었다(의장 이승만). 민주의원은 미군정의 정책을 민주적 베일로 분식하는 어용기관의 역할을 했을 뿐, 통일민주조선의 건설엔 아무런 공헌도 하지 못했다.

3. 남조선 과도입법의원

하지 미군사령관은 1946년 7월 9일 입법기관 설치에 관한 성명 속에서 「나의 합법적 의무에 따라 남한 주민의 복리를 위해 입법기관을 설치할 의향인데, 그것은 남한 단독 정부수립의 수단이 되는 것은 아니다」라고 말했다. 미군정청 경무부장 조병옥과 인사처장 정일형을 중심으로 한 한국민주당계 및 흥사단계의 군정청 관리는 7월 말경부터 입법의원 의원선거를 자파에 유리하게 하기 위해 전국 동회장을 한국민주당계와 이승만계로 채웠다. 10월 12일 군정법령 118호로써 "입법의원"의 창설이 공포되었다. 이에 앞서 정계에서는 입법의원 창설에 대한 갖가지 비판이 일어났다. 혹자는 입법의원이 결국 군정연장을 획책하는 것이라 비난하기도 하고, 또 혹자는 미군정청의 어용기관에 불과하다고 혹평하기도 하며, 또 혹자는 남한 단독선거를 목적으로 한 준비기관이라고 분개했으며, 나아가 비상국민회의의 법통을 유린하는 것이라고 반대하는 자도 있었다. 그러나 한민당, 흥사단 등 친미적 매판세력은 이미 입법의원의 선거법 기초에 참획하고 있었으며, 동회장에 의한 간접선거방식을 취함으로써 원천적 부정선거를 실현하려고 만반의 준비를 갖추고 있었다.

민주주의 민족전선 산하의 좌익세력은 7월 27일 미군정 하에 입법기관을 설치한다는 것은 무의미한 짓이라고 반대 태도를 분명히 했다. 김규식 등의 좌우합작위원회는 10월 합작 7원칙에서 「입법기관은 합작위원회의 권한 하에 있어서 구성·운영한다」고 발표하였지만 합작위원회 좌파를 대표하는 여운형이 10월 15일에 입법기관 설치 반대성명을 내고 있다.

입법의원 의원선거는 1946년 10월 동회장에 의한 간접선거방식으로 행해졌는데 조병옥, 정일형 등에 의한 시장, 군수, 동회장에 대한 t전 공작이 주효했다. 선거는 또한 한민당, 독립촉성국민회, 우익청년단, 경찰 등에 의한 폭력이 개입되어 공포분위기에 휩싸였다. 의원 정수 45명 중 한민당, 독립촉성국민회 등 미군정의 어용정당·단체가 27명, 한국독립당이 3명, 인민위원회 관계자가 2명, 무소속 10명 등이 당선되었다. 선거 직후 11월 4일 김규식은 선거의 부정·부당을 비난하는 성명을 발표하고,

① 친일파와 민족반역자를 부당하게 당선시키고 독립운동 지도자들을 부정수단으로 낙선시켰다.
② 경찰의 탄압에 의한 진보적 민족주의자와 좌익관계자가 배제되었다.
③ 선거인인 동회장은 사전에 한민당, 독립촉성국민회계로 채워져 있었다.

고 지적했다.
  군정 하의 이 선거에서 노골적으로 볼 수 있었던 갖가지 부정수단은 그 뒤의 한국정치사를 물들이는 악랄하기 그지없는 부정선거의 견본이 되었다. 그 때문에 미군정청 조차 11월 5일 서울시의 김성수, 장덕수, 김도연 등과 강원도의 서상후(徐尙後), 조진구(趙軫九), 전영목(田永穆)의 당선무효를 인정하지 않을 수 없었으며, 형식적이나마 재선거를 실시하지 않을 수 없었다.
  미군정청은 김규식의 의견을 참고삼아 11월 말에 앞의 "민선의원"과는 별도로 관선의원 45명을 임명했다. 그 내역은 좌우합작위원 5명, 우익계 12명, 좌익계 12명, 종교계 4명, 여성 4명, 군정청 관계자 7명 등이었다. 그러나 여운형 등의 좌익계 인사는 의원직 수락을 거부하고 지역구 선출의 인민위원회 관계자 2명도 의원직을 사퇴했다. 그 때문에 입법의원의 구성은 민선, 관선 합쳐서 정원 90명 중 사퇴·결원이 15명이나 생겨 재적의원은 75명이 되었다. 합작위원회 관계자는 무소속을 제외한 60여명은 우익계에 속하며, 그 중 40여명은 남한단정을 주장하는 당파였다. 입법의원은 1946년 12월 12일 개원되어, 의장에 김규식, 부의장에 최동오(崔東旿)·윤기섭(尹琦燮)을 선출했다.
  입법의원은 1948년 5월 19일 과도정부 법령 제12호로써 해산될 때까지 남조선 과도입법의원법(1946년 12월 30일), 국립 서울대학 설립에 관한 법령 개정(1947년 3월 20일), 민족반역자·대일협력자·간상배에 관한 특별법(동년 7월 2일), 조선임시약헌(約憲)(동년 8월 6일), 공창제도 등 폐지령(동년 8월 8일) 등 많은 법률을「입법」하였는데, 미군정청이 민족반역자처단법, 조선임시약헌 등의 법률에 대해서는 공포를 금했기 때문에 공포되어 효력을 발휘한 법률의 건수는 1년 반 동안에 12건에 불과했다. 그러나 입법의원의 심의, 결의를 거치지 않고 미군정청 법령으로 공포된 법률의 수는 입법의원의 동 존속기간 중 약 80건에 달했었다.

전술한 바와 같이 입법의원은 개원된 지 얼마되지 않아(1947년 1월 20일) 모스크바 3상회의 결정에 기초한 신탁통치에 반대하는 결의를 하였고, 1948년 2월 23일에는 남한단독 선거안을 지지하였기 때문에 의장인 김규식은 28명의 의원과 함께 의원직을 사임했다. 이것이 계기가 되어 좌우합작관계 인사가 입법의원을 보이코트하여, 의원은 신익희·장면 등의 친미적 매판세력이 독점하는 바가 되고 말았다.

제12장 남한단독 정부수립 운동

1. 단독 정부수립은 미국정책에 기초한 것

제2차 세계대전 후 미국은 세계 각국에서 자본주의체제의 유지발전과 소련을 비롯한 공산주의세력의 봉쇄를 최중요과제로 삼았다. 그 때문에 미국은 세계 도처에 군대를 파견하여 반공십자군 내지 국제경찰의 역할을 스스로 떠맡았다. 미국은 일본 군국주의체제의 해체를 추진하는 한편 천황제와 제국주의적 반공세력의 부활을 꾀했으며, 일본을 미국의 극동정책의 거점으로 삼았다. 한편 중국에서는 장개석(莊介石)의 국민당을 기둥삼아 중국공산당을 봉쇄하려 했다. 그 중에서도 한반도가 갖는 전략적·지리적 측면에서 미국이 남한에 주목하여 여기에 강력한 반공정권을 수립함으로써 소련 및 공산주의 세력을 견제하는 교두보, 군사전략기지를 구축하려고 획책한 것은 필연의 추세였다.

그 때문에 미국은 카이로선언에서 공약한 「멀지않아 한국을 자유독립시킬」때까지 자기의 지배권을 남한에 확립할 것, 즉 「한국이 자유독립국이 될 때까지의 '멀지않아'」를 질질 끌다가 그 사이에 대한민국임시정부 등의 전통적 민족해방세력을 거세함과 동시에 남한단독 정권수립의 기둥으로서 친민적 매판세력을 비호육성하는데 힘을 쏟았다. 그리고 조선민주주의 임시정부의 수립을 목적으로 한 미·소공동위원회의 사업을 파탄으로 이끌었다.

이같은 정책에 기초해서 미군정은 당초부터 이승만 일파와 흥사단 및 일부 기독교도 등 친미파와 친일파, 그리고 지주세력으로 된 한국민주당과 결탁하여 이들 우익세력의 비대화에 힘썼다. 즉 미국은 통일한국정부수립의 국제공약을 유린하고 남한만의 단독정권, 그것도 친미적 매판세력에 의한 극단적 반공정권의 수립을 일관되게 추구했다. 이것은 미국이 반소·반공산주의 세력의 거점구축이라는 극동정책에 기초해서 강행한, 이른바 자국의 제국주의적 팽창을 위한 것일 뿐, 자주통일독립을 염원하는 한민족의 뜻과는 정반대인 것이었음은 두 말 할 것도 없다.

제 1차 미·소공동위원회가 서울에서 열리고 있을 때, 외신은 「미·소공동위원회에서의 남북통일의 자치정부수립안이 조속히 해결될 것 같지 않은 상황에 있었기 때문에 미점령군 당국은 남한만의 단독정부수립에 착수했다」라고 보도했다(AP통신 1946년 4월 6일). 이에 대하여 미국무성과 미군정청은 그 사실을 부인하고 미국은 어디까지나 통일한국정부를 수립한다고 강조했다. 한국의 친미적 매판세력도 미국의 주장을 되풀이하였는데, 이들 공식발언은 모두 남한단독정부수립의 의도를 속이기 위한 대내외적 분식에 지나지 않았던 것이다.

2. 조국분단의 앞잡이가 된 친미적 매판세력

해방 직후 김성수(金性洙) 등의 한국민주당은 대한민국임시정부의 법통을 지지해야 한다고 하면서 여운형·안재홍 등의 건국준비위원회 활동에 반대하였는데, 그 침이 채 마르기도 전인 1945년 10월 상순에는 미군정청의 고문 또는 국·처장에 취임한 한민당 간부들이 대한민국임시정부의 권위를 무시하는 태도를 보였다(맥아더 사령부가 1945년 9월 9일 대한민국임시정부의 법통을 부인하는 포고를 발표한 것은 앞에서 말한 바 있다). 한국의 통일독립이 미·소의 합의를 전제로 한 것임을 알면서도 이승만계, 한민당, 흥사단 등 미군정의 지주적 역할을 담당하고 있던 친미적 매판세력은 연합국의 협력에 의한 조선민주주의임시정부의 수립과 국가적 독립을 약속한 모스크바 3상회의 결정에 완강히 반대하고 미·소공동위원회의 진전을 방해했던 것이다.

이승만은 1945년 10월 23일 한국민주당과 함께 독립촉성중앙협의회를 결성하는 석상에서 대한민국임시정부 요인이 아직 귀국하지 못하고 있는 이유는 중국공산당의 방해로 인한 것인 양 말했다. 그러나 임시정부 요인의 귀국이 지연된 주요 이유는 남한상륙 당초부터 그 법통을 인정하지 않는 미국의 대한정책에 있었던 것이지 중국공산당과는 아무런 관계도 없었다. 이승만의 발언은 자기의 반공적 입장을 강조하여 미국의 환심을 사기 위한 제스쳐에 지나지 않았다. 모스크바 3상회의의 결정이 발표되자 이승만 등의 독립촉성중앙협의회는 신탁통치 반대를 외치고, 1946년 2월 8일에는 독촉을 중심으로 한민당, 대한민국임시정부계 일부인사(김구) 등을 포함한 우익세력을 망라하여 대한독립촉성국민회(독촉국민회)를 발족시켰다. 이들 세력을 기반으로 해서 2월 14일에는 미군정의 자문기관인 민주의원이 발족되고 이승만이 의장에 추대되었다. 그러나 이승만은 단독정부수립을 획책하여 김구계와의 대립을 심화시키면서 의장을 사퇴하고 동년 4월 6일부터 남한 각지를 유세하고 다니면서 신탁통치 반대와 반공선전에 열을 올렸다.

1946년 5월 8일 제1차 미·소공동위원회가 결렬되자 독촉국민회는

12일 서울운동장에서 독립전취국민대회를 개최하여, 「외부세력에 의해 국가형태가 결정되는데 반대하며, 우리들의 뜻에 맞는 형태의 정부를 수립해야 한다. 그 장소는 대구가 되었건 제주도가 되었건 문제될 것이 없다」라고 단독정부수립 의지를 분명히 표명했다. 그러나 김규식 등은 5월 16일 남한 단독정부수립에 찬성할 수 없다는 뜻을 분명히 하고 좌우합작운동을 전개했고 김구 등도 마찬가지로 단독정부수립 반대의 입장을 취했다. 이승만 일파와 한민당, 홍사단 등 친미적 매판세력만이 미군정의 비호를 받아 단독정부수립 운동을 맹렬히 전개했다.

　이승만은 6월 3일 전북 정읍(井邑)에서 「남쪽만이라도 즉각 임시정부 내지 위원회를 조직해야 된다」라고 연설하고 5일에는 이리(裡里)에서도 남한만의 단독정부를 수립해야 된다고 강조했다. 이승만계와 한민당은 6월 29일 단독정권을 목적으로 한 민족통일총본부를 창설하여 좌우합작운동에 대한 불신과 모스크바 3상회의 결정의 무효를 주장했다. 이승만은 10월 28일 미·영 양국정부에 대하여 얄타협정과 모스크바 3상회의 결정의 파기와 소련의 관여없는 형태의 조선정부수립을 요구하는 담화를 발표했다. 다시 이승만은 11월에 미국의 레이크 석세스에서 개회중인 UN총회에 임영신(林永信)·임병직(林炳稷)을 「민주의원 대표」로서 파견하여 남한에서의 공산주의세력 억제와 단독친미정권의 수립을 절충하게 했다. 12월 초에는 이승만 자신이 도미하여 한국문제를 UN으로 이관해서 남한만의 친미반공정권의 수립을 시도해야 한다고 호소하고 다녔다. 1947년 1월 10일 이승만은 미국에서 민족통일총본부에 얄타협정과 모스크바 3상회의 결정의 파기운동을 하도록 전문으로 지령했다. 이승만은 1월 25일 「남한에서의 독립정부수립은 한국에서의 국제문제, 특히 대소문제를 외국의 지원없이 해결할 수 있는 방법이다」라고 말해 미국의 반소감정에 영합하려 했다.

이승만파와 한민당 등의 우파세력은 동년 1월 16일 전년 5월 미·소공동위원회의 협의대상이 되기 위해 3상회의결정 지지를 표명하는 선언서에 서명한 것을 취소했다. 1월 20일에는 입법의원도 이승만파와 한민당계 의원의 주동에 의해 3상회의 결정반대의 결의를 했다.

이승만은 미군당국의 반공정책이 느슨하다고 비난하면서 1월 25일「하지 중장은 좌익에 호의적이며, 미군정 당국은 공산당에 대한 원조를 계속하고 있다」는 등 비난했다. 이 발언은 진보적 민족주의세력에 대한 미군정의 태도가 미온적이고 용공적이라 해서 그를 견제하고자 한 것이었다.

이승만파를 비롯하여 친미매판세력은 미국의 반소반공정책을 앞질러 미군정의 공산당 탄압에 앞장서서 반공운동을 전개했고 마침내 진보적 민족주의세력까지도 용공 또는 회색분자라 비난했다.

이것은 미국의 남한통치에서 가장 신뢰할 수 있는 맹우가 이승만파, 한민당, 홍사단이라는 것을 스스로 과시하여 이들 매판세력에 대한 미측의 비호를 요청한 것이다. 게다가 이같은 친미적 매판세력과 더불어 친미반공을 가장 효율적으로 국민대중에게 주입한 것에 동아일보를 비롯한 남한의 보수계 신문이 있었던 것을 잊을 수가 없다.

김구 등의 봉건적 민족주의 세력은 대한민국임시정부의 법통을 존중하는 입장에서 당초 이승만이나 한민당과 함께 신탁통치 반대운동을 폈으나 이승만 등이 남한단독정부수립을 노골적으로 주장하게 되자 양자간의 근본적 차이가 분명해졌다. 한쪽은 임시정부의 법통에 기초한 조국의 통일독립을 구상하고 있는데 반하여, 다른 한쪽은 남한단독의 친미정권수립을 기도하고 있었기 때문이다. 양자는 1947년 12월 2일 단독정부추진파의 한국민주당 정치부장 장덕수가 한국독립당(당수 김구)계의 손으로 암살된 것을 계기로 완전히 결별했다.

3. 이승만파와 한민당의 미국책모 정당화

이승만파, 한민당, 흥사단 등의 친미매판세력의 집요하고 끈덕진 단독정부수립 책동은 그때까지 은폐되어 있던 미국의 남한단독 반공정권 수립의 정책을 부상시켜 그것을 합리화시킬 구실이 되었다. 친미매판세력은 「박헌영 등 공산주의 세력은 반미적이고 파괴적이다. 소련을 조국이라고 공언하는 그들이 참가하는 정부는 민주주의적일 수가 없다. 김규식·여운형 등 진보적 민족주의 세력은 용공적 중간세력이기 때문에 만날 수가 없다. 그리고 김구 등의 봉건적 민족주의 세력은 감정적 테러집단이므로 멀리하는 것이 상책이다」 등등 중상 모략했다. 매판세력의 목적은 미국이 그들을 기반으로 남한단독 정권을 수립하는 이외에는 별도리가 없다고 공표하는 조건을 조성하는데 있었던 것이다.

1947년 3월 10일 미국무차관보 힐트링은 디트로이트의 경제클럽 연설에서 「미국은 남한에서 과도적 방법으로 단독계획을 추진할 수 밖에 없다」라고 언명했다. 미대통령 트루먼은 3월 21일 트루먼 독트린을 발표하여 「공산주의의 위협에 노출된 나라를 적극적으로 원조하는 미국의 대공산권 강경방침에 따라 한국문제도 처리될 것이다」라고 말했다. 4월 8일 미국무장관 마샬은 「1947년 여름까지 미·소공동위원회에 아무런 진전이 없을 경우 미국은 단독으로 필요한 조치를 취하게 될 것이다」라고 언명했다. 당시 미국에 있던 이승만은 4월 17일 「3개월 이내에 남한에 단독정부를 수립할 구체안이 분명해질 가능성이 있다」라고 말하고

23일에는 「남한단독정부수립을 위한 선거법을 입법의원에서 작성하는 데 대해 하지 중장이 합의했다」는 것을 명백히 했다.

　제 2차 미·소공동위원회는 1947년 5월 21일에 열렸는데 미국측은 자국안에 소련이 동의하지 않으면 남한에 단독정부를 수립하겠다는 자세로 임했다. 미국은 9월 17일 한편으로는 한국문제를 UN총회에 맡기고, 23일에는 소련 등의 반대를 물리치고 의제로 채택하게 했다. 이리하여 모스크바 3상회의 결정의 실시를 위한 미·소공동위원회는 아무런 성과 없이 결렬로 치달았던 것이다.

제13장 남북협상

1. 미국에 의한 한국문제의 UN 이관

대소봉쇄정책을 주창한 트루먼은 전술한 바와 같이 남한에서의 친미반공세력에 지배의 거점을 만들어 가는 한편, 모스크바협정을 유린하고 한국문제를 UN의 장으로 가져갔다. 미국은 1947년 11월 4일 UN총회에서 UN임시 한국위원회단의 감시 하에 남북한의 총선거를 실시한다는 미국안을 가결시켰다. 이듬해 1월 임시한국위원단의 38도선 이북의 출입이 소련에 의해 거부되자 미국은 2월 26일의 UN소총회에서 UN임시한국위원회단이 접근할 수 있는 지역 안에서 총선거를 실시한다는 자국안을 가결시켰다.

이상의 미국의 조치는 UN 관할 밖의 전후처리문제인 한국문제를 UN으로 끌어들임으로써 UN헌장 제10조 및 제11조에 위반했을 뿐만 아니라 임의 국가의 국내문제에 UN이 간섭하는 것을 금하고 있는 UN헌장 제2조 제7항에도 위반되는 것이다. 그것은 한국문제처리의 국제협약인 모스크바 3상회의 결정을 일방적으로 파괴하고 한국의 분열, 나아가서는 남북의 상이한 정권의 수립과 대항을 초래했다. 이리하여 미국의 성급한 이기적 대소전략에 의해 통일민주정부의 수립과 완전독립에 대한

전한민족의 일치된 염원은 짓밟히고 남북분단고정화의 비극이 생겨난 것이다.

2. 남한 단독선거에 반대한 민족자주세력

한민족의 조국통일독립의 비원을 짓밟은 미국과 UN의 태도는 남한만의 단독선거, 남북분단항구화의 위기가 급속히 다가온 것을 분명히 보여준 것이었다. 미국의 반공정책에 편승해서 집권의 기회를 노리고 있던 이승만파와 한민당 등 친미매판세력과는 달리 김구·김규식 등의 민족주의세력은 자주통일국가의 건설이라는 민족적 당위와 그것을 뒷받침하는 국제협정이 유린되어 남한 단독선거의 강행에 의한 국토의 영구분단과 남북의 대립항쟁이 격화하는 것을 우려하여 단독선거 반대운동을 일으켰다.

민족자주연맹, 한독당의 지도층은 남북의 정치협상을 통해서 자주적 통일정부의 수립에 합의하여, 그로써 미국과 친미파가 추진하고 있는 남한 단독선거안을 좌절케 하려했다. 1947년 12월 한독당 부위원장 조소앙의 알선으로 모인 민족자주연맹, 민주독립당, 건민회, 한독당 등 12개 정당·사회단체의 정치지도자들은 민족분열이라는 공통의 위기의식에 기초해서 남북정치지도자간의 협상의 필요성을 강조하고 협상의 실현을 기하자는 데 합의했다.

이들 12개 정당·사회단체는 다시 1월 중순 남한 단독선거에 반대한다는 성명을 발표하고,

① UN결의는 한민족의 자주권 행사를 무시하는 것이다.

② 소련이 UN결의에 반대하고 있기 때문에 필연적으로 남북의 분열이 초래될 것이다.
③ UN임시한국위원단에 의한 일방적인 선거감시는 한민족의 자주권을 무시한 내정간섭이다.

라고 주장했다. 그리고 또한 김구는 당시 서울에 도착해 있던 UN임시한국위원단을 방문하여,

① 미·소 양국주둔군이 동시 철수할 것.
② 그 뒤에 남북정치지도자의 협상회의를 개최한다.
③ 남북협상회의 후에 통일선거를 실시한다.

는 것을 주장하고 단독선거 반대의 청원을 냈다.

이어 김규식도 2월 5일 UN임시한국위원단에 남북한의 정치지도자가 일당에 모여 통일선거안을 토의할 필요성을 강조했다. 2월 16일 김구·김규식은 북한의 정치지도자에게 서한을 발송하여 남북지도자의 정치회담을 제안했다. 3월 7일 북한측에서 김구·김규식에게 회신이 왔다. 평양에서 소범위의 남북정치지도자의 협상회의 개최에 관한 동의가 표명되었다. 같은 날 김구·김규식은 다음과 같은 협상회의의 원칙을 제안하여 다시 3월 10일자로 북한지도자의 동의를 얻었다. 즉,

① 여하한 형태의 독재정치도 이를 배격하며, 참된 민주정부를 수립한다.
② 독점자본주의의 경제체제는 배격하지만 사유재산제도는 인정한다.

③ 전국 총선거를 통해서 통일중앙정청을 수립한다.
④ 여하한 나라에 대하여도 군사기지는 제공하지 않는다.
⑤ 미·소 양 당사국은 양 점령군의 철수기일 및 조건을 협의하기 위한 회의를 개최하여 그 경과 및 결과를 전세계에 공표한다.

는 등이었다.

3. 남북한 정당·사회단체 대표자 연석회의

　남한 단독선거 반대, 남북협상지지의 기운이 급속히 높아가는 중에 1948년 3월말 북조선민주주의 민족전선은 전 한국의 정당·사회단체 대표자 연석회의를 4월 14일 평양에서 개최하기로 결정하여 남한의 각 정당·사회단체에 호소했다. 김구·김규식 등 민족자주세력은 남북의 정치지도자 간에서 합의한 앞의 5개 원칙에 기초해서 남북연석회의가 전국 총선거를 통한 통일중앙정부의 수립을 위한 협력태세를 갖추어 남한 단독선거를 좌절시키는 민족적 회의가 될 것을 기대했다. 이승만파, 김성수계를 제외한 우파를 포함하여 남한 좌익정당, 중간파, 우익에 이르기까지 광범한 정파가 「남북협상이야말로 민족의 통일과 자주독립의 길을 연다」라고 하여 북측 초청에 응했다.

　4월 14일에 열릴 예정이었던 연석회의는 김구와 김규식의 도착을 기다리기 위해 수일간 연기되어 4월 19일에 예비회의가 열린 뒤 김구 등이 도착한 20일에서 28일까지 뜨거운 분위기 속에서 진행되었다. 연석회의에 참석한 남북의 정당·사회단체수는 56개(정당 16, 사회단체 40)이고 대표총수는 695명(남한대표 395명, 북한대표 300명)에 이르렀다. 23일의

회의에 출석한 김구는 「우리는 피를 나눈 동포기 때문에 분열할 수 없다」라고 인사말을 했다. 그러나 연석회의는 당초 김구·김규식의 예정된 소범위의 정치지도자회의는 아니었다.

연석회의는 23일 한국 정치정세에 관한 결정서를 채택했다. 결정서에는 미국이 미·소공동위원회를 결렬시켜 한국문제를 불법적으로 UN총회에 상정시키고 남한 단독선거를 강행하려 하고 있다는 사실을 지적하며, 이것은 「남한을 영구히 미국의 식민지로 바꾸려 하는 것이다」라고 비난했다. 그리고 남북의 정당·사회단체가 전 역량을 결집해서 단독선거를 파탄시키고, 「한국에서의 외국군대의 즉시 철수, 한민족 자신의 손에 의한 통일·민주·자주·독립국가의 수립」을 실현할 것을 강조했다. 26일에는 다시 미·소 양국정부에 보내는 요청서가 채택되었고, 회의에 참가한 남북 56개 정당·사회단체의 이름으로 미국이 추진시키고 있는 남한 단독선거에 단호히 반대하고, UN한국위원단의 철수를 요구함과 동시에 「한국에서 미·소 양군이 동시에 철수하여 외국의 간섭 없이 한국인이 자기의 의사에 기초해서 자유로이 민주선거를 전국적으로 실시하여 통일민주국가를 창설할 것」을 호소했다.

연석회의 폐회 후 4월 30일에 발표된 남·북조선 제 정당·사회단체의 공동성명은,

① 외국군대의 즉시 철수만이 한국문제 해결의 올바르고 유일한 방법이다.
② 외국군대의 철수 후, 내전 또는 무질서가 발생치 않게 한다.
③ 외국군대의 철수 후에 전 조선정치회의를 소집하여 민주주의임시정부를 수립한다(임시정부는 통일민주정부를 수립하기 위한 조선

입법기관선거를 실시한다).
④ 남한 단독선거는 기만선거이므로 그 결과를 승인하지 않는다.

는 뜻을 분명히 했다.

남북연석회의에 참가한 남한의 정당·사회단체는 다음과 같았다.

한국독립당, 근로인민당, 민족자주연맹, 남조선노동당, 조선인민공화당, 신진당, 사회민주당, 민주한독당, 민주독립당, 근로대중당, 조선농민당, 남조선청우당, 조선노동조합전국평의회, 민중동맹, 남조선문화단체총연맹, 남조선민주여성동맹, 자주연맹, 전국농민총연맹, 조선민주애국청년동맹, 건국청년회, 민족해방청년동맹, 독립운동자동맹, 조선민주학생총동맹, 전국유교연맹, 그리스도교민주동맹, 전국불교도총연맹, 불교청년당, 조선어연구회, 혁신복음당, 민중구락부, 조선민주학생총동맹, 반팟쇼공동투쟁위원회, 천도교학생회, 조선민족대동회, 3·1동지회, 남조선신문기자단 등등.

남한대표들은 5월 5일에 돌아왔다. 김구·김규식은 연석회의에서 얻은 각자의 감회를 안고 서울로 돌아온 뒤 단독선거 반대운동을 정력적으로 추진시켰다. 그러나 남북연석회의의 결정은 미국과 그 앞잡이들의 강권에 의한 억압·방해 때문에 결실을 맺을 수가 없었다. 미군사령관 하지는 5월 5일 남북연석회의의 결정 및 공동성명에 반대의 태도를 분명히 했다.

제14장 남한 단독선거의 강행

1. 미국주도 하에 행해진 UN결의

1947년 8월 26일 미국무차관 라벳은 개회중인 미·소공동위원회를 무시하고 미·영·중·소 4개국 대표자회의의 개최를 제안했는데 9월 4일 소련 외상 몰로토프는 미국무장관 마샬 앞으로 보낸 서한에서 모스크바 협정에 위배된다 하여 이를 거부했다. 마샬은 9월 17일 한국문제를 UN총회에 이관할 것을 분명히 함과 동시에 같은 날 막 개회된 UN총회에 한국문제의 심의를 정식으로 요청했다. 9월 21일 UN총회 운영위원회는 소련측의 강력한 반대에도 불구하고 미국안을 12대 2로 가결하여 한국문제를 총회의제로 채택할 것을 의결했다. 10월 28일 제1위원회는 미국결의안의 심의에 착수, 소련대표의 맹렬한 반대를 물리치고 결국 41대 0, 기권 7(소련 및 동구제국은 투표 거부)로 채택되어 본회의로 이송되었다. 이 미국의 결의안 내용은,

① UN감시하에 남북을 통한 총선거를 실시한다.
② 선거 후 국회를 구성하여 정부수립 후에 미·소 양군은 철수한다.
③ 선거, 국회구성, 정부수립, 양국군대 철수의 감시 및 협의를 위해

UN임시한국위원단을 설치한다.

등으로 되어 있다.

　소련대표는 UN이 전후처리문제인 한국문제에 개입할 위치에 있지 않다고 말하고 미·소 군대의 동시철수와 한국민 자신의 손에 의한 정부수립을 제안하고, 또한 한국문제의 심의에는 한국인민의 대표를 참석시켜야 한다고 주장했다.

　소련의 반대를 물리친 미국결의안은 11월 14일 UN총회에서 43대 0, 기권6(소련과 동구제국 기권)으로 가결되었다. 이리하여 한국의 분단, 남북 양정권의 대치를 부른 UN결의가 한국민의 의사를 완전히 무시한 채 만들어졌다. UN임시한국위원단은 오스트레일리아, 캐나다, 중국, 인도, 엘살바도르, 프랑스, 필리핀, 씨랑, 우크라이나의 9개국 대표로 구성되기로 되어 있었으나, 미국 결의에 반대하는 우크라이나는 참가를 거부했다. UN임시한국위원단은 1948년 1월 8일 서울에 도착하여 덕수궁에 사무국을 설치했다. 임시의장에는 인도대표 메논이 취임했고, 사무국에 상설 3개 분과위원회 그리고 따로 특별위원회와 감시단이 설치되었다. UN위원단은 먼저 남북 양 주둔군사령관과의 접촉을 시도하였으나 소련측은 이를 거부했다. 1월 12일 위원단은 남한만의 총선거의 가능성을 검토하고 그 보고를 위해 메논과 사무국장인 호세택(胡世澤)이 UN본부로 파견되었다.

　1948년 1월 23일 UN위원단은 남북의 정치지도자를 협의대상으로 거론하였으나 이미 소련이 동위원단의 38도선 이북에의 출입을 정식으로 거부하고 있었기(1월 22일) 때문에 북한과의 접촉은 불가능하게 되었다. 또 지하로 숨은 허헌·박헌영 등의 소재를 확인할 길도 없어서 활동은 소강상태에 빠졌다. 반공단독정권의 수립을 노린 이승만·김성수 등은 UN위원단의 활동에 무조건 동조했으나, 김구·김규식 등 민족주의 세력은 조국의 분단에 반대한다는 뜻을 동위원단에 전했다.

UN한국임시위원단의 북한으로의 출입불가능을 이유로 1948년 3월 16일 UN소총회에서는 메논 등의 보고서를 검토하고, 「UN임시한국위원단이 접근할 수 있는 한국의 지역 내에서 선거를 실시한다」라는 미국의 결의안이 31대 2(캐나다·오스트레일리아), 기권 11(공산권 대표는 결석)로 가결되었다. 이를 추종하여 미군정의 시녀인 남조선입법의원은 2월 23일 UN소총회의 남한 단독선거안을 지지하는 결의를 채택했다.

이리하여 UN임시한국위원단은 3월 10일 동위원단 감시 하에 선거가 가능한 남한만의 총선거를 5월 20일에 실시한다고 발표했다. 이어 미군정청은 3월 17일 군정법령 17호에 의한 국회의원선거법을 공포했다.

2. 친미적 매판세력의 독무대가 된 단독선거

남북분단의 고착화를 초래할 남한 단독선거에 반대하는 전민족적인 운동이 고조되었지만 반민족적 친미세력은 선거강행을 위해 갖가지 불법 비열한 수단방법을 동원했다.

한민당(김성수·서상일·조병옥·김도연·윤치영·허정·나용균·백관수·김준연·윤보선 등), 조선민주당(이윤영·한근조 등), 여자국민당(임영신 등), 독립촉성국민회(이승만·신익희·김효석·이원홍 등), 독립촉성애국부인회(박순천 등), 독립촉성노동조합총연맹(전진한·김두한 등), 독립촉성농민총연맹, 청년조선총연맹(유진산 등), 서북청년회(문봉제 등), 대동청년단(지청천 등), 조선민족청년단(이범석·안호상·

문시환·안준상 등), 기독교청년회, 민족통일총본부, 조선불교총무원, 조선예수교장로회 등, 이승만파, 한민당 등에 가담한 친미적 매판세력은 남한 단독선거를 절호의 집권기회라 보았다. 그들은 자파의 후보자로서 대한독립촉성국민회 235명, 한민당 91명, 대동청년단 87명, 민족청년당 20명, 독립촉성노동조합총연맹 12명, 농민총연맹 7명, 조선민주당 5명, 불교총무원 4명, 예수교장로회 3명, 여자국민당 2명, 애국부인회 5명의 합계 948명(원 200명)을 내세웠다. 동아일보 등 보수계 신문은 그들의 선거운동을 뒷받침했다.

입후보자 중에는 무소속이 417명 있었는데, 이들은 이승만파, 한민당 등을 민족분열의 하수인으로서 증오하고 있던 대중의 심리를 감안하여 이들 친미매판집단의 이름 아래 입후보하기를 꺼린자이거나 또는 단독선거 반대의 김구·김규식계 측에 결연히 설 신념도 용기도 없던 자들이었다. 말하자면 선거가 대구나 또는 제주도에 한정되었다 하더라도 아무튼 국회라는 이름이 붙는 기관이 만들어지고 정부가 생기기만 하면 거기에 붙어 일신의 영달이나 꾀하자는 따위의 권세욕에 사로잡힌 자가 그 대다수를 이루고 있었다. 때문에 무소속계 당선자의 부분은 뒤에 이승만파와 한민당계에 흡수되고 말았다. 이들 중에는 장면, 곽상훈, 이인 등이 포함되어 있다.

한편 김규식 등의 진보적 민족주의세력, 김구 등의 봉건적 민주주의 세력 및 대한민국임시정부계 정통파는 이미 1948년 3월 23일의 성명에서 UN소총회의 결의에 의한 남한 단독선거를 거부할 뜻을 분명히 하고 반대운동의 선봉에 서 왔다. 즉 민족자주연맹(김규식·윤기섭·최동오·원세훈·김성숙·구익균 등), 민주독립당(홍명희·박기출·조헌식 등), 건민회(이극로·이경석 등), 한국독립당(김구·조소앙 등), 근로인민당(장건상·이동화 등), 신진당, 민족사회당, 천도교청우당, 천도교보국당, 비상국민회의, 대한민국임시정부 등의 민족자주세력은 남한 단독선거가 민족의 자주독립은 고사하고 조국과 민족의 분단을 영구화하고 동족상잔의 비극을 초래할 것을 두려워하여 맹렬한 선거저지와 보이코트운동을 전개했다. 김구는 「미국을 믿지 마라」, 「소련에 속지 마라」라는 당시의 속요(俗謠)를 들어 외세추종의 어리석음을 지적했고, 김규식은 선거가 행해지면 「남한에서는 미국의 앞잡이 이외에는 정치에 참여하지 못하게 될 것이다」라고 경고했다.

다시 남로당을 중심으로 한 민주주의민족전선 산하의 정당·단체는 전후처리문제인 한국문제를 UN에 불법적으로 상정시켜 모스크바 3상회의 결정을 유린하였다 하여 미국을 비난하고 UN감시 하의 남한 단독선거에 반대하는 전국적인 대중운동을 조직했다. 남로당 및 산하 좌익단체는 1948년 2월 7일 UN임시한국위원단의 즉시 철수, 망국 단독선거 반대, 미·소 양군철수를 요구하며 총파업 등을 포함한 대규모적인 항쟁을 전개했다. 거기에는 남한 각지의 노동자·농민·학생 등 2백만이 참가했다. 단독선거 반대운동과 이에 대한 격렬한 단독선거는 각지에서 유혈참사를 불러일으켰으며, 마침내 동년 4월 3일에는 제주도 전역에서 단독선거 반대의 무장봉기가 발생했다. 선거 당일에도 전국 각지에서 충돌이 일어났으며, 특히 대구, 광주, 진도(珍島)에서는 통신망의 파괴, 경찰지서습격 등이 있었고, 그밖에 투표소 파괴, 노동자 파업, 시민의 선거반대 데모, 학생의 동맹휴교 등이 일어났다.

단독선거 반대운동에 대한 억압도 맹렬해서 선거 당일인 5월 10일에는 미 육·해·공군의 출동, 무장경관과 우익테러단의 엄중한 감시와 위압, 주민의 선거참여독려가 두드러지게 있었다. 선거는 UN감시 하의

「자유로운 분위기」와는 다른 총검과 협박의「살벌한 분위기」속에서 강행되었던 것이다. 1948년 2월 7일부터 5월 9일까지의 유혈사건에서 245명이 살해되었고 선거당일에도 44명의 사망자를 내고 있다.

남한 단독선거는 이처럼 시종 미국과 친미매판세력에 의해 추진되었으며, 그 결과 이승만파, 한민당 등의 친미반공세력이 미국의 대 공산세력의 교두보, 남한을 떠받치는 집권자로 등장했다.

3. 민족주의세력과 사회주의세력의 배제

앞서 말한 바와 같이 5·10선거에서 친미매판세력은 정원을 수배 웃도는 대량의 입후보자를 내세운 데 반해, 민족주의세력과 사회주의세력은 모두 단독선거 반대운동을 전개하여 한 사람도 후보로 공천하지 않았다.

그 때문에 미군사령관 하지는「애국자는 선거에 참여하라」라고 외치고 한국민주당, 홍사단 출신의 경무부장 조병옥은「선거는 국시기 때문에 반대하는 자는 엄벌에 처한다」라고 협박했으며, 경남 군정청 지사 틸렛은「선거에 반대하는 자는 모두 공산주의자다」라고 공갈했다. UN임시 한국위원단도 민족주의자들에게「양심적 정치지도자가 출마하지 않으면 부패분자나 친일파가 의회를 점령하게 된다」라고 참가를 종용했다.

물론 개인적 판단에서 입후보를 희망한 자가 민족주의자, 좌익 중에서 전혀 없었던 것은 아니다. 그러나 그들의 입후보는 경찰이나 우익청년단, 부인회, 악명높은 향보단(鄕保團), 동회직원 등의 우익세력에 의한 노골적인 폭력과 협박에 의해 방해되었다. 예컨대 이승만의 선거구인 서울시 동대문 갑구에서는 동구의 무소속 최유력 후보자였던 최능진(崔

能鎭)이 이승만의 무투표 당선을 위태롭게 하는 것이라 해서 선거기간 중에 불법적으로 체포되었다. 그밖에 투표용지에 일련기호가 교묘히 표시되어 있거나 비밀투표를 할 수 없도록 투표소를 꾸몄거나 그밖에 공공연히 그리고 조직적인 부정선거가 행해진 사례가 수없이 많았다. 입후보자의 거의(95% 이상)가 친미매판세력이었으므로 누가 당선되더라도 변할 것도 없었지만 관헌이나 우익단체는 자파후보자의 당선을 위해 부정불법을 최대한으로 자행했다.

민족주의세력과 사회주의세력은 1946년 10월에 실시된 미군정자문기관의 입법의원 의원선거에서 경무부장 조병옥, 인사처장 정일형 등의 교묘한 사전 인사배치에 의해 배제되었는데(제 1차 거세), UN위원단의 감시라는 간판 아래 행해진 5·10단독선거에서도 스스로의 신념에 의해 선거를 보이코트한 민족주의세력, 좌익세력은 말할 것도 없고, 개인적 의사로 입후보한 자도 미군정청의 후원을 받은 친미우익세력에 의해 폭력적으로 배제되었던 것이다(제 2차 거세).

이처럼 미군정 하의 남한선거는 갖가지 부정행위로 물들었으며 친미매판세력의 독무대이었고, 그들을 남한 지배층으로 등장시키기 위한 형식상의 선거에 지나지 않았다 할 수 있다. 이같은 사기극을 통해서 민족주의세력과 사회주의세력은 합법적인 정치무대에서 완전히 쫓겨났으며 그 이후 남한의 정치는 친미적 반공세력의 전횡으로 시종되었다.

4. 비 망

● 좌익세력이 압도적

미군정의 정책이 좌익에 대한 노골적인 억압으로 바뀔 때까지의 시기, 즉 8·15해방에서 1945년 말경까지 건국준비위원회는 전국 각지에 뿌리를 내렸고, 건준·인민위원회를 기반으로 한 좌익조직은 전국적으로 압도적인 힘을 자랑하고 있었다.

● 우익단체는 폭력적으로 좌익을 박해

서북청년회, 대동청년단, 조선민족청년단, 광복청년단, 대한청년단, 대한독립촉성노동조합총연맹 등의 우익단체는 좌익사냥의 폭력단으로서 미군과 경찰의 비호 하에 폭행·감금·사형(私刑)·백색테러·약탈·살인 등을 자행했다. 특히 서북청년단의 미치광이 같은 폭력테러행위는 남한주민을 공포의 도가니 속으로 몰아넣었다.

● 폭력학련의 학원을 지배

우익 학생단체인 전국학생연맹(학련이라 약칭)은 다른 청년단체와 결탁하여 폭력단으로 화하여 진보적 교사, 선량한 학생들에게 말로 다할 수 없는 폭행·박해를 가했다. 경찰과 안호상 등은 이것을 지휘하고 이철승, 이동원, 손도심 등이 그 첨병이 되었다.

● 낙랑(樂浪)클럽은 자유연애의 창구

모윤숙 등의 낙랑클럽은 세련된 여성들의 모임으로 알려졌지만 그 능란한 사교수완에 미군정청 당국자, UN임시한국위원단 멤버들이 개별적으로 농락당하는 일이 적지 않았으며, 남한 단독선거 추진에서의 그녀들의 「공적」은 위대한 것이었다.

● 노독립운동가의 「낭만」

 남북연석회의에 참가하기 위해 김구가 서울의 집을 떠날 때, 극우청년들이 앞길을 막아 방해했다. 그때 김구는 「이미 목숨을 버린 몸이다. 막지 말아라」라고 말하고, 공산주의자는 신용할 수 없으니…라고 거듭 말리려들자 「피를 나눈 같은 민족이 아니더냐. 흉금을 털어놓고 이야기해 볼 작정이다」라고 대답했다. 함께 평양으로 향하는 김규식에게 가족이나 동지들이 건강을 걱정하자 김규식은 「남은 목숨, 내 민족을 위해 바칠 작정이다」라고 말했다. 소련의 반대에 부딪치게 될 것이다라는 의견에 대하여서는 「우리는 자기자신의 손과 발로 조국통일을 쟁취하는 것이다」라고 말했다. 38도선을 넘을 때 김구는 「밤길을 재촉해서라도 빨리 가지 않으면 안되겠다」라고 말하고, 김규식은 「전동포가 힘을 합쳐 38도선의 울타리를 철거하지 않으면 안된다」라고 비장한 결의를 보였다. 타변을 즐기는 문필가들은 이것을 「봉건적 정치가의 낭만」이라 평했다.

● 미군정청에는 친일파가 득실

 미군정청은 일본제국주의 지배기의 통치체제를 해체함이 없이 경찰관, 관공서관리 등 총독부에 복무한 자들을 그대로 등용하였고 구일본군대 경험자로써 군대(국방경비대)를 조직했다. 그 때문에 다소라도 민족적 양심이 있는 자는 국방경비대나 경찰관이 되기를 꺼려했다. 미군정청기관은 구조선총독부 또는 만주국의 녹을 먹은 대일협력자의 절호의 거처가 되었다.

해방직후에 유행한 속요

　o 미국을 믿지 마라
　　소련에 속지 마라
　　일본은 다시 일어난다
　o 잘처먹고 잘싸는국방경비대
　　후퇴에는 용감하고
　　오발에는 자신있어
　　도둑질에 솜씨있고
　　밥이라면 배터지게 먹어대고
　o 아저씨 똥통에 빠졌다네
　　똥구린내도 나고
　　오줌지린내도 나네
　　냄새투성이라 이거 견디겠나

●1급 인물은 북행

8·15해방 직후 미군정 하의 생활에 정이 떨어진 많은 인재들이 38도선을 넘어 북한으로 떠났다. 학자, 소설가, 시인, 연극, 영화인, 무용가, 가수, 민담가 등에 이르기까지 여러 분야의 제1급 인물이 새로운 포부를 안고 대거 입북했다.

●정판사 위조지폐사건

좌익세력에 시달리던 미군정 당국은 1946년 5월 18일에 조선공산당 본부와 동당기관지 해방일보 등이 들어 있는 서울의 정판사빌딩 지하공장에서 위조지폐를 인쇄했다는 혐의를 구실로 동빌딩을 수색하여 공산당 간부를 대량 검거하고 해방일보를 정간처분했다. 검사 조재천이 이 사건을 다뤘다.

● 국립서울종합대학

　1946년 6월 19일 군정 문교부는 국립서울종합대학안을 발표하여 동년 8월 22일 국립서울대학교를 발족시켰다. 이것은 구경성제국대학에 서울의학전문학교, 서울고등상업학교, 서울법학전문학교, 서울고등공업학교, 수원고등농림학교, 서울치과전문학교, 서울약학전문학교 등을 흡수 통합한 형식으로 행했다. 이에 대해 교육계, 교수, 학생, 언론계는 교육의 자주성을 박탈하고, 미국에 비판적인 교수를 배제하고자 하는 것이라고 이에 반대했다. 이 국대안에 반대하는 동맹휴교 등이 5월 이후 빈발하여 학생 4,956명이 제적되고 교수, 조교수 380명이 해임되었다.

● 전평(全評 : 조선노동조합 전국평의회)

● 남한 노동자의 총집결체로서 전국에서 대의원 615명을 모아 결성됨(1945년 11월 5일).
● 전국농민조합총연맹 결성(1945년 12월 8일)
● 조선일보 복간(1945년 11월 23일)
● 동아일보 복간(1945년 12월 1일)
● 서울신문 복간(총독부계 매일신문을 개제) 간행(1945년 11월 23일)
● 합동통신(국제통신 개제) 발족(1945년 12월 20일)
● 조선문학가동맹 결성(1945년 12월 16일)
● 조선문화단체연맹 결성(1946년 2월 24일)
● 전조선문필가협회 결성(1946년 3월 13일)
● 조선민주청년동맹이 각지의 청년운동의 통일조직으로 결성되다 (1946년 4월 25일).

- 국방경비대 발족(1946년 1월 15일)
- 연안경비대 발족(1946년 2월 13일)
- 전국학생연맹 결성(1946년 7월 30일, 위원장 이철승)
- 조선민족청년단 결성(1946년 10월 13일, 단장 이범석)
- 전국문화단체총연합회 발족(1947년 2월 12일)
- 대동청년단 결성(1947년 8월 21일, 단장 이청천)

徐相日(서상일)

曺奉岩(조봉암)

李範奭(이범석)

申翼熙(신익희)

〈조선전쟁으로 폐허화된 서울시가(1950년)〉

〈조선전쟁은 조선인민을 사지로 몰았다(대동강, 1950년).〉

〈진보당사건 공판광경(1958년)〉

〈1960년 3·15부정선거 직전, 이승만계 정치폭력배들이 반독재민주수호연맹 정·부통령 후보의 입후보등록서류를 강탈(구 서대문구청)〉

〈발포군·경과 싸우는 4·19의거 청년학생(1960년)〉

〈이승만독재정권을 무너뜨린 4·19의거 청년학생(1960년)〉

〈5·16군사 쿠데타 그날의 박정희(1961년)〉

張 勉(장 면)

李起鵬(이기붕)

제 3 편

미국 후견 하의 정권 수수시대

제15장 이승만 정권시대

1. 제헌국회의 성립

　전술한 바와 같이 UN임시한국위원단의 감시 하에 행해졌던 5·10선거에는 남한의 대다수 정당·사회단체가 반대 또는 보이코트하고, 이승만파·한민당 등 극히 일부의 우익정당·무소속만이 참가했다. 관헌과 향보단 등 테러단의 발호와 선거간섭이 계속되고 투개표는 소연한 가운데 강행되었다. 그러나 선거의 결과는 이승만 등의 참가 청객들에게 결코 만족스러운 것이 못되었다.

　당선자를 보면 이승만파의 대한독립촉성국민회는 입후보 253명중 55명, 한민당은 91명중 29명, 대동청년단은 87명중 12명, 조선민족청년단은 20명중 6명, 대한독립촉성노동조합총연맹, 대한독립촉성농민총연맹, 대한독립촉성애국부인회, 조선민주당, 대한청년단, 조선불교총무원, 조선예수교장로회, 대한부인회, 조선여자국민당 등 44개 단체는 99명중 12명이 각각 당선이라고 발표되었다. 무소속은 417명중 85명이 당선이었다. 정원 200명에서 차지하는 비율은 독립촉성국민회 27.5%, 한국민주당 14.5%, 대동청년단 6%, 민족청년단 3%, 기타 6.5%, 무소속 42.5%였다. 이들 당선의원은 일부 무소속을 제외하고는 거의 정상배적 존재이었고 친미·친일파였다.

　1948년 5월 31일 제헌국회가 열려 의장에 이승만, 부의장에 신익희·김동원을 선출했다. 6월 10일에는 국회법을 채택하고 이튿날 11일 신국회의 성립을 UN에 통고했다.

　6월 1일 국회에 설치된 헌법기초위원회(서상일·이훈구·김효석·김준연·허정·조봉암·이청천·이윤영 등 30명)는 전문위원의 협력을 얻어 대통령 책임제의 대한민국헌법초안을 기초했다. 헌법초안은 7월 12일 국회본회의에서 가결되어 17일 이승만에 의해 공포되었다. 7월 20일 국회에서 행해진 대통령 선거에서 총투표 197표중 이승만은 180, 김구 13, 안재홍 2, 서재필 2표라는 결과가 나와 이승만이 예정대로 당선되었다. 부통령 선출에서는 제 1차 투표(이시영 113, 김구 64)로 결정되지 않고 제 2차 투표에서 이시영 133(66.6%), 김구 62라는 결과가 나와 이승만이 지명한대로 이시영이 선출되었다. 이들 투표를 보더라도 초대 국회의원의 압도적 다수가 이승만파와 한민당 계열에 속하는 세력으로 차지되어 있다는 것을 알 수 있다. 그러나 이승만의 억지 집권은 결코 순탄한 것이었다 할 수는 없다.

2. 이승만정부의 성립

　초대 대통령 이승만은 7월 24일 취임선서를 하고 국무총리에는 한민당의 기대와는 달리 조선민주당의 이윤영(李允榮)을 지명했는데, 한민당의 반대로 27일 그에 대한 국회인준은 부결되었다(조민당은 북한에서 넘어온 사람들로 된 정당으로 철저한 반공정당이었는데 남한에는 조직 기반이 없었다). 그 때문에 이승만은 민족청년단의 이범석을 임명하여

8월 2일 가까스로 국회의 인준을 얻었다. 이승만은 남한 단독선거를 지지 추진한 우익 제 당파를 결집해 연립내각을 구성하려 했다. 대법원장에는 한민당계의 김병로(金炳魯)가 임명되었고, 이어 정부 11부장관 4처장(處長)에는 한민당계의 김도연(金度演), 이인(李仁), 조민당의 이윤영, 노총의 전진한(錢鎭漢), 여자국민당의 임영신(任永信), 혁신계의 조봉암(曺奉岩), 기타 독립촉성국민회계를 임명했다. 이승만의 후임국회의장에는 독촉국민회의 신익희 부의장에는 한민당계의 김약수(金若水)가 선출되었다. 이리하여 일단 3권 분립의 체제를 갖춘 이승만은 8월 15일 대한민국정부의 수립을 선포했다.

이에 앞서 미국무장관 마샬은 5월 14일 UN임시한국위원단의 감시 하에 5·10 단독선거가 생각한대로 「성공리에」 끝났다는 것을 축하하는 성명을 발표했고 24일에는 1948년 8월 1일까지는 신정부가 수립될 것을 희망한다는 의견을 발표하고 있다. 미국은 한국민의 반대를 강권으로 짓밟고 남한 전토를 소란과 유혈의 도가니로 몰아넣은 속에서 강행한 민족분열의 단독선거에서 이승만정부를 탄생시켜 이를 축복하고 그리고 재빨리 8월 3일에는 사실상의 승인을 하는 의사표시를 했던 것이다.

UN임시한국위원단은 5·10 단독선거를 인민의 「자유로운 의사」의 소산이라 하고, 8월 25일 이승만정부의 성립을 인정하는 보고서를 UN에 제출했다. 그에 따라 동년 12월 12일 UN총회로 사회주의 제국의 반대를 물리치고 UN한국위원단의 보고 중의 결론을 승인하고 이에 관한 결의안을 가결했다. 이 결의는 「UN한위가 감시하고 협의할 수 있었던 곳, 그리고 또한 한민족의 대다수가 거주하고 이는 한국의 부분에 유효한 지배와 관할권이 미치게 하는 합법정부(대한민국정부)가 수립되었다는 것, 이 정부가 한국의 전기 부분의 선거민의 자유의사의 유효한 표명이며 또한 임시한국위원단에 의해 감시된 선거에 기초한 것이라는 것, 그리고 이 정부가 한국에서 그같은 과정을 거쳐 성립한 유일한 정부라는 것을 선언한다.」고 되어 있다.

3. 친미매판세력의 분열

남한의 친미매판세력이 미·소 양국이 합의한 모스크바협정의 한국임시정부수립 방침에 반대하고, 또한 남북분단이 가져다 준 이루 헤아릴 수 없는 민족적 불행에도 눈을 감으면서 오로지 미국의 대소봉쇄정책에서 오는 한국정책에 편승 내지 그 앞잡이가 되어 남한 단독정부의 추진 및 이승만정부의 수립에 혈안이 되었던 사실에 관하여는 이미 말한 바와 같다. 그들 안중에 있었던 것은 미국의 비호 하에 권력과 이권을 움켜잡는 것 그것 뿐이었다. 민족의 자주독립, 통일, 민주주의, 민중의 생활보장 따위는 권력욕과 사리사욕에 눈이 먼 도배의 뇌리를 스치는 일조차 없었을 것이다. 물론 극히 일부분의 무소속 중에는 먼저 권력을 장악하는 것이 민족의 통일독립에 이르는 현실적인 수단이라고 생각한 사람도 있었지만, 철저한 간섭과 포기의 5·10선거를 통해서 민족주의세력·사회주의세력 등 통일독립민주정부의 수립을 주장하고 있던 정파가 전면적으로 봉쇄되어 국회가 친미매판세력의 독점이 된 조건 하에서는 완전히 몽상에 가까운 것이었다.

미군정의 여당으로서 그 반민족적 정책과 부패의 일익을 담당했던 한민당은 이승만과 짜고 남한 단독선거를 추진했는데, 그것은 어디까지나 신정부의 여당이 되어 권력과 이권을 장악할 것을 노린 책동에 불과했다. 이승만파와 한민당은 친미·반공을 공통의 기반으로 하여 남한단독정부의 수립을 추진했으므로 신정권의 수립과 행정·사법기구의 편성에서도 협조할 것으로 상정되었다. 그러나 양자는 미국의 피리에 춤추고 단독정부를 수립하기는 했어도 실제로는 동상이몽격인 점이 있었다. 이승만은 자기를 중심으로 모든 친미세력을 규합하고자 계획하고 있는데 반해서 한민당은 이승만을 「국부」로 떠받들고 정치의 실권을 장악하고자 했었다. 그 때문에 한민당계에서 장악하고 있던 헌법기초위원회에서는 대통령을 상징으로 그치게 한 내각책임제헌법을 기초했다. 그러나 이것은 이승만의 맹렬한 반대에 부딪혀 하룻밤 사이에 대통령책임제로 바꿔었다. 이리하여 대통령책임제의 헌법초안이 7월 12일 국회의 승인을 거쳐 17일 공포되었는데, 한민당은 계속 내각책임제로의 개헌을 추진하여 동년 11월 또 다시 이승만과 충돌하게 된다.

오랜 세월동안 미국에서 살아온 이승만은 가장 적극적인 친미파 리더임과 동시에 미국의 대소전략에서 오는 반공정책을 민감하게 알아차려 한국에서 가장 빨리 그리고 철저한 반공슬로건을 내걸며 남한단독정부의 수립을 주장한 우익의 거두이다. 그는 미국을 뒷받침한 자기 중심의 독재정권수립의 구상을 가지고, 이것을 기반으로 무력에 의한 북진통일이라는 코스를 생각하고 있었던 것이고, 또한 그렇게 할 수 밖에 없다고 국민에게 공공연히 호소하고 있었다. 그는 먼저 반대파인 민족주의세력과 사회주의세력을 때려잡은 뒤 남한 단독선거를 추진한 친미매판세력 각파의 연립내각을 조직하여 수하인 독립촉성국민회와 한민당 등에게 자기를 「국부」로 떠받들게 하였고, 그 권위 앞에 모든 정치세력이 굴복하도록 꾀했다. 그 때문에 이승만은 국회내 소수파인 한민당계를 요직에 앉힌 셈이었다. 예컨대 대법원장 김병로, 국회부의장 김약수, 김동원, 내무부장관 김도연, 법무부장관 이인 등이다. 그러나 한민당은 그들이 이승만정권수립에 바친 「공적」에 비하면 그것은 냉대라 하여 이승만을 배신자라 생각했다.

 이 권좌를 둘러싼 불만이 계기가 되어 이승만과 한민당 사이의 대립이 격화되고, 그 결과 전술한 바와 같이 한민당측은 이승만이 임명한 이윤영의 국무총리 인준 거부와 당수 김성수의 입각 거부로 나왔으며, 이승만을 거세하고자 내각책임제 개헌안을 집요하게 추진했던 것이다. 이처럼 단독선거의 강행에 의한 대한민국수립에 성공한 것처럼 보였던 친미매판세력은 권력을 장악하자마자 내부대립·항쟁의 구렁텅이로 빠져들어 각파는 있는 꾀를 다해서 정권쟁탈에 총력을 기울이게 되었던 것이다.

 그러나 이승만파, 한민당, 흥사단 등 친미세력은 모두 정치가 이루어야 할 민족적 당위인 나라의 자주독립과 민족의 통일보다도 미국의 대한정책에 추종하며, 그 후견 하에 각종 이권을 획득하는 데에서는 기본적으로 일치하고 있었다. 미국은 소련을 견제하여 남쪽만의 단독정부수립을 보장해 주었으며, 미국의 군사력은 공산주의의 위협을 막아주었고, 미국의 군사경제원조는 38도선 이남의 안정에 불가결할 뿐만 아니라 자본주의 경제의 발전을 촉진해준다. 미국의 후견과 원조는 신생반공국가로서의 한국 존립의 정치, 경제, 군사적 지렛대이고 발전의 원천이다. 따라서 한국의 정치가는 오로지 미국의 신뢰와 총애를 얻지 않으면 안되며 미국의 반공전략의 일익을 담당하지 않으면 안된다 — 이것이 당시의 친미매판세력이 생각한 「당위」였다. 이처럼 갓 태어난 한국의 정치무대에 등장한 각 정당, 정치가들은 미국의 돈과 물질과 힘을 배경으로 하여 각자의 이해, 타산에서 오는 권력다툼에 여념이 없었다. 한국의 정권은 한국민중에 의해 만들어지는 것이거나 운영되는 것이 아니라 미국에 의해 주어지고 그 힘을 빌어서 일부의 정객이 운영하는 것이라 함이 차츰 분명해졌다.

4. 민족주의세력과 국회내 반대파의 억압

정권을 손에 넣은 이승만은 먼저 좌우 중간파를 막론하고, 단독선거에 참가치 않고 남북협상, 통일정부의 수립을 주장한 정파에 대한 엄중한 감시와 탄압을 가했다. 민족자주연맹, 민주독립당, 건민회 등의 민족주의세력은 남한 단독선거에 반대하였고, 남북통일선거에 의한 중앙정부수립을 정강으로 내세웠으며, 이승만정부를 인정하지 않았기 때문에 사실상 그 정치활동이 금지되었다.

한독당 및 대한민국임시정부계도 남한 단독선거를 보이코트하고, 남북통일정부의 수립을 주장해서 이승만정권의 권위를 인정하려 하지 않았기 때문에 그 정치활동은 제한되고 억압당했다. 남북협상에 의한 통일정부수립과 미국군의 철수를 외쳐 국민의 확고한 지지를 받았고, 이승만의 최강적으로 인정되었던 한독당 당수 김구는 정부의 입김을 쐰 자객 육군중위 안두희의 테러에 쓰러졌으며, 그 뒤 동당의 활동은 완전히 봉쇄되었다.

이승만정권과 한민당은 이들 민족주의 세력을 「남북협상파」, 「회색분자」, 「중간파」, 「용공분자」, 「제5열」 등등으로 중상모략하고 그 정치활동에 모든 제한을 가하였으며, 경찰의 감시와 억압, 테러의 대상으로서 일체의 움직임을 봉쇄했다.

그러나 우파일색의 국회 안에서도 이승만 등에 동조하지 않고 외국군 철수, 통일정부수립에 동조하는 자가 나타났다. 1948년 10월 13일, 노일환(盧鎰煥), 강욱중(姜旭中), 서용길(徐容吉), 김옥주(金沃周), 이문원(李文源), 이귀수(李龜洙), 박윤원(朴允源), 김약수(金若水) 등 45명의 의원은 1947년 11월 14일의 제2회 UN총회결의가 한국정부수립 후 90일 이내 점령국 군대의 신속한 철수를 규정하고 있다 하여 제3회 UN총회에 이 제2회 UN총회의 결의 실행을 요구하는 내용의 긴급결의안을 국회에 제출하고 미군철수를 둘러싼 일대 격론을 불러일으켰다. 1949년 2월 5일 김약수, 노일환, 김옥주 등은 국회에 남북평화통일안을 제출했는데, 이것 또한 격론 끝에 부결되었다.

국회내 반대파에 애를 먹은 이승만정권은 「국회 프락치사건」을 날조하여 진보적 민족주의세력의 주장에 동조하여 국회투쟁을 강화한 이른바 소장파 국회의원을 1949년 5월 이후 몇 차례에 걸쳐 검거했다. 1950년 3월 14일 노일환, 이문원, 김약수, 박윤원, 김옥주, 강욱중, 김병회, 황윤호, 최태규, 이귀수, 서용길, 배중혁(裵重赫), 신성균 등 13명에 중형이 내려졌다. 이 날조사건에는 한민당(민주국민당이라 개칭)이 적극적으로 관여했다. 이승만과 한민당 일파는 정권을 사물화하고 미국의 호주머니 안에서 파벌투쟁을 전개하고 있었는데, 양자에 대항하는 이질적인 정치활동에 대하여는 용서하지 않았으며 공동으로 그 말살을 꾀했던 것이다.

「국회 프락치사건」 유죄판결의 「근거」는 소장파 국회의원이 남로당의 영향 또는 그 지시를 받아 「평화통일과 외국군대의 철수」를 주장하여 국가보안법에 위반했다는 것이었다. 그러나 국회의원이 평화통일과 외국군대의 철수를 요구하는 결의안의 제출이라는 의회활동을 한 것이 범죄구성요건이 된다면 우스운 일이 아닐 수 없다. 그리고 또한 남로당은 1949년 10월 16일까지는 아무튼 합법정당이었으므로 설사 남로당과의 접촉이 있었다 하더라도 그것은 불법적 행위로 될 수 없다. 이승만

정부가 실제로 두려워한 것은 소장파 국회의원의 미군철수와 평화통일의 요구가 국민의 강한 지지를 받아 미국 일변도와 민족의 분열로 줄달음치는 정부에 대한 광범한 반대운동이 일어나지 않을까 하는 것이었다. 즉 이승만과 한민당은 형식상 국회의 절대다수를 차지하고는 있었다 하더라도 국민의 지지는 받지 못하고 있었으므로 20명도 안되는 소장파의원의 주장이 민족주의세력이나 좌파와 나아가서는 전국민의 반정부적 기운에 불을 붙이는 것을 경계하였던 것이다(제3차 거세).

5. 좌익정당의 불법화

앞서 말한 바와 같이 미군정은 출발 직후에 남한의 공산당 등 좌익에 지도된 인민위원회를 해산시켰다. 1946년에 들어와 미국의 대소반공전략이 현저해지게 되자 군정은 한민당, 우익청년단, 경찰 등을 내세워 공산당 등 좌익의 활동을 폭력적으로 통제하고,「정판사위조지폐사건」을 계기로 일거에 공공연한 유혈탄압에 나섰다. 그 때문에 공산당(남로당) 등 좌익은 차츰 비합법활동으로 치닫게 되어 미군정과 남한 단독선거에 반대하는 총파업, 인민봉기, 게릴라활동 등을 조직하기에 이르렀다. 1946년 9월 24일 부산지구철도노동자의 파업을 효시로 하여 각부문 노동자의 총파업, 10월 1일 대구를 중심으로 발생한 전국적인 인민항쟁, 1948년 4월 3일 제주도에서 시작된 미군정·단독선거 반대의 무장궐기, 동년 5월 10일의 단독선거에 반대하는 각지의 폭동 등이 그 주요한 것들이다. 이승만은 신정부수립 후 게릴라 대책에 강경책으로 나와 1948년 10월에는 제주도에 대군을 파견하려 하였으나 전남 여수항에서 출동대기중이던 국군 제14연대가 반란을 일으켜 순천으로 진격함과 동시에 진압차 파견된 제4연대도 반란을 일으켜 이 지역을 점거했다. 이 여순반란 사건과 이에 이은 지리산(智異山)을 중심으로 한 게릴라활동은 남로당이 지휘한 인민항쟁의 정점을 이루는 것이었다.

이승만정부는 계엄령을 선포하여 군대와 경찰부대를 파견해서 공산주의자를 비롯하여 봉기・반란에 가담한 민중・병사들에게 대량 보복・학살을 감행하여 무고한 주민을 닥치는 대로 투옥, 재판을 거치지 않고 살육하기도 했다. 이승만정부는 군경으로 편성된 사단규모의「공비토벌대」를 편성해서 게릴라대책을 세우는 한편, 1949년 10월 16일 남로당, 근로인민당, 인민당 등 그밖의 좌익단체의 등록을 취소하고 간부의 체포에 전력을 쏟았다. 이승만은 국회의 한민당 등과 모의하여 좌익정당・사회단체 뿐만 아니라 중간파를 포함한 일체의 반대파와 대중의 반정부행위를 봉쇄하기 위해서 1948년 11월 20일 악명높은「국가안보법」의 국회통과를 강행 12월 1일 이를 공포했다.

6. 한국민주당을 민주국민당으로 개편

한국중앙선거관리위원회 발행의「대한민국 정당사」(1968년판)는 다음과 같이 지적하고 있다.「한국민주당은 재무장관 김도연, 법무장관 이인 등 2명만이 입각되었기 때문에 이승만노선을 적극적으로 지지해온 동당은 크게 실망한 나머지 이승만과 결별하기에 이르렀다. 이리하여 한국민주당은 자당 중심의 내각책임제의 실현을 도모함과 동시에 미군정을 통한 한민당에 대한 민원을 완화하고 당세를 확장강화하고자 1949년 2월 10일 신익희 등 일부 대한독립촉성국민회 및 이청천(李靑天) 등 일부 대동청년단과 합체하여「민주국민당」이라 개칭하여 이승만에 대한 싸움을 전개했다」(동서 181쪽). 미군정의 여당세력으로서 세도와 이권을 독차지한 것도 한민당이었고, 이승만을 지지하는 국내 우익세력의 중심으로서 그를 「국부」로 떠받든 것도 한국민주당이었다. 그리고 또한 남한 단독선거를 지지하여 민족의 분열에 협력한 것도 한민당이었고 민족주의세력과 좌익세력에 폭력적 탄압을 가해 배제한 것도 한민당이었다. 그 때문에 미국을 배경으로 한 친미매판의 한민당이 민중의 지지를 받을 수 있을 리가 없었으며, 반대로 민중의 증오와 원한의 대상으로 되었다. 그 때문에 한민당으로서는 정권을 장악하기 위해서는 「민원을 완화」하기 위한 위장이 필요했던 것이다.

신익희는 한독당 간부이고 대한민국임시정부의 국무위원이었으나 중국에서 귀국하자 이승만 및 한민당에 접근했다. 남한 단독선거에 반대한 김규식 대신에 남조선과도입법의원 의장이 된 신익희는 대한독립촉성국민회의 공천으로 5·10 단독선거에 출마한 후 당선되어 이승만의 다음으로 국회의장에 승격했다. 이청천은 일본 육군사관학교 출신으로 대한민국 임시정부 산하의 광복군에 소속되어 김구의 막하로 있었지만 귀국 후 이승만에 접근하여 대동청년단을 조직하여 남한 단독선거를 지지해서 국회의원·무임소장관을 역임했다. 신익희와 이청천은 둘다 민족주의의 입장을 이탈하여 친미매판세력측에 붙었는데 이승만과 한민당의 알력이 표면화되자 한민당측에 섰다. 민원의 대상이었던 한민당은 민족주의 출신의 양자를 끌어들여 민주국민당(민국당이라 약칭)이라 개칭하여 위원장에 신익희, 부위원장에 김도연·이영준(李榮俊), 고문에 백남훈, 서상일, 조병옥 등을 선임했는데 조직과 강령은 구한민당과 그리 다를 것이 없었다.

7. 이승만 등의 「5월 위기설」

1949년 말 무렵부터 대통령 이승만, 전내무장관 윤치영, 내무장관 김효석(金孝錫), 전군정청경무부장 조병옥 등과 동아일보 등의 보수계 신문들은 1950년 5월 전후에 중대한 정치위기가 찾아올 것이라는 「5월 위기설」을 마구 퍼뜨렸다. 남북인민의 이른바 전민족적인 반대를 무릅쓰고 미국과 남한친미매판세력의 지지에 의해 등장한 이승만정부는 당초부터 미국의 반공정책의 실행자가 되었다. 반공국가로서의 체제 굳히기가 요구되어 「멸공통일」이 최고의 국가목표로 설정되었다. 그 때문에 남북협상과 자주통일을 요구하는 제당파와의 철저한 대립 및 그 소멸이 제1의 과제로 되었다. 그 결과 자주통일세력이 취한 불가피한 자위태세가 정부측으로는 「위기」로 비쳤던 것 같다. 민족주의세력과 좌익의 자주독립·평화통일 운동이 그것이며, 나아가 미제국주의 반대, 민족의 평화통일을 주창하는 북한공산주의세력의 평화공세는 그들에게는 더욱 큰 「위협」이었다. 그같은 위기설을 퍼뜨려 긴장을 조성하는 것이 국내체제의 강화와 멸공무력통일의 조건조성에 유리하리라 기대한 면도 있었겠지만, 사실은 미국의 확고한 공산세력 말살작전을 예견한 여론조성이었을지도 모른다.

이 무렵 남한 단독선거를 보이코트한 민족주의세력 중에서 경상도 그룹(박기출(朴己出)·윤우현(尹愚賢) 등), 한성일보 그룹(안재홍·박용희(朴容羲) 등), 좌우합작위 그룹(윤기섭·원세훈 등) 등은 전민족적인 반대에도 불구하고 신정부가 기성사실로서 성립되어 국가체제가 굳어져 가고 있는 현실적 여건을 고려하여 권력기구의 개변, 장악이 평화통일에의 첩경이라고 판단하고 그를 위해 평화통일세력의 조직적 정비의 필요성을 강조하고 있었다. 1949년 초두부터 남북협상파라 불리우는 통일세력은 공동전선을 만들기 위한 협의를 했으며, 1950년에 예견되는 국회의원 선거에 대거 참가할 계획을 세워나가고 있었다. 이 같은 민족주의세력의 동향은 이승만정부의 친미매판·민족분열·정치탄압에 반발하고 있던 민중의 압도적인 지지를 기반으로 해서 추진되었고, 그것은 친미파집권세력에게는 크나큰 위협이 되었던 것이다. 즉 이승만정권은 5월 선거를 앞두고 남북협상파의 의회진출을 저지하기 위한 분위기 조성에 직면하고 있었던 것이다.

8. 자주평화통일세력의 재편성과 북진통일세력의 작위

경상도 그룹을 중심으로 한 지방민족주의세력의 건의와 노력에 의해 한독당의 김구, 민련의 김규식, 사회당의 조소앙 등 자주통일세력의 지도자들은 통일선거대책위원회의 발족을 합의하는 데까지 이르렀는데, 이승만·민족국민당의 음험한 책모와 김구의 암살에 의해 민족주의세력의 결집은 실현되지 못하고 말았다. 실의에 빠진 김규식은 국회의원선거에 대한「불참가, 불반대」의 의사를 표명하고 대책은 각자의 자유의사에 맡기겠다 했다(제4차 거세).

여기서 전해지는 북한상황에 관해 잠깐 언급해두지 않으면 안된다. 미·소공동위원회의 결렬과 미국에 의한 한국문제의 일방적인 UN상정에 의해 남북의 분단고착화 위기가 닥쳐왔을 때, 남북의 제 정당·사회단체 대표가 평양에 모여 남한 단독선거 반대, 외국군철수, 전국총선거 실시에 의한 통일적 민주주의정부의 수립 등을 결의한 것은 앞서 말한 바와 같다. 5·10 단독선거가 강행되자 1948년 6월 말 ~ 7월 초에 남북

의 제 정당·사회단체지도자협의회가 다시 평양에서 열려,

① 불법적인 5·10선거에 의해 성립된 남한국회와 이에 입각한 「정부」는 조국의 영구분단과 남한의 식민지화를 가져다주는 것이기 때문에 결정적으로 배격한다.
② 참된 인민선거의 실시에 의해 조선최고인민회의를 창설하고 남북한대표자에 의한 조선중앙정부를 수립한다.
③ 조선최고인민회의와 조선중앙정부는 한국에서 외국군대를 즉각 철수시킨다.

라는 결정을 채택했다.

이어 동년 7월 10일 북조선인민회의 제5회 회의에서는 조선민주주의인민공화국 헌법(초안은 동년 2월 7일의 북조선인민위원회 제4회 회의에 제출되었다)의 실시와 조선최고인민회의 선거의 실시를 결정하고 선거일은 1948년 8월 25일로 결정되었다. 이에 따라 북한에서는 북조선중앙선거위원회, 남한지역선거를 담당할 남조선대의원선거제도위원회가 구성되어 한국전지역에 걸쳐 선거가 실시되었다. 북한에서는 직접선거에 의해 유권자의 99.9%가 참가하였으나 남한에서는 혹심한 탄압 하에 선거지도위원회의 결의에 따라 이중선거가 행해졌다. 먼저 전유권자의 77.52%가 참가하여 1,080명의 대표가 선출된 뒤 이들 대표가 참가하여 해주에서 열린 남조선인민대표자대회에서 360명의 최고인민회의대의원이 선출되었다 한다.

최고인민회의 제1회 회의는 남북의 선출대의원 572명이 참가하여 1948년 9월 2일부터 평양에서 개최되어 조선민주주의인민공화국 헌법

의 승인과 그 실시에 관한 결정 따위가 채택되었다. 이리하여 9월 9일 김일성을 수상으로 하는 조선민주주의인민공화국이 창건되었다. 김일성은 9월 10일에 「남북조선인민의 총의에 의해 수립된 중앙정부는 전조선인민을 정부 둘레에 굳건히 단결시켜 통일된 민주주의자주독립국가를 신속히 건설하기 위해 전력을 다하고 국토의 완정(完整)과 민족의 통일을 보장할 가장 절박한 조건인 미·소 양군의 동시 철수를 위해 전력을 기울인다」 등 8개 항목으로 된 조선민주주의인민공화국 정강을 발표했다.

그리고 최고인민회의 의장에 허헌, 상임위원회 의장에 김두봉, 정부 부수상에 박헌영, 홍명희, 김책 등이 각각 선출되었다. 1949년 6월에는 남북의 노동당이 통합되어 조선노동당이 되고 동월 25일에는 남북의 민주주의민족전선이 통합되어 70여개 정당·사회단체를 산하에 둔 조국통일민주주의민족전선이 결성되었다. 월북한 남한의 민족주의 정치가들도 이에 망라되었다. 이리하여 남북에는 완전히 이질적인 정권이 대치하게 되었으며 양자간의 긴장은 날이 갈수록 고조되어 갔다.

소련정부는 1948년 10월 2일에 조선민주주의인민공화국을 승인하고 동년 12월 말까지 북한주둔 소련군을 북한에서 완전히 철수시켰다. 이듬해 1949년 3월에는 김일성이 정부대표단을 이끌고 모스크바를 방문하여 조소간의 경제문제협력협정에 조인했다.

한편 한국에 주둔해 있던 미국은 1949년 6월 군사고문단만을 남기고 대부분 철수했다. 미국무장관 애치슨는 1950년 1월 10일에 미국의 태평양에서의 안전보장라인은 알라스카 - 일본 - 오끼나와 - 필리핀이라 하여 한국을 제외한 뜻을 비쳤으나 동월 26일에는 한미군사방위원조협정이 체결되었다.

이상과 같은 내외상황 속에서 북진통일을 외치는 이승만정부, 민주국민당계는 남북의 대결을 부채질하며 끊임없이 「5월 위기설」을 퍼뜨렸다.

9. 제2대 국회의원 선거에서 이승만파 참패

정치불안과 경제위기 때문에 이승만정부에 대한 국민의 불평불만이 높아가는 속에서 1950년 5월 30일 제2대 국회의원 선거가 실시되었다. 선거를 앞두고 정부기관, 민주국민당, 보수계 보도기관 등은 「5월 위기설」을 유포해 남북협상파에 대한 공격을 강화했다. 좌익정파는 계속 체포되었고, 민족주의자는 용공분자라고 탄압을 당했다. 따라서 평화통일을 주장한 정치세력은 합법적 정치무대에서 배제되어 입후보조차 못했다. 그러나 미국과 UN관계기관은 국제여론의 비난을 두려워하여 서울·부산 등 대도시에서는 일부의 남북협상파, 민족주의자의 입후보를 인정했다. 반대파에 대한 이승만정부의 맹렬한 반대와 간섭에도 불구하고 선거는 이승만파의 참패로 끝났다. 이승만파의 입후보자들은 대한국민당 165명, 독촉국민회 115명, 대한청년단 60명, 대한노총 41명, 일민구락부 19명, 기타 합쳐서 473명이었는데 당선은 불과 57명 뿐이었다. 민국당은 154명의 공천자 중 24명을 당선시켰다. 비이승만·비민국당계 입후보자들은 사회당 28명, 민련 10명, 무소속 1,513명, 그밖에 합쳐서 1,579명이었는데 그들 중 무소속 126명, 기타 3명이 당선되었다.

특히 주목되는 것은 비이승만계·비민국당계가 입후보 총수의 71.5%, 국회의석으로 61.4%를 차지한 것이었다. 이것은 조국의 분단과 민생의 파탄을 가져다준 친미매판세력에 대한 국민대중의 강한 반감을 나타낸 것이었다. 그러나 대량 당선자를 낸 무소속은 명확히 평화통일과 자주독립을 단호히 주장하여 지지를 얻은 것은 아니었고, 또한 그만한 신념을 지닌 정객들도 아니었다는 것을 지적하지 않을 수 없다. 이 점은 제1대 국회의 경우와 대동소이하다. 만약 김구의 암살에 의해 민족주의세력의 결집이 와해되지 않았고, 관헌에 의한 평화통일세력에의 방해도 없었으며, 남북협상파의 자유로운 정치활동이 보장만 되었었다면 제2대 국회는 민족주의세력을 중심으로 한 평화통일세력이 장악하게 되었을 것이다.

관헌의 선거간섭은 엄청난 것이었다. 선거 당시의 내무장관은 이승만의 명을 받아 선거대책 책임자로서 등용된 백성욱(白性郁)이었고, 경찰은 미군정 이래 조병옥에 의해 길러진 한민당계(민국당계)의 경찰로 채워져 있었다. 이들 관헌은 미국에게는 우열을 메길 수 없는 앞잡이인 이승만파·민주국민당계 등 친미세력의 부정불법 선거의 비호와 반대파 방해에 전력을 기울였다. 특히 대도시 및 일부지방에서 가까스로 입후보하게 된 평화통일세력에 대해서는 관헌의 철저한 탄압과 방해가 가해졌다. 서울 성북구에서는 민국당의 조병옥과 사회당의 조소앙이 대결했는데 조소앙에게 가해진 선거방해는 지극히 노골적이어서 사실상 선거운동을 할 수 없게 만들었다. 민련의 후보자로서 부산 동구에 장건상, 중구에 김칠성(金七星), 동래구에 임갑수가 각각 출마했는데, 관헌의 방해 때문에 운신할 수가 없었고, 투표일 가까이에는 체포되기도 했다. 임갑수(林甲守)의 경우, 수영지역에서는 표를 훔쳐 상대 후보인 김모(金某)를 당선시키는 등, 음험한 계표도 행해졌다. 서울·부산 등의 대도시에서 조차 이 지경이었으니 농촌선거구에서의 관헌의 난무는 상상을 초월한 바가 있었다.

10. 이승만의 폭정에 가담한 한민당

한국정부의 실정, 폭정의 책임을 이승만 내지 이승만 일파에게만 씌우는 일이 있지만(동아일보 등 보수계 신문) 사실 잘 따지고 보면 이승만 일파 뿐만 아니라 한민당(민국당)계의 책임이 매우 크다는 것을 알 수 있다. 한민당이 미군정의 어용정당으로서 갖가지 부정부패를 범하고, 민원의 예봉을 피하기 위해 간판을 민주국민당으로 고쳤다는 것은 앞서 말한 바와 같다. 국민의 반감과 증오를 산 동당의 동향과 관련자를 들어 보자.

① 대한민국임시정부를 지지하는 듯이 민중을 기만하면서 실제로는 뒤질새라 미군정청의 앞잡이가 되었다.
② 친일파·일제식민지 관료 및 악질 고등경찰관 등을 그대로 당내로 안아들였다.
③ 구 일본인 재산의 불하를 둘러싸고 독점·모리·부정부패를 일삼았다.
④ 조병옥이 이끄는 경찰을 동원하여 무고한 민중에게 공산당원의 딱지를 붙여 투옥·학살을 자행하는 한편 약탈도 했다.
⑤ 한국의 통일독립을 지향한 모스크바 3상회의의 결정에 반대하여 미·소 합의에 기초한 통일민주정부의 수립을 파괴하기 위한 적극적인 역할을 했다.
⑥ 이승만과 결탁하여 남한 단독선거를 지지·추진하여 대한민국을 수립하고, 조국과 민족의 분단, 남북의 대결에 중요한 역할을 다했다.
⑦ 자주통일독립을 주장한 민족주의세력에 대해「남북협상파」,「

중간파」,「회색분자」,「제5열」,「용공분자」 등의 딱지를 붙여 모략적인 탄압을 가했다.
⑧ 악명높은 팟쇼법인 국가보안법을 만들어내어 민주적 정치·사회·언론활동의 맹아를 뭉개 버렸으며, 반대파를 가차없이 봉쇄했다.
⑨ 국회내 소장파·평화통일론자를 배제하기 위해「국회프락치사건」을 날조했다.
⑩ 군정기의 입법의원 의원선거, 제1대 국회의원선거, 제2대 국회의원선거를 모조리 백색 테러와 부정불법, 관헌개입선거로 화하게 한 것은 조병옥 및 한민당(민국당) 수하의 경찰·테러단이었다.
⑪ 정권욕에 사로잡혀 내각책임제 개헌안을 집요하게 추진하여 이에 반대하는 이승만과의 암투를 전개했는데, 그 결과 이승만의 독재를 가속화시켰다.
⑫ 6·25 동란에서의 패전의 책임, 1951년의 국민방위군사사건에서 볼 수 있는 장정학대와 간부의 부패, 동년의 거창사건에서 볼 수 있는 국군의 양민학살 등에 직접책임을 져야 할 국방장관 신성모, 내무장관 조병옥, 법무장관 김준연 등은 모두 민국당원이었다.
⑬ 이승만정권 성립 후, 임시수도를 부산으로 옮기는 1952년에 이르기까지 한민당(민국당)은 각료로서 내무장관에 신성모, 김효석, 조병옥, 외무장관에 임병직, 상공장관에 윤보선, 내무장관에 김도연, 교통장관에 허정, 법무장관에 이인, 김준연, 서상근, 국방장관에 신성모, 체신장관에 장기영(張基永) 등을 입각시켰으며 12부 중 과반수인 7부를 차지하고 압제를 폈다. 국회에서도 동당은 의장에 신익희, 부의장에 김동원, 김약수(국회프락치사건으로 제명),

윤치영 등을 취임케했으며 무소속의원을 협박 또는 회유하여 국회를 장악하고 국가보안법의 제정을 비롯한 정부의 폭정에 가담했다.

11. 비 방

● 국군은 방공군으로서 창군되었다

일반적으로 신흥국가에서의 군대 창설은 그 국가와 민족의 역사적 전통위에 추진되기 마련이다. 8·15해방이 일제식민지 지배로부터의 해방을 의미하는 이상 새 국가에서의 창군에서는 당연히 항일투쟁의 전통과 광복군의 존재가 고려되지 않으면 안되었다. 그러나 친미매판세력에 의해 대한민국이 일제식민지통치의 유산을 계승한 이상 미군정의 호주머니 속에서 남한단독의 반공국가로 건설되었기 때문에 국군도 일본제국 군대 출신자, 만주국군출신자, 총독부 경관 등을 중심으로 만들어진 미군정기의 국방경비대(2만 5천명)를 근간으로 해서 1948년 9월 5일에 건군되어 반공을 제일의 사명으로 삼게 되었다.

● 경찰은 공산주의자 토벌대

일반적으로 경찰은 국민생활의 보호와 사회의 안녕질서의 유지를 목적으로 하는 것인데 한국에서는 공산게릴라의 토벌과 공산주의자, 좌익진압이 경찰의 최대 목적으로 되어 있었으며, 그를 위해서는 총독부시대의 경험까지도 존중되었다. 국가경찰은 총독부 시대의 고등계 경찰을 중심으로 해서 만들어졌다.

● 무용지물화된 친일민족반역자 처벌법

국내 여론에 밀려 국회는 1948년 9월 「반민족행위처벌법」이 103대 6, 기권 91로 제정되었다. 그러나 이 반민법은 군대와 경찰의 실권을 장악하고 있던 친일분자가 미군의 비호 하에 공공연한 방해를 저질러 반민법집행기관을 습격하는 등의 사건이 꼬리를 물고 일어났다. 이승만은 1949년 7월 반민법을 무력화시켜 공소시효를 1949년 8월 말까지로 단축시켰다. 그 때까지 반민특별위원회는 682건을 조사하고, 55건을 검찰에 송치했는데, 검거된 자중 주요인물은 다음과 같다.

박흥식(朴興植), 이종영(李鍾榮), 김연수(金秊洙), 이광수(李光洙), 최남선(崔南善), 장직상(張稷相), 계광순(桂光淳), 박충식(朴忠植), 조병상(曺秉相), 이기용(李琦瑢), 이성근(李聖根), 박중양(朴重陽), 정국은(鄭國殷), 노덕술(盧德述), 이원보(李源甫), 김우영(金雨英), 하판낙(河判洛), 노기주(魯璣柱), 고원훈(高元勳), 김덕기(金德基), 박재홍(朴在洪), 최린(崔麟), 이변우(李弁雨), 장우형(張宇炯), 김대우(金大雨), 김정호(金正浩), 고한성(高漢成), 장헌식(張憲植), 김동진(金東鎭), 이상협(李相協), 김길창(金吉昌), 유진후(兪鎭厚), 박종표(朴鍾杓), 김태석(金泰錫), 김용근(金容根), 서병조(徐丙朝), 김대형(金大亨), 이병길(李丙吉), 송이원(宋伊源), 김태훈(金泰勳), 정성부(鄭成富), 장준영(張俊永), 정영수(丁永壽), 박순기(朴順基), 김광호(金光浩), 손필수(孫弼洙), 최지환(崔志煥), 김영호(金永浩), 정인소(鄭寅笑), 신원영(申元暎), 이준성(李俊聖), 신양체(愼良締), 문명기(文明琦), 양삼주(梁三柱), 박종옥(朴鍾玉), 심의교(沈宜敎), 김상길(金尙

吉), 김동준(金東準) 등, 그리고 도피한 자는 강락중(姜洛中), 유지창(柳志昌), 김두읍(金斗邑), 김맹철(金盟鐵), 박춘금(朴春琴) 등이다.

● 보도연맹

1949년 초 이승만정부는 민주주의민족전선 산하의 좌익단체 멤버를 대상으로 각지에서 보도연맹을 조직하여 전향을 강요하고, 검찰과 경찰이 끊임없이 이들을 지도 감시했다.

● 김구(백범)의 암살

한독당 당수이고 이승만의 제1 라이벌이었던 김구 암살의 진상은 국방장관 신성모, 헌병사령관 전봉덕(田鳳德) 등이 알고 있다 했다. 자객 안두희는 항상 정부 당국과 군의 보호를 받고 있었다.

● 여운형의 암살

1947년 7월 19일 좌익민족주의자의 거두인 근로인민당 당수 여운형이 서울의 가두에서 암살되었는데, 범인은 한지근(韓智根)이라는 미성년자라 발표되었다. 깊은 배후관계에 관하여는 당시 수도경찰청장이었던 장택상이 진상을 알고 있다 했다.

● 정치테러의 배후

우익의 거두 한민당 당수 송진우는 모스크바 3상회의 결정(신탁통치)

에 찬성한 직후 암살되었다(1945년 12월 30일, 범인 한현우). 여운형은 좌우합작운동을 추진하며 민족통일운동을 구상하고 있을 때 암살되었으며, 한민당 정치부장 장덕수는 미·소공동위원회의 합리적 진전을 원하다가 암살되었다(1947년 12월 2일). 즉 미군정 하에서의 정치테러, 요인암살은 모두 남북의 분단과 남한단독정부의 수립에 동조하지 않고 또한 이에 반대하는 움직임이 두드러지면 좌우를 막론하고 유력한 정객이 그 대상에 올랐다. 그러나 그 배후관계는 항상 우야무야로 끝나고 말았다. 이들 요인 암살사건은 그저 남한정계의 권력투쟁에만 한정되지 않고 남한단독 정부수립을 통해 여기에 강력한 반공거점을 구축하려고 기도한 미국의 음모가 얽혀있었던 것이라 보여진다.

- 한미잠정군사협정

1948년 8월 23일 미대통령 특사 무치오가 내한, 25일 한미잠정군사협정이 체결되었다.

- 미국의 한국승인

1949년 1월 1일 미국은 한국을 정식 승인, 동년 2월 2일 공사관을 대사관으로 승격시켜 초대대사로 무치오가 부임했다.

- 「농지개혁법」 공포

1949년 6월 21일 유상매입·유상분배에 기초해서 농지개혁법이 공포되었으며 이듬해 4월 10일부터 실시되었는데 지주는 그대로 온존되었다.

● 남북총선거 제안을 거부

　북한의 조국통일민주주의전선은 1949년 6월 25일 평화통일을 원하는 남북의 정당·사회단체의 협의와 지도 하에 동년 9월 남북의 자유로운 총선거를 실시하여 통일정부의 수립을 꾀하자고 제안했으나 이승만은 7월 8일 이를 거부했다.

● 국제적 반공투쟁의 선언

　1949년 7월 12일 이승만은 국제적인 반공투쟁에 한국이 참가한다고 선언했다. 1949년 8월 7일에는 장개석이 내한하여 이승만과 진해에서 회담하고 공동성명을 발표했다.

● 이승만의 일본 재방문

　북진통일을 외치고 있던 이승만은 1950년 2월 16일 맥아더의 초청으로 일본을 방문하여 북벌문제와 반공정책에 관해 협의 후 18일에 귀국했다.

● 남북통일 총선거 거부

　1950년 6월 7일 북한의 조국통일민주주의전선은 통일적인 최고입법기관 설립을 위한 남북총선거의 실시를 제안했으나 이승만정부는 이를 거부했다.

제16장 6·25사변

1. 민족의 참극을 몰고온 것

　1950년 6월 25일 미명 북위 38도선상에서 한국군과 조선인민군이 전쟁상태로 돌입, 미군 등 UN군이 참전한 뒤 휴전이 성립될 때까지의 3년간, 한민족은 비참하기 이를 데 없는 전화의 희생이 되었다. 한반도의 거의 전역을 초토화한 전쟁의 참극은 쌍방에 257만 8천여명(UN군측 115만 8,075, 공산군측 142만)의 병력손실과 2천만 가까운 이재민과 비전투원의 사상자 약 백만을 내었다. 6·25동란의 원인을 거슬러 올라가면 한민족의 반대를 무시하고 남한 단독선거를 강행하여 남북에 상이한 양정권의 성립을 불가피하게 했던 미군정부와 그 앞잡이들의 반민족적 정책에 기착될 것이다. 그러나 남북의 분단 그 자체가 곧바로 전쟁을 불러일으킨 것이 아니기 때문에 전쟁의 직접적 원인은 달리 찾지 않으면 안된다.

　한국정부는 6·25사변이 북한 인민군의 남침에 의해 발발된 것이라 단정한다. 그러나 당시 38도선을 경계로 하여 남북에 전개되고 있던 군사적 대치상태를 살펴보면 한쪽 준비만을 운운하는 것은 편견이라 하겠다.

무력북진의 계획과 그를 위한 군비확충은 남측에서 착착 추진되고 있었던 것이다. 김구·김규식 등 민족주의세력이 조국의 통일독립을 주장하며 남북협상을 추진하고 있을 때, 이승만파와 한민당은 무력에 의한 북진통일, 북한 공산주의세력의 말살 등을 부르짖고 있었던 것이다. 그 때문에 이들 친미반공세력은 미국에 한국군의 군비증강을 요청하는 한편, 구일본군 또는 만주국군에 속해 일본제국주의의 침략전쟁에 참가한 경험이 있는 자를 중용해서 전력확충에 힘을 쏟았다. 이 같은 이승만정권의 성급하고 호전적인 자세를 걱정한 미국이 한국군의 독주에 브레이크를 걸고자 한 일도 있다. 그러나 이승만정권은 1주일 이내에 평양을 점령할 수 있다고 호언장담하며 「멸공통일」은 쉽게 실현될 수 있으리라고 생각했다. 국방군으로 개편되었을 때 5개 사단에 불과했던 한국육군은 1950년 6월 현재 8개 사단, 10만을 넘고 있었다. 원래 북한은 「미식민지」 남한의 해방을 꾀하고 있었으며, 이승만 등은 무력북진을 외치며 그 준비에 힘을 기울이고 있었으므로 항상 일촉즉발의 위기를 안고 있었다.

2. 미국의 위장전술과 유도정책

　남북의 어느쪽이 먼저 38도선을 넘었는가. 한국정부는 북한인민군이 먼저 남침해왔다고 발표했고, 북한측은 한국군이 먼저 무력침공을 개시했다고 공표하고 있다. 한국측으로서는 전전선에 걸쳐 일제히 남진하는 인민군과 접하고 있으므로 정부발표가 그대로 믿어지고 있지만, 북한측의 주장과 미의회의 자료 및 국무성 주변의 움직임 등으로 보아서는 한국군이 북진명령을 받고 25일 오전 4시 이전에 한국군부대는 옹진반도 북을 향해 진격한 것으로 된다. 결국 어느편이 먼저 불질을 걸었느냐에 관하여는 서로 상대방에게 책임을 전가하여 결정적인 단정을 내릴 수 있을만한 증거를 제시하지 못하고 있다.

일단 군사행동이 개시되기만 하면 남한에서는 대규모의 대중봉기가 일어나리라고 말한 박헌영 등의 그릇된 관측이 북한의 정책결정에 영향을 미쳤으리라는 것이 틀림없을 것이라 믿어지기도 하고, 북한이 특히 소련의 원조를 확신하고 있었던 것도 사실일 것이다. 그러나 한편으로는 당시 북한이 끊임없이 평화통일을 제안했던 것을 상기하지 않으면 안된다. 이승만은 일찍부터「북벌」과「북진」을 외치고 있었고, 1950년 5월 선거에서 볼 수 있듯이 소수파로 전락하여 정치·사회적 위기가 심각해짐에 따라 북진열기를 한층 고취하였던 것은 틀림없는 사실이다. 그리고 미국과의 군사원조협정체결(1948년 8월), 이승만·맥아더회담(1950년 2월), 미국무성 고문 덜레스의 방한(1950년 6월) 등의 움직임은 북진소동에 미국이 깊이 관련되어 있음을 나타내는 것이다.

여기서 주목되는 것은 스탈린이 북한의 남한해방을 암암리에 승인했다고 전해지는데 대해, 트루먼정부는 한국에서 철수하는 듯 위장하여 이승만의 북진을 견제하는 듯한 태도를 취한 사실이다. 1950년 1월 1일 미국무장관 애치슨은 한반도를 미국의 태평양안전보장라인 밖에 둔다고 발표했으며, 동년 5월 상원외교위원장 코넬리도 똑같은 방침을 밝히고 있다. 북한의 남한 해방, 국토통일에의 의욕과 이것을 지원하는 소련의 방침을 충분히 알면서 왜 미국은 바로 그때에 한국을 포기할 듯한 발표를 했을까?

제 2차 세계대전을 통해서 세계 최대의 군사대국이 된 미국은 전후 사회주의제국과 식민지해방운동을 봉쇄하여 자본주의체제를 지키는 세계경찰적 역할을 담당하고 있었다. 특히 아시아에서는 이승만정권의 심각한 정치, 경제, 사회적 위기와 함께 1949년의 중국공산당에 의한 중국대륙의 제압은 아시아정책의 근본적 재검토, 군사전략의 재편을 서둘지 않을 수 없게 한 것이었다. 한국은 그 지정학적 위치로 보더라도 아시아대륙과 소련봉쇄의 교두보, 군사기지로서 지극히 중요하며 또한 대만의 장개석정권의 보호, 일본의 재군비의 필요성 등도 긴요한 일들이었다. 이같은 절박한 위치에 있으면서도 왜 미국은 한국 포기를 인상지우는 성명을 일부러 발표했을까.

그것은 한마디로 말해서 미국의 위장전술에 불과했던 것으로 판단된다. 왜냐하면 애치슨 성명 직후에 한미간에 군사원조 쌍무협정이 조인되었고(1월 26일), 한미경제원조안이 미의회에서 가결되어(2월 9일), 이승만이 동경을 방문하여 맥아더와 북진문제를 협의하고 있기 때문이다. 그렇기 때문에 6·25사변이 발발하자마자 미국은 계획대로 즉각 일본주둔 미군을 한국에 출동시킴과 동시에 제7함대를 대만해협에 파견하여, 소련 결석인 UN을 이용해서 UN군의 한국 파견을 실현시켰던 것이다. 소련은 미국의 이같은 계획을 감지하지 못하고 안보이사회에 결석했기 때문에 UN군이라는 이름으로 미국군 기타가 한국에 파견되는 사태를 막을 수 있는 거부권을 행사할 수가 없었다. 이들 미국의 교묘한 위장전술을 감안할 때, 미국이 6월 25일 미명에 공산군을「유인」하기 위해 국군의 일부에게 38도선 돌파를 명령하였을 가능성도 충분히 생각할 수 있다.

이같은 미국의 계획은 한국전쟁 발발에 의한 쌍방의 득실을 고려할 때 한결 납득이 쉽게 간다. 전쟁으로 북한전역은 완전히 초토화되었으며 인민군의 전사자는 50만 8,797명에 달해 전상자, 전재민을 합치면 막대한 숫자에 이른다. 중공군도 50만 안팎의 사상자를 냈고 UN에 의해 일방적으로「침략국」이라는 낙인이 찍혔으며 대만해방의 실현을 저지당했다. 이에 반해서 미국은 3년간의 전투에서 39만여 사상자를 내고 막대한 군사기재·물질의 손실을 가져왔는데 UN군의 이름으로 한국에 주둔할 권한을 얻었을 뿐만 아니라 함락직전의 대만 장개석정권을 보호하고 일본의 군국주의화와 사실상의 미일군사동맹의 체결에 성공했다. 게다가 이승만은 전시체제를 구실로 국내의 진보적 정치세력과 반대파를 말살하고 파탄에 직면했던 정권을 독재강화로 유지하는데 성공했다. 미국은 이 이승만정권을 뒷받침해서 한국군을 급속히 증강시켜 이것을 자기의 반공십자군으로 육성해 나간다. 이같은 결과로 보아 한국전쟁 발발로 미국은 갖가지 「이득」을 얻었던 것으로 생각된다.

이상에서 살펴본 바와 같이 한국전쟁은 제2차 세계대전 후의 미국의 대한정책, 아시아정책의 필연적인 귀결이고 이승만정권의 수립 후 더욱 구체화된 반공전략과 깊은 관계를 가지고 있었다. 먼저 남한에 UN위원단을 이용하여 단독선거에 의한 친미정권을 수립하고, 이것을 지렛대로 하여 북한의 무력병합을 이루고 한반도를 미국에 순종하는 친미적 통일정권 하에 두어 중공·소련에 대처한다고 하는 것이 미국의 프로그램이었던 것으로 생각된다. 이같은 미국의 계획에 소련과 북한이 말려든 것이 한국전쟁 발발의 실상이 아니었을까? 예컨대 함정을 파놓고 기름을 채운 것은 미국이고 유인의 나팔을 불어댄 것은 이승만정권이었으며, 불을 안고 뛰어든 것은 북한인민군이었다고 말할 수 있지 않을까 생각된다.

3. 미국의 대한 군사지원과 UN군의 참전

• 1945년 9월 8일   미군부대 인천에 상륙하다.

- 1945년 11월 13일 미군정청 안에 국방사령부가 설치되어 국방경비대의 모병이 있었다.
- 1945년 12월 5일 군사영어학교가 설립되어 경비대 창설을 위한 기간장교 110명을 교육했다.
- 1946년 1월 15일 1개 대대 규모로 남조선국방경비대가 창립되었고, 사령관에 마샬 육군중령이 임명되었다.
- 1946년 6월 15일 해안경비대가 창설되었다.
- 1946년 6월 15일 국방사령부가 통위부(統衛部)라 개칭되었다.
- 1948년 4월 1일 조선경비대 항공대가 창설되었다.
- 1948년 5월 5일 항공기지부대가 창설되었다.
- 1948년 9월 1일 조선경비대가 대한민국 국군으로 편입되었다.
- 1948년 10월 미 임시군사고문단이 설치되었다.
- 1948년 11월 30일 정부조직법과 국군조직법이 공포되었다.
- 1949년 6월 27일 주한미군이 군사고문단을 남겨놓고 철수했다.
- 1949년 6월 30일 한미상호방위원조협정이 체결되었다.
- 1949년 7월 1일 로버트 미육군준장 지휘하 5백명의 미군고문단이 설치되었다.
- 1950년 6월 25일 북위 38도선에서 남북의 군대가 충돌하여 한국전쟁이 일어났다.
- 1950년 6월 24일 하오 9시 30분(현지시간) 워싱턴의 미정부가 무치오주한대사의 전보 보고를 접수했다.
- 1950년 6월 25일 상오 3시(현지시간) 미국은 UN안보이사회의 소집을 요청했다.
- 1950년 6월 25일 하오 3시(현지시간) UN안보이사회가 열려 즉시 정

정요구결의를 채택했다(소련대표 결석).

- 1950년 6월 26일 트루먼은 국무성·국방성 관계자와 협의하여 ① 필리핀을 기지로 하는 제7함대를 대만해협으로 이동한다. ② 한국에서 미 민간인을 보호 철수하기 위해 해군과 공군력을 이용한다. ③ 대한민국에 무기를 공급한다 등의 조치를 취했다.
- 1950년 6월 26일 트루먼 미대통령은 ① 미해군과 공군을 동원해서 북한군을 격퇴하도록 맥아더에게 지령한다. ② 필리핀·인도지나에 대한 군사원조를 증가시키기로 결정했다.
- 1950년 6월 27일 미국이 UN결의 없이 「대만의 중립화」를 구실로 대만해협에 제7함대를 파견한데 대한 국제여론이 비등하자 트루먼은 「공산군의 대만 점령은 태평양지역의 안전과 이 지역에서의 합법적이고 필요한 조치를 취하고 있는 미군에의 직접적인 위협이 된다」고 성명했다.
- 1950년 6월 27일 하오 3시(현지시간) 소련대표가 결석한 UN안보리에 미국은 「북한군의 남침은 UN자체에 대한 공격이기 때문에 UN가맹국은 무력공격을 격퇴하고 이 지역에서의 국제평화와 안전을 회복하는 데 필요한 원조를 한국에 제공하도록 권고한다」는 결의안을 제출하여 동일 밤 10시 45분 동 결의안이 채택되었다. 그러나 이에 앞서 트루먼은 이미 미공군의 한국출격명령을 내려놓고 있었다.
- 1950년 6월 29일 트루먼은 미 해공군에 의한 「북한군사목표의 강타」와 해상봉쇄, 미육군 지상부대의 투입을 명령했다.
- 1950년 7월 7일 미국은 UN안보리에서 「UN군사령부 창설」을 결의케 하고 사령관에 맥아더를 임명했다.

- 1950년 7월 12일   한국군의 지휘권을 UN군사령관에게 이양하는 대전(大田)협정이 체결되었다.
  한국전에 UN군으로 참전한 16개 국은 미국 이외에 오스트레일리아·캐나다·프랑스·네덜란드·뉴질랜드·영국·벨기에·그리스·남아연방·필리핀·터키·타이·룩셈부르크·콜럼비아·에티오피아이다(인도·덴마크·이탈리아·스웨덴·노르웨이는 의료진만 파견).

4. 중공군의 참전

- 1950년 6월 27일   트루먼이 대만해협에 미 제7함대를 파견한데 대하여 많은 UN가맹국과 국제여론은 이것을 부당하다 하였고 중화인민공화국과의 사이에 야기될 예측불허한 사태를 우려했다.
- 1950년 9월 30일   주은래(周恩來)는 「미제국주의 침략군이 북위 38도선을 넘어 중국과 국경을 접한 조선민주주의인민공화국을 침범하면 중공은 방관하지 않을 것이다」라고 경고했다.
- 1950년 9월 30일   인도정부는 북경주재 인도대사의 보고를 인용하여 UN군이 38도선을 돌파하면 중화인민공화국을 전쟁에 끌어들일 위험성이 있다는 것을 경고했다.
- 1950년 10월 1일   UN군 산하의 한국군이 38도선을 넘어 북상했다.
- 1950년 10월 3일   주은래는 북경주재 인도대사에게 「한국군 이외의 외국군대가 38도선을 넘으면 중공은 조선민주주의인민공화국을 지키기 위해 군대를 파견할 것이다」라고 통고했다.
- 1950년 10월 8일   UN군은 38도선을 돌파하여 북진, 동월 하순에는

초산(楚山), 혜산(惠山) 등 국경지대로까지 진격해서 중공을 위협했다.

1950년 10월 25일   중공인민의용군이 한국전선에 출동했다.

* 1950년 11월 11일   중화인민공화국은 성명을 발표, 「미국은 중국침략의 범죄를 저질렀다. 한국에서의 미국의 조치는 중국의 안전보장에 대한 위협이라 생각한다. 중화인민공화국 및 조선민주주의인민공화국의 인민은 침략자 미국과 그 추종자가 침략행위를 중지하고, 그 침략군대를 철수시킬 것을 단호히 요구한다. 침략이 중지되지 않는 한 침략반대의 투쟁은 결코 그치지 않을 것이다」라고 강조했다.

5. 전쟁의 경과

* 1950년 6월 25일   미명, 북위 38도선 상에서 남북 양군대가 충돌, 북한군 남하.

  6월 28일   북한군 서울 점령.

  8월 15일   북한군은 마산·낙동강·대구·포항선까지 진출, UN군을 압박.

  9월 15일   UN군 인천에 대거 상륙.

  9월 16일   UN군 낙동강 전선에서 반격.

  9월 28일   UN군 서울 탈환.

  10월 8일   UN군 38도선을 돌파하여 북진.

  10월 10일   UN군 원산 점령.

  10월 19일   UN군 평양 점령.

　　　　10월 25일　UN군(국군 6사단 7연대), 국경지대인 초산에 돌입.
　　　　11월 25일　공산군 총반격 개시.
　　　　11월 30일　트루먼, 한국에서 원폭을 사용할 것을 고려중이라고 발표.
　　　　12월 4일　공산군 평양 탈환.
　　　　12월 24일　공산군 흥남 탈환.
• 1951년 1월 5일　공산군 서울점령, 남하.
　　　　3월 14일　UN군 서울 재탈환.
　　　　6월 중순　전황은 38도선 부근에서 교착상태에 빠짐.
　　　　7월 10일　개성에서 휴전회담 개시.
• 1953년 6월 8일　포로교환협정 체결.
　　　　7월 27일　휴전협정 조인(휴전협정 당사자는 UN군 최고사령관과 조선인민군 최고사령관, 중국인민의용군사령관).

6. 휴전회담

• 1950년 12월 14일　UN총회는 3인 정전위원단을 구성 휴전 알선을 도모하자는 인도 기타 아시아·아랍 12개국의 제안을 채택했다. 이란·인도·캐나다 3개국으로 구성된 정전위원단은 UN군사령부 대표와 협의했다. UN군의 주체를 이루고 있는 미국측 주장은,
① 전한국에 걸친 완전한 휴전을 할 것.
② 대체로 38도선을 따라 남북의 경계를 정하고 경계에 폭 약 20마일의 비무장지대를 설치한다.

③ 휴전을 감시하는 군대를 배치한다.
④ UN정전위원단은 휴전실태를 감시한다.
⑤ 남북한에서의 군대 증강 및 보충을 중지한다.
⑥ 1대 1의 비율로 전쟁포로를 교환한다.
⑦ UN총회에서 휴전협정에 관한 결의를 행한다.

등이었다. 이 주장에 이어 3인정전위원단은 주은래에게 메시지를 보내어 일단 휴전협정이 체결되면 즉각 정치협상이 시작될 것이라고 전했다.

• 1950년 12월 22일   주은래는 UN측이 제시한 휴전제안에 반대하고 다음과 같은 휴전조건을 제시했다.
　① 전외국군대는 한국에서 철수한다.
　② 휴전협정의 진행과 함께 평화회복을 위한 사후 조치를 강구한다.
　③ 통일한국정부수립을 위한 준비를 한다.
　④ 전항의 조치를 완료할 때까지 중간협의는 UN의 원칙을 따른다.
　⑤ 휴전협정 성립 후 대만문제와 중국 대표권문제를 해결하기 위해 UN총회는 영국, 중화인민공화국, 소련 등의 대표를 포함한 관계위원회를 창설한다.

등이다.

• 1951년 1월 17일   중화인민공화국은 UN에 회신을 보내어 다음과 같은 반대제안을 했다.
　① 한국에서 일체의 외국군대를 철수시키고 한국의 국내문제는 한국인민 자신이 해결한다는 전제 하에 관계국가간의

협상을 행한다.
② 협상의 의제에는 대만 및 대만해협으로부터의 미군철수 등의 문제가 포함되어야 한다.
③ 협상에 참가하는 나라로는 중화인민공화국, 소련, 영국, 미국, 프랑스, 인도, 이집트 등의 7개국으로 하고, 중화인민공화국의 UN에서의 합법적 지위는 7개국 회의의 개최와 함께 확립되어야 한다.
④ 7개국회의는 중국에서 개최한다.

- 1951년 2월 1일 UN총회는 중화인민공화국을 침략자라 규정한 미국결의안을 가결했다.
- 1951년 4월 11일 UN군 최고사령관 맥아더가 파면되고 후임에 리지웨이가 임명되었다.
- 1951년 5월 18일 UN총회는 미국이 제출한 결의안에 따라 중화인민공화국 및 북한의 지배 하에 있는 지역에의 무기 및 전략물자의 금수를 결의한다.
- 1951년 6월 23일 소련 UN대표 마리크는 38도선으로부터의 양군의 상호철수와 휴전을 제안했다. 동월 25일 중국의 인민일보는 마리크 제안에 찬성하고 한국으로부터의 외국군대의 철수와 한국인민 자신에 의한 한국문제의 해결을 요구했다. 동일 이승만은 마리크 제안에 단호히 반대한다는 내용의 성명을 냈다.
- 1951년 6월 미국은 소련이 제창한 휴전을 추진시킴에 있어 미군통합사령부가 행사하는 권한의 범위에 관하여 UN사무총장 트리크브 리와의 사이에 다음 내용의 각서를 교환한다.
① 미국은 안보이사회 또는 총회로부터 부가적 권한을 받음

이 없이 휴전회담과 휴전협정체결에 나설 권한을 갖는다.
　② 이 권한은 안보이사회 또는 총회의 신중한 결의를 필요로
　　하는 정치문제 내지 군사문제에 한하여 제약을 받는다.
　③ 미군통합사령부는 휴전회담과 휴전협정의 내용을 안보이
　　사회에 보고한다.
　④ 참전 16개국위원회는 미국의 자문에 응할 권리만을 보유한다.
　⑤ 한국에 관한 정치문제는 휴전협정 성립 후에 UN총회의
　　권고에 따라 정한다.

- 1951년 6월 30일　UN군 최고사령관 리지웨이는 공산군 최고사령관에게 휴전회담을 제의했다.
- 1951년 7월 8일　개성에서 쌍방의 연락장교단이 예비교섭을 하고 본회담 개최에 합의했다.
- 1951년 7월 10일　개성에서 휴전본회담이 개시되었다. 동월 26일의 제10회 회담에서 다음의 의제채택에 합의했다. 즉 ① 의사일정, ② 비무장지대와 군사경계선, ③ 휴전감시기관, ④ 포로교환, ⑤ 쌍방 정부에 대한 권고 등이다.
- 1951년 10월 25일　휴전회담은 판문점으로 장소를 옮겨 재개되었다. 중립국 휴전감시위원회는 스위스·스웨덴·폴란드·체코슬로바키아 등의 4개국으로 구성하자는데 합의했다.
- 1952년 5월 2일　휴전회담에서 포로교환을 제외한 의제에 관하여는 기본적으로 합의했다.
- 1953년 6월 8일　포로교환에 관한 최종적 합의에 도달해서 협정에 조인했다. 그러나 동월 18일 이승만은 이른바 「반공포로」라는 이름으로 포로 2만7천명을 일방적으로 석방하여 포로교환

협정을 위배했다.
- 1953년 7월 27일 판문점에서 휴전협정이 조인되었다.

7. 제네바 회의

휴전협정으로 예정되어 있던 정치회의의 소집이 좌절된 뒤 1954년 4월 26일부터 7월 21일까지 제네바에서 한국문제·인도지나휴전에 관한 국제회의가 열렸다. 한국문제의 회의에는 미국을 비롯하여 한국전쟁 참전 15개국(남연방은 불참)과 한국, 북한, 소련, 중국 등 19개국이 참가했다. 한국대표는 변영태(卞榮泰), 북한대표는 남일(南日)이었다.

회의가 시작된 이튿날 4월 27일 북한대표단은 「한국의 민족적 통일의 회복과 전한국적인 자유선거 실시에 관한 제안」을 제출하고,

① 북의 최고인민회의와 남의 국회에서 선출된 대표로써 전한국위원회를 구성하고, 통일정부수립을 위한 국회선거를 준비함과 동시에 남북의 경제·문화·통행·서신의 자유교류에 관한 대책을 강구한다.
② 중립국감시위원단을 조직하여 총선거를 감시한다.
③ 6개월 이내에 모든 외국군대가 철수한다.

는 것을 주장했다.

5월 22일 한국측은 12개 조항으로 된 제안을 했다. 그 기본내용은

① 지금까지의 UN의 제 결의에 의해 UN감시 하의 인구비례자유선거

를 6개월 이내에 행한다.
② 선거 실시의 전후 및 기간 중 UN감시위원단의 전 선거구에서의 행동의 완전한 자유를 보장한다.
③ 중공군은 선거 실시 1개월 전에 완전히 철수하고, UN군은 통일정부의 수립이 완전히 달성되고 UN에 의해 확인될 때까지 철수해서는 안된다.

라는 것이었다.

공산측은 한국통일선거에 교전 당사국이었던 UN이 개입한다는 것은 부당하다고 주장했다. 프랑스는 중립국에 의한 선거관리를 주장했다. 6월 15일 한국전쟁 참전 16개국은 공동성명을 발표, 제네바 회의의 결렬을 선포, 한국통일문제를 UN에 이관할 의도를 표명했다.

8. 전시중의 반대파와 주민학살

전쟁이 일어나자마자 순식간에 서울이 북한군에 점령당했기 때문에 정부기관 및 민국당 등의 우익은 가까스로 남하하는데 그치고 옥중에 있던 정치범들은 북의 군대에 의해 석방되었다. 그러나 한강 이남 지역에서는 정부관계자가 후퇴하기 직전에 반대파 정치범을 무차별 체포 또는 살해하고, 심지어 복역중인 정침범까지 학살했다. 특히 보도연맹에 가입한 좌익계가 예비검속되어 대다수가 살해되었다. 민족자주연맹, 민주독립당, 사회당, 한국독립당 등 민족주의세력에 속하거나 이들과 관계 있는 자들도 각지에서 체포 구금되었고 일부는 문자 그대로 암장되었다. 이리하여 남한의 진보적 민족주의자, 사회주의자 등은 패전의 상처로 눈이 뒤집힌 이승만 일파와 우익의 손에 의해 대량 투옥되고 까닭없이 학살당했다. 희생자수는 5만명을 밑돌지는 않으리라 추정되고 있다.

필자도 민족자주연맹, 민주독립당, 건민회, 통일독립촉진위원회 등에 관계했다는 혐의로 1950년 7월 9일에 불법 체포되었다. 부산지역에서만도 민족주의자 내지 좌익관계자가 수천명이나 단번에 검거되었다. 필자는 부산형무소에서 15년 이상의 형을 선고받은 정치범이 무참히 학살되는 것을 목격했다. 부산지구 CIC에 체포된 수백명은 그대로 행방불명이 되었고 민족혁명당에 관계한 김동산, 윤(尹)모와 한글학회의 백남철(白南哲)·노일영(盧日永)·정(鄭)모 등 필자의 동지들도 그저 민족주의자라는 이유만으로 살해되었다. 부산의 동래(東來)경찰서에 수감된 동래지구 보도연맹원 수백명도 역시 행방불명이 되었는데, 필자의 중학 동창인 송경덕(宋璟德)도 그 희생자 중의 하나였다. 진영(塵纓)의 한일중학교 교장 강목사와 김여교사는 진영파출소의 주임경관과 진영독립촉성국민회 지부장 등에 의해 아무 까닭없이 총살당했다. 이상은 필자가 직접 견문한 잔인한 학살의 실례인데, 이들 사실만으로도 당시 각지에서 펼쳐졌던 피비린내 나는 대량학살의 실태를 추찰하기에 어렵지 않을 것이다.

1960년 4·19의거에 의해 이승만정부가 쓰러진 뒤 전시중의 관헌 및 국군에 의한 양민학살사건이 국회에서 문제화되어 양민학살사건처리 특별조치법안과 동사건조사단의 구성문제가 제기되었었는데, 학살사건에 관한 한 민주당의 지도층도 이승만정부와 공범관계에 있었기 때문에 입법까지는 이르지 못했다. 속죄의 뜻으로 민주당정부 관계자는 피학살자 유족회에 헌금을 하고 일부 의원이 사건의 진상을 조사보고한데 그치고 말았다.

1960년 5월 27일 자유당의원 박찬현(朴瓚鉉)이 행한 보고에 따르면, 전시중 부산시「동광동에 있던 특무대에서는 매일 밤 수 십대의 트럭으로 양민을 실어날라 철사로 꽁꽁 묶어서 부산만 바다에 집어던지거나 또는 김해·동래·양산 등으로 실어다가 기관총으로 총살했다. 그 수는 약 1만명을 넘으리라 추측된다」는 것이다. 동년 6월 8일의 민주당의원 유옥우(劉沃祐)와 임차주(林次周) 등의 보고에 따르면「전라남도 함평지구에서 대량학살된 양민 중 6백명의 신원이 밝혀졌는데, 그곳에 주둔하고 있던 제11사단 20연대 2대대 5중대는 작전상의 이유도 없이 군율(軍律)을 어기고 잔인한 방법으로 양민을 학살했다」한다.

　보수계로 차있던 그 당시의 국회는 학살사건을 전면적으로 밝히기보다 오히려 처참했던 사실을 은폐하는데 급급했는데, 보고된 숫자만도 피학살자수는 다음과 같다. 충무시 74명, 구포읍 58명, 마산시 177명, 산청면 506명, 거창면 719명, 거제면 40명, 함양면 593명, 동래읍 33명, 울산면 677명, 대구시 272명, 동시 부근 440명, 대구형무소 수감자 1,402명, 문경면 86명, 함평면 524명, 순창면 1,028명, 북제주 756명, 남제주 1,019명, 제주시 103명, 당시의 행정구역은 1특별시, 9개도, 14시, 133군, 74읍, 1,456면이었는데, 각지에서 다소의 차이는 있다 하더라도 이와 비슷한 처참한 비극이 벌어졌으리라 추측되므로 전국의 피해자 총수는 막대한 것이었다.(제5차 거세).

9. 인민재판과 보복살육

　북한인민군이 점령한 지역에서는 먼저 당기관, 각급 인민위원회가 설치되었고 주둔군의 비호 하에 인민위원회가 그 각 지역의 행정사무를 담당했다. 이들 당, 정권, 군기관이 일체가 되어 무상몰수 무상분배의 원칙에 입각한 토지개혁 등의 급격한 변혁을 강력히 추진하였는데, 그 과정에서 인민재판 등을 통해 친미매판정치가, 반동적 우익지도자와 악덕지주층 등이 처형 내지 추방되었다. 이 인민재판에 의한 희생자도 결코 적지 않았으리라 추측된다.

1950년 9월 15일 UN군이 인천에 상륙하여 전면적인 반격에 나서자 한국군, 한국경찰, 우익단체 등은 탈환한 각 지역에서 먼저 북한의 당·인민위원회 관계자와 협력자를 부역자란 이름으로 체포해서 보복적인 대량살육을 자행했다. 이 희생자 또한 막대한 수에 이를 것으로 추측된다.

이상 서술한 한국전쟁의 발발과 3년간에 걸친 각종 피비린내 나는 대량살육은 거슬러 올라가면 결국 미국과 이승만 일파 및 한민당에 의한 남한 단독선거, 단독정권 수립에 그 원인(遠因)을 찾을 수가 있다. 그러나 이 동족상잔의 참극을 일으키게 한 원흉인 미국이나 이승만, 한민당은 그 책임을 조금도 지려하지 않고 모든 책임을 공산측에 전가하여 자유와 반공의 대의명분을 강조할 뿐이었다.

10. UN군 산하의 한국군

일반적으로 한나라 군대의 창설은 그 나라의 독립해방의 역사적 전통과 밀접히 관련되어 있다. 미국군대는 독립전쟁의 전통에 서서 조직되었고, 소련의 붉은 군대는 10월 혁명 시기의 적위군을 이어 성립된 것이었다. 이들과 마찬가지로 8·15해방이 일본제국주의의 식민지배로부터의 해방인 이상 한국군의 창설도 당연히 항일민족해방을 위해 싸운 항일군대의 전통 위에 세워지지 않으면 안되는 것이었다.

1910년의 한일합병 이후 항일민족해방을 목표로 한 한국독립군은 규모의 대소는 있다 하더라도 만주·중국 본토·소련·미국 등에서 각각 조직되었고, 애국정신에 불타는 수만 열사들이 조국광복을 위해 몸을 바쳤다. 주요한 것만도 북로군정서(北路軍政署)·서로군정서(西路軍政署)·신흥군관학교·대한독립군단·고려혁명군단·의열단·애국단·고려독립연대·만주광복군사령부·대한독립군국민군단 등이 있는데, 1940년에 들어 와서는 조선민족의용대와 한국광복군으로 정리되어, 1942년에는 대한민국임시정부 산하의 광복군으로 통합되었다. 이와는 별도로 만주의 조선인민혁명군이 있고, 독립동맹 산하의 해방군은 연안(延安)의 8로군(路軍)에 참가했다.

그러나 앞서 말한 바와 같이 미국은 대한민국임시정부의 권위를 인정하지 않았고, 따라서 광복군의 전통도 무시했다. 미국의 관심은 한민족의 역사적 전통에는 없었고, 오히려 그것을 말살할 기초 위에 미국에서 양성되어 미국의 반공정책에 가장 충실한 친미매판세력의 이승만파를 등용하는데 있었다. 때문에 미국은 광복군 출신자를 「독립군의 명예」로써 대우하기보다 반공을 위한 용병으로 이용했다.

미국이 남한에 군정을 폄에 있어 일본의 구식민지지배기구·요원을 그대로 온존 이용했었다는 데 대하여는 누차 되풀이한 바 있거니와 한국군의 전신인 국방경비대의 조직에 있어서도 꼭 같았다(미국은 군정청에 남한의 친일민족반역자를 그대로 등용하였을 뿐만 아니라 북한에서 추방된 반민족세력도 환대할 정도였다). 그 때문에 남한의 양식있는 자는 국방경비대의 창설에 관여하려들지 않았다.

이리하여 미국의 계획에 따라 만들어진 국방경비대는 구일본군·구만주국군 출신자·일제경찰출신자 등을 중심으로 해서 편성되었다. 요컨대 국방경비대의 사명은 미국의 대한정책을 총검으로 지켜준 용병격인 것이었다. 그리고 이 용병부대가 이승만정부의 성립과 함께 미군사고문단의 지도 하에 그대로 한국군으로 개편되었던 것이다.

미군정의 부조리・이승만정부의 실정・6・25사변 등을 거치는 동안에 형태만을 남기고 있던 광복군 출신장교(유동열(柳東悅)・송호성(宋虎聲) 등)도 모습을 감추고 국군은 전적으로 구일본군 및 만주국군 출신 장교에 의해 장악되기에 이르렀다. 게다가 국군수뇌에는 쫓겨나온 북한 출신의 구 일제 직업군인이 많았던 것도 그 특색의 하나였다. 그들에게 장악된 한국군은 통수권을 지닌 UN군 산하로 편입되어 철저한 반공군 대로서 급속히 증강되어 나갔다.

부풀은 한국군은 이미 이승만정권의 힘으로 유지 관리할 수 있을 범위를 벗어나고 있었다. 한국군은 미국의 일괄된 지도와 군사원조에 의해 육성 강화되었는데, 이젠 그것 없이는 존립할 수 없게 되었으며 마침내 한국정권의 통제를 벗어난 존재가 되어버린 것이다.

11. 비 망

• 이승만의 「수도 사수」 방송

이승만은 전쟁 발발 직후 6월 27일 수원으로 피신한 뒤, 방송을 통해서 「수도 사수」를 서울 시민에게 호소했다. 국회도 정부도 이승만의 방송에 장단을 맞춰 수도 사수를 결정했지만 이미 이들 기관의 요인들은 서울을 빠져나갔거나 빠져나갈 준비에 혈안이 되어 있었다. 그들은 서울시민을 북한군의 수중에 내맡긴 채 6월 28일 밤 한강다리를 폭파했다.

● 정부의 소재지

　이승만정부기관은 전란에 쫓겨 1950년 6월 27일 대전으로 옮겼다가 동년 7월 16일 대구로, 그리고 동년 8월 18일에는 다시 부산으로 옮겼다. 1950년 10월 27일 부산에서 서울로 환도했으나 이듬해인 1951년 1월 4일 서울에서 쫓겨 다시 부산으로 옮겼고, 휴전 후인 1953년 8월 15일에야 서울로 재환도 했다.

● 미군의 한국출동

　1950년 6월 27일 하오 3시에 소집된 UN안보이사회는 북한의 무력공격을 격퇴하기 위해 한국에의 원조를 결의했는데, 트루먼은 이미 동일 정오에 미해공군의 한국출동과 대만에의 제7함대 파견을 명령하고 있으며, 그 이전에도 비밀리에 일본주둔 미 해공군을 한국에 파견하고 있었다. 그러나 공식적으로는 6월 30일 트루먼이 미 지상군의 본격적인 출동을 명령하였고, 7월 3일 해병대의 출동명령이 내려졌으며, 7월 6일 부산에 한미연합해군방위사령부가 설치되었다.

● 범죄처벌법 특별조치령

　1950년 6월 28일 정부는 비상사태 하에서의 범죄처벌의 특별조치령을 공포하고 정치범과 반대파에 대한 잔학한 체포 학살을 자행했다. 동일 비상전시령도 공포되었다.

● 부역자처벌 특별조치령

1950년 11월 11일 정부는 부역자처벌 특별조치령을 공포하고 북한군에 협력한 자를 단심제로 처벌했는데, 실제로는 도처에서 보복적인 직결처형을 강행했다.

● 역산(逆産)

6·25사변 중 또는 직후에 좌익계 또는 북한군과 접촉한 자의 자산이 「역산」이라는 명목으로 몰수되어 우익끼리 나누어 가졌다.

● 국민방위군사건

1950년 12월 21일 정부는 100만의 청장년을 싸움터로 보내기 위해 제2국군으로서의 국민방위군설치령을 공포하여 강제 징모했다. 그러나 징모해서 모아놓은 수만의 청장년에게 장비·식량·급료 등을 지급치 않은 채, 입은 그대로 훈련이라는 이름으로 극한의 경부도로에 따라 「죽음의 행군」으로 내몰았다. 그 때문에 수만의 청장년이 추위와 굶주림, 피로와 질병으로 죽어갔다. 게다가 국민방위군사령관 등 간부가 군 유지비와 군량, 의류 등을 횡령 착복하여 이승만정부의 정치자금으로 유용하는 등의 부정행위를 저질렀다. 국회는 여론에 밀려 1951년 3월 29일 국민방위군사건의 진상조사에 착수했으나 정부의 방해로 비록 전모는 밝히지 못했다 하더라도 방위군간부 등이 예산 23억원과 군량 5만2천석을 착복한 사실을 밝혀냈다. 그 때문에 동년 8월 13일 김윤근(金潤根) 등 5명의 방위군 간부가 군법회의에서 사형에 처해졌는데 배후관계는 그대로 의혹에 싸인채였다.

• 거창양민학살사건

1951년 2월 11일 경남 거창군 신원면에 공비토벌이라는 이름으로 출동한 한국군 제11사단 제9연대 소속부대는 부녀자·노인·어린애를 포함한 주민 5백여명을 공비와 내통했다는 구실로 집단학살했다. 그러나 그 사건이 국회에서 문제가 되어 조사단이 파견되자 동년 4월 5일 경남지구 계엄사령관 김종원(金宗元)은 군대를 공비로 가장시켜 매복케 해서 동조사단을 습격, 조사를 방해했다.

• 거제도 공산군포로 폭동사건

거제도 포로수용소에서의 공산포로의 조직적 저항은 미군을 크게 괴롭혔다. 1952년 2월 15일 대규모 소동에 뒤이어 동년 5월 7일 공산군포로는 일제히 폭동을 일으켜 수용소 사령관 다지 준장을 3일간이나 감금했다. 동년 6월 10에는 포로와 미군이 충돌하여 포로 160명, 미군 16명이 사망했다.

• 포로교환

1953년 6월 8일에 조인된 포로교환협정에 기초해서 동년 8월 5일부터 교환이 시작되어 동년 9월 6일에 완료되었다. 그러나 이승만은 1953년 6월 23일 포로교환 협정을 위반하고 반공포로라는 명목으로 2만7천명을 일방적으로 석방하여 교환대상에서 제외했다. 그 때문에 미국의 입장은 난처해졌다. 조병옥 등 미국당계는 미국의 입장을 고려해서 이승만의 조치에 반대했다. 그들은 이승만보다 친미매판성이 강했던 것이다.

● 제 1차 통화개혁

천장을 모르는 인플레를 잡기 위해 1953년 2월 15일 긴급통화조치령이 발표되고, 구화 1백원을 신화 1환으로 절하했다(원화유통 금지). 그때까지 달러의 공식환률은 1948년 10월 11일에 1달러 대 450원, 1950년 5월 1일에 1달러 대 1,800원, 동년 11월 10일에 1달러 대 2,500원이 되었고 1951년 7월 14일에는 1달러 대 6,000원으로 뛰어올랐다.

● 맥아더의 파면

전선이 38도선 부근에서 교착상태에 빠져있던 1951년 3월 24일, 맥아더는 UN군이 한반도 뿐만 아니라 중국까지도 공격해야 한다고 발표하고 UN군을 또다시 38도선 이북으로 북진시켰다. 그 직후의 4월 11일 맥아더는 UN군 최고사령관을 해임 당했고, 후임에는 미 제8군사령관 리지웨이가 취임했으며, 미 제8군사령관에는 벤플리트가 새로 임명되었다.

● 서민호의 군인 총살사건

1952년 4월 24일 국회의원 서민호(徐民濠)가 순천 시내의 요정에서 육군대위 서일선(徐日善)을 사살한 사건이 발생했다. 정부는 서의원을 살인 죄로 기소했는데, 반정부파의 주장에 따라 국회는 동년 5월 12일 정당방위라 인정 서민호의 구속해제를 의결했다.

● 중석 달러 부정불하사건

1952년 7월 정부가 중석의 전매로 얻은 외화 4백만 달러를 불법으로 정상배에게 불하하여 5백억원의 폭리를 얻게 한 사건이 밝혀져 여론의 비난을 샀다. 국회는 7월 18일 조사위원회를 설치하여 조사에 착수했으나 진상은 밝히지 못한 채 어물쩡 넘어가 버렸다.

● 학원・고아원 폭리의 대상

학생에게는 징병연기의 특전이 있었으므로 청소년들은 대학으로 몰렸다. 그러나 대학은 「멸공 필승」의 국방교육과 학도훈련의 장이 되었을 뿐만 아니라 자식들을 징병면제 받게 하기 위해 전답・소 등의 재산을 처분한 농민・도시주민의 고혈을 짜내는 폭리의 장으로 변했다. 또한 전쟁고아를 수용하여 UN군 기관으로부터 지원금이 나온다는 바람에 각지에 폭리를 노린 고아원이 생겨나 고아를 미끼로 경영주들이 배를 채웠다.

● 부산의 큰 불

전쟁으로 인구가 넘쳐 가건물 등이 밀집된 임시수도 부산에서는 소화대책도 제대로 세우지 못해 세 차례나 큰 불을 만났다. 1953년 1월 30일 국제시장의 큰 불(4,260호 소실), 동년 11월 27일 부산역전 큰 불(2,000여호 소실), 1954년 4월 4일 부산진의 큰 불(사상자 134명) 등이 유명하다.

제17장 이승만 독재와 개헌

1. 신여당 결성의 움직임

이승만은 8·15 후 남한 단독선거를 지지·추진함에 있어 자기를 중심으로 하는 친미정권의 수립과 반공통일을 구상하고 있었는데, 한민당 지도층의 속셈은 어떻게든 신정권의 실권은 자당이 장악하고 이승만은 상징적 존재로 떠받들어 올려놓으려는 것이었다. 그래서 한민당이 중심이 되어 제헌의회에 제출한 헌법 초안과 1949년 1월 27일에 제출한 헌법 개정안은 둘다 대통령책임제가 아닌 내각책임제안이었다. 그러나 이들의 한민당안은 모두 이승만과의 반대에 부딪혀 대통령중심제를 받아들이는 것을 개변되었거나 부결되어 버렸다. 앞서 말한 바와 같이 이승만은 자기 나름의 정치적 고려에서 신정부의 중요 포스트에 한민당계를 적지 않이 등용했는데도, 한민당은 정권의 주도권을 장악하기 위해 전시 중에도 내각책임제 개헌운동을 집요하게 추진시켜 이승만과의 대립을 심화시켰다. 그 때문에 이승만은 초연한 「국부」의 입장을 버리고 자파의 결집, 반대파 견제를 노려 신당결성에 나섰다.

1950년에 들어와 이승만은 한민당을 「양반의 당」 즉 지주 등 특권계급의 정당이라 규정하고, 자기는 「상놈의 당」 즉 서민의 당을 만들고자

한다는 선전을 흘렸다. 제2대 국회에서 반대파가 다수를 차지하자 이승만은 동년 8월 15일 공공연히 신여당 결성의 필요성을 역설했다.

이승만의 이른바 서민의 당 결성의 피리가락에 맞추어 춤추고 나온 정계군상은 잡다한데 주된 것은 다음의 3파로 대별할 수 있다. 제1은 김영선(金永善)·정헌주(鄭憲柱)·오위영(吳緯泳)·이상철(李相喆)·홍익표(洪翼杓)·이재학(李在鶴) 등 관료 출신의 원내 공화민정회계(共和民政會系)이다. 그들은 정권의 동향에 가장 민감한 촉각을 지니고 있었다. 제2는 이범석(李範奭) 등 민족청년단계이다. 독립촉성국민회의 이활(李活), 대한노농조합총연맹의 최용수(崔龍洙), 독립촉성농민연맹의 최상석(崔尙錫), 원내의 양우정(梁又正)·조경규(趙瓊奎)·이재형(李載瀅) 등이 그 추진력이 되어 이승만의 권위를 업고 패권을 잡으려 들었다. 제3은 원내 일부 무소속의원과 재야 일부 중간파이다. 그들은 문자 그대로 서민당답게 널리 민중적 기반에 선 신당의 조직을 구상했는데 표면화되기 전에 일체의 움직임이 봉쇄되었다.

2. 각 정파의 파쟁과 이합집산

한국중앙선거관리위원회 편 『대한민국 정치사』(1965년 판)는 다음과 같이 적고 있다. 「6·25 동란이 한창임에도 불구하고 전개된 무절제한 정치인들의 전근대적 파벌투쟁을 보면 야당은 정부에 대해 무조건 반대의 입장을 전제로 정치활동을 행했고 정부는 야당의 존재가치를 인정하지 않고 이것을 전적으로 장애물처럼 취급했다」(196쪽).

1950년 5월 30일의 제2대 국회의원선거 직후 원내의 이승만 지지파는 정원 210명 중 불과 58명이었고(대한국민당 24명, 독립촉성국민회 14명,

대한청년단 10명, 일민구락부 3명, 기타 3명 등) 민주국민당은 24명을 차지했고, 비이승만계와 비민국당계는 129명(무소속 126명, 기타 3명)에 달하고 있었다.

전쟁 발발 3개월 뒤 서울에 환도했을 때(1950년 9월 28일)의 국회는 사망, 행방불명자 35명의 공석을 낳았고 잔존 의원 중 이승만 지지세력은 민정동지회(民政同志會 : 대한 국민당과 대한청년단, 일민구락부가 합류)가 40명, 국민구락부(독립촉성국민회계가 중심)가 20명으로 계 60명이었고 민주국민당 40명, 무소속구락부(비이승만계, 비민국당계가 중심) 50명, 기타는 순무소속이 되었다.

1951년 3월 4일 새로 등록된 원내 교섭단체로서 이승만파는 신정동지회(新政同志會 : 민정동지회와 국민구락부가 통합) 70명과 민우회(民友會 : 민정동지회의 일부와 무소속구락부 일부가 통합) 20명 등 계 90명을 차지했고 민주국민당은 40명, 공화구락부(무소속구락부가 중심) 40명, 무소속은 두 부의장을 포함하여 5명이 되었다.

여당인 신정동지회는 1951년 5월 29일 공화구락부의 일부를 통합하여 공화민정회(共和民政會)를 발족시켰으나 공화민정회에 가담하지 않은 사람은 민우회 또는 무소속에 소속했다. 그 결과 공화민정회 58명, 민주국민당 39명, 민우회 35명, 무소속 16명 등이 되었다.

앞에서 언급했듯이 제1대 및 제2대 국회에서 다수를 차지하고 있던 비이승만계, 비한국민주당(민국당)계는 모두가 반정부파는 아니었다. 그들은 남한 단독선거에 의한 민족의 분단과 상극, 민생을 피폐시킨 실정과 폭정에 직접 책임이 있는 이승만계나 한국민주당(민국당)계에 속하면 민심의 지지를 얻지 못하고, 또 반대로 민족자주의 입장에 서면 미국이나 친미파로부터 박해를 받게 된다고 하여 이러지도 저러지도 못하는 자가 대부분이었다. 그 때문에 선거 후 1년도 되기 전에 그들은 정부여당의 회유와 분열 공작에 부딪혀 무원칙한 이합집산을 거듭하기에 이르렀다.

3. 신여당 자유당(自由黨)의 결성

이승만의 새 여당 결성에 관한 8·15담화에 기초하여 원내의 공화민정회와 원외의 독립촉성국민회, 대한청년단, 대한노동조합총연맹, 독립촉성농민총연맹, 대한부인회 등 이승만 지지세력은 신당 발기 준비협의회를 구성했다. 원내의 민우회계도 이에 동조하여 원내 발기인은 모두 95명이 되었다. 원외의 상기 단체에서도 발기인 95명을 선택하여 원내외 합동 준비협의회를 구성, 가칭 「통일노농당(統一勞農黨)」의 이름 하에 각 도, 시, 군에 발기인회가 조직되었다. 그러나 이승만이 「통일노동당」이라는 이름을 인정하지 않았기 때문에 그의 의향을 따라 신당은 「자유당(自由黨)」이라 이름지어졌다.

이승만은 대통령재선을 노려 1951면 11월 30일 민·참의원의 양원제와 정부통령(正副統領)을 국회간접선거에서 국민의 직선제로 할 것을 골자로 하는 헌법개정안을 국회에 제출했으나 원내의 자유당 발기인 중 다수가 이 개헌안에 반대했다. 원내의 동당 발기인은 개헌안을 지지하는 원외 발기인과 정면으로 대립, 부산 송도에 있어서의 원내외 자유당 창당준비위원회 총회에서도 의견이 조정되지 않아 신당운동은 원내 원외의 두 그룹으로 분열했다.

우선 원내 자유당에 대해서 살펴 보면 공화민정회와 일부 민우회 의원은 1951년 12월 3일 자유당 발당위원회를 구성했으나 23일에 이갑성

(李甲成), 이석기(李錫基), 이재학, 홍익표, 이상철(李相喆), 김영선, 우위영 등은 국회의사당 내에서 자유당을 정식으로 결성했다. 이것이 원내 자유당이다. 그 중심은 공화민정회 내의 공화구락부의원이다. 공화민정회 내의 신정동지회계도 일단은 원내 자유당에 참가했으므로 원내 세력관계는 원내 자유당 93명, 민주국민당 39명, 민국 25명, 무소속 18명 등이 되었으나 개원문제에 관해서는 공화구락부계는 민주국민당의 내각책임제 개헌안의 지지자이며 신정동지회계는 이승만의 개헌안에 찬성하는 원외세력과 협조하여 이승만과의 연대에 신경을 쓰고 있었다. 원내 자유당은 집권자이기 때문에 일단 이승만을 지지하며 권력을 나누어 가지려고 하였으므로 이승만 일인이 전권을 장악하는 데에는 반대했다. 이 점에 있어서는 민주국민당과 별로 다른 것이 없다.

이승만의 대통령직선제 개헌안은 1952년 1월 18일 국회에서 표결되었으나 원내 자유당의 거의 전원이 반대했기 때문에 재적 의원 163명 중 찬성 19, 반대 143, 기권 1로 부결되었다. 완패한 이승만은 원외지지 세력을 동원하여 원내 자유당을 공격케 함으로써 정계를 혼란에 빠뜨렸다. 원내 자유당의원은 요정 삼우장(三友莊) 등에서 와해공작에 부딪쳤고 원내외 자유당의 합동공작도 전개되었으나 결국 실현되지 않았다. 그러나 1952년 3월 29일 원외 자유당과 삼우장파·원내 자유당 그룹이 규합하여 원내 자유당의 상무위원회간부를 불신임하기에 이르러 원내 자유당은 기능을 상실하여 사실상 소멸의 길을 더듬게 되었다. 이 삼우장파를 「원내 자유당 합동파」라고 불렀고 거세된 원내 자유당 간부를 「원내 자유당 잔류파(간부파)」라고 불렀다. 잔류파의 주도 의원은 오위영, 김영선, 정헌주, 이상철, 홍익표 등이었다.

다음에 원외 자유당에 대해서 보기로 한다. 원내에서 자유당발당준비위원회가 구성되자 그로부터 2주일 후인 1951년 12월 17일 원외의 신당 발기준비협의회 관계자는 부산의 동아극장에서 발기인대회를 열어 자유당을 발족시키고 당수에 이승만, 부당수에 이범석을 선출하고 강령과 당헌을 결정했다. 이것이 원외 자유당이다. 원내외의 두 자유당이 모두 이승만의 주장에 입각하고 명분으로서는 「특권층에 짓밟힌 노동자, 농민대중의 이익과 서민의 권리를 지키는 정당을 조직한다」라고 주장하고 있던 것은 흥미롭다.

원외 자유당은 발족 후 갖가지 압력을 넣어 원내 자유당의 포섭을 꾀했으나 합의에 이르지 못했다. 이 때문에 수단을 가리지 않는 의원소환운동이나 노골적인 와해 공작에 의해 1952년 3월 29일 원외 자유당은 원내 자유당 합동파를 흡수하여 자유당의 전조직을 장악하는 데에 성공했다. 이렇게 됨으로써 원내 자유당 잔류파는 자유당의 주류에서 완전히 탈락하고 말았다. 동년 5월 19일 원내 자유당 합동파 52명의 이름으로 자유당이 정식으로 등록되었다. 자유당의 주류세력은 민족청년단이었다. 당수 이승만, 부당수 이범석 외에 양우정(梁又正), 이활, 김영기(金英基), 안호상(安浩相), 정현모(鄭顯模), 유화청(柳和靑), 문봉제(文鳳濟) 등이 당의 중추를 이루고 있었다.

12월 17일 발기인대회에서 발표된 기본강령은 ① 관료주의를 배제하고 상하 귀천의 계급을 타파하며 참된 민주주의 정치체제의 확립에 의한 민족협동사회의 건설을 기한다. ② 독점기업가의 억압과 착취를 배제하고 노동자, 농민, 노시민, 양심적 기업가의 권익을 도모한다. ③ 지방파벌과 권리쟁탈을 위한 중상, 모략을 배제한다. ④ 남녀 평등을 실천하고 인권을 옹호한다. ⑤ 도시문화와 농촌문화의 교류 병진에 의한 국민생활의 개선을 기한다. ⑥ 독재, 공산주의, 파시즘, 군국주의 등 일체의 반동주의를 타도한다. 등 화려한 구호를 내놓고 있다.

4. 헌법개정 소동과 발췌개헌

한국 신정권 수립 후 이승만의 독재와 한국민주당의 정권욕에 뿌리를 둔 대결양상이 대통령 중심제 헌법과 내각책임제 헌법이라는 형태로 부각된 데 대해서는 전술한 바와 같다. 이승만은 철저한 친미·반공 일변도이었을 뿐만 아니라 성격적으로 독선적이고 배타적이었다. 그 때문에 일찍이 상해에 있어서 대한민국임시정부 대통령으로 추대되었으면서도 결국은 제명되었을 정도였다. 8·15 해방 후에도 이승만을 한국의 자주통일독립의 전제조건이었던 미·소와의 합의와 국내 여러 세력의 전민족적인 협조를 무시하고 미국의 대소·대중정책, 반공거점의 구축 기도에 편승하여 독선과 전횡을 자행할 수 있는 독재정권의 수립에 광분했다. 그는 우선 남한만의 단독선거를 주장하여 5·10 단독선거의 강행에 의해 조국의 분단을 고정화하고 나아가서는 6·25 동란이라는 민족적인 비극을 야기하기에 이르렀다.

이러한 이승만의 항쟁을 아는 한국민주당은 한편에서는 미국의 총애를 받고 있는 이승만의 「권위」를 존중하면서도 그 밑바닥에서는 그것을 이용하여 자기의 정권욕을 충족시키기 위해 이승만에 의한 권력 1인 독점에는 반대하고 있었다. 그러나 이승만파와 한국민주당이 무력에 의한 「멸공통일」을 국시로 하고 이를 주장한 점에서는 마찬가지였다. 그 점에서는 「국기(國基)가 확립되고 국토가 통일될 때까지는 강력한 정치적 지도력과 안정된 정국이 요구된다」는 원칙에 서서 양자의 협조가 유지되고 있었다.

그러나 신정권 수립 후 정권욕에 눈이 먼 한국민주당과 홍사단계는 이승만의 독주를 우려하여 어떻게 해서든지 이승만의 손에서 정치권(政治權)의 실권을 빼앗으려고 전념하게 되었다. 여기에 무소속 등의 출세주의자들이 가세하여 사태는 복잡하게 되었다. 그들은 헌법제정 후 1년도 되기 전에 헌법개정을 논의한다는 것의 불합리와 이승만정부의 실정에 한국민주당 출신 각료가 책임을 짊어지고 있다는 것을 잘 알고 있으면서도 「모든 실정에 대해서 책임을 져야할 당사자를 명확히 할 수 있는 책임정치제도로 개헌해야 한다」고 하며 내각책임제로의 개헌을 주장했다. 그 목적은『대한민국 정치사』(중앙선거관리위원회 편 1968년 편)도 지적하고 있듯이 「동 개헌안이 통과되면 민주국민당측은 김성수, 서상일, 신익희 등의 거물급 인사 중에서 국무총리를 추대하고 중요하지 않은 각료에 타당 인사를 추천하여 연립내각과 같은 형식을 취하고 중요 각료를 민주국민당 기호파(畿湖派)가 독점하려는」 것이었다(193쪽).

• 제 1차 개헌안(내각책임제) 부결

민주국민당은 1950년 1월 27일 무소속의 협력을 얻어 내각책임제 개헌안을 국회에 제출했다. 이에 대해 이승만파는 원내외에서 반대운동을 전개했다. 원외에서는 「내각책임제 헌법 하에 있어서는 정국의 혼란과 불안이 생긴다」라는 주장 하에 내각책임제 개헌반대투쟁위원회가 결성되어 전국적인 반대운동이 펼쳐졌다. 이 국민운동은 관헌과 우익청년단에 의해 선동된 것으로서 그 후의 한국정계를 주름잡은 갖가지 국민운동의 효시가 되었다. 동년 3월 9일부터 개헌안의 국회 심의가 시작되고 3월 14일에 표결이 실시되었는데 찬성 79, 반대 33, 기권 66이 되어 찬성이 3분의 2에 달하지 못하여 부결되었다. 당시의 각 정파의석수는 여당인 대한국민당 71명, 일민구락부 30명, 야당계인 민주국민당이 69명, 무소속은 28명이었다.

● 제 2차 개헌안(대통령 직선제·양원제) 부결

제2대 국회의원 선거에서 완패를 맛보고 원내 소수파로 전락한 이승만파는 거듭된 부정, 폭정에 의한 민심 이반과 원내 반대파의 공격에 부딪쳐 국회에서의 간접선거에 의한 대통령 재선의 가망을 잃었기 때문에 1951년 11월 30일, 국민투표에 의한 대통령직선선거제와 상하양원제를 골자로 하는 헌법 개정안을 국회에 제출했다. 이것은 다음해인 1952년 1월 18일에 체결에 붙여졌으나 재석 의원 163명 중 찬성은 불과 19명, 반대 143명, 기권 1명으로 문제없이 부결되고 말았다. 이때 의원내 세력 분포는 원내 자유당 93, 민우회 25, 민주국민당 39, 무소속 18이었다. 개헌안은 원외 자유당에 호응하고 있던 일부 의원을 제외하고는 절대 다수의 반대를 받았다. 의원의 입장에서 보면 동개헌안은 국회가 가지고 있는 최대의 권한인 대통령 선거권을 박탈할 뿐만 아니라 국회의 입법권까지도 일부를 상원에 분할하는 것이었기 때문이다.

정부측은 개헌의 이유로서 ① 단원제의 경솔을 피하기 위해 노련층(老練層)에 의한 상원을 구성한다. ② 상하 양원에 의한 신중한 입법체제는 다수당의 횡포를 방지할 수 있다. ③ 국가원수인 대통령의 선거는 주권자인 국민의 직접선거가 보다 합리적이다라고 설명했다. 여기에 대해 개헌반대파는 ① 양원제는 국민의 의사를 양분하여 국회의 기능을 약화시킨다. ② 현재의 조건에서는 국민대중은 집권당에 좌우될 우려가 있으며 대통령직접선거는 관권의 개입에 의해 부정화할 우려가 있다 라고 반론했다.

개헌안이 부결되자 원외 자유당, 민족청년단, 대한청년단, 대한노총, 독촉국민회, 애국인회 등 이승만의 수병(手兵)들은 행정부와 협조하여 국회의 결의를 규탄하는 운동을 전국에서 전개했다. 정부기관과 내용단체가 일체가 되어 전개한 이「국민운동」은 각지방에서 개헌안 부결반대의 민중대회, 국회에 대한 항의 연판장의 작성, 부결에 가담한 국회의원소환국민대회 등의 형태로 진행되었고 1952년 2월 18일에는 국회의원 소환요구 데모가 전국에서 일제히 감행되었다.

● 제3차 개헌안(발췌 개헌)의 성립

이승만의 개헌안을 매장한 원내 비이승만계인 민주국민당, 원내 자유당 잔류파와 민우회 및 무소속의 일부는 또다시 내각책임제 개헌의 새로운 초안을 작성하여 의원의 지지서명을 모았다. 그들은 1952년 4월 10일 개헌안 지지서명 의원의 간담회를 열고 국무원 책임제 개헌추진위원회를 결성하였고 다시 제안동의 서명을 모았는데 동년 4월 17일 원내 자유당 48명, 민주국민당 39명, 민우회 21명, 무소속 15명, 계 123명의 서명을 얻어 정식으로 개헌안을 국회에 제출했다. 동개헌안의 내용은 국회의 대통령선거권을 재확인함과 동시에 국회가 국무총리의 인준권과 최종적인 지명권을 가지고 국무총리에게는 대폭적인 실권을 가지게 함으로써 대통령을 상징적인 국가 원수에 그치게 하려는 것이었다.

이에 대해 이승만파는 1952년 4월 중순, 원외 자유당을 중심으로 하는 18개 정당·사회단체가 내각책임제 개헌안 반대 전국 정당투쟁위원회를 결성하여 각지에서 반대운동을 전개했다. 이승만은 동년 4월 20일 민주국민당의 지지를 받고 있던 국무총리 장면(張勉)을 해임하고 국회부의장 장택상을 후임으로 지명했다. 장택상은 자기에 대한 국회의 인준을 성립시키기 위해 내각책임제 개헌안의 처리에 협력하겠다고 약속했다. 민주국민당측은 장택상을 신용할 수 없다고 했으나 민우회와 원내 자유당 잔류파는 그를 지지했으므로 동년 5월 6일 95대 81의 근소한 차이로 장택상은 가까스로 국회의 인준을 획득했다. 반대파의 개헌안제출에 당황한 이승만은 장택상을 총리에 앉힌 뒤 앞서 부결된 대통령 직선제·양원제를 골자로 하는 개헌안에 자구상의 수정을 가한 것을 동년 5월 14일 국회에 다시 제출했다. 이 정부개헌안을 지지하는 원내 자유당 합동파는 52명의 의원으로 5월 19일 원내 교섭단체로서 자유당을 정식으로 등록했고, 다음날인 20일 민우회와 원내 자유당 잔류파 의원 40여명은 장택상을 중심으로 친목단체 신라회(新羅會)를 조직했다. 한편 민주국민당 등의 내각책임제 개헌파는 호헌구국투쟁위원회(護憲救國鬪爭委員會)를 조직하여 원외투쟁을 전개, 미국 대사관이나 UN한국위원단 등과도 접촉을 유지하면서 정부개헌안의 반대운동에 총력을 기울였다.

1952년 5월 15일경부터 민족자결단(民族自決團), 백골단(白骨團), 땃벌떼 등의 관제 우익데모대가 연일 여야 국회의원의 소환, 국회해산을 부르짖으며 임시 수도 부산시가를 누볐고 동원된 군중이 국회의 주위를 에워싸고 똑같은 구호를 절규했다. 이렇듯 살벌한 분위기 속에서 이승만은 24일 초대 국무총리 겸 국방장관 이범석을 내무장관으로 임명하여 반대파 탄압에 대비했다. 이승만은 25일 「잔여 공비의 소탕」이라는 구실 하에 갑자기 계엄령을 선포했다. 다음날 26일에는 무장경관을 동원하여 국회를 포위하고 헌병대가 50여명의 국회의원이 타고 있는 국회버

스를「국제공산당 관련 혐의」라는 터무니없는 명목으로 연행했다. 게다가 백골단 등의 폭력단을 계속 동원하여 체포를 모면한 의원을 협박케 했다.

이 때문에 민주국민당의 지도자 김성수는 6월 8일 부통령을 사임했다. 동월 20일 이시영, 김성수, 장면, 조병옥, 서상일, 김창숙 등의 야당인사 60여명이 부산 국제구락부에 모여 반독재헌법옹호구국투쟁위원회를 결성하고 민주국민당 등 야당측의 주장을 지지하는 선언(반독재호헌구국선언)을 채택하려고 했다. 그러나 정부측이 동원한 폭도의 습격으로 집회는 유회되었다. 또한 6월 25일 6·25 기념식전에서는 김시현(金始顯)·유시태(柳時泰) 등이 이승만을 저격하려고 꾀했으나 미수에 그치고 체포되었다.

국회의원에 대한 체포위협이 계속되는 속에서 6월 20일 신라회와 자유당이 결탁하여 정부개헌안과 민국당 개헌안의 쌍방을 절충한 이른바 발췌개헌안을 국회에 제출했다. 그러나 그 내용은 이승만의 대통령 재선을 보장하기 위한 대통령직선제와 양원제를 골자로 하고 있었고 정부개헌안의 재판에 지나지 않았다. 이승만은 형무소나 호텔에 감금하고 있던 의원을 이번에는 경찰관 입회 하에 국회에 출석시키고 일단의 농성 상태를 거쳐 7월 4일 밤 9시에 강제적으로 기립 표결을 실시케 했다. 출석의원 166명 중 찬성 163, 기권 3으로 발췌개헌안은 국회를 통과했다.

5. 이승만 개인 독재체제의 확립

이승만정권이 개인독재정권으로서 한국국민의 머리 위에 군림하고 그 민주적 제 권리를 전면적으로 유린하기에 이른 과정을 돌이켜 보면 다음과 같은 문제가 떠오른다.

① 미국은 한반도에 반공적 친미정권의 수립을 꾀했는데 이승만은 그 충실한 앞잡이로서 미국의 남한 점령 정책과 군정에 순응하여 미국의 뜻에 따라 남한 단독선거를 주창하고 추진했다.
② 이승만은 본래 독선적이고 권모술수에 능했고 정적을 쓰러뜨리기 위해서는 수단을 가리지 않았다.
③ 한국민주당과 봉건적 민족주의세력이 정권욕 때문에 이승만을 「국부(國父)」라고 부르며 권위를 부여했다.
④ 이승만파와 한국민주당계 등 남한 단독선거 추진파는 미국의 후원을 얻어 한국정권을 자기들 친미적 매판세력의 사물처럼 생각하고 행동했다.
⑤ 통일선거를 주장하며 남한 단독선거에 반대한 김규식 등의 진보적 민족주의세력, 김구 등의 봉건적 민족주의세력, 여운형 등의 진보세력 등은 미국과 이승만, 한국민주당에 의해 용공세력으로서 거세되었다.
⑥ 새정권의 실권을 장악한 이승만과 한국민주당계는 「대한민국의 권위를 지키고 공산주의세력을 타도한다」는 명목으로 폭압, 백색테러, 학살이 횡행하는 경찰국가를 만들어냈다. 악명높은 국가보안법의 제정, 모든 반정부활동의 억압, 공무원과 각 사회단체의 이동화 내지 사병화도 모두 반공이라는 명목으로 감행되었다. 즉 그들은 이승만정권과 국가를 동일시하는 오만을 저지른 것이다.
⑦ 새 정부수립 후의 선거에 있어서도 「대한민국의 권위」, 「공산주의세력의 타도」라는 명목으로 이승만파, 한국민주당 등 친미매판세

력에는 무제한의 자유와 권리가 인정되었으나 민족주의세력 내지 사회주의세력 등 남한 단독선거에 반대한 자들에게는 아무런 자유도 권리도 용인되지 않았다.

⑧ 이승만의 독주에 불만을 품은 한국민주당계가 이승만정권과 대립을 심화하게 되자 이승만은 모든 수단을 다하여 반대파를 봉쇄하고 또는 교란하여 정권의 계속 장악을 위해 광분했다. 한국민주당계가 친미세력 내의 야당으로서 미국정부에 접근하여 차기정권을 노리게 되자 이승만파는 노골적인 폭력과 회유 그리고 분열공작에 혈안이 되었다.

⑨ 이승만정권은 6·25 동란 발발 후 전시태세를 구실삼아 전제 독재, 파쇼화를 더욱 강화하고 국민대중과 반대파와의 대립을 결정적인 것으로 만들었다.

6. 정부통령 선거의 부정

이승만은 발췌헌법에 기초하여 즉시 정부통령의 직접선거체제를 만들기 시작했다. 반대파에게 준비의 여유를 주지 않기 위해 10일간 안팎의 짧은 동안에 정부통령선거법을 기초, 심의, 의결하고 1952년 7월 18일에 공포하여 그로부터 18일 뒤인 8월 5일을 선거일로서 공시했다.

자유당은 이미 동년 5월 대전에서의 임시 전당대회에서 대통령후보에 이승만, 부통령후보에 이범석을 지명하고 경찰력과 우익어용단체를 동원하여 사전운동을 벌이고 있었다. 선거일의 공시와 더불어 이승만, 이범석에 의한 관권, 금권, 우익단체를 총동원 선거운동이 전국 각지에서 대대적으로 전개되었다. 일반적으로는 이승만, 이범석의 당선이 예견되고 있었으나 선거 직전이 되어 이승만은 이범석의 세력 대두를 두려워하여 갑자기 부통령에 목사 출신인 함태영(咸台永)이 적임이라는 의사표시를 했다. 이승만의 갑작스러운 태도 변경에 따라 관헌은 두 이후보(李候補)가 어깨를 나란히 한 선전 포스터를 제거하는 소동을 벌이고 이범석계인 민족청년단은 각지에서 경찰관과 충돌했다.

함태영은 일반대중에게는 전혀 알려지지 않은 목사 출신자이며 국민적 지지를 획득할 아무런 조건도 가지지 않은 사나이였다. 그러나 공표된 부통령선거의 득표 결과는 함태영 294만 4,822표, 이범석 181만 5,692표로서 함태영의 부통령 당선이 확정되었다. 이것은 말할 것도 없이 관권의 투표부정, 개표부정, 발표부정의 결과이며 국민의 지지투표와는 관계가 없는 것이었다. 격앙된 민족청년단 관계자는 국무총리 장택상과 내무장관 김태선(金泰善)을 부정선거사범으로서 고소했기 때문에 이승만도 부득이 김태선을 파면하기에 이르렀다.

이 선거극(選擧劇)은 자유선거에 의한 정변 캄플라주의 장난에 지나지 않으며 당락은 말할 것도 없고 그 득표수도 대략은 사전에 할당되어 있었다고 해도 과언이 아니다. 대통령후보로서는 이승만, 조봉암, 이시영, 신흥우(申興雨)의 4명이 입후보했으나 선거운동의 제약을 고려에 넣더라도 조봉암, 이시영의 실제득표는 이승만에게 뒤지지 않았다고 추정되고 있다. 부통령으로는 함태영, 이범석, 이갑성, 이윤영, 전진한, 임영신(任永信), 백성욱(白性郁)의 7명이 입후보했으나 모두가 이승만 지지자였기 때문에 득표에는 대차가 없었다고 생각된다. 그런데도 공표된 득표수는 이승만과 함태영이 압도적 다수를 차지하고 이범석도 자유당과 관권 속에 자파가 아직도 잔류하고 있었던 관계로 꽤 많은 표를 할당받고 있다.

이런 식의 부정선거의 예는 일찍이 한국민주당 조병옥 휘하의 경찰조직에 의해 입법의원 의원선거와 제1대, 제2대 국회의원선거 때도 볼 수 있었으나 1952년 2월 15일의 부산시 일부 등 8개구에 있어서의 국회의원 보궐선거 동년 4월 25일의 제1회 시읍면 지방의회 의원선거, 동년 5월 10일의 도의회 의원선거 등에서도 극히 노골적인 실례가 엿보였다.
 한국의 역대 정부가 실시한 선거는 그 모두가 정부측에 의해 연출된 것이며, 따라서 공표된 득표수와 실제의 득표수는 별로 관계가 없는 것이 특징적이다. 정부측에 의해 자행된 부정·불법선거의 양상은 대략 다음과 같은 것이었다.

① 민주주의민족전선(좌익)에 가담한 자는 국가보안법의 적용대상으로 보고 입후보를 허용하지 않았다.
② 민족주의세력(평화통일 세력)에 가담한 자는 중간파 용공분자로서 감시의 대상으로 삼고 당선되지 않도록 모든 방책을 강구했다.
③ 한국민주당 등 남한 단독선거를 지지한 친미세력은 대한민국 건국의 기본세력으로서 비정부계라도 어느 정도 그 선거활동을 인정했다.
④ 집권세력을 지지하고 여기에 협조하는 자는 그 정치경력을 불문에 붙이고 선거에 있어서도 무제한의 자유가 인정되었다.
⑤ 정부 공인 후보자의 당선을 조작하기 위해 ㉠ 사전투표, ㉡ 유령 유권자의 조작, ㉢ 대리투표, ㉣매표(買票), ㉤부정투표, ㉥ 부정개표, ㉦ 부정발표 등 온갖 부정수단을 동원했다.
⑥ 반대파의 입후보자에 대해서는 ㉠ 입후보 등록의 방해(수속 방해, 감금 또는 구속), ㉡ 선거활동의 방해(공갈, 감금, 구속) ㉢ 지지자

의 투표방해(투표권 박탈, 투표권 무효화, 투표방해, 매수 등), ㉣ 부정개표(투표용지의 무효화, 계수 조작, 부정 발표 등), ㉤ 투표함 바꿔치기 등 온갖 수단을 사용하여 봉쇄(封鎖)를 꾀했다.

7. 자유당 세도정치(勢道政治)의 성립

자유당이 원내 교섭단체로서 정식으로 등록한 것은 전술한 바와 같이 원내 자유당의 합동파 의원의 원외 자유당과 합동하고 원내 자유당 잔류파와 결별한 뒤인 1951년 5월 19일이었다. 그들이 발췌개헌안을 성립시키고 1952년 8월 5일의 대통령선거에서 이승만을 당선시킨 경과도 이미 서술한 바와 같다.

자유당은 1952년 9월 중순 임시전당대회를 개최하여 정부통령선거의 부정과 관련하여 반민족청년단계의 숙청을 결의했다. 그 결과 내무장관 김태선은 파면되고 국무총리 장택상도 일제시대에 서울에서 시장을 지낸 일본인의 편의를 도모하고 선거 부정을 지도한 반역자라는 오명을 쓰고 실각했다. 이승만은 1953년 5월 대전에서 자유당의 전당대회를 개최했으나 족청계인 내무장관 진헌식(陳憲植)의 협력으로 경찰력을 동원하여 중앙 및 지방의 당기관에서 반족청계를 축출하고 자유당의 요직을 자파 중심으로 굳히기 시작했다.

독재자 이승만은 항상 휘하의 인물 또는 단체가 독자적인 세력으로 성장하는 것을 억제하고 자기를 정점으로 한 각 세력의 분산, 연결을 도모했다. 휘하의 각인 각 단체는 서로 경합 대립하면서 균형을 유지하도록 조작되었다. 그가 한국민주당의 강대화와 집권을 막고 이범석의 부통령당선을 방해한 것도 모두 이러한 정략적 작위에 의한 것이었다.

1953년 5월의 전당대회를 기회로 족청계가 자유당의 주도권을 장악하게 되자 당수 이승만은 ① 정부(正副) 당수제의 폐지와 총재제의 실시, ② 중앙 상무집행위원회의 폐지와 소규모적인 집행부서의 설치, ③ 중앙위원회제의 활용 등을 지시했다. 그 결과 이범석을 비롯한 족청계는 당조직에서 해임되고 당 중앙위원회는 독촉국민회, 대한노총, 대한농민회, 대한청년단, 대한부인회 등 이승만 직계의 어용단체에서 지명된 지위원들도 재조직되었다.

  그러나 족청계는 이러한 기간어용단체를 점거할 것을 획책하여 자유당 요직에서 축출된 자들은 이들 단체에 침투하기 위해 사력을 다했다. 이 때문에 이승만은 1953년 9월 12일 특별선언을 발표하여 「자유당에서 민족청년단계를 축출하고 당을 정화 재건하라」고 명령했다. 이리하여 자유당의 간부, 기간단체의 임원은 백지로 돌려지고 동년 11월 당내 10개 부서의 부차장이 새로이 임명되었다(1954년에 들어와서 12개 부서로 늘어났다). 이리하여 독재자 이승만을 정점으로 새로 배치된 자유당내의 세도가는 이기붕(李起鵬), 최순주(崔淳周), 조경규(趙瓊奎), 장경근(張璟根), 이중재(李重宰), 황성수(黃聖秀), 강인택(姜仁澤), 한희석(韓熙錫), 박영출(朴永出), 김법린(金法麟), 구용서(具鎔書), 정문흠(鄭文欽), 이재학(李在鶴), 임철호(任哲鎬) 등이었다.

  자유당 독재정권이 뿌리를 박음에 따라 원내 각파 세력에도 다음의 표와 같은 변화가 나타났다.

	自由黨	大韓國民黨	獨促國民會	員內自由黨殘留派	民主國民黨
1952년 3월 29일	52			47	39
〃 9월 10일	61			47	39
〃 10월 15일	67			29	31
〃 11월 20일	103				29
1954년 4월	99				20
〃 5월 20일	144	3	3		15

	民友會	無所屬 구락부	無所屬	新羅會	大韓勞總
1952년 3월 29일	25		26		
〃 9월 10일			44		
〃 10월 15일		20		21	
〃 11월 20일					
1954년 4월			60		
〃 5월 20일					1

8. 제3대 국회의원 선거는 몽둥이 선거

1954년 5월 20일, 경찰의 노골적인 간섭 하에 행해진 제3대 국회의원 선거는 일반적으로「몽둥이 선거」라고 불려진다. 경찰의 몽둥이가 당락을 결정했다는 뜻이다. 후보자의 득표도, 당선 또는 낙선도, 민심과는 전혀 상관이 없이 모든 것은 관헌의 조작에 의해 결정된 것이다. 그러나 입후보의 동태와 선거의 결과는 확실히 날조된 것이었으나 정치의 흐름을 엿볼 수 있다.

각 정파별로 보면 이승만 지지파는 자유당이 242명의 입후보자 중 114명이 당선, 독촉국민회가 48명의 입후보자 가운데 3명, 대한국민당이 15명의 입후보자 가운데 3명 등이 당선하여 모두 120명의 당선자를 냈다. 민주국민당은 77명을 공천하여 15명이 당선했다. 비이승만계·비민국당계(무소속)는 797명이 입후보하여 당선자는 67명이었고 농민회와 대한노총 등 10개 단체는 공천 29명 중 불과 1명이 당선하는 데 그쳤다.

주목되는 것은 무소속입후보자가 전입후보자 1,207명의 66%라는 다수를 차지하고 정원의 33%에 해당하는 당선자를 낸 데 반해 민주국민당이 정원의 37.4%에 해당하는 공천을 행했으면서 7.4%밖에 당선되지 않았다는 사실이다. 이것은 대한민국 성립 후 6년을 경과한 이 시점에 있어서도 여전히 이승만계, 민주국민당 등의 친미매판세력에의 소속을 공공연히 표방하기를 꺼리는 입후보사가 적지 않았음을 말해 주는 것이다.

제3대 국회의원 선거의 철저한 부정행위에 대해서는 상술할 것까지도 없다. 필자가 견문한 예를 들면 조봉암은 인천, 서울, 부산에서 입후보 등록을 하려고 했으나 경찰과 선거위원회에 의해 방해를 받아 입후보조차 할 수가 없었다. 또 임갑수는 부산 동래구에서 입후보는 했지만 선거기간 중 본인이 모르는 동안 「사퇴」라는 기정사실이 만들어지고 있었다.

9. 비 방

• 부산에서의 등록 방해

조봉암은 부산에 있는 동지들의 협력을 얻어 입후보등록서류 2부를 작성, 처남 김영순이 이것을 가지고 초량동 구청 안에 있는 선거위원회로 향했다. 구청 앞에서 경찰대의 습격을 받아 그 일부를 탈취당했으나 구원을 요청하는 척하고 선거위원회에 뛰어 들었다. 이제는 등록을 하지 못할 테지 하고 미소짓는 선거위원들에게 김영순은 숨겨 가지고 있던 다른 1부를 들이댔다. 그리고 이것을 선거위원장의 손에 쥐어주고 가까스로 등록서류의 접수에 성공했다. 그러나 선거위원회는 조봉암의 입후보등록을 고시하지 않고 경찰과 공모하여 입후보 추천인을 불러내어 추천을 취소케 했다. 조봉암의 입후보등록서류는 폭력과 간계 앞에서 무효가 된 것이다.

• 부통령의 사임

1951년 5월 9일에 이시영 부통령은 이승만의 독재와 타협하지 못하고 사표를 제출했다. 국회는 이것을 반환했으나 이시영이 13일에 다시 제출했기 때문에 다음날 국회는 이를 수리했다. 이시영의 후임으로 동년 5월 15일 부통령에 취임한 김성수도 역시 이승만과의 대립으로 다음해 5월 20일에 사표를 제출하였고 6월 28일 국회에서 수리되었다.

• 뉴델리 회담설

민주국민당의 함상훈은 김준연, 조병옥 등과 짜고「신익희가 영국에서 돌아오는 길에 뉴델리에서 조소왕과 만났다」는 허위사실을 유포했다. 이것은 민주국민당 안의 한국민주당계와 방계세력 간의 당권투쟁의 추악한 일면이다.

● 보수 야당

남한 단독선거, 남북분단의 고정화를 추진한 친미반공세력은 이승만파와 한국민주당계로 대별할 수가 있는데 이승만과의 반목 후 한국민주당을 중심으로 집결한 친미매판세력은 스스로를 「보수야당」이라고 칭하여 허울좋은 「반독재 민주옹호」를 구호로 내걸었다.

제18장 보수세력의 대동운동(大同運動)과 혁신정당의 대두

1. 「사사오입(四捨五入) 개헌」

　제3대 국회의원 선거에서 원내 다수를 차지한 이승만파는 영구집권의 야망을 품기에 이르렀다. 이승만은 1954년 9월에 초대 대통령에 한하여 대통령종신제를 가능하게 하는 대통령중심제개헌안을 발의시키고 자유당 의원 136명의 서명으로 국회에 제출시켰다. 동개헌안은 8일간의 격론을 거쳐 동년 11월 27일 표결에 붙여졌는데 재적 의원 203명 중 찬성 135, 반대 60, 기권 7, 결석 1이라는 결과가 되었다. 개헌에 필요한 재적 의원의 3분의 2 이상은 135.3명 이상이어야 하며 따라서 찬성은 1표가 부족한 것이 되므로 사회를 보던 부의장 최순주는 개헌안의 부결을 선언했다.

　그런데 정부·자유당의 수뇌는 같은 날 대통령관저에 모여 협의를 거듭한 끝에 203명의 3분의 2는 135.333명이지만 0.3명을 한 사람으로 계산할 수는 없다. 사사오입을 하면 3분의 2는 135명에 해당한다라고 하여 개헌안이 가결된 것으로 강변하기로 결정했다. 그리고 다음날인 29일에 국회 본회의에서 야당의원이 총퇴장한 가운데 전날의 개헌안 부결선언을 취소하고 재적의원 중 출석의원수 겨우 125명 가운데 123명이 찬성했다는 형식으로 새삼스럽게 개헌안의 통과를 선언했다. 이어서 그들은 「재적수 203명의 경우에 있어서 헌법개정에 필요한 법정 정원수는 135명이다」, 「최순주 부의장의 11월 27일의 부결선언은 계산상의 착오에 의한 것이므로 이것을 취소하고 새로이 이 개헌안은 통과된 것이라고 선언한다」라고 의사록 수정의 동의안도 가결했다. 이것이 악명높은 「사사오입 개헌」이다.

이러한 폭거에 의해 이승만은 영구집권을 위한 「티켓」을 손에 넣었으나 손권배, 현석회, 김영삼, 민관식 등 14명의 동개헌안 제안자는 이 「사사오입 개헌」에 대한 여론의 비난이 높아지자 개헌의 심의과정에 불만을 표명하고 자유당을 탈퇴했다.

2. 반독재세력 결집은 좌절

영구 독재체제를 갖춘 이승만정권 하에 있어서 이제 선거에 의한 정권교체는 바랄 수조차 없었다. 이승만정권의 타도는 결국 혁명적 수단에 의존할 수 밖에 달리 방법이 없었다고 할 수 있는데 거기까지 도달하게 하는 유도 수단으로서의 합법적 정치활동은 반독재 민주세력들을 규합한 반독재 국민전선의 결성에 의해 자유당 정부를 철저히 고립시키는 일이었다.

일반적으로 혁명이 성공하기 위해서는 ① 혁명을 요구하는 사회적·정치적 조건의 성숙, ② 혁명지도세력과 지도이념의 확립, ③ 혁명지도세력과 인민의 혁명투쟁을 지원 옹호하는 무력이라는 3대 요건이 준비되지 않으면 안된다. 한국의 경우 미군정의 압제, 남한 단독선거의 강행에 의해 생기게 된 민족적 모순이라는 이승만파와 한국민주당의 폭정,

수차에 걸친 부정선거, 자유당정권의 독재화와 민심의 이반 등은 혁명을 가능케 하기에 충분한 사회적·정치적 조건을 성숙시키고 있었다. 그런 고로 반독재 민주세력들은 하나로 결집하여 혁명의 지도세력을 구성하고 민주체제의 회복을 공동의 투쟁목표로 삼기만 하면 되었다. 그러나 한국군은 유엔군의 산하에 있어서 혁명세력 쪽에 가담할 무력이 될 수 없음은 말할 것도 없다. 다시 유의할 점은 한국의 경우 정권이 원천적으로 미국에 의해「수여」되고 미국의 원조에 의해 유지되고 있는 이상, 미국의 의사 여하가 혁명의 성공을 보장하는 무력에 대신할 수 있는 뜻을 가진다는 현실적 여건이다. 따라서 모든 반독재 민주세력이 대동단결하여 이승만정권 반대의 강력한 투쟁을 전개하면 미국도 이것을 무시할 수는 없을 것이라는 것이 확실하다고 여겨졌다.

이러한 기대 아래에서 반정부파의 정객들은 1952년경부터 각자의 입장에서 반독재민주세력의 대동단결을 지향하여 움직였다. 민족주의 세력의 구익균(具益均), 조헌식, 김성숙(金星淑), 박기출, 민주국민당 관계의 서상일, 신도성, 진보파의 장건상, 김성숙(金星淑), 이동화(李東華) 등이 국회 관계에서는 조봉암, 장택상, 김달호, 윤길중 등이 여기에 열의를 기울였다.

「사사오입 개헌」에 의한 이승만의 종신대통령제가 조작되자 반정부파의 국회의원은 즉시 범야당연합전선을 짜고 대여 투쟁을 강화하기 위한 민의원위헌대책위원회(民議員違憲對策委員會)를 구성했다. 이것은 그 뒤 호헌동지회(護憲同志會 : 護同이라고 약칭)로 개칭되고 원내교섭단체로서 등록되었다. 여기에는 민주국민당, 자유당 탈퇴자, 무소속동지회, 무소속 등으로부터 60명의 의원이 참가했고 원내외 야당세력의 규합이 도모되었다.

1955년에 들어서자 「호동」은 신당 촉진위원회를 구성 발기 취지로서 ① 반공·반독재, ② 대의정치와 책임정치의 확립, ③ 사회정의에 입각한 수탈없는 국민경제체제의 확립, ④ 민주우방과의 협조와 제휴를 통한 평화적 국제질서의 수립 등을 내걸었다. 이어서 신당조직촉진위원회가 결성되고 이 위원 18명에게 신당운동추진의 전권이 위임되었다. 18인 위원회는 신당발기준비위원을 지명하기 위한 조직요강 6항목을 작성하고 「좌익 전향자」와 독재행위·부패행위가 현저한 자를 준비위원에서 제외하기로 했다. 이 때문에 조봉암, 이범석, 장택상 등의 신당참가는 불가능해졌는데 서상일, 박기출, 신도성 등은 조봉암의 참가를 강력히 요구했다. 그러나 신익희, 조병옥, 곽성훈, 장면 등은 조봉암의 참가를 반대하여 우파만에 의한 건전한 보수야당의 결성을 주장했다.

이리하여 신익희, 조병옥, 장면, 곽상훈 등의 보수대동파(자유민주파라고도 한다)와 서상일, 김성숙(金星淑), 조봉암, 박기출 등의 민주대동파가 신당발기의 대상 범위를 둘러싸고 대립과 이견을 거듭했다. 이 때문에 「호동」은 동년 3월 25일의 총회에서 18인위원회를 해산하고 9인위원회를 신설했으나 이렇다 할 진전을 보지 못했다. 「호동」은 다시 동년 6월 6일의 총회에서 조직요강을 개정하고 민주대동파의 주장을 받아들였으나 9인위원회와 민주국민당 안의 보수대동파는 「호동」총회의 의향을 무시하고 민주국민당을 중심으로 남한 단독선거를 지지한 우파만에 의한 보수신당의 결성을 서둘렀다.

3. 보수대동에 의한 민주당 창당

신당조직촉진위원회(9인위원회)는 민주국민당의 보수대동파와의 모의 끝에 1955년 7월 17일 보수파를 중심으로 한 신당발기준비위원회를 구성했다. 동위원에는 국회의원 33, 전 국회의원 33, 일반인 101명 등 모두 167명이 지명되었다. 동년 8월 3일에 소집된 발기준비위원회에는 준비위원 167명중 143명이 참가하여 곽상훈의 사회 아래 각 부서의 책임간사가 인준되고 창당대회 관계의 권한이 책임간사회에 일임되었다. 이처럼 9인위원회는 호동총회의 결의를 완전히 무시하여 반독재세력의 대동단결을 좌절시키고 보수파만에 의한 보수신당의 창당을 강행했는데 여기에 반대하는 자는 보수신당에의 참가를 거부했다. 가령 국회 관계안을 보더라도 서상일, 장택상, 임흥순, 신도성, 윤제술, 송방용, 김의준, 김수선, 최갑환, 황남팔, 김동욱, 육완국, 서인홍, 변진갑, 김달호 등이 있다.

민주대동파를 떼어놓고 독주 태세를 갖춘 보수대동파는 1955년 9월 18일 전국 대의원 2,013명을 모아 발기인대회 및 창당대회를 개최하여 민주당을 발족시켰다. 대표최고위원에 신익희, 최고위원에 조병옥, 장면, 곽상훈, 백남훈이 선출되었다. 당중앙기관은 민주국민당계를 중책으로 하여 흥사단계, 자유당계, 무소속 등으로 구성되었고, 지방조직에서는 민주국민당계가 전신인 한국민주당 이래의 지도권을 장악했다. 즉 신당인 민주당의 지도층은 남한 단독선거를 지지한 구 한국민주당의 흐름을 이어받은 친미매판세력과 기회주의적 출세주의자들에 의해 점거되었다.

민주당은 정강으로서 ① 일체의 독재를 배격하고 민주주의의 발전을 기한다. ② 공정한 자유선거에 의한 대의정치와 내각책임제의 구현을 기한다. ③ 자유경제의 원칙 하에서 생산을 증강하고 사회정의에 입각한 공정한 분배를 지향하는 건전한 국민경제의 발전을 기한다. ④ 민족문화를 육성한다. ⑤ 민주 우방과 제휴하여 국토통일을 기한다. 등을 내걸었다.

4. 진보당(進步黨) 창당준비위원회의 발족

　민주국민당계의 친미매판세력이 독주하여 민주당을 창당하기에 이르자 민족주의세력의 구익균, 조헌식, 김성숙(金星璹), 박기출, 진보파의 장건상, 김성숙(金星淑), 이동화, 민주국민당 반주류인 서상일, 박노수, 신도성, 구 대한국민당계의 조봉암, 윤길중, 그리고 이동하(李東夏) 등의 유림계, 장지필 등의 수평사(水平社)계, 일부 민족청년단계와 일부 신라회계 등은 1955년 가을부터 광릉(光陵)회합 등 공식·비공식의 회합을 가지고 진보적 신당의 결성을 모색했다.

　박기출 등은 민주당이 친미일변도의 사대주의집단이므로 신당은 이와는 다른 진보적 민족주의 정당이 되지 않으면 안된다고 주장했고 서상일 등은 민주당이 자본주의적 보수당을 자임하고 있으므로 신당은 적어도 민주사회주의 정도의 혁신색을 띠지 않으면 안된다고 주장했다. 장건상 등은 이승만 독재정권의 고관이었던 이범석, 장택상은 말할 것도 없고 서상일, 조봉암도 일찍이 남한만의 단독선거를 합리화한 적이 있다고 하여 신당의 지도층에서 제외할 것을 요구했다.

　당시의 복잡한 정치상황 하에서 진보적인 신당을 결성한다는 것은 쉬운 일이 아니었다. 미군의 G2와 미국의 CIA에 조종되고 있던 한국정보기관이 남한 단독선거에 반대한 민족주의세력과 진보세력에 의한 신당결성을 묵인할 까닭이 없었기 때문에 자주통일세력이 앞장 설 수도 없었다. 또 「민족주의 진영」이라는 호칭은 이에 이승만파와 한국민주당 등이 친미매판의 정체를 숨기기 위해 위장으로서 사용해 온 터였으므로 유사한 간판을 내걸 수도 없었다.

　그러나 미군정·이승만·한국민주당의 약정에 의한 민족의 분열, 부정부패, 억압과 수탈, 생활고에 시달려 온 국민대중은 정치의 근본적 혁신을 갈망하고 있었다. 신당운동은 결국 서상일과 조봉암의 합작을 중심으로 전개되었고 신당의 성격으로서는 국민여론을 반영한 정치의 혁신과 평화통일을 지향하는 것으로 되었다. 신당의 이름은 「민주혁신당」 「대중당」, 「혁신당」, 「진보당」 등 10여가지도 넘는 안 중에서 「진보당」이 가장 적합한 것으로 의견이 모아졌다. 1956년 1월 26일 진보당 창당추진준비위원회가 서상일, 조봉암, 박기출, 김성숙(金星璹), 박용의, 신숙, 이동화, 장지필, 신백우, 양운산, 김인태 등으로 구성되었다.

동년 3월 28일에 소집된 진보당 창당추진준비위원회에서는 당의 지도적 집행기관인 총무위원회가 구성되고 여기에는 서상일, 조봉암, 박기출, 임기봉, 이동하, 장지필 등이 선출되었다. 신당의 정강에는 다음과 같은 점이 지적되었다. ① 공산 독재는 말할 것도 없고 모든 독재체제에 반대하며, 인간의 양심에 입각한 민주적 정치질서를 확립한다. ② 자본의 독점과 횡포에 반대하며, 모든 국민이 균등하고 떳떳하게 생활할 수 있는 계획적 경제체제를 추진한다. ③ 국제 세력의 추세에 보조를 맞추어 민주세력이 승리할 수 있는 방식으로 조국의 평화통일을 추진한다. ④ 고유의 민족문화를 토대로 세계의 새문화를 흡수하고 새로운 전진적 민족문화를 꽃피운다. ⑤ 모든 국민이 균등하게 교육을 받을 수 있는 제도를 확립하고 의무교육을 점차 확대하여 대학에까지 이르게 한다.

5. 5·15 정·부통령 선거

● 공표된 득표와 도둑맞은 득표

1956년 3월 28일 자유당 정부는 5월 15일에 정·부통령 선거를 실시한다고 발표했다. 자유당은 이에 3월의 전당대회에서 대통령 후보에 이승만, 부통령 후보에 이기붕을 지명해 놓고 있었다. 민주당도 정·부통령 후보에 신익희, 장면을 각각 결정하여 등록했다. 진보당 정·부통령 선거대책위원회는 대통령 후보에 조봉암, 부통령 후보에 박기출을 공천 등록했다. 그러나 이승만정권을 쓰러뜨리기 위해서는 야당연합이 필요하다는 여론이 높아져 4월 초순 신익희, 조봉암, 박기출의 정상회담에서 조봉암은 대통령 후보를 민주당에 양보할 뜻을 비쳤으나 신익희는 장면계에 대한 눈치 때문에 결정을 유보했다. 그러나 선거직전인 5월 5일 신익희가 급서했기 때문에 박기출은 야당연합을 촉진하기 위해 입후보를 사퇴했다. 5·15 선거의 결과는 대통령 선거에서 이승만 5백4만6,437표, 조봉암 2백16만3,808표, 또 부통령 선거에서 장면 4백1만2,654표, 이기붕 3백80만5,502표로 발표되어 정·부통령에 이승만, 장면의 당선이 결정되었다.

그러나 이것은 어디까지나 당국의 공식발표에 지나지 않았으며 실제의 투표결과는 이것과 크게 달랐다. 투·개표의 권한을 독점한 자유당과 정부기관은 진보당 관계자의 입회조차 허용하지 않고 조봉암의 표를 대폭 깎는 한편 이승만의 표를 불려 나갔다. 그들은 부정개표, 부정발표라는 상투 수단으로 이승만의 대통령 당선을 조작한 것이다. 선거민의 감시가 행해진 도시 등에서는 조봉암이 이승만을 압도하고 있다. 때문에 진보당은 선거결과를 평하여 「득표에 이기고 개표에 졌다」라고 선언했다.

예를 들면 각지의 관헌은 투·개표소의 진보당 참관인을 폭력으로 쫓아내고 자유당 간부와 민주당 관계자 및 동 참관인 사이에서 「부통령의 표는 그대로 처리하지만 대통령 선거의 표는 선거관리인에게 일임할 것」

이 모의되었다. 이리하여 대통령 관계의 개표는 당국의 뜻을 헤아린 선거관리인의 손에 의해 좌우되고 온갖 부정·불법 수단을 다한 「개표」가 이루어졌다.

　당시의 실정은 부산시내의 모든 투·개표소와 진해의 개표소에서는 필자가 직접 목격했고, 그 밖의 각 선거구에 대해서도 훗날 필자가 신민당에 관계하게 되었을 때 도당관계자로부터 전해 들었다. 부산시 영도구의 자유당 위원장 이영언(李榮彦)은 다음과 같이 술회하고 있다.「개표 상황을 본 순간 너무나도 차이가 크게 났기 때문에 등골이 오싹해졌다. 이것도 저것도 조봉암의 표뿐이었다. 공무원들도 이박사에게 투표하지 않은 것 같았다. 조봉암의 표를 안에 넣고 앞뒤에 이박사의 표를 한 장씩 덧붙인 백표단위의 샌드위치표 묶음을 만들었는데 이박사의 표는 앞뒤에 한 장씩 덧붙이기에도 모자랄 정도였다.

　이러한 사정으로 미루어 보면 조봉암은 유효투표의 70~80%는 틀림없이 획득한 것으로 생각되며, 시의 총득표는 아마도 6백만을 넘고 이승만의 득표는 1백만표 전후가 아니었을까 생각된다. 조봉암의 대량득표는 창당준비에 들어간지 얼마 안되는 진보당의 조직력의 결과도 아니며 또 조봉암 개인의 견인력만으로도 설명되지 않는다. 그것은 독재자 이승만의 오랜 압정과 자유당의 부정부패에 대한 전국민의 분노와 불만의 표시이며 특히 조봉암이 내건 정치혁신의 내용, 조국의 평화적 통일의 슬로건이 압도적인 지지를 얻은 것이었다.

● 야당연합과 민주당의 배신

　이승만 독재정권을 타도하기 위해 무엇보다도 반독재 민주세력의 국민전선적 대동단결이 요구되고 있었다는 것은 앞에서도 서술한 바와 같다. 국민의 요망을 배경으로 하여 끓어 오른 반독재 투쟁의 기운을 짓밟고 친미 보수세력만의 민주당 결성에 치달은 정객들은, 정·부통령 선거 일정이 공고되고 진보당이 독자적인 후보자를 공천하자 「민주당을 주체로 하는 야당연합의 결성」을 주장했다.

진보당측은 민주당의 정략을 꿰뚫어 보면서도 야당세력의 결집에 의한 이승만 독재정부의 타도가 이 시점에서 국민적 사명이라는 생각에 민주당에 대해 다음과 같은 자기 희생적인 제안을 했다. 즉 ① 민주세력 대동단결운동을 분열시킨 민주당 지도자는 마땅히 자기 비판을 하여야 한다. ② 정권은 헌법상 대통령의 권한에 속하는 것이므로 민주당 추천의 후보자를 야당연합의 대통령 후보자로 한다. ③ 진보당과 민주당의 연합전선을 효과적으로 전개하기 위해 부통령 후보에는 진보당의 후보자를 내세운다.

그러나 민주당 대통령 후보 신익희는 4월 초순의 조봉암 등과의 정상회담 석상에서 「민주당 내의 사정 때문에 대통령 후보인 내가 사퇴할 수는 있어도 부통령 후보인 장면씨를 사퇴시킬 수는 없다」면서 탄식했다. 이리하여 진보당의 합리적인 야당연합안은 민주당 지도층의 정권욕 앞에서 그대로는 실현할 수가 없게 되었다. 신익희가 급서하자 김준연, 조병옥 등 동당의 지도간부는 일부 보수계 신문과 입을 맞추어 야당연합은 독재자 이승만을 지지하도록 국민에게 호소한 것이다.

6. 진보당 창당위원회의 분열

1956년 1월에 구성된 진보당 창당추진준비위원회는 민주세력의 대동단결을 주장한 자를 모두 포섭하고 있었던 것은 아니다. 서상일과 조봉암의 해방 후의 정치행장을 비판하는 세력도 소수이기는 했지만 당회에 있어서 물의를 자아내고 있었다. 그들은 민족주의세력과 진보당파에 속하고 있었으나 야당연합이 초점이 되었을 때는 민주당의 주장에 동조하여 진보당의 완전 후퇴안을 주창하여 연립내각의 구성에 기대를 걸고 있었고 선거 후에는 진보당의 해체를 전제로 한 혁신세력의 대운동론을 주장했다.

여기에서 한국의 현실적인 정치혁신의 조건에 대해서 언급하고 싶다. 한국정부는 본래 미국이 추진한 남한 단독선거에 의해서 성립되었다. 따라서 한국의 정권은 어디까지나 남한 단독선거를 지지한 친미세력에 의해 독점 장악되고 더욱이 반공을 국시로 한다. 모든 정치활동은 국가보안법의 절대적 규제를 받았다. 이러한 한국의 국가적·현실적 조건에 제약되는 제 정당이나 혁신세력을 선진제국의 그것과 같은 차원에서 생각할 수는 없다. 한국의 사회주의, 마르크스·레닌주의는 말할 것도 없고 사회민주주의 조차도 국가문란의 범죄 사상으로 간주되고 이러한 이념·철학에 기초한 혁신정당의 굴립은 일체 허용되고 있지 않다.

집권당과 준집권당, 연기집단(演技集團)과 예비연기집단, 여·야당의 구별이 있다고는 하지만 정치활동을 허용받은 이들 집단에 속하는 자는 한결같이 미국의 정책을 민족적 이익에 우선하여 실천할 것을 요구 받았다. 이 요구에 충실한 자에게만 정치적 특권의 수수(授受)가 이루어지는 것이다. 정권을 장악하고 또는 준비당의 위치에 몸을 둔 이승만파와 한국민주당계는 무엇보다도 미국에 충실했고 그러기 위해서는 민족의 이익을 짓밟는 반민족적 행위를 저지르는 일도 서슴치 않았다. 그들은 미국의 비호 하에 남한 단독선거를 지지 추진하여 대한민국정부를 수립한 것을 큰 「공적」이라고 과시하고 있지만 실은 그것에 의해 조국과 민족의 분열이 초래되었고 민족상잔의 함측과 끝없는 준비경쟁, 상호 증오의 늪 속에 민족을 몰아넣는 결과를 초래했다. 한국 민중의 불행은 여기에서부터 시작되는 것이다. 때문에 한국의 첫째로, 미국 일변도의 친미매판세력과 그 반민족적 행위의 배제가 행해지지 않으면 안되고 그 기반은 어디까지나 민족의 자주자립에서 구하지 않으면 안된다.

정권을 독점한 이승만파는 한국민주당, 홍사단 등 친미세력 내의 비이승만계에 의한 탈권공작을 경계하여 점점 더 개인독재의 정치체제를 굳혔다. 한국민주당, 홍사단은 일찍이 남한 단독선거를 지지하여 이승만을 추대한 친미세력이지만 그 「공적」을 내세워 권력의 배분을 요구했다. 그들이 주창하는 「민주주의」란 단독선거를 지지한 친미세력 상호간에 있어서의 정권교체를 의미했다.

친미세력은 민족주의세력, 진보세력에는 단독선거에 반대 또는 비협력적 태도를 취했다는 이유로 국가보안법, 반공 국시론을 방패로 자유로운 정치활동을 허용하지 않았고, 또 국민이 이들 민족자주세력을 지지하는 것조차 폭력적으로 억압했다. 한국의 정치무대에서 자유로이 행동할 수 있는 것은 이승만파와 한국민주당계 뿐이다. 둘째로, 국민의 자유로운 의사가 정치무대에 반영될 수 있는 정당정치의 확립, 주권자인 국민의 기본권과 이익, 그리고 존엄이 지켜지는 민주적 질서의 실현에서 찾지 않으면 안되었다.

당시 반정부파의 양상은 갖가지였다. 1956년경이 되자 일찍이 김구를 따르고 있던 봉건적 민족주의 세력의 태반은 이승만파, 한국민주당계와 타협하여 독자적인 정치세력을 형성하고 있지 않았다. 또 일찍이 김규식을 중심으로 하는 진보적 민족주의 세력을 형성하고 있던 자들 가운데는 여전히 민족자주의 입장과 통일국가건설을 꿈꾸면서 민족적 긍지를 유지하려고 했던 자가 있었으나, 일부는 민주사회주의적 입장을 취하고 있었다. 진보주의세력 가운데는 공산주의 운동에 애착을 끊을 수 없는 자, 사회주의·민주사회주의적 신조를 견지하려는 자가 있었다. 그러나 일찍이 민전(民戰)에 참가하고 보도연맹에 가담한 자의 태반은 정치활동의 자유를 완전히 박탈당하고 있었고 심지어는 어용정부기관의 앞잡이로 전신을 강요당한 자도 적지 않았다.

이처럼 일찍이 남한 단독선거에 반대하고 자주통일 독립을 주장한 정파는 이승만 정권의 심한 박해와 분열·회유 공작에 의해 상호 분산되고 반정부의 자세를 견지하는 자의 정치활동은 봉쇄된 거나 다름없는 상태에 있었다. 다시 그들의 내부를 들여다보더라도 그 정견이나 신념은 각자의 정치적 경력과 마찬가지로 다양해서 그들을 모두 포섭할 수 있는 단일 정치세력을 형성하기에는 너무나 많은 모순을 안고 있었다. 이들 세력이 권력을 수중에 넣은 친미매판세력에 의한 정치적 박해를 물리치고 대내적인 모순을 극복하여 하나의 통일세력으로서 한국의 합법적 정치무대에 등장하기 위해서는 그들 자신이 놓인 정치적 사회적 부조리를 같이 인식한 토대 위에서 출발하지 않으면 안될 일이었다.

그러기 위해서 이들 반정부 세력은 현실의 제약된 여건을 감안하여 민주당의 발기인 겸 고문이며 대한민국 헙법기초 위원장이었던 서상일과 이승만 정부의 초대 농림장관과 국회부의장을 역임한 조봉암 등이 가진 현실적응성을 참작하여 그 주위에 모여서 진보당을 결성해 나가는 것이다. 거기에는 처음부터 통일된 사상이나 정치이념, 인간적인 또는 동지적인 깊은 유대가 있었던 것은 아니며 무엇보다도 현실의 정치에 대한 심한 불만과 혁신의 의욕이 공통점으로 작용했다고 말할 수 있다.

이들 정치가의 대부분은 이조 말기의 봉건적 가족제도의 영향 하에서 성장하고 일본의 식민지 노예로서 굴욕을 강요 받은 저마다의 개인사(個人史)를 짊어지고 있었다. 즉 봉건적 신분제와 식민지 지배 하에 형성된 정치의식, 생활감정에서의 탈피없이 해방을 맞이하고 그 충분한 청산을 거치지 않고 분단된 조국의 자주통일 독립이라는 사명을 짊어지게 된 사람들이다.

8·15 해방을 시점으로 한국의 정치적 계층을 대별하면 대일 협력자로서의 반민족적 특권층과 구식민지 노예로서의 민중을 나눌 수 있을 뿐, 선진국에 있어서와 같은 중층적(重層的)인 계층분화를 볼 수가 없었다. 해방 후의 친미매판세력의 악정에 반대하는 민족주의세력, 혁신세력의 활동도 이러한 사회상황과 식민지 기간의 낡은 정치의식과 생활감정에서 오는 제약을 무시할 수는 없다.

그렇기 때문에 그들의 민주주의, 사회주의 등 근대적인 정치사조에 대한 이해에 있어서도, 또 특정한 집단이나 계층에 봉사하는 정치활동도, 대개 확고한 현실적 기반을 갖지 않은 주관성을 불식하지 못했고, 그 정치 행위를 조건짓는 정치의식이나 사상도, 봉건적 영웅주의의 테두리를 벗어나지 못하는 경우가 많았다. 그렇기 때문에 혁신을 정치 슬로건으로 내걸고 있으면서도 실제로는 삼국지적(三國志的) 영웅심으로 행동하는 경우가 적지 않았던 것이다.

● 진보당창당추진위원회의 분열

1956년 초에 결성된 진보당창당추진준비위원회는 5·15 선거에 있어서의 진보당 후보의 대량득표에서 볼 수 있는 국민의 압도적 지지를 얻은 뒤 진보당창당추진위원회로 개편되었다.

그러나 서상일 등은 5·15 선거의 성과가 단순히 진보당의 조직력이나 조봉암의 개인적 인기에 의해 얻어진 것이 아니라 이승만 독재에 대한 국민의 강한 반감이 그 기반에 있고 게다가 신익희의 갑작스러운 죽음이라는 우연이 겹친 결과라고 보고 당은 문호를 널리 개방하여 한층 더 광범한 혁신계 인사를 받아들여야 한다고 주장했다. 여기에 따라 당내에 혁신 대동추진위원회가 설치되었고 서상일, 박기출, 윤길중이 재야 정치인의 포섭에 나섰다. 그 후 대동추진위원회는 조헌식, 김경태, 안정용 등의 재야인사 대표와 김홍식, 육완용, 신태권 등 국회헌정동지회 대표들이 참가한 가운데 9인위원회를 구성하고 다시 김영기, 신중옥, 신태악 등 공화당 관계 인사의 참가를 얻어 12인위원회로 발전했다.

12인위원회는 혁신세력 대동을 위한 기본방침으로 ① 진보당창당추진위원회를 백지화하고, ② 조봉암을 당지도부에서 후퇴시키고, ③「진보당」이라는 당명을 사용하지 않기로 결정했다. 이 때문에 진보당 창당추진위원회는 중앙상무위원회를 소집하여 12인위원회는 어디까지나 진보당세력의 확장을 도모하는 기관이어야 한다고 했다. 이러한 당내의 의견대립 때문에 12인위원회는 기능을 다할 수 없게 되었다. 그래서 서상일, 조봉암, 김성숙(金星璹), 조헌식, 김홍식의 5인대책위원회가 구성되었고 결론은 조봉암의 후퇴론으로 낙착되었다. 1956년 9월 30일 진보당 창당추진위원회는 중앙상무위원회에서 혁신세력대동추진위원회의 보고를 청취하고 광범한 재야인사에게 돌려졌던 포섭을 중지하기로 결정했다. 이 때문에 10월 8일에 서상일, 최익한, 김성숙(金星璹), 조헌식, 이동화 등은「진보당창당추진위 내의 종파분자가 혁신대동운동을 방해, 좌절시켰다. 따라서 우리는 진보당 운동에서 탈퇴하여 새로운 혁신정당을 창당한다」라는 성명을 발표하고 새로이 민주혁신당 창당준비위원회를 만들었다.

7. 비 망

● 친미보수세력의 형성과 전변

8·15 해방 직후에 있어서의 한국의 정치구조는 항일투쟁을 벌여온 세력을 기반으로 한 근본적 변혁이 요구되었으나 각 계층의 내부에는 아직도 일제 식민지 시대의 잔재가 농후하게 남아 있었다. 미군정과 거기에 추종하는 친미세력은 식민지 잔재를 불식하기보다는 오히려 이것을 온존했다. 친미세력은 친일파를 포섭하여 매판화하고 보수세력이라고 자칭했다. 친미세력은 이승만파와 한국민주당을 쌍벽으로 하고 있는데 후자는 민주국민당으로 개편되고 나중에 민주당으로 변신했는데 그 과정에서 수많은 친일파와 정치깡패가 가담하여 전형적인 매판세력이 되었다. 친미매판세력의 대극(對極)에 위치하는 것이 혁신세력이며 특히 남한 단독선거에 반대하고 조국의 자주적 통일 독립을 주장한 민족자주세력이 이 중추를 이루고 있음은 말할 것도 없다.

● 민중은 건망증인가

일제 식민지 지배의 앞잡이 노릇을 한 친일파가 해방 후 미군정청, 이승만파, 한국민주당에 잠입하여「애국」을 부르짖어도 그대로 통했다. 이승만을 떠받들고 독재정권의 수립에 동분서주한 한국민주당(민주국민당)계가 정권욕에 사로잡혀 반이승만, 반독재, 민주수호를 외쳐도 그대로 통했다. 자유당 정권의 부정선거 덕분에 국회의원이 되고 「사사오입 개헌」의 제안자로서 동참한 자가 국민의 비판이 두려워 하루 아침에 민주당원으로 변신하고 반독재・민주수호를 외쳐도 그것대로 통했다. 때문에 어떤 사람은 민중이 「건망증」에 사로잡혀 있다고 개탄했다. 그러나 미군정과 이승만 정권의 유례없는 폭압 앞에서 손발이 묶이고 입을 틀어막힌 민중이 저항하다가는 피를 흘리고 마침내는 이들 변절자가 활개치는 것을 간과하지 않을 수 없었던 데에 한국민중의 고뇌와 혼미가 있다.

제19장 진보당 창당과 혁신세력의 말살

1. 진보당 창당

　1956년 11월 20일 진보당창당추진위원회는 명동의 시민회관에서 창당대회를 열고 진보당을 결성했다. 위원장에 조봉암, 부위원장에 박기출, 김달호를 선출하고 간사장에는 윤길중을 임명했다. 지방당 조직에 대해서 살펴보면, 동년 12월 경상남도당 결성대회를 부산시 초량동 새한중학교 교정에서 열기로 되어 있었으나 좌익전향분자의 내통에 의해 부산 부두 노조의 우익조합원과 사복경찰관이 잠입. 결성대회는 소란 속에서 유회되었다. 서울시당과 경기도당의 결성대회는 1957년 4월 서울시민회관에서 열렸으나 여기에서도 유지광(柳志光) 등 자유당 산하의 정치폭력단과 경찰관에 의한 방해 때문에 유회 되었다. 동년 8월 광주(光州)에서는 전라남도당 결성대회가 예정되고 있었으나 준비를 서두르고 있던 당원들이 야간에 폭도들의 습격을 받아 10여명의 중상자가 발생하였고 대회 개최가 불가능하게 되었다. 또 동년 10월에는 전라북도당을 결성하기 위해 중앙당원을 전주에 파견되었으나 경찰관이라고 자칭하는 괴한들의 습격을 받아 중상을 입게 되어 진보당 결성은 착수조차 하지 못하고 끝났다.

2. 진보당 말살의 모의(謀議)

한국의 민족주의 세력과 진보세력의 조직적 존립을 폭력적으로 압살해 온 친미매판세력은 5·15 정·부통령 선거에 있어서 평화적 통일을 내걸고 전국민의 압도적 지지를 받은 진보당 후보 조봉암의 당선을 짓밟을 뿐만 아니라 진보당의 조직활동을 수단과 방법을 가리지 않고 노골적으로 방해했다.

앞서 진보당추진위에서 갈라져 나간 민주혁신당 창당준비위원회는 1957년 10월 15일 결당대회를 열고 민주혁신당을 창당했다. 여기에는 안호상, 김철(金哲) 등의 민족청년단계, 자유당계, 한국민주당계의 사람들까지 참가했다. 창당을 준비하고 결당대회에서 정치위원·간사장으로 선출된 서상일은 민주혁신당의 성격은 유심론적 철학에 입각한 정치단체라고 말했다.

민주혁신당이 결성된 그날 자유당의 실무책임자이며 국회의장인 이기붕과 민주당의 대표최고위원 조병옥, 무소속의 중진 장택상 등은 시흥에 있는 장택상의 별장에서 회합하여 선거법 개악의 국회처리에 대해서 합의하고 상호협조를 다짐한 공동성명을 발표했는데 그 석상에서 그들은 혁신정당의 대두를 비난했다. 즉, 민주혁신당은 그 인적 구성으로 보아 앞으로의 활동을 주시한다고 하더라도 구공산당 출신의 조봉암, 남북협상파인 박기출에 의해 지도되는 진보당은 달갑지 않으며 방치할 수 없다는 점에서 의견이 일치한 것이다. 그들은 진보당에 대해서는 머잖아 어떤 조치를 강구할 필요가 있으며 적어도 1958년 5월에 실시 예정인 선거에 참가시키지 않도록 한다는 데에 의견이 일치한 것이다. 이 사실은 훗날 필자가 직접 장택상에게서 들은 것이다. 당시 이기붕과 조병옥은 진보당말살계획을 여러 가지로 이야기했다고 술회하고 있다.

평화통일과 정치혁신에 대한 국민 대중의 열망에 호응하여 진보당이 크게 진출했다는 것은 민족의 분단과 외세 의존, 국민 대중에 대한 압정과 수탈에서 이권을 마음껏 누려 온 자유당, 민주당 등 친미 반공세력에게 있어서는 커다란 위협이었다. 바로 여기에 이승만 정권이 비상수단으로 이른바 「진보당 사건」을 날조하여 동당 말살에 나서게 된 이유가 있었다.

1958년 1월 10일 자유당 정부는 진보당 간부의 대량 검거를 시작하여 동월 21일에는 조봉암, 박기출, 김달호, 윤길중 등 17명을 구속 기소했다. 평화통일을 표방하고 있는 동당의 정강이 국가보안법에 위반된다는 것이다. 더욱이 정부는 법원의 판결을 기다리지 않고 2월 25일 공당인 진보당을 비합법화하고 각지의 동당 조직을 경찰의 힘으로 강제 봉쇄했다.

그러나 제1심 판결과 대법원 판결은 진보당의 정강정책을 합법이라고 인정했다. 그러나 진보당의 말살을 노린 이승만 정권의 폭거에 대해 여당인 자유당은 말할 것도 없고 이른바 야당이라고 자칭하는 민주당도 한마디의 비판도 가하지 않았고 민주당계의 신문은 진보당 간부의 체포가 당연하다는 듯이 전했다.

3. 진보당 사건

진보당 사건에 대해서 좀더 상세하게 서술하고자 한다. 1958년 1월 21일 오제도(吳制道), 조인구(趙寅九) 등의 검사에 의해 구속 기소된 17명의 당간부 중 조봉암은 간첩죄와 국가보안법 제1조 1항 위반 혐의, 박기출과 김달호는 모두 국가보안법 제1조 1항 위반 혐의, 윤길중은 간첩 방조죄와 국가보안법 제1조 1항 위반 혐의, 그 밖의 사람들은 국가보안법

제3조 위반 혐의 등이었다. 국가보안법 위반이라고 한 것은 진보당의 평화통일 방침이 「북괴」의 그것과 동일하다고 하는 터무니없는 「논거」에 의한 것이며 조봉암의 간첩죄 혐의는 이승만 정부의 특무기관이 한국측의 이중간첩 양명산(梁明山)이라는 사나이를 조봉암과 접촉시키고 그 「자백」이라는 것을 유일한 「근거」로 하여 날조한 것이다.

따라서 동년 7월 4일 서울지방법원의 재판장 유병진(柳秉震)은 조봉암에게 무기 불법소지죄만을 적용하여 5년의 징역형을 선고하고 간첩죄, 간첩방조죄, 국가보안법 위반 등의 혐의에 대해서는 조봉암 이하 모든 피고에게 무죄를 선고했다. 당황한 이승만정권은 간책을 다하여 동년 10월 23일 서울고등법원(재판장 김용진)에서 조봉암에게 간첩죄, 국가보안법 위반죄로 사형을 선고하고 박기출, 김달호, 윤길중 등에 대해서는 국가보안법 위반이라는 이유로 징역 3년~2년의 형을 선고했다.

이어서 1959년 2월 27일 대법원 대법관인 김갑수(金甲洙) 등은 조봉암에게 간첩죄, 국가보안법 위반을 인정하여 사형판결을 내리고 다른 피고에 대해서는 1심과 마찬가지로 무죄를 선고했다. 정부 당국은 조봉암에 대한 재심 청구를 일방적으로 기각하고 그뒤 10여 시간 후에 전격적으로 사형을 집행했다. 뿐만 아니라 정부는 진보당 정강에 대한 법원의 합법성 인정, 무죄판결이 있었음에도 불구하고 진보당을 그대로 비합법으로 몰고가 그 활동을 허용하지 않았다.

4. 비 망

● 간첩 양명산의 정체와 자금의 출처

해방 전에 양명산은 상해에서 독립운동에 관계하고 조봉암과는 오랜 면식이 있었다. 자본가 출신인 양은 17세 때 아버지의 돈 3만원을 가지고 나와 독립신문의 발행자금으로 제공했다. 그 뒤에도 자기의 자산을 정치운동에 대한 경제적 원조를 위해 내놓았다고 한다. 1956년경 조봉암을 찾아온 양명산은 목재상을 경영하면서 대만무역을 하고 있다고 말하여 2년 동안에 약 3천만원의 정치자금을 내놓았다. 그러나 양은 해방 후 북한과의 교역에 종사한 것이 계기가 되어 한국군 방첩대(HID) 소속의 간첩으로 변하여 인천과 북한을 왕래하는 이중간첩의 역할을 하고 있었다. 실제의 성은 양이 아니라 김이다. 군특무대와 검찰은 양명산이 북한에서 가지고 온 미국 달러를 자금으로 조봉암에게 건네 주었고 또 양명산을 통해서 조봉암이 기밀을 북한에 흘렸다고 발표했다. 그러나 양인 모두 이 사실을 부정하고 있으며 양을 지도 감독하는 입장에 있었던 인천 방첩대원 엄(嚴)모는 법정에서 양이 그런 거금을 자유로이 가지고 다니는 일은 있을 수 없다고 증언했다. 양명산은 처음에 특무대, 검찰, 그리고 1심 법정에서 조봉암과 북한과의 「연락원」이었다는 자백을 인정하여 조봉암에게 사형을 내리게 하는 유일한 「근거」를 제공했으나 제2심 이후에는 그 사실을 부인했다.

● 진보당의 평화통일 정책

진보당의 통일정책은 「민주우방과 긴밀한 연락을 가지면서 유엔의 관여하에 민주세력이 승리를 거둘 수 있도록 평화적인 방법을 취하지만 그 구체적 방안에 대해서는 초당파적으로 작성한다」라고 되어 있었다. 검찰측은 진보당 통일문제위원회가 작성한 「북한 당국에 호소하는 통일방책」을 범죄요건으로 들었으나 이것은 진보당의 공식문건이 아니다.

1957년 12월 진보당 간부에 의한 통일문제위원회의 이 「방책」을 둘러싼 토의 석상에서 부위원장 박기출은 「이것은 당의 정책에 위배될 뿐만 아니라 새로운 점도 없고 이승만에게 탄압의 구실을 줄 약점도 있다. 만일 이것을 무리하게 당의 공식방안으로 결정한다면 나는 당을 떠나겠다」라고 강하게 반대했기 때문에 동방안은 일부 위원의 사안으로 되어 있었다.

• 조봉암의 풍모 …

〈죽산(竹山)〉 조봉암은 호를 죽산이라고 했다. 죽산의 어머니가 대나무 열매를 먹는다고 하는 봉을 태몽을 꾼 데서 연유했다.

〈술〉 죽산은 「참으로 술을 마실 자격이 있는 사람」이라는 평을 받았다. 술을 즐기면서 애음(愛飮)하는 사람이었다. 주량도 많고 일정한 양을 넘으면 벌렁 누워서 잠들어 버린다. 부산에 있을 때 미고관 집의 칵테일 파티에 초대된 일이 있었다. 위스키를 핥듯이 상미하고 있던 죽산 옆으로 신익희가 다가가 「물을 타지 않고 마시면 미국사람에게 술꾼으로 오해받는다」라고 주의를 주자 웃으면서 대답했다. 「물을 타서 마시면 진짜 위스키맛을 알 수 없게 돼요. 미국사람에게 점수를 따기 위해서 물을 타서 마실수는 없지요.」

〈눈물〉 죽산은 틈만 있으면 곧잘 영화를 보러 갔다. 인정을 자극하는 장면이 비치면 곧 눈물을 흘렸다. 동행한 필자 등은 장내가 밝아져도 되도록 죽산의 얼굴을 보지 않으려고 했었다. 울어서 눈이 빨개진 것을 알 수 있었기 때문이다.

〈정(情)〉 죽산은 곧잘 술집에 갔다. 거기에는 반드시 동지나 후배 그리고 학생 등 각방면의 사람들이 동석하고 있었다. 장소도 선술집에서

부터 고급요정에 이르기까지 광범했다. 그러나 어디에서나 주인 아주머니들은 「선생님과 한 잔 같이 마시다 보면 어느새 정이 통한다」라고 말했다. 죽산은 사람을 끌어당기는 <정>이 많은 사람이었다.

〈풍류〉 죽산은 풍류를 아는 다정다감한 사람이었다. 기회가 있을 때마다 널리 알려진 명창을 불러서는 판소리 등 우리나라의 고전음악을 즐기곤 했다. 또 본인 자신도 흥이 나면 곧잘 부르곤 했는데 특히 「천안 삼거리」를 좋아했다.

〈인간〉 정치 지도자로서의 죽산의 풍모의 일단은 필자의 ≪내일을 희구하는 마음≫의 「인간 조봉암」의 항에서 서술한 적이 있다. 죽산은 침실의 문을 열 듯이 조용한 발걸음으로 교수대에 올라갔다. 대평원의 낙조를 연상케 하는 웅대하고 장엄하며 또한 장절한 최후였다.

제20장 친미보수 양당정치의 제도화

1. 남한 단독선거 지지세력에 의한 대한민국의 사물화(私物化)

이쯤에서 8·15 해방 후의 여러 정치세력의 조간적인 흐름을 되돌아 보고자 한다. 민족주의 세력은 새 한국정부의 수립을 위해서는 민족의 자주성, 조국의 통일, 민족해방운동, 전통의 존중을 기본 요건으로 해야 한다고 주장했다(자주, 민주, 통일). 진보세력은 인민대중의 현실적 요구의 반영, 반민족세력의 제거, 봉건적 잔재의 배제를 건국의 기본조건이라고 생각했다(반제국주의, 반봉건주의, 반자본주의). 그러나 이승만파와 한국민주당계는 친미, 반공통일을 주창하여 미국의 한반도 분단정책을 지지 추진했다(반공, 자유민주주의, 자본주의).

민족주의세력은 조국의 통일독립을 실현하기 위해서는 얄타협정 이후의 미·소의 합의가 대전제로 되지 않으면 안된다고 생각하고 모스크바 3상회의 결정의 실시에 꿈을 걸었다. 진보세력도 제2차 대전의 전후 처리문제는 카이로, 포츠담 두 선언의 취지에 입각하여 해결되지 않으면 안된다고 인정하고 모스크바 3상회의 결정을 지지했다. 그러나 이승만파와 한국민주당계는 미국의 극동정책, 반소정책에 추종하여 소련이 간여하는 형태로서의 「통일정부수립」에 반대한다고 하여 신탁통치

반대를 구실삼아 미·소 공동위원회의 사업에도 반대했다. 이승만파와 한국민주당계는 미국의 지원하에 친미반공정권의 수립을 서두른 나머지 민족의 분단을 결정짓는 남한만의 단독선거를 지지 추진했다.

남한 단독선거는 많은 정당, 단체, 각 계층 민중의 반대를 받았으나 선거를 강행한 한줌 밖에 안되는 이승만파와 한국민주당은 국회와 정부를 독점했다. 그 결과 대한민국은 이들 친미매판세력의 사물과도 같은 모습을 드러냈다.

6·25 동란이 발발하자 이 친미정권은 민족주의 세력과 진보세력을 반국가적이라고 하여 대량으로 체포 학살했다. 그러나 이승만의 독선이 강해지고 일인독재가 됨에 따라 소외된 한국민주당(민주국민당)계는 비이승만계의 친미파를 규합하여 민주당을 결성했다. 그러나 그들은 한국의 정권을 단독선거지지파 즉 이승만파와 한국민주당 사이에서만 수수(授受) 계승되어야 한다고 정해 놓고 있었다. 그 때문에 친미세력에 의한 반민족적 정치를 바로잡으려 하는 진보당이 발족되자 서로 대립점을 가진 이승만의 자유당과 민주당은 함께 공동보조를 취하여 진보당을 적대시하고, 그의 조직적 발전을 방해했을 뿐 아니라 정치결사로서의 합법적 존재까지 말살하고 만 것이다.

이러한 과정을 통해서 주목되는 것은 동아일보, 경향신문 등 보수계 신문이 항상 이승만파와 한국민주당(민주국민당, 민주당)의 입장을 여러 가지 형태로 지지했다는 사실이다. 이를 보도 기관에 의한 일방적 여론 형성을 조장시키면서 이승만파와 한국민주당계는 한국이라는 국가·정부를 친미 반공세력과 불가분의 통일체라고 간주하고(사물화) 이에 반대하는 세력에 대해서는 반정부 운동 = 반국가 운동이라고 하여 탄압을 가했다.

2. 한국사회의 「체념」

남한의 민중은 소박한 민족적 감정에서 해방된 조국은 항일 민족해방 운동가에 의해 지도되어야 한다고 생각하고 지긋지긋한 식민지적 잔재의 청산과 외세지배로부터의 해방, 그리고 민주적인 자주정부의 수립을 염원했다. 그러나 해방후의 생활을 통해서 민중은 구대한민국 임시정부의 권위도, 김구, 김규식 등의 합리적 주장도, 공산주의 세력의 조직적 활동도, 한국통일에 관한 국제협약도 모두 미국과 그 비호를 받는 이승만파, 한국민주당의 책동 앞에 힘을 잃고 유명 무실화 해간다는 것을 알게 되었다.

민족주의 세력이나 진보세력이 아무리 반대해도 미국의 뒷받침을 받는 이승만파와 한국민주당은 단독선거를 강행하여 대한민국을 수립하여 조국의 분단과 민족의 분열을 낳았다. 친미세력에 반기를 든 이승만의 정적들은 잇따라 암살의 표적이 되어 무대에서 사라졌다.

합리적 민족주의자 송진우는 반탁운동가에 의해, 임정주석 김구는 이승만의 자객에 의해, 진보주의자 여운형은 우익의 손에 의해 쓰러졌다. 남아 있는 민족해방 운동가들도 박해를 받아 영락의 밑바닥에서 방황했고 마침내 혁신세력의 지도자 조봉암까지도 학살되었다. 한국의 정치무대에 있어서 각광을 받고 영예와 이권을 누리는 것은 미국에 영합 맹종하는 친미매판세력 뿐이었다.

원래 대한민국의 성립과 역대정권, 역대 지배층의 존재 조건은 모두 민중의 지지에 뿌리박은 것이 아니라 미국과의 밀접한 결탁, 미국의 원조와 비호에 의해 좌우되고 있다. 한국정부의 수립과 한국전쟁에 있어서의 한국정권의 유지가 미국의 지원, 실력 행사를 제외하고는 상상조차도 할 수 없다는 것은 누구나가 수긍할 수가 있을 것이다. 이승만의 장기에 걸친 정권유지도 미국의 군사·경제 원조에 의해 가능해졌다. 그렇기 때문에 정권에 눈이 먼 자들은 이승만은 말할 것도 없고 한국민주당의 김성수나 민주당의 신익희, 조병옥, 장면 등도 의논이나 한 듯이 미국의 신임을 얻는 것을 최대의 과제로 삼았고 또 실제로 미국의 신임도가 세력의 우열까지도 결정하고 있었던 것이다. 민주사회주의를 표방하는 혁신정당 조차도 미국과의 마찰에 신경을 썼고 따라서 친미라인에서 벗어날 수는 없었던 것이다.

해방후의 이러한 한국의 정치상황에 있어서는 포츠담 선언도, 모스크바 3상회의 결정도, 유엔총회의 통일정부 수립안도 남북정당사회단체대표자연석회의도, 한국전쟁도, 제네바 회의도 효과가 없었고 국토의 통일독립을 가져오지는 못했다. 세월과 함께 분단은 고정화하고 더욱이 평화통일을 주장한 한 가지 이유만으로 진보당은 그 존재를 말살당하고 말았다.

대한민국을 지배하는 친미반공정권 하에 있어서는 사회정의도, 조국의 통일도 단순한 꿈에 지나지 않았다. 이러한 상황은 정권을 쥔 전능의 원조자 미국의 한국정책을 지지하고 그 손에 매달리는 것 외에는 문제를 해결할 길이 없다는 체념을 낳았다. 그리고 미국의 대리인처럼 행동하고 이승만파, 민주당 등의 친미세력과 결연히 대결하여 이것을 쓰러뜨릴 방도를 생각하기보다도 강권과 금권, 온갖 이권을 손에 쥐고 있는 그들에게 어쩔 수 없이 끌려가고 동조하는 무력감이 생겨났다. 그러나 이승만 개인독재하에서 사회안에 이러한 체관, 무력감이 생겼다고 하더라도 그것은 어디까지나 현상적인 것이다. 친미독재 체제의 현실적 모순이 극한에 도달했을 때 감추어진 민중의 불만은 일전하여 정치변혁의 강한 에너지가 되어서 폭발할 것이다.

3. 제4대 국회의원선거와 보수양당제

「사사오입 개헌」에 의해 이승만의 종신집권체제를 갖춘 자유당은 5·15 정·부통령선거에서 이승만의 당선을 날조했으나 부통령에는 민주당의 장면이 취임했다. 이승만에게 만일의 사태가 생기면 정권은 민주당으로 옮아가게 된다는 것, 게다가 이승만의 득표를 웃도는 표를 진보당 후보가 모은 사실을 우려한 자유당은 부통령의 대통령 계승권을 없애기 위한 개헌의원수를 확보한 야당계 의원이 국민주권옹호투쟁위원회를 구성하고 또 장면이 미국을 배경으로 이승만정권을 비난한 결과 동년 9월 28일 자유당의 테러단에 의해 총격을 당하는 사건 등도 있어서 대립항쟁하는 면도 강했으나 그것도 1957년 10월의 자유당·민주당 최고간부에 의한 시흥(始興)회담까지의 이야기이다. 전술한 것처럼 이 회담에서 자유당의 2인자 이기붕과 민주당 당수 조병옥 사이에 진보당 등 혁신세력의 봉쇄를 기도하는 선거법 개악의 밀약이 이루어졌다. 1958년 말 이른바 협상선거법이 성립한 뒤로는 한국의 정치를 자유당과 민주당에 의해 요리한다는 보수양당제가 공공연히 제창되기에 이르렀다.

1958년 5월 2일 제4대 국회의원선거가 이루어졌다. 혁신계는 재판중인 「진보당사건」에서 볼 수 있듯이 일체의 활동을 봉쇄 당하여 선거에 거의 참가할 수 없었다. 이 선거에 있어서도 자유당과 정부기관에 의한 선거부정이 지적되었으나 이 선거는 종래에 비하면 비교적 부정의 정도가 달랐다고 생각된다. 그것은 우선 자유당과 민주당이 모두 전국적 조직을 확립하고 있었다는 것과 양당 사이에 선거법협상 때의 밀약이 겹쳐서 민주당에 대한 공공연한 선거간섭이 어려웠다고 생각된다. 따라서 이때의 선거부정은 주로 경찰관과 공무원에 의한 음성적인 선거운동 방해가 행해진 데 그치고 투·개표장에 있어서의 방약 무인한 부정개표나 부정계표는 극히 한정되어 있었다고 여겨진다. 말할 것도 없이 자유·민주 양당에 소속되지 않는 무소속의 입후보자에 대해서는 예의 부정·불법한 상투 수단이 그대로 사용되었다.

　선거결과를 보면 자유당은 236명을 공천하여 126명이 당선했다(정원 233명의 54%). 개헌에 필요한 3분의 2 의석의 확보에는 훨씬 미치지 못했다. 민주당은 199명을 입후보시켜 79명이 당선되었다(정원의 23.7%). 무소속은 357명이 입후보하여 27명이 당선했다(정원의 11.6%). 그 밖에 12개 단체 49명의 입후보자 중 1명이 당선했다. 이 무소속 입후보자는 종래의 선거에 있어서의 무소속과는 달리 거의 대부분이 자유·민주 양당의 공천에서 탈락한 자들이었다. 비합법화된 진보당은 말할 것도 없고 민주혁신당도 선거에 임할 체제를 갖추지 못해 전체적으로 혁신계는 이 선거에서 완전히 배제되었다. 따라서 제4대 국회의원선거는 현실적으로 자유·민주 양당의 사전 모의에 입각한 친미보수 양당정치의 확립을 겨냥한 선거였다고 할 수 있다. 그 때문에 양당에 속하고 있지 않던 서상일, 전진한, 윤치영 등 유력한 정치가들도 낙선의 고배를 마시게 되었다.

　이 무렵부터 자유·민주 양당과 보수계 신문은 혁신정당 등 제3정당을 군소정당이라고 지칭하게 되었다.

제21장 부정 불법을 다한 3·15선거

1. 국가보안법의 개악과 경향신문의 폐간

제4대 국회의원선거에서 개헌 의원수를 확보하지 못한 정부·자유당은 차기 정·부통령선거를 위한 태세 정비와 일체의 반정부세력의 배제를 노려 1958년 11월 18일에 전문 3장 40조 부칙 2조로 된 국가보안법개정안을 국회에 제출하였다. 민주당은 같은 달 23일에 정부에서 제출한 국가보안법개정안은 많은 공산분자를 체포하는 이점보다도 언론의 자유를 말살하고 야당을 질식시키고 일반 국민의 공사에 걸친 생활에 위협을 주는 악법이라는 반대 성명을 발표했다. 민주당은 일부 무소속 의원과 함께 신국가보안법 반대의 국민운동을 전개하고 5일간에 걸친 의사당내 농성투쟁까지 벌였으나 결국 1958년 12월 24일 자유당과 일부 무소속의원에 밀려 악명높은 동법 개정안이 통과되었다.

민주당과 그 대변지인 동아일보, 경향신문 등은 소리를 높여 신국가안보법 반대를 외쳤다. 그러나 구국가보안법은 본래 1949년 1월 19일에 민주당과 지도적 인물인 조병옥, 신익희, 곽상훈 등의 제안 지지를 받아 제정된 것이며 민주당의 전신인 한국민주당의 지도층이 이승만과 짜고 국회 소장파를 투옥한 것도 이 악법에 입각한 것이었다. 당시 국회내의 양심적 의원은 국가보안법이 일제시대의 치안유지법과 유사하다고 하여 반대했으나 동아일보 등의 보수계 신문은 이렇다 할 비판도 가하지 않고 그 제정을 묵인했던 것이다.

일찍이 민주당의 전신인 한국민주당의 간부는 타파의 말살을 위해 국가보안법의 제정에 적극적이었는데 공교롭게도 이번에는 자유당이 그 국가보안법을 개악하여 민주당까지도 깔아뭉개려고 한 것이다. 역사적으로 보면 민주당과 그 산하 세력이 국가보안법의 제정과 개악은 모두 정부와 자유당의 죄라고 하는 것은 앞뒤가 맞지 않는다.

자유당정부는 1959년 4월 30일, 부당한 트집을 잡아 경향신문에 발간정지를 명령했다. 민주당과 동아일보 등은 정부의 언론탄압을 강하게 비난하고 이승만 독재정권은 민주주의와 기본적 인권을 유린하고 있다고 규탄했다. 미국의 후견을 받은 한국권력이 신문을 강제로 정·폐간시킨 것은 물론 이것이 처음은 아니다.

1946년 9월 훗날의 민주당 지도간부도 참가한 미군정하에 있어서 친공적이라는 이유로 해방일보, 조선인민보, 현대일보, 중앙신문 등의 중앙지와 호남신문, 동광신문, 남선신문, 인민해방보 등의 지방지가 정간에 취해졌다. 이승만정권 수립 후에도 민주당 지도간부가 협조하여 민족주의 세력의 활동에 이해를 표시하고 있던 서울신문, 합동통신, 한성일보, 세계일보, 조선중앙일보 등을 접수 또는 폐간했다.

동아일보는 한국민주당의 발기가 동지의 사옥에서 행해진 사실로도 알 수 있듯이 시종 한국민주당계를 대변했고 동당의 중진인 김준연이 사론(私論)을 지도했다. 경향신문은 가톨릭계의 대변지로서 구교도인 장면 등의 입장을 옹호했다. 즉, 동아일보와 경향신문은 김성수, 김준연, 장면 등 한국민주당계의 선전지적 역할을 담당했고 그것을 위해서 크게 힘을 기울였다. 그렇기 때문에 양지는 정부·자유당의 눈에는 군정기에 훗날의 민주당 당수 조병옥의 눈에 비친 해방일보처럼 방해물 이외의 아무것도 아니었던 것이다.

2. 부정선거는 자유·민주 양당의 합작

민주당과 동아일보는 제4대 국회의원선거에 있어서의 관헌의 부정행위를 크게 취급하여 반자유당의 여론을 끓어오르게 했다. 그러나 민주당의 지도간부 자신이 지금까지 이승만에 동조하여 입법의원선거, 제헌국회의원선거, 제2대 국회의원선거, 5·15 정·부통령선거 등에 있어서 경찰·공무원에 의한 선거방해로부터 투개표 내용의 날조에 이르기까지 갖가지 부정·불법선거를 집행해 온 당사자이다. 특히 5·15 정·부통령선거 때는 자유당과 모의하여 대규모적인 개표부정을 묵인했고, 진보당 후보를 제외시켜 이승만을 다시 대통령 자리에 앉게 한 가공할 범죄의 공범자이다.

그들은 이러한 부정선거에 직접 또는 간접으로 관여한 당사자였기 때문에 경찰과 공무원에 의한 선거부정의 실상을 충분히 알고 있었을 뿐만 아니라 경찰과 공무원의 내부에는 그들의 입김인 자가 많이 남아 있었다. 이러한 상황 속에서 그들이 적발한 선거 사범이 985건, 1962명 정도였다면 그것은 비교적 저율의 부정선거였다고 생각해도 무방할 것이다.

3. 자유당 어용단체의 조직 정비

이승만 정권의 수립이 이승만파와 한국민주당의 협조에 의한 것이고 또 이승만 정권이 친미파의 연합적 성격을 띠고 있었기 때문에 자유당과 그 산하의 어용단체 지도층에는 적잖은 한국민주당(민주국민당, 민주당)계, 흥사단계, 민족청년단계의 인물이 들어가 있었다. 제4대 국회의원선거의 과정에서 민주당과 동아일보에 의한 조직내막 폭로전술에 봉착한 자유당은 자유당과 그 어용단체인 대한청년단, 대한노총, 대한부인회, 농민회, 대한국민회 등에서 민주당계와 족청계를 배제하고 조직의 정비를 서둘렀다.

자유당은 1959년 2월 24일부터 전국적으로 국란 타개 시국강연회를 개최하여 민주당의 반정부활동에 대처했다. 또 야당계의 국가보안법 개악반대 국민대회 준비위원회에 대항하여 애국단체총연합회라는 것은 만들어 국권수호 전국민 총궐기 대회를 열었다.

자유당은 1959년 8월경부터 제4대 대통령선거대책의 하나로서 말단 당기관의 기본조직인 9인조 세포조직을 전국적으로 만들었다. 게다가 폭력청년까지 긁어모아서 만든 대한반공청년단(단장 신도환)을 전국적 압력단체로, 그리고 문학, 연예, 음악계에서 사람들을 모아 가지고 반공예술인단(단장 임화수)을 만들어 전국적 선전단체로서 사전 운동에 이용했다.

4. 반독재 민주수호연맹의 결성

민주당은 5·15 정·부통령선거 때 폭로된 것처럼 정권획득의 가망이 없다고 판단되자 정권교체를 바라는 국민의 의사보다도 눈앞의 당리당략을 위해 이승만을 다시 대통령으로 앉힌 배신의 집단이었다. 이러한 민주당에 대한 불신이 높아져 그 때문에 차기 정·부통령선거가 독재집단 자유당과 출세주의집단 민주당 사이에서 다투어질 것을 우려하는 자가 적지 않았다. 김배영, 김한덕 등 성민학회(醒民學會) 관계자와 윤죽향, 김재봉, 임갑수 등 구진보당 관계자는 1959년 12월 민주혁신당의 서상일, 김성숙(金成璹), 구진보당의 김달호, 윤길중 등과 접촉하고 민족주의 민주사회당의 이훈구, 전진한, 공화당의 장택상, 수정부주의자 서클의 정화암 등 과도 의견교환을 벌였다.

1960년 2월 2일 서상일, 박기출, 장택상, 이훈구, 김성숙(金成璹), 정화암이 회합하여 반독재 민주수호연맹(반독민련이라고 약칭)을 결성했다. 그들은 「자유당이나 민주당 등의 부패한 사대주의세력에 의한 국정의 농단을 막고 양심적 민족세력을 조직하여 민주적 정치질서와 도의적 사회질서의 확립을 기한다」라는 취지를 분명히 하고 동년 3월 15일로 예정된 정·부통령선거대책을 김성숙과 이훈구에게 일임했다. 그러나 대통령후보를 둘러싸고 반공청년단장의 경력을 가진 장택상을 등장시키는 것이 전술적으로 유리하다는 주장과 이에 반대하는 의견이 대립했다. 서상일, 정화암 등은 장택상을 기피했으나 동연맹은 2월 8일 대통령 후보에 장택상, 부통령 후보에 박기출을 지명했다.

5. 폭로된 부정선거 계획

민주당은 1960년 3월 3일 눈앞에 다가온 3·15 정·부통령선거에 대비한 자유당의 부정선거계획과 내무부에 의한 부정투표지령을 폭로하고 동아일보 등이 그 내용을 대대적으로 보도했다. 거기에 의하면 자유당의 부정선거계획은 다음과 같은 것이었다.

① 자연기권표, 유령유권자표, 매수기권표 등의 표를 모아 전유권자의 4할에 해당하는 표를 사전에 투표한다.
② 자유당에 투표하기로 약속한 유권자들로 3인조, 9인조를 편성하고 조장은 각조원의 기표사항을 확인하고 투표용지를 우선 자유당선거위원에게 보인 후에 투표한다.
③ 자유당 지지 유권자에게 완장을 차게 하여 야당 지지 유권자에게 심리적 압박을 가함으로써 자유당에의 투표를 늘린다.
④ 민주당측의 선거참관인을 매수한다. 매수할 수 없을 때는 어떤 구실이든 마련해서 투표장 밖으로 쫓아낸다.

또 내무부의 부정투표지령은 다음과 같은 것이었다.

① 자유당완장을 찬 자를 가능한 한 많이 투표소에서 백미터 쯤 되는 곳에 배치하여 선거분위기를 자유당 일색으로 만들 것.
② 투표함을 운반 도중에 바꿔치기 할 것.
③ 개표시에 혼표 또는 환표할 것.
④ 개표종료 후에 투표집계를 조작하여 공표할 것.
⑤ 자유당 후보자의 득표목표를 5대 1, 즉 80%로 만들 것.

6. 반독재 민주수호연맹 후보의 등록을 방해

반독민련 멤버는 1960년 2월 11일부터 동연맹이 지명한 대통령후보 장택상과 부통령후보 박기출의 입후보 등록수속을 시작했으나 관헌과 괴한들이 폭력을 써서 방해했다. 경찰에 의해 포위된 박기출의 서울시 제기동의 자택은 별당 한 채가 불태워졌다. 박기출 자신은 부산의 병원 안에 연금당했고 등록사무에 동분 서주하던 연맹원들은 서울의 용산구청, 동대문구청, 종로구청, 영등포구청, 성북구청, 시흥면 사무소 등에서 백주에 괴한들에게 피습, 30여명이 부상을 입고 그중 8명은 입원가료를 요하는 중상을 입었다. 현장에서 취재·촬영하던 기자들까지 폭행을 당했다. 유혈참사를 거듭한 끝에 손에 넣은 등록서류를 마감 시간인 2월 13일 오후 12시 무렵에 중앙선거관리위원회에 제출했으나 선관위 책임자는 부당하게도 서류를 깔아 뭉갰다. 그 때문에 반독민련은 다음날인 14일 대통령에게 중앙선관위의 불법을 호소하고 그 시정을 요구했으나 결국 묵살되고 말았다.

반독민련의 멤버가 폭압을 무릅쓰고 등록투쟁을 벌이고 있을 때 치안국장 이강학(李康學)은 대통령후보인 장택상을 찾아와「각하에게는 미안하기 짝이 없지만 남북협상파인 박기출이 부통령후보로서 선거에 출마하는 것을 방치할 수는 없습니다. 이번 선거는 단념하고 홍콩이나 놀러 가십시오」라고 말하며 장택상에게 여권과 연맹원의 부상자 치료비를 건네주고 돌아갔다. 이것은 훗날 민주당정권이 날조한「장택상에 의한 등록방해 자청 사건(박기출 후보의 등록을 방해하도록 스스로 요청한 사건)」의 재료가 된다.

7. 부통령을 다툰 3·15 부정선거

자유당은 1959년 6월 29일 대통령후보에 이승만, 부통령후보에 이기붕을 지명했다. 정부는 다음해인 1960년 2월 3일 제4대 대통령선거와 제5대 부통령선거를 3월 15일에 시행한다고 공고했다. 이어서 자유당은 2

월 9일 제반 「민주적 개혁」을 선거공약으로 요약하여 발표했다.

한편 민주당은 한국민주당계를 중심으로 한 구파의 조병옥과 일제관료, 흥사단계 등을 중심으로 한 신파의 장면이 대통령후보 지명을 둘러싸고 대립했다. 1959년 11월 26일 동당 지명대회가 강행되어 대통령후보에 조병옥, 부통령후보에 장면이 지명되었다. 다음해인 2월 15일 조병옥이 미국 워싱턴에서 사망했으나 장면은 이승만과 다투기를 꺼려했기 때문에 민주당은 결국 부통령선거에만 출마하게 되었다. 이 때문에 3·15선거는 독재자 이승만을 타도하는 장으로서의 의의를 상실하고 장면 부통령 당선을 노리는 운동으로 변했다.

통일당의 김준연, 대한 여자국민당의 임영신 등도 대통령으로는 이승만을 밀면서 자당의 부통령후보로서 출마하는 기현상을 나타냈다. 이러한 기괴한 사태는 1952년 8·5선거와 1956년의 5·15선거 때도 일어났었다. 즉 공화당의 이범석, 국민당의 윤치영, 조선민주당의 이윤영, 무소속의 백성욱, 이갑성, 전진한, 정기원 등은 이승만을 일방적으로 대통령후보로 밀고 자기들은 부통령에 입후보했다. 이 때문에 대통령선거에서는 이승만이 독주하고 실권이 없는 부통령을 몇 사람이 다투는 꼴이 되어 정권교체와는 전혀 관계없는 맥빠진 선거가 되었다.

1960년 3월 15일 정부기관과 자유당은 장면 타도와 이기붕 당선을 위해 관권·금권·폭력·매수, 그밖의 온갖 수단을 동원하여 사전에 계획한 대로 부정 투표, 환표, 부정 계표, 투표함 바꿔치기 등을 강행함으로써 「승리」를 조작했다. 공표된 득표수는 이승만 963만여 표(유효 투표수의 88.7%)로 무경쟁 당선, 부통령은 이기붕이 833만여 표(유효 투표수의 79%)라는 대량 득표로 장면을 누르고 당선했다. 장면의 득표는 184만여 표로 발표되었다. 말할 것도 없이 공표된 득표수는 득표 실수가 아니라 이승만 정권에 의해

「조작된 표수」라는 것은 종래와 다를 것이 없다. 그러나 민주당측은 정부와 자유당의 노골적인 부정 선거를 이미 방지할 수 없다고 판단되자 투표 종료시까지 30분을 남겨 놓고 일찌감치 각 투표소의 자당 참관인 철수를 명하고 선거 포기를 선언했다.

8. 비 망

• 주한 미군의 병력 강화

미국은 1957년 7월 1일 도쿄(東京)에 있던 유엔군 사령부를 서울로 옮기고 7월 15일 주한미군의 핵무장화에 착수했다고 발표했다. 주한미군은 1958년 1월 29일, 한국내에 원자포 어네스트 존을 반입한 사실을 분명히 하고 동년 12월 16일에는 유도탄의 보유를 공표했다. 한편 북한에서는 휴전 후에도 주둔하고 있던 중국 인민의용군이 1958년 10월 26일에 완전 철수했다.

• 이승만정권 말기의 사회적 혼란 유도회(儒道會) 분규

1957년 1월 11일 이승만을 지지하는 이성주 등 이른바 농은파가 반이승만의 정통파 김창숙(金昌淑) 등을 추방했다.

• 이강석(李康石)의 특혜 입학

이승만의 양자 이강석은 권력의 배경으로 서울대학교 법학대학에 특혜 입학했기 때문에 1957년 4월 10일 서울대 법대생 등이 휴교를 단행했다.

● 부녀자 매매사건

1957년 2월 4일 대구 조리사 노동조합이 부녀자 580명을 매매하고 있던 사건이 밝혀졌다.

● 전국적 수해

1957년 8월 5일을 전후하여 전국적으로 큰 수해가 일어나 사망자 247명, 이재민 6만여 명을 내었다.

● 서울의 대화재

동년 8월 17일 서울 양동에 큰불이 일어나 3천여 가옥을 불태웠다.

● 태풍 피해

동년 8월 21일 한국 남부지방에 태풍이 상륙하여 부산에서는 가옥 전파가 6천여 채, 울진에서는 100여 척의 선박이 침몰했다.

● 가짜 이강석 사건

이승만의 양자 이강석의 이름을 사칭하여 관민으로부터 금품을 제공받은 사기꾼 강성병이 1957년 9월 1일에 검거되었다.

● 유근일(柳根一)의 체포

서울대학교 문리과대학의 학내지 게재논문 「무산대중을 위한 체제」가

문제되어 필자인 동대학 학생 유근일은 1957년 12월 5일에 체포되었다.

●전국 언론인대회

협상선거법의 언론 제한 조항에 반대하여 1958년 1월 11일 전국 언론인대회가 열렸다.

●대한항공 여객기 납북

동년 2월 16일 대한항공사 소속 여객기가 납치되어 북한에 착륙했다. 탑승자는 34명이었으나 동년 3월 6일 26명이 귀환했다.

●경찰관 월북

동년 6월 12일 경사 이원영이 북한으로 월북했다.

●산업은행의 부정대부

동년 7월 11일 국회는 산업은행의 자금부정대부를 조사했는데 그 액수는 약 40억환에 달했다.

●함석헌(咸錫憲)의 체포

동년 8월 8일 무교회파 기독교 지도자 함석헌이 이승만정권을 비난한 필화사건으로 체포되었다.

● 숙군

국군 제2군 사령부는 동년 10월 10일 숙군을 통해 장병 70명을 체포했다고 발표했다.

● 법관의 연임제

정부는 법관 연임법안을 작성, 동년 10월 13일 국회통과를 거쳐 16일에 공포했다. 이에 따라 법관은 정부의 견제 하에 놓였다.

● 서울 동대문시장에 큰 불

1958년 12월 8일 서울 동대문시장에 큰불이 발생했다. 다음해 1월 21일에는 서울 평화시장에 큰불이 났다.

● 준장 살해

국군 28사단장 서정철(徐廷哲) 준장은 1959년 2월 16일 대대장 정구헌(鄭求憲) 중령에 의해 사살되었다. 정은 동년 4월 17일 사형선고를 받았다.

● 하와이 근성

잡지 「야화(夜話)」는 전라도민을 경멸하는 내용의 「하와이 근성」을 게재하여 1959년 6월 10일 발매금지에 처해졌다. 전라남도 병사구 사령관 이두황 대령은 전라도민의 성격을 「하와이 근성」이라고 경멸한 혐의로 동년 10월 26일에 체포되어 11월 25일 고등군사재판에서 실형을 선고받았다.

●부산 시민위안회의 참사

1959년 7월 17일 밤 부산 국제신문사 주최로 부산 공설운동장에서 시민위안회가 개최되었으나 혼란이 일어나 사망자 67명을 내었다.

●사라호 태풍

동년 9월 17일 사라호 태풍이 남부지방을 강타, 사망 924명, 이재민 98만 5천명, 피해 총액 129억환에 달하는 재해를 초래했다.

●육군 수송관리단부정 사건

육군 수사 당국은 1959년 10월 20일 303 수송관리단부정 사건과 관련하여 장교 6명을 체포했다.

●대구, 부산에 큰 불

1959년 11월 16일 대구의 국제백화점에서 큰불이 발생했다. 다음해인 60년 3월 2일에는 부산의 국제고무공장이 불타 여공 62명이 불에 타 죽었다.

● 국군 중위 월북

육군 25사단 비행대의 문영석 중위는 1959년 11월 22일 L19기를 타고 월북했다.

● 서울역 압사사건

1960년 1월 26일 서울역 구내에서 집단 압사사건이 일어나 사망 31명, 중경상자 41명을 냈다.

제22장 4·19의거와 이승만의 사임

1. 미국에 의한 정권교체의 포석

제 2차 세계대전 후 미국의 대한정책의 가장 충실한 협력자는 말할 것도 없이 이승만이었다. 그는 무엇보다도 미국에서 오랫동안 살아온 친미파이며 정권욕이 왕성한 집념의 사나이였다. 그는 그야말로 권력유지를 위해서는 민족의 이익도 민중의 기본권도 또 인간으로서의 의리를 배신하는 일도 서슴지 않았고 철저히 미국에 협조할 수 있는 사이였다. 더욱이 그의 이른바 민족해방운동에 있어서의 연륜은 서재필(徐載弼)에 이어서 길며 서재필은 이용가치를 상실한 노년에 접어들어 있었다. 이승만은 대전 후 미국의 뜻을 받아 귀국하자 카이로 선언, 얄타 협정, 포츠담 선언, 모스크바 3상회의 결정 등 국제협약에 기초한 정도(正道)를 거쳐 민주적 통일정부를 수립하는 것이 아니라 미국의 저의에 따라 소련의 영향을 배제한 형식으로서의 친미반공정부의 수립을 제창했다. 이승만은 구 대한민국 임시정부의 권위도 조선인민위원회의 조직도 짓밟고 미국의 주선으로 만들어진 유엔의 남한 단독선거안을 지지 추진하여 정권을 한 손에 쥐었던 것이다.

남한단독정권을 만들어낸 미국은 한국동란 후에도 휴전선 이남을 유엔군 주둔 하에 둠과 아울러 실정을 거듭하여 민중의 지지를 상실한 자유당에 대신할 금후의 새로운 협력자로서 민주당을 등장시켰다. 이승만의 정치에 싫증을 느낀 민의를 배경으로 정치의 혁신과 평화통일을 주창하는 혁신세력이 대두했다는 사실은 미국과 친미세력에 있어서는 큰 위협이 되었고 여기에서 미국은 차츰 대한정책의 중점은 ① 남북한의 분단고정화 = 평화공존, ② 일본의 지원에 의한 한국반공체제의 유지에 향해졌다.

이러한 미국의 한국정치를 위임할 수 있는 정치가로서는 「북진통일」「반일」을 외치는 이승만은 너무나도 완고한 늙은이였다. 이승만과의 동반자살을 원치 않는 미국으로서는 친미적이고 친일적인 새로운 협력자가 필요했다. 거듭되는 실정과 심각한 경제위기로 해서 사회적 혼란을 심화시키고 있는 이승만정권은 이리하여 미국으로부터도 차츰 버림받은 운명에 빠지게 되었고 여기에 대신할 협력자로서 장면이 영입될 조건이 성숙되어 가고 있었다고 말할 수 있다.

2. 이승만정권 붕괴의 도화선

실질적으로는 부통령선거로 끝난 3·15 선거는 그 유례를 볼 수 없는 부정불법 때문에 오히려 이승만정권 붕괴의 도화선이 되었다. 여기에 대한 야당의 추궁을 열거해둔다.

1960년 3월 25일 민주당은 3·15 선거를 부정선거라고 규정하고 그 무효를 선언했다.

3월 28일 민주당은 국회 안에서 동당 소속의원의 이름으로 3·15 선거의 무효를 호소하는 선언문을 발표했다. 이어서 4월 5일 민주당은 3·

15 선거의 무효를 유엔 한국 부흥위원회에 제소했다.

4월 2일 반독재 민주수호연맹은 3·15 선거를 부정불법 선거라고 하여 대법원에 제소했다. 제소의 주된 내용은 다음과 같다.

① 중앙선거관리위원회는 1960년 2월 13일 반독재 민주수호연맹의 대통령후보 장택상과 부통령후보 박기출의 입후보 등록신청서의 접수를 이유없이 거부했다.
② 당국은 장택상, 박기출 두 후보의 등록추천서에 대한 시청, 구청, 군청 등의 확인 증명을 관헌이나 폭도가 방해하는 것을 방치했다.
③ 헌법의 정신에 위반하는 조기선거를 실시했다.
④ 부정불법 선거수단이 횡행했다.

4월 11일 민주당은 3·15 선거의 무효를 대법원에 제소했는데 그 주된 내용은 다음과 같다.

① 1960년 2월 13일 중앙선거관리위원회는 반독재 민주수호연맹이 공청한 부통령후보 박기출의 등록서류접수를 부당하게 거부했다.
② 부정불법 선거수단이 횡행했다.
③ 헌법에 위반하는 조기선거의 실시를 묵인했다.

3. 4·19 의거

한국정치사 그리고 민주투쟁사에 획기적 의의를 가지는 4·19 의거의 전개과정을 보면 다음과 같다.

• 1960년 2월 28일 대구의 고교생은 야당연설회에의 참가를 금지하여「일요일 등교」를 명한 당국과 어용단체의 억압에 항의하여 시위를 감행했다.
3월 8일 대전에서 고교생이 부정선거를 규탄하여 시위를 감행하고 부산에서는 항의하는 학생집회가 열렸다.
3월 13일 서울에서 부정선거를 규탄하고 학생시위가 산발적으로 일어났다.
3월 15일 3·15 선거 당일 마산에서 대규모적인 부정선거 반대 시위가 발생했다. 오후 5시경 민주당 마산시 당관계자가 선전차를 타고 정부·자유당의 부정행위 때문에 선거를 포기했다고 외치면서 시가를 누비기 시작하자 자동차 주위에 군중이 모여들었고 그대로 부정선거규탄 데모로 변하였다. 수 만명으로 늘어난 데모대는 경찰파출소, 자유당 마산시 당부, 서울신문 마산지국, 자유당 간부의 자택 등으로 몰려갔고 파출소 등은 불살라졌다. 당황한 경찰대는 데모대에 발포, 사망자 26명, 부상자 86명을 냈고 체포된 사람은 220여명에 달했다. 이들 데모대는 주로 청소년, 행상인, 하급점원, 자동차 운전조수, 식당 종업원 등 하층시민이었고 당국의 노골적인 부정선거와 평소의 불만이 쌓여서 폭동화한 것이다.
3월 24일 부산에서 1천 여명의 학생이 마산에서의 경찰관 만행을 규탄하는 시위를 감행했다.
4월 11일 마산 데모에서 최루탄이 눈에 박힌 중학생 김주열 군의 무참한 시체가 마산해안에 떠오른 것이 발견되었다. 이것은 마산 시민과 전국민에게 큰 충격을 주었다. 11일부터

13일에 걸쳐 마산에서 다시 군중의 격렬한 항의시위가 발생, 마산시내는 노도와 같은 시위대에 의해 압도되었다.

4월 14일　정부당국은 「마산 데모의 배후에는 공산주의자의 책동이 있다고 보고 진상을 조사중」이라고 위압적인 발표를 행하여 오히려 국민의 분격을 부추겼다.

4월 18일　서울의 각 대학의 항쟁계획의 선봉으로 고려대학생 수 천명이 부정선거무효를 외치며 시위를 감행했다. 데모 해산 후 폭력단이 학생들을 습격하여 유혈 참사를 빚었다.

4월 19일　서울대를 비롯하여 서울 시내의 각 대학, 고교, 중학교의 거의 모든 학생이 3·15 부정선거의 규탄과 학원의 자유를 요구하여 일제히 데모에 나서 국회의사당을 포위하고 대통령 관저인 경무대로 향했다. 학생 데모에 동조하여 청소년, 행상인, 점원, 자유노동자 등 하층시민도 궐기, 서울시 중심가는 데모의 소용돌이에 휩쓸렸다. 경찰대는 맨손의 데모대를 향해 최루탄 뿐만 아니라 실탄을 발사했다. 흥분한 데모대는 서울신문사, 반공회관, 자유당 본부, 경찰관 파출소, 자유당 간부 자택 등을 습격, 차례로 불을 질렀다. 데모는 그 날로 광주(光州), 부산, 그 밖의 전국 도시에 파급되었다. 정부는 오후 1시 서울시 일원에 경비계엄령을 선포하고 오후 5시에는 서울, 부산, 대구, 대전, 광주의 5개 도시에 비상계엄령을 선포했다. 민주당 지도층과 보수계 신문은 데모의 폭동화에 당황하여 반독재운동가를 자칭하고 있던 보수정치가도 대부분 자취를 감추고 말았다. 어느 도시에서나 학생과 하층시민이 데모의 선두에 서서 민중의 원망의 대상이었던 자유당 본부, 반공·우익단체의 건물, 경찰서 등을 습격 또는 점거했다.

4월 20일　계엄령을 무시하고 서울시의 동부를 비롯하여 대구, 인천, 전주, 그 밖의 지방도시에서 데모가 잇따랐다.

4월 21일　계엄사령부는 4·19데모의 희생자가 민간인 사망 130명, 부상자 740명이라고 발표했다. 이날 전 각료가 사표를 제출했다.

4월 22일　이승만은 변영태, 허정(許政) 등을 조치하여 「시국수습」을 협의했다.

4월 24일　미국무성, 주한 미대사관의 움직임이 활발해졌다. 3·15 부정선거로 당선한 이기붕은 일체의 공직을 사퇴한다고 발표했다. 또 이승만은 자유당 총재를 사임한다는 성명을 발표했다.

4월 25일　수일 전부터 학생데모에 대한 태도를 협의하고 있던 서울대, 고려대, 연세대를 비롯한 서울의 각 대학 교수 285명은 서울대의 교수회관에 모여 학생데모지지, 이승만의 하야를 주 내용으로 하는 시국선언문을 만장일치로 채택하고 가두데모에 나섰다. 계엄령하의 서울시가를 플랭카드를 앞세우고 행진하는 교수단의 데모는 학생과 시민의 데모를 다시 불러일으켜 새벽녘까지 계속되었다.

4월 26일　반정부데모는 절정에 달했다. 수십만의 학생과 시민이 정부관청이 있는 중앙청으로, 경무대로 육박했다. 계엄군이 공포와 최류탄을 발사했으나 데모대는 굴복치 않고 이승만의 퇴진을 요구하며 전진했다. 궁지에 몰린 이승만은 미국의 의향에 따라 마침내 오전 10시반 대통령퇴진의 성명을 발표했다.

4월 27일 이승만은 국회에 대통령사임서를 제출하고 즉시 수리되었다. (수석 국무위원인 허정이 대통령직무를 대행하고 과도정부의 수반이 되었다.)

4. 4·19 의거와 미국

　4·19 의거 직후의 미국측의 움직임을 보면 의거를 기회로 미국이 이승만에게 사임 압력을 가하고 있었음을 알 수 있다.

- 4월 19일 미국무성과 주한미대사 매카나기는 반정부데모에 대한 미국의 깊은 관심을 표명했다.
- 4월 20일 미국무성과 주한미대사관은 또다시 한국의 사태에 대해 깊은 관심을 표명했다.
- 4월 24일 미국무성과 주한미대사관은 데모와 관련하여 활발한 움직임을 보였다. 이기붕의 부통령을 포함한 공직사퇴성명, 이승만의 자유당총재 사임성명도 이것과 무관하지는 않다.
- 4월 25일 이승만은 허정을 외무부장관으로 임명하여 미국과의 절충을 맡게 했다.
- 4월 26일 주한 미국대사 매카나기가 대통령관저를 방문한 직후인 오전 10시 반 이승만은 미국의 의향에 따라 다음과 같은 퇴진 의사를 분명히 했다.

　　즉 ① 국민이 원한다면 대통령을 사임할 용의가 있다. ②

정・부통령선거를 다시 실시할 수도 있다. ③ 이기붕을 일체의 공직에서 사퇴시킨다. ④ 만일 국민이 원한다면 내각책임제개헌을 실시할 수도 있다는 것이었다.

이에 따라 동일 오후 국회는 긴급 본회의를 열고 다음의 4개항을 가결했다. ① 이승만 대통령은 즉시 하야할 것. ② 3・15 정・부통령선거를 무효화하고 재선거를 실시한다. ③ 과도 내각 하에 있어서 완전한 내각책임제 개헌을 실시한다. ④ 개헌 후 국회를 해산하고 새로 총선거를 실시한다. 이승만의 퇴진성명과 국회의 결의가 거의 같은 내용인 것으로 미루어 양자에 대해 제3자의 「원안」이 사전에 제시된 것으로 간주되었다.

• 4월 27일 이승만이 국회에 제출한 대통령사임서는 즉시 수리되었으나 후속 조치로서 친미파인 허정이 대통령의 직무를 대행하게 되었다.

이상의 경과로 보아서도 명백하듯이 이승만의 퇴진은 결코 자발적인 것이 아니었다. 일반적으로 정권을 장악한 독재자는 국민과 국회 위에 군림하면서 온갖 술책을 다하여 자기의 연명을 도모하는 법이다. 이승만도 수중에 있던 군대와 경찰력을 총동원하면 학생, 시민 등의 데모를 진압할 수는 있었을 것이다. 또 유례 없는 그의 정권욕과 그때까지의 행적으로 미루어 그가 고분고분 대통령직을 내놓을 까닭이 없다. 확실히 3・15부정선거에서 4・19 의거에 이르는 정치위기는 그를 궁지에 몰아넣기는 했으나 최종적으로 그를 대통령 자리에서 물러나게 한 것은 이승만과의 동반자살을 어디까지나 피하려고 교묘하게 움직인 미국의 압력이 작용했기 때문이다. 즉 미국은 남한 단독선거를 통하여 이승만에게 맡긴 정권을 그의 의사와는 관계없이 그 수중에서 회수하여 새로운 친미파 지도자에게 맡김으로써 위기를 극복하려고 했다는 것이 실상일 것이다.

5. 비 망

●4·19 봉기는 혁명이 아니라 의거

4·19 민중봉기에는 이것을 지도하는 주체세력이 개재되지 않았고 군사적인 실력도 갖추어져 있지 않았기 때문에 정치체제의 근본적 변혁을 실현하는 혁명이 가지는 기능을 발휘하지 못했다. 그래서 결과적으로는 미국의 관여에 의한 친미세력간의 정권교체로 끝났다. 따라서 이것은 「4·19혁명」이 아니라 4·19의거라고 불러야 할 것이다. 학생과 교수들은 대규모적인 데모를 감행했으나 요구조건을 제시하는 것으로 일을 끝냈고 민주당은 데모의 폭동화를 피하려고 우왕좌왕했고 조직되지 않은 하층시민의 참가에 의해 데모는 봉기·폭동으로 확대되었다. 그러나 지도주체, 조직력, 정치변혁의 슬로건이 없으면 데모는 폭동화하더라도 민주혁명으로 발전할 수는 없는 것이다.

●가짜 「지령문」으로 데모를 위압

이승만 경찰은 마산 데모에서 희생된 한 청년의 시체주머니 속에 위조한 공산주의자의 「지령문」을 집어넣어 마산의 민중봉기가 공산주의자의 「지령」에 의한 것인 것처럼 발표했다. 이승만 정권은 이것을 데모

탄압의 구실로 삼아 전국으로 번지는 민중의 반독재봉기를 저지하려고 했다.

● 폭력혁명을 두려워한 미국과 민주당

 미국, 민주당, 과도정부들의 3자는 모두 정권을 이승만의 손에서 친미세력인 민주당으로 옮기는 것을 최대의 안목으로 삼았다. 미국과 민주당은 4·19 의거가 그들의 지배체제를 무너뜨리는 폭력혁명으로 발전하는 것을 가장 두려워했고 과도정부도 미국의 뜻에 따라 4·19 의거의 뒷처리를 친미매판세력 간의 정권교체의 테두리 안에서 처리했다. 즉 4·19 의거가 남한 단독선거 이래로 유지되어 온 친미체제의 변경을 가져오는 일이 없도록(그러기 위해서는 집권자를 교체시키는 「희생」을 치른다)하는 것이 그들에게 있어서는 최대의 관심사였던 것이다.

제23장 허정 과도정부의 친미체제유지책

1. 과도정부는 미국의 대행기관

이승만 정권의 종언이 결국 미국의 압력에 의해 초래되었다는 것은 전술한 바와 같지만 허정이 수석국무위원의 자격으로 이승만으로부터 정권을 이어받아 과도정부를 구성한 것도 미국의 의사에 의한 것이었음은 두 말할 것도 없다. 허정은 한국민주당원이었고 민주당의 지도층, 특히 신파와는 동지적 유대를 가지고 있었을 뿐 아니라 이승만의 신임이 두터운 막료 또는 비서로서 이승만정권시대에 행세하던 인물이었다. 그는 미국의 의향에 따라 한국의 친미세력을 온존하면서 정권을 민주당에 이양함으로써 미국 후견하의 체제를 유지시키는 데에는 가장 알맞은 인물로서 등장했다.

1960년 4월 27일 이승만의 대통령사임서 제출과 함께 대통령대리에 취임한 허정은 5월 2일 과도정부의 조각을 끝내고 동년 8월 제2공화국의 장면내각이 발족할 때까지 과도정부를 이끌었다. 허정은 조각 후인 5월 3일 다음과 같은 과도 내각의 내외 정책을 발표했다(이 정책이 미국의 정책을 대행하는 것이었음은 명백하다).

① 확고한 반공정책의 진전, ② 부정선거의 처벌대상자 제한, ③ 혁명

적 정치개혁의 비혁명적 방법에 의한 수행, ④ 4월 혁명과정에 있어서의 반미적 언동자의 처벌, ⑤ 한일관계의 정상화.

이러한 정책은 4·19 의거에서 나타난 국민의 정치혁신의 지향(志向)을 충분히 반영한 것이 아니었다. 4·19 의거는 해방 이후 미군정과 이승만 독재정권 하에서 자행된 친미특권층의 폭압과 수탈, 부정과 부패, 그리고 온갖 악정의 결과 폭발한 것으로서 단순한 부정선거범의 처벌로 문제가 해결될 수 있는 것이 아니었다. 당시 국민대중이나 양심적인 민족지도자는 미국과 친미세력이 해방 후 거듭해 온 오랜 정치적 사회적 제모순의 해설과 구정치의 일신을 바라고 있었던 것이다. 예를 들면 다음과 같은 점이었다.

① 부정선거에 관여한 정당관계자, 공무원 등 모든 부정분자를 배제하고 선거를 참된 국민의사표시의 장으로 만들 것. ② 민주적 정치질서를 유린하는 독재행위와 부패행위를 저지른 단체 및 개인을 배제할 것. ③ 보수양당에 의한 정권의 농단을 중지하고 보수세력의 반민주성과 반민족성, 부패를 견제할 수 있는 혁신정당의 조직 및 활동을 인정할 것. ④ 국토분단에 의한 민족적 불행을 없애기 위해 합리적인 남북간의 접촉을 모색하고 평화통일의 기틀을 구축하기 위한 노력을 경주할 것. ⑤ 선진우방의 원칙에 따라 한일관계를 정상화하는 것은 바람직하지만 거기에는 한국에 대한 일본의 역사적 죄과에 관한 납득할 만한 전제 조처가 필요하다.

그러나 미국은 이러한 국민대중이나 양심적 정치가의 의사와 염원을 전적으로 무시하고 정치·사회적 변혁, 평화통일대책은 커녕 반대로 오로지 친미반공체제의 유지를 도모하기 위해 한국의 정권을 완고하고 노매한 이승만의 손에서 다른 친미파에게로 옮기는 일밖에는 생각하지 않았던 것이다. 다시 말하면 4·19 의거에서 분출된 민중의 정치혁신의 지향과 그러기 위해서 흘려진 희생은 미국의 연출에 의해 다른 또 하나의 친미세력의 정권장악에 이용되는 결과가 된 것이다.

이러한 미국의 정책에 비추어 볼 때 4·19 의거에 의해서도 한국의 정치를 일신할 수는 없었고 기회를 보아 부정부패·반민주 도당이 다시 줄줄이 대거 배출할 것이라는 것은 명백했다. 이러한 정세에 분노한 한국교수협회는 7월 5일 시국선언을 발표하여 다음과 같은 자를 정계에서 추방하라고 외쳤다. 즉 ① 3·15 부정선거의 원흉 및 그 관련자, ②「발췌개헌」,「사사오입개헌」,「2·4파동」등의 원흉 및 그 관련자, ③ 자유당을 배경삼아 경찰과 폭력단을 사용하여 민권을 강탈한 자, ④ 관권 및 자유당세력과 결탁하여 부정축재를 한 자, ⑤ 이승만 정권의 고관으로서 부패정치를 도운 자, ⑥ 곡학아세한 자라고 규탄 받은 자 등이었다.

2. 부정선거사범에 대한 유화책

앞에서도 언급했듯이 허정 과도정부는 부정선거범의 처벌대상을 가능한 한 작은 범위로 제한하여 혁명적인 개혁을 비혁명적인 방법으로 처리한다는 것을 정책으로 내걸었다. 과도내각을 낳게 한 미국은 본래부터 이승만 정부의 실정을 바로잡을 생각은 없었고 정권을 민주당에 무사히 옮기기만 하면 족하다고 생각했다. 자유당 관계자를 처벌함으로써 친미세력의 약체화를 초래한다는 것은 미국이 바라는 바가 아니었던 것이다.

과도정부는 5월 21일 최인규, 이성우, 이강학, 최병환, 한희석, 박용익, 정존수, 조순, 이재학, 임철호, 정문흠 등을 3·15 부정선거 관련자로서 정식으로 기소하고 동 31일 박용익, 송인상, 김영찬, 김진형, 김영휘, 배제인 등을 부정선거자금 관련자로서 기소했다. 또 동년 7월 5일까지에 이병철, 구인회, 이정림, 최태섭, 남궁련, 김성곤, 정주영 등 18명의 경제인을 부정축재 조사대상자로서 적발했다. 그밖에 지방별로 부정선거지령과 발포책임자 등도 구속 기소했으나 그 처분은 장면내각으로 이관된 뒤 10월 8일 거의 전원에게 무죄가 선고되었다. 더욱이 민주당 신파는 허정 내각의 협력하에 부정축재자를 처단하기는커녕 그들과 야합하여 막대한 선거자금을 긁어모으고 있었다.

이들 민주반역자에 대한 민주당 정권의 미온적인 태도에 불만을 느낀 각지의 군중은 일제히 항의데모를 벌였다. 서울에서는 4·19 의거 때의 부상자들로 된 데모대가 국회의사당을 점거하기에 이르렀다. 그래서 장면내각은 3·15 부정선거 관련자를 처벌하는 소급입법을 전제로 한 헌법개정안을 제안하여 11월 23일에 민의원을 28일에는 참의원을 통과시켰다. 여기에 의해 반민주행위자공민권제한법, 부정선거관련자처벌법, 부정축재처리법 등이 제정되었고 석방된 자유당 관계자가 다시 구속되기도 했으나 1961년 5월 16일 군사쿠데타가 발발했기 때문에 그 처리는 군사정권의 손에 넘겨지게 되었다.

3. 사회대중당 창당 준비위원회의 결성

전술한 바와 같이 4·19 의거의 과정에 있어서 민주당은 데모를 지도한 것도 또 의거의 주체가 된 것도 아니며 시종 그 폭동화를 두려워하며 학생, 민중의 봉기 앞에서 우왕좌왕 했을 뿐이었다. 각지에 있어서 데모를 격려하고 그 확대에 힘쓴 것은 대개의 경우 혁신세력에 속했던 자들이며, 데모를 대규모적인 봉기로 가지고 간 것은 학생과 하층시민이었다. 그런 까닭에 미국과 과도정부 및 민주당은 4·19 의거를 친미보수세력간의 정권교체로 끝내려 했지만 혁신세력은 4·19 의거를 민주혁명으로까지 끌어올릴 것을 주장했다. 친미세력의 정치적 한계가 드러남에 따라 정치의 일신을 실현하기 위해 혁신정당의 출현을 갈망하는 목소리가 전국적으로 확산되었다.

1960년 5월 초순경부터 구진보당의 박기출, 김달호, 윤길중, 구근로인민당의 장건상, 김성숙(金星淑), 최근우, 구민주혁신당의 서상일, 김성주(金成疇), 이동화 등은 혁신세력의 대동단결에 의한 혁신정당의 결성을 지향하여 움직이기 시작했다. 김달호, 윤길중 등은 서상일의 배제를, 장건상 등은 연맹조직의 구성을 주장하는등 신당결성에 대해 의견이 갈라졌으나 결국 박기출, 윤우현, 유한종, 임갑수 등이 중심으로 되어 있던 경상도(부산과 대구)의 혁신계로 된 한국혁신세력대동촉진위원회의 주장이 관철되어 사회대중당창당준비위원회를 발족시킨다는 데에 합의를 보았다. 1960년 5월 17일 사회대중당(약칭 사대당) 창당준비위원회가 결성되었다. 총무위원에 서상일, 박기출, 최근우, 정화암, 이훈구, 김성숙, 김달호, 조헌식, 윤길중, 송남헌, 유병묵 등이 선출되고 당대표로는 서상일이 추대되었다. 박기출 등은 자유당이나 민주당 등의 친미매판세력의 반민족성에 대항하여 사대당의 좌표를 민주적 민족주의 세력으로 설정하자고 주장했으나 대세는 구라파적인 민주사회주의의 선에 두어야 한다는 쪽으로 기울었다.

사대당창당과정에서 떨어져 나간 일부 정객은 각기 자기를 중심으로 하는 정당을 만들기 위해 뛰었고, 김성주(金成疇)·전진한은 한국사회당을, 장건상 등은 혁신동지총연맹을 발기했다. 허정 과도정부의 실권을

권 민주당은 국회내의 자유당의원까지도 동원하여 1960년 6월 15일 숙원인 내각책임제개헌안을 통과시키고 새 헌법에 의한 제1회 민의원·참의원 선거의 실시를 서둘렀다. 당시 사대당은 창당과정에 있었고 정강, 정책, 선거공약을 발표하기까지에는 이르지 못했으나 지도간부들이 주장하는 정책은 다음과 같은 것이었다. ① 4·19 의거를 민주혁명으로 승화시킨다. ② 이승만정권의 실정은 자유·민주 양당 지도층의 공동책임이다. ③ 남북 간의 문화교류를 촉진한다. ④ 남북은 함께 군대를 축소한다. ⑤ 제네바회의에 입각하여 중립국감시 하의 평화통일을 촉진한다. ⑥ 중공의 유엔가입을 지지한다.

4. 7·29 민·참의원선거

미국이 이승만을 대신할 새로운 친미반공정권의 담당자로서, 또 미국의 극동정책의 축이 될 한일협력체제의 추진자로서 친미친일의 크리스천 장면을 지목한 데 대해서는 앞에서 서술했다. 미국의 뜻을 받은 허정 과도정부는 신헌법 하에서 1960년 7월 29일 최초의 양원(민의원·참의원) 의원선거를 실시하여 장면이 이끄는 민주당 신파의 진출을 촉진했다. 장면파의 후보자에게는 모든 편의와 자유가 주어지고 장면과 부정축재자의 접촉에 의한 선거자금의 수수도 전혀 문제시되지 않고 행해졌다. 이러한 부정행위는 민주당 구파와 자유당 관계자에 의해 폭로되었고 필자도 그들의 법의 테두리를 벗어난 선거운동을 목격한 바 있다. 허정정부는 또 민주당 구파, 자유당, 자유당계 무소속 등의 친미세력에 대해서도 선거운동의 자유를 허용했으나 사대당의 후보자, 특히 일찍이 남한 단독선거에 반대한 자에 대해서는 철저한 선거방해와 탄압을 가했다. 필자도 이후 형언할 수 없는 탈법적인 방해와 불법적인 투옥을 몸소 체험했다.

공표된 선거결과는 민주당의 압도적 승리와 사대당 후보의 전멸에 가까운 패배로 되어 있는데 이것도 역시 당국의 부정불법적인 조작의 결과라고 보여진다. 민의원 선거의 결과를 보면 민주당은 301명을 공천하여 175명이 당선했다(정원 233명의 75.1%). 그 중에서도 장면이 이끄는 신파의 진출이 두드러졌다. 무소속은 977명의 입후보자 중 49명이 당선했는데(정원의 21.1%) 그 대부분은 구자유당 또는 이승만계의 사람이었다. 발족한지 얼마 안되는 사회대중당은 121명을 공천했으나 당선자는 4명에 그쳤다(정원의 1.7%). 이것은 조직력, 자금, 선거전술의 부족도 원인이지만 극도로 제한된 선거 운동의 결과이다. 4·19 의거 후 구자유당계에 의해 새로 조직된 자유당의 입후보자는 52명이었는데 그 중 2명이 당선했으나 (정원의 0.9%) 당선이 유력시 되던 20개 지구에서는 민주당측의 방해로 선거를 포기하지 않으면 안되었다(민주당원이 폭행, 집단협박, 파괴, 방화, 사형 등 불법행위를 감행한 지구로서 창녕, 광산, 김천, 영양, 서천, 괴산, 대전, 남원, 고성, 산청, 삼천포 등을 들 수 있다). 한국사회당, 혁신동지총연맹, 한국독립당 등 18개 정당·사회단체는 도합 67명을 공천했으나 불과 3명의 당선자를 냈을 뿐이다(정원의 1.2%).

참의원선거의 결과를 보면 민주당은 공천 61명중 31명이 당선하고 (정원 58명의 53.4%), 무소속은 129명의 입후보자 중 20명이 당선했다(정원의 34.6%). 무소속은 모두 이승만계 등의 보수파였다. 자유당은 공천 13명 중 4명의 당선자를 냈다(정원의 6.9%). 사대당은 6명을 공천하여 불과 1명이 당선했고(정원의 1.7%), 한국사회당, 혁신동지총연맹, 한국독립당 등 5개 정당·사회단체는 공천 11명 중 2명이 당선했다(정원의 3.4%).

이상의 결과를 총괄하면 민주당, 자유당, 무소속의 당선자가 민의원에서는 226명(정원의 97.1%)을 차지하고 참의원에서는 55명(정원의 94.9%)이라는 압도적 다수를 차지했다. 7·29 선거는 그야말로 미국과 친미세력의 기도한 대로 남한 단독선거 지지파, 친미매판세력의 변함없는 지배에 합법의 베일을 씌운 것에 다름 아니었다.

여기에서 주목되는 것은 4·19 의거의 타도 대상이었던 이승만·자유당계의 후보자가 적잖이 당선했고 또는 당선의 가능성을 보였다는 사실이다. 이것은 그들이 민주당과 기본적으로 공통의 기반에 선 친미파였기 때문에 과도정부의 방해를 받지 않고 막대한 자금에 힘입어 선거를 추진했다는 사정도 있지만 그들의 죄상이 충분히 폭로되지 않았기 때문에 국민대중이 그들의 페이스에 말려든 탓이기도 하다. 이것은 4·19 의거가 구지배층의 전면적인 추방을 가져오지 못하고 정권의 돌려먹기에 끝났다는 불철저성을 말해 주는 것이다.

5. 비 망

●「넥타이」와「지게」

「넥타이」는 넥타이를 맨 인텔리를 가리키고「지게」는 노동자, 농민 등 육체노동 종사자를 가리켰다. 지게의 근로대중이 자산계급의 정당인 민주당에 투표하고「넥타이」를 맨 인텔리가 대중정당인 사회대중당에 투표했다는 현실을 빗대어 표현한 것이다.

●함께 쓰러진 혁신정당

장건상의 혁신동지총연맹과 김성주(金成疇), 전진한의 한국사회당은 사회대중당의 공천을 받지 못한 자를 자당후보로서 입후보시켰다. 그 때문에 각 선거구에서 혁신계의 난립, 서로 잡아먹는 현상이 일어나 결국 함께 쓰러지고 말았다.

● 혁신세력의 표밭

미국계 통신이 4·19 의거 등 민중의 자발적 데모를 부산이나 마산 등 남해안 지대에 「잠입」한 외국세력의 선동에 의한 것이라는 오보를 흘렸고 또 민주당의 이종남, 박찬현, 오위영 등도 이것을 강조했다. 그 때문에 과도정부는 이종찬 국방장관을 부산에 파견하여 조사시켰다. 이것은 부산, 마산, 대구 등의 영남지방이 반정부·혁신의 투쟁기세에 넘쳐 있었음을 말해 주는 반증이기도 했다. 동아일보 등의 보수계 신문은 부산을 「혁신세력의 표밭」이라고 불렀다.

● 혁신세력에 대한 억압

혁신세력을 눈의 가시로 여겨 불법적인 억압을 가하는 점에 있어서는 과도정부도 민주당도 이승만정권과 본질적으로 다를 바가 없었다. 민주당정부의 검찰총장으로 촉망되고 있던 이모는 「박기출 같은 인물이 의석을 가지게 되면 큰 일이다」라고 발언하고 있었고 또 대미비판세력의 탄압을 공약으로 내건 과도정부의 방침에 따라 부산검찰청 권오병검사는 박기출의 입후보를 방해하고 투옥했다. 권오병은 이승만시대의 「냉혈 검사」로 악명을 떨친 자로서 박기출을 석방한 부산지방 법원 이명섭 부장판사에 대해서도 부당한 압력을 가하기도 했다.

제24장 장면정권 시대

1. 민주당 정부의 성립

　내각책임제 신헌법 하에서 행해진 7·29선거에 있어서 민주당은 민의원 의석의 75.1%, 참의원 의석의 53.4%를 각각 차지했다. 8월 12일 양원 합동회의에서(재적의원 263명 중 259명이 참석) 민주당 구파인 윤보선이 208표를 얻어 대통령으로 선출되었다. 윤보선은 8월 16일 민주당 구파의 김도연을 국무총리로 지명했으나 다음날인 17일의 표결에서는 재석 224명 중 찬성은 111표에 그쳐 2표 부족으로 부결되었다. 이어서 민주당 신파인 장면이 지명되어 19일의 국회에서 재석 225명 중 117표의 찬성을 얻어 가결되었다. 이리하여 미국의 의도대로 이승만정권 붕괴 후 계속 친미파 장면에로의 정권수수가 차질 없이 이루어져 제2공화국이 발족되었다.

　장면은 8월 23일 제2공화국의 초대각료를 발표했다. 이것은 민주당이 전신인 한국민주당 이래 집요하게 실현을 희망해 온 내각책임제하의 첫 조각이었다. 본래 한국민주당 이래 내각책임제가 요구되어 온 것은 개인독재를 배제하고 이른바 「능률적 책임 정치」를 실현하기 위한 것이라고 설명되어 왔다. 그러나 실제로 정권을 쥔 장면정부는 구악, 즉 3·15

부정선거사범이나 부정축재자의 처벌 등을 미온적으로 행하였고 또 4·19 의거시의 유혈탄압에 대한 처벌도 명확성을 결여했을 뿐만 아니라 민주당원의 엽관·이권 다툼을 격화시켜 비능률적이며 무책임한 정치로 시종했다. 민주당정부는 국민의 불만이 고조되어 당내분쟁이 이어지는 가운데 세 번이나 내각을 개조하지 않으면 안되었고 사소한 문제까지 미대사관의 의향을 묻는 어리석음을 되풀이했다. 정국은 전혀 안정되지 않고 혼란이 계속되었다.

2. 민주당의 분열

한국민주당에서 민주국민당을 거쳐 민주당에 이르기까지 이른바 보수야당 내에는 복잡한 인맥이 얽혀 있었다. 그들은 모두 자기들을 보수세력, 자유자본주의 세력, 또는 민족주의세력이라고 자칭하며 갖가지 정강·정책을 발표했으나 친미반공의 매판세력이었다는 점에서는 공통되어 있다. 한국민주당은 봉건지주, 친일파, 흥사단 등이 주축을 이루었고 그 개편정당인 민주국민당에는 한민당세력에 더하여 일부 이승만파와 일부 임시정부 관계자가 참가했고 또 민주당은 민주국민당에 일제관료와 자유당 이탈 분자, 정치브로커 등이 합류하여 결성되었다.

이렇듯 잡다한 민주당내 파벌, 인맥은 봉건적 체취가 짙은 구파와 관료적 색채가 짙은 신파로 크게 갈라졌고 7·29 총선 후에 그 대립은 결정적인 것으로 되었다. 구파는 사대적이며 또 공리적이었으나 그 행위의 근저에는 봉건적 도의감을 느끼게 하는 것이 있었다. 이에 반해 신파는 현저하게 친일·친미적인 정력(政歷)을 가진 자를 중심으로 미국의 한국정책의 선에 따라 정권과 이권을 목표로 모인 파벌이었다.

미국이 4·19 의거후의 사태를 민주당신파·장면에의 정권수수로 돌파하려고 획책했고 과도정부가 그러한 방향으로 술책을 해온 데 대해서는 앞에서도 언급했지만 그 과정에서 냉대를 받은 구파는 자구책으로서 분당을 결심하기에 이르렀다.

민주당의 분열은 이미 7·29선거의 과정에서 구파측에 의해 논의되기 시작했으나 선거 직후인 8월 4일, 구파는 다음과 같은 분당의 명분을 발표했다. ① 민주당의 일당독선(一黨獨善)을 배제하고 두 정당 이상에 의한 정당정치를 확립한다. ② 신구 양파의 안배에 의해 당내의 여러 모순을 미봉한다는 것은 불합리하다. ③ 7·29 선거중에 감행된 폭력, 파괴, 방화, 부정개표 등 4·19 정신을 말살하는 민주반역행위에 대해서는 당파의 여하를 불문하고 엄중히 그 책임을 추궁해야 한다.

8월 17일과 19일의 국회에서 벌어진 국무총리 인준을 둘러싼 신구 양파의 대립항쟁은 민주당의 완전한 분열상황을 드러내 보였다. 즉 양파의 격렬한 싸움 속에서 당초의 김도연(구파)이 부결되고 장면이 국무총리 인준을 획득했다. 장면 등 신파는 각료의 분배를 구실로 자파의 주도에 의한 양파의 통일을 도모했으나 실패했고 9월 22일 구파는 신당발기를 선언했다. 신파는 다음날인 23일 92명의 의원만으로 민주당 등록을 감행했다. 구파는 다음해 2월 20일에 신민당을 결성하여 위원장에 김도연, 간사장에 유진산을 선출하고 장면의 민주당정부에 반대하는 야당의 입장을 밝혔다. 동년 5월 2일 신민당은 정치보고서 안에서「장면정권은 집권 이후 자기의 무능과 약점을 감추기 위해 부질없이 시간을 낭비해왔다. 무엇을 지향하고 있는지 시정의 목표조차 분명하지 않았다」라고 비판했다.

3. 사회대중당 창당준비위원회의 분열

혁신세력의 대동단결은 진보당운동에 있어서와 마찬가지로 사회대중당운동에 있어서도 실패했다. 진보당의 경우는 단일신당준비위원회를 기반으로 하여 움직였기 때문에 5·15 정·부통령선거에서는 국민의 큰 지지를 얻었으나 사회대중당의 경우는 창당준비과정에서 한국사회당, 혁신동지총연맹 등이 나뉘어서 경합했기 때문에 7·29 선거에서 볼 수 있듯이 참담한 실패를 맛보았다. 원내에서도 수명의 소수파가 된 사대당, 한사당, 혁연 등은 다시 통합을 모색하게 되었다. 이 통합에는 서상일이 열의를 기울여 혁신계 의원의 설득에 성공했다. 이리하여 사대당의 서상일, 윤길중, 박권희, 박환생, 한사당의 김성주, 혁연의 정상구 등 각 의원이 통합을 향해 움직이기 시작했다.

한편 사회대중당과는 별도로 혁신세력의 재통합운동이 서상일, 박기출, 조헌식, 구익균, 김성숙, 김성주, 정화암, 송남헌, 이동화 등에 의해 추진되었다. 사대당계, 한민당계, 혁연계, 진보당계, 근민당계 등의 광범함 인사를 대상으로 하여 평화통일과 영세중립이 그 슬로건이 되었다. 그 결과 1961년 1월 21일 통일사회당이 발족하고 정치위원회 대표에 이동화를 선출했다. 당시 박기출은 과도정부 및 장면정부의 부당한 박해를 받아 옥중에 있었기 때문에 움직일 수가 없었다.

통일사회당의 창당에 참가하지 않은 사대당 창당준비위원회의 근로인민당계인 최근우, 유병묵 등은 자주적 평화통일의 슬로건을 명확히 하여 1960년 11월 27일 사회당을 조직했다. 동당은 각계의 광범한 인사를 망라하여 결성된 민족자주통일중앙협의회(12월 7일 결성)와 보조를 맞추어 적극적으로 남북의 교류와 통일을 주장했다.

또한 통일사회당에도 사회당에도 합류하지 않는 사대당 창당준비위원회의 김달호, 윤길중 등 일부 진보당계는 그대로 사대당창당운동을 추진했으나 도중에 윤길중계가 이탈했기 때문에 1960년 11월 24일 김달호계만으로 사회대중당을 정식으로 결성했다. 또 혁연의 장건상, 사대당 창당준비위원회의 윤길중계 등은 혁신당 창당운동을 추진했으나 윤길중계 등이 빠졌기 때문에 장건상 등의 근민당계가 중심이 되어 1961년 1월 8일 혁신당 준비위원회를 결성했다.

4. 사슬 풀린 민중의 남북통일 기운

일찍이 한국의 민중은 이씨 봉건왕조 하에서 오랜 인종과 예속을 강요받아 무기력한 상태에 빠지는 일도 있었으나 「제세안민(濟世安民)을 슬로건으로 내건 전봉준에 의해 19세기말의 농민투쟁에서 볼 수 있듯이 인종의 한계에서 일단 올바른 지도를 받으면 외국침입자와 압제자에 항거하여 결연히 일어서는 저력을 지니고 있다.

1945년 이후 미국은 독선적인 한국정책으로 애국적인 민족주의세력을 억압했을 뿐만 아니라 민주적 자주통일정부의 수립을 원하는 한국인민의 의사에 역행하여 남북의 분단을 결과하는 남한만의 단독선거를 강요했다. 다시 미국은 이승만 일파와 한국민주당 등의 친미매판세력에 의한 정권을 조작하여 민족자주세력을 철저히 투옥 학살하고 또 한국동란에 의하여 민족끼리 피를 흘리는 참극을 가져오는 원인을 만들었다. 뿐만 아니라 미국의 원조 없이는 한국이 존립할 수 없는 대미 예속체제를 만들어내어 한국민의 자주적 감각을 마비시키려 했다. 이리하여 한국의 민중은 미국을 「원조자」라고 숭상하고 그 앞잡이들에게 순종하도록 길들여진 것이었다. 그러나 미국과 그 앞잡이들에 대한 「인종」은 이승만 정권 말기에 그 한계에 달했고 4·19의거의 격발을 계기로 민중을 얽매고 있던 사슬은 일단 끊어졌다고 해도 과언이 아니다. 오랫동안 짓밟히고 학대 받아온 한국민중은 여기에서 자유의 공기를 숨쉬고 인간적 자각과 발언권을 되찾았다.

한국의 민중은 장면정부가 4·19의거에서 흘린 피의 보상을 자기의 집권으로 바꿔치기 하고 정치의 일신을 요구한 4·19의 정신을 짓밟는 것을 묵인할 수는 없었다. 민중은 민주정치의 확립과 남북의 평화 교류·통일을 요구하여 일어섰다.

남북 간의 경제교류, 서신의 교환 등에 대해서는 1960년 6월의 사대당 발기때부터 논의되고 있었으나 특히 동년 8월 14일 북한정부가 완전한 통일에 이르는 과도적인 대책으로서 남북연방제의 실시, 남북 간 경제 문화의 교류, 남북협상 등을 제안했다는 사실이 전해져 큰 반향을 일으켰다. 외국의 간섭을 배제하고 민족 자신의 손으로 평화 교류·통일을 실현하려는 운동이 전국적으로 일제히 고조되어 통일사회당이나 각 정당·사회단체·개인 등을 망라한 민족자주통일중앙협의회(약칭 민자통) 등이 활발하게 움직였고 청년학생의 운동도 분류처럼 기세를 더했다. 1961년 1월 15일에 발표된 민자통의 통일선언은 ① 민족자주적 평화적 국토통일, ② 민족자주세력의 총결집, ③ 민족자주의 입장에 입각한 국제우호 등을 강령으로 하고 있다. 1961년 2월에는 통일운동을 대변하는 민족일보가 창간되었고 4·19의거 1주년을 거치면서 더욱 고조된 통일기운은 5월초에는 민족통일전국학생연맹 발족, 판문점에 있어서의 남북학생회담의 제안 등으로 급속히 진전되어 나갔다. 이러한 사태 진전에 당황한 것은 미국정부와 CIA였다.

5. 비 망

• 혁신세력의 전진

1960년 4월 30일 한국혁신세력 대동촉진위원회 구성. ◇ 5월 17일 사회대중당창당준비위원회 결성. ◇ 5월 21일 대한교원노동조합연합회 결성. ◇ 6월 한국사회당창당준비위원회, 혁신동지총연맹준비위원회 결성. ◇ 6월 전국 각지에 학살피해자유가족회, 학살피해자 합동장의위원회 등이 결성되어 보수정권의 포학성을 비난. ◇ 9월 15일 민족자주통일협의회 준비위원회 발족. ◇ 11월 1일 서울대학생에 의한 민족통일연맹 결성. ◇ 11월 24일 사회대중당 결성. ◇ 11월 27일 사회당 결성. ◇ 1961년 1월 8일 혁신당창당준비위원회 결성. ◇ 1월 21일 통일사회당 결성. ◇ 2월 11일 민족일보 창간. ◇ 2월 21일 통일사회당 등 혁신계우파를 중심으로 중립화 통일연맹 결성. ◇ 2월 25일 혁신계좌파를 중심으로 각 정당, 사회단체, 개인의 참가하에 민족민주통일중앙협의회 결성. ◇ 5월 4일 서울대학 민족통일연맹이 남북학생회담을 제의. 다음날인 5일, 민족통일전국학생연맹 발족. ◇ 5월 13일 남북학생회담을 지지하여 민자통이 서울시민 1만5천여 명을 모아 궐기대회 개최.

• 정권의 사물화

장면정부는 민주당원의 취직알선과 이권 분배에 정력을 낭비했다. 위로는 각료 자리부터 아래는 면직원의 자리에 이르기까지, 크게는 국가적 이권에서 작게는 막걸리제조허가에 이르기까지, 당의 지도간부도 평당원도 혈안이 되어 사리사욕을 채우기 위해 동분서주했다.

● 부정축재자 처분

 민중의 원성의 표적이었던 부정축재자를 처벌하는 데 있어서 정부는 1960년 8월 31일 탈세처분으로써 얼버무려 특권자본가와의 유착관계를 드러냈다.

● 숙군의 요구

 김종필 등 육군사관학교 제8기생 출신자 11명은 1960년 9월 10일 현석호 국방장관에게 숙군을 건의했다. 여기에는 다음해의 군사쿠데타의 주력멤버가 가담하고 있었다. 이어서 9월 24일 김병화 등 육군장교 16명이 최영희 연합참모총장에게 정군(整軍)을 건의했다.

● 민주반역자재판

 4·19 의거 때의 데모대에 대한 발포명령사건 등, 6대 사건에 대해 서울지방법원은 1960년 10월 8일 유충렬 전치안국장에게만 사형을 선고하고 그밖의 피고 전원에게 무죄판결을 내렸다. 여기에 분노한 4·19 부상학생들은 10월 11일 사건관련자의 엄벌과 국회해산을 요구하며 국회의사당 내에 난입, 연단을 점거했다.

● 달러환율의 인상

 1961년 1월 1일부터 달러환율을 1달러당 1천환으로 인상했는데도 불구하고 악성인플레에 의해 환의 가치는 계속 떨어져 1개월 뒤인 2월 1일부터 1달러당 1천 3백환으로 다시 인상했다.

● 2대악법 반대운동

장면정권은 민족민주통일운동이 급속히 고조되었기 때문에 반공특별법과 데모규제법을 만들어 국회통과를 노렸다. 혁신정당을 중심으로 이 2대악법은 기본적 인권을 유린하는 것이라 하여 각지에서 대규모적인 반대집회와 데모를 감행했다.

● 대미 · 대일 의존

허정과도정부는 1960년 5월 4일 일본인 기자의 무제한 입국을 허가했다. ◇ 6월 19일 아이젠하워 미대통령이 서울을 방문하여 미국의 대한원조를 약속했다. ◇ 장면내각은 성립 직후인 9월 6일 일본정부의 친선사절단(단장 고자카 외상)을 맞아들였다. ◇ 1961년 2월 8일 장면정부는 대미예속관계를 규정한 불평등적인 한미경제기술협정의 조인을 강행하여 그 대미의존정책을 노골적으로 나타냈다. ◇ 장면내각은 동년 4월 22일 한일통상협정에 조인했다.

제25장 5·16 군사쿠데타

1. 미국과의 관계

1961년 5월 16일 미명 박정희 등에 인솔된 3천 5백여 명의 군인이 서울에 진입, 정부기관·시내 요소를 점령하고 정부요인을 체포함과 동시에 서울시의 경찰을 완전 접수했다. 7시에는 군사혁명위원회가 입법, 사법, 행정의 3권을 장악하고 혁명은 완전히 성공했다고 방송했다. 동일 포고 제1호에 의하여 전국에 비상계엄령이 선포되고 「반공을 국시의 제일의로 삼고 반공태세를 재정비·강화한다」는 등의 「혁명공약」이 발표됨과 함께 민·참 양의원의 해산과 지방의회의 해산, 정당·사회단체의 활동금지 등이 포고되었다. 숨어 있던 장면은 18일에야 모습을 나타내어 각의를 열고 총사직과 군사혁명위에의 정권이양을 성명했고 대통령 윤보선도 군사혁명위를 추인했다. 19일 군사혁명위는 국가재건최고회의라고 개칭하고(의장은 민주당 정권 하에서 육군참모총장을 지낸 장도영) 다음날인 20일에는 동회의를 모체로 한 군인내각이 발족했다. 그러나 7월 3일 「반혁명 사건」을 이유로 장도영 등이 체포되었고 최고회의 부의장인 박정희가 의장으로 승격, 박정희는 명실공히 군사정권의 실권을 장악했다(내각수반에는 송요찬(宋堯讚)을 임명).

이상이 군사쿠데타의 간단한 경과인데 여기에서 당연히 일어날 수 있는 하나의 큰 의문은 유엔군 산하에 있으며 미군의 통제 하에 있는 한국군이 과연 독자적으로 군사쿠데타를 일으킬 수 있는가 하는 것이다. 표면적으로는 주한미대리대사 그린, 주한유엔군 사령관 매그루더가 쿠데타를 지지하지 않는다고 성명하고 미국무성도 당초에는 논평을 피하고 있다. 그러나 29일에는 미국무성 대변인이 「한국의 방위와 민생안정을 위해 신군사정권과 협력할 용의가 있다.」라고 발표했고, 7월 27일에는 미국무장관 러스코가 한국의 신정권에 대한 지지와 원조를 공식적으로 밝혔다.

쿠데타 직후의 움직임을 보면 미국이 여기에 관여하고 있지 않은 것처럼 위장되고 있지만 유엔군(=미군) 사령관이 전면적으로 통솔하고 있는 한국군에 의한 쿠데타가 미군사령과 내지는 그 정보기관과 아무런 관련도 없이 일어날 수 있다고는 생각되지 않는다. 주한미대사관과 미국무성이 쿠데타계획을 어느 정도 사전에 알고 있었는가 하는 것은 접어 두더라도 주한 미CIA와 미군정보기관은 충분히 알고 있었을 것이다. 박정희, 김종필 등의 불온한 움직임은 이미 전년 12월경부터 항간에 일부 알려져 있었고 장면 내각의 수사기관에도 그 정보가 들어와 있었던 것이다.

CIA가 숱한 쿠데타의 원흉이었다는 것은 이미 잘 알려져 있다. 미국과 영국계 석유회사를 국유화한 이란 모사데그 수상의 실각(1953년), 남베트남 고 딘 디엠 정권의 붕괴(1963년). 인도네시아 수카르노 대통령의 실각(1965년), 캄보디아에 있어서의 시아누크 전하의 추방(1970년), 칠레에 있어서의 아옌데 정권의 붕괴(1973년) 등은 모두 당해국의 미대사관, 미국무성은 「아는 바 없다.」고 했지만 실제에 있어서는 CIA의 조작에 의한「정변」이었다는 것은 이제 주지의 사실이다.

이른바 후진국에 있어서 미국의 정책이 표면적으로는 국무성의 앞잡이 기관에 의해 추진되고 있지만 실질적으로는 CIA가 중요한 열쇠를 쥐고 있다는 것도 이제는 공공연한 비밀이다. 즉 CIA의 조직력과 그 활동은 그야말로 미국정책의 참모습을 나타내는 것이라고 해도 과언이 아니다. 특히 공산권과 접해 있고 위기적 상황이 노출되어 있는 나라나 지역에서의 CIA의 모략은 극히 집중적이고 또한 교묘하다. 한국에 있어서도 반년 이상에 걸쳐서 계획된 일부 한국군 장병의 쿠데타계획이 CIA와 무관하다는 일은 있을 수가 없다. 5·16 군사쿠데타는 4·19의거 이후 급속히 고조된 한국민중의 남북교류·통일의 기운과 장면 친미정권의 무능에 당황한 미국 측의 후원 또는「협조」하에서 이루어졌다고 보아야 할 것이다.

2. 군사쿠데타의「사명」

그렇다면 미국은 어째서 선거나 의회를 통하지 않고 군사쿠데타라는 급진적인 형태로「정변」을 일으킨 것일까? 5·16 군사쿠데타는「군사혁명」이라고 호칭되었으나 일반적으로 말하는 혁명과는 정반대이다. 오히려 4·19 의거 속에야말로 혁명으로 발전할 수 있는 몇 가지 요소가 존재했었다고 할 수 있다. 미군정을 이어받은 이승만독재정권에 의한 오랜 비정과 그 결과로 초래된 사회경제적 위기는 근본적인 사회변혁으로서의 혁명에 이르는 제 조건을 낳았고 4월 봉기에는 민족주의자 또는 진보세력이 하층대중과 함께 가담하고 있었다. 만일 이때 한국군 내에 자주적인 혁명에의 의욕이 존재하여 봉기자측에 서서 궐기했더라면 한국군은 훌륭히 혁명군으로서의 사명을 다할 수 있었을 것이다. 그러나 한국군은 민중의 편에 서지를 않았고 의거청년학생들의 유혈의 희생을 간과했다. 이러한 한국군의 움직임은 말할 것도 없이 미국의 정책에 따른 결과이다. 그렇다면 허정과도정부의 협력으로 태어난 대망의 친미·친일·반공의 장면 정권을 쓰러뜨리는 군사쿠데타를 어째서 미 CIA는 거들게 되었는가.

미국은 4·19 의거에 나타난 심각한 사태를 수습함에 있어서 무엇보다도 친미반공체제의 유지에 역점을 두었고, 그것은 허정, 장면 두 정권에의 이행을 통해서 순조로이 진행되었다고 생각되었으나 4·19 의거에서 폭발한 민중의 항쟁에너지를 억제할 수는 없었다. 그것은 각 계층의 대중과 민족주의세력, 진보세력의 활발한 조직화와 반정부투쟁, 조국의 평화통일을 요구하는 대중운동이 되어서 분출했다. 통일사회당과 사회대중당의 결성, 근로인민당계를 중심으로 하는 사회당의 활동, 민족민주통일중앙협의회, 영세중립화위원회, 민족통일전국학생연맹 등 광범한 계층을 망라한 조직의 결성활동과 더불어 반정부집회와 데모가 요원의 불길처럼 번져 나갔다. 그 정점을 이룬 것이 1961년 5월의 판문점에 있어서의 남북학생회의를 겨냥하는 활발한 운동이었다. 이대로 사태를 방치하면 38도선 휴전선의 민족분단의 장벽이 무너지고 전민족을 열광시키는 남북청년학생의 판문점회담이 개최되고야 말 것 같은 형세였다.

격류와도 같은 통일에의 움직임은 선거나 의회에 의한 「정변」이라는 시간을 요하는 수단으로는 억제할 수가 없고, 그것은 오히려 불에 기름을 붓는 결과를 초래할지도 모를 상황에 있었다. 미국(CIA)은 하늘을 찌를 듯한 통일운동의 고조를 장면정권의 행정력으로서는 도저히 누를 수 없다고 판단하고 총검에 의한 제압을 위해 군사쿠데타를 필요로 한 것이다. 군사정권이 제1의 「혁명공약」에 「반공태세의 강화」를 들고 우선 맨 처음에 통일운동자, 혁신세력, 진보적 민족주의 세력에 덤벼들어 피비린내 나는 탄압의 칼을 휘두른 것은 결코 우연한 일이 아니다.

그러나 군사쿠데타에 의한 통일운동의 진압, 친미반공체제의 유지는 미국으로서도 마지막 카드를 꺼냈다는 것을 의미한다. 제 2차 대전 후 미국이 한국에서 육성한 친미세력으로서는 이승만계, 한국민주당계, 국군내 세력의 셋을 들 수가 있는데 앞의 둘은 이승만정권, 장면정권에 동원되어 이미 이용이 끝난 상태이고, 그것들은 모두 쿠데타전의 심각한 사태를 수습할 힘을 가지고 있지 못했다. 그래서 지금까지 역대 정권의 배후에 있었던 군대가 「마지막 카드」로서 등장케 되었던 것이다.

3. 혁신세력, 자주통일세력의 말살

비상계엄령을 선포하여 모든 집회, 정치활동을 금지하고 언론출판의 사전검열을 실시한 군사정권은 6월 18일부터 전국적으로 본격적인 체포선풍을 불러 일으켰다. 청년, 학생, 정치가 등 체포 구금된 자는 쿠데타 직후에만도 3만5천명을 밑돌지 않을 것으로 추정되고 있다. 그 중에서도 체포의 화살은 특히 혁신세력, 자주통일세력에 향해졌다. 자유당의 구악 관련자는 이미 민주당 정부의 손으로 1960년 12월의 소급법에 따라 체포되어 있었으므로 신정권은 수고를 할 필요가 없었고 민주당 관계자도 간부급이 일단 체포되었으나 거의 석방되고 김영선, 박해정, 조중서 등 몇 사람이 구속되었을 뿐이었다.

이에 반해 혁신 제 정당, 사회단체, 청년·학생단체, 노동관계자 등은 특수범죄처벌 특별법(1961년 6월 22일에 제정된 소급법), 반공법(동년 7월 3

일 공포) 등에 의해 대량으로 체포 구금되었다. 만일 5·16 군사쿠데타가 그들의 주장대로 민주당정권의「부패와 무능」때문에 일어난 것이라면 주로 민주당 관계자가 체포 처단되어야 할 것이고 또 쿠데타가 군사정권이 말하는 것처럼「4·19 정신을 계승」한 것이라면 4·19 의거의 대상이 되었던 자유당 관계자가 처벌되지 않으면 안될 것이었다. 그런데 사태는 그와는 반대였다. 쿠데타정권수립 후의 탄압대상을 보면 5·16군사쿠데타가 진보적 정치세력, 자주통일세력을 말살하는 것을 제1의 사명으로 하여 강행된 것이라고 판단할 수밖에 없다.

1961년 7월 12일 군사재판에서 맹위를 떨치게 되는 혁명검찰부(부장 박창암)와 혁명재판소(소장 최영규)가 설치되었다. 우선 자유당의 부정선거관련자에 대해서 보면 검찰부가 다룬 것은 163건 396명이며 그 중 불기소처분 72건 172명, 기소는 99건 227명이다. 그러나 혁재가 다룬 순자유당 관계는 21건 77명에 지나지 않고 그것도 대부분은 1년 이내에 형의 집행이 정지되었을 뿐만 아니라 1963년 1월 11일에 자유당계 정치인의 정치활동 제한을 배제하는 취지의 정부발표에 의해 자유당 관계자의 정치적 책임은 불문에 붙여졌다. 민주당 관계자도 전술한 바와 같이 간부들이 약간 투옥되기는 했으나 거의 정치적 책임은 추궁되지 않았고 자유당계와 전후하여 형의 집행이 정지되었다.

이와는 반대로 혁신계를 보면 혁검에서 다룬 225건 608명 중 불기소가 126건 354명, 혁재에 회부된 자 56건 215명으로 되어 있다. 혁재가 직접 다룬 순혁신계는 48건 205명에 이르렀다. 이들 피고는 대부분 중형에 처해졌고 장기에 걸쳐 옥살이를 하거나 혹은 처형되었다. 1967년경까지 5·16 쿠데타 관계 정치범으로서 옥중에 남아 있던 자 가운데 자유당 민주당계는 전혀 볼 수가 없고 모두 혁신계 정치범 뿐이었다.

이러한 사실은 5·16 군사쿠데타의 주요 공격대상이 자유당이나 민주당이 아니라 조국의 자주적 평화통일과 독립을 주장하는 혁신세력과 민족주의 세력이었다는 것을 여실히 말해 주고 있는 것이다. 이것은 곧 CIA가 5·16 군사쿠데타에게 맡긴 중요한 사명이었던 것이다.

4. 정치활동정화법

군사정권은 민의에 밀려 1961년 8월 12일 민정이관을 약속하고 1963년 1월부터 정치활동의 재개를 허용한다고 공약했으나 한편에서는 권력독점의 태세를 굳혀 나갔다. 1962년 3월 16일 최고회의는 구정치가의 정치활동 재개에 대비하여 정치활동정화법(정정법)을 공포했다. 거기에 의하면 5·16 쿠데타 이전에 정치활동을 벌인 적이 있는 특정한 자는 최고회의 정치활동정화위원회에 정치활동적격심사를 신청하여 인정을 받지 않으면 1968년 8월 15일까지 정치활동을 허가하지 않는다는 것이다. 최고회의 정정위는 동년 3월 30일부터 3회에 걸쳐 정치활동정화법 해당자라고 하여 「불순한 특정 구정치인」 4,374명을 발표했다. 정정위는 그중 적격심사신청자 1,496명 가운데서 1,336명의 적격자 명단을 공고했다. 그 뒤 최고회의는 정정법에 의해 정치활동이 금지된 3,038명 중에서 동년 12월 31일에 171명, 1963년 2월 1일에 268명 등을 각각 해제했다.

군사정권은 전술한 바와 같이 쿠데타 이후 포고 제4호에서 민의원, 참의원 및 지방의회의 해산, 일체의 정당 및 사회단체의 활동금지를 포고 제6호에서는 모든 정당 및 사회단체의 해산을 명했을 뿐만 아니라 이 정정법에 의해서 3,038명에 이르는 정치가의 활동을 모두 봉쇄하여 장기집권의 포석으로 삼았다. 활동을 봉쇄 당한 자의 대부분은 말할 것도 없이 민족주의 세력 또는 진보세력에 속해 있던 사람들이었다.
　또 군사정권은 한편으로 중앙정보부를 만들어 그 그물을 전국에 폄과 동시에 공화당이 창당준비를 끝낸 뒤에 1963년 1월부터 구정치인의 정치활동재개를 허용했다. 그러나 혁신계나 진보세력에 대해서는 계속 투옥 혹은 정정법 기타의 탄압법을 동원하여 그 정치활동을 금지했다. 미 CIA가 부여한 5·16 군사쿠데타의 사명은 정치활동재개의 단계에 이르러서도 군사정권에 의해 관철되고 있었던 것이다.

5. 비 망

● 「혁명공약」

군사쿠데타 직후 발표된 「혁명공약」은 다음과 같은 것이다.

① 반공을 국시의 제1의로 삼고 지금까지의 형식적이고 구호에 그쳤던 반공태세를 재정비 강화한다.
② 유엔헌장을 준수하고 국제협약을 충실히 이행함과 동시에 미국을 비롯한 자유우방과의 유대를 한층 더 강화한다.
③ 우리 사회의 모든 부패와 구악을 일소하고 퇴폐한 국민 도의와 민족정기를 바로 잡기 위해 청신한 기풍을 진작시킨다.
④ 절망과 기아선상에서 허덕이는 민생고를 시급히 해결하고 국가자립경제의 재건에 전력을 경주한다.
⑤ 민족적 숙원인 국토통일을 위해 공산주의와 대결할 수 있는 실력배양에 전력을 집중한다.

⑥ 이러한 우리의 과업이 성취되면 참신하고 양심적인 정치인에게 언제라도 정권을 이양하고 우리들 본연의 임무로 복귀할 준비를 갖춘다.

● 잔혹한 「혁명재판」

쿠데타 직후의 군사정권에 의한 재판은 혁신세력에 대해 한결 같이 가혹하고 잔인한 것이었다.

● 민족일보 사건

1961년 8월 28일의 공판에서 민족일보 사장 조용수(趙鏞壽) 등 3명에게 사형 판결.

● 사회당 사건

1961년 10월 30일의 공판에서 피고 7명에게 15년~5년의 징역형을 선고

● 민족통일 전국학생연맹 사건

1961년 9월 30일의 공판에서 피고 12명에게 15년~6년의 징역형을 선고

● 혁신당 사건

1961년 10월 4일의 공판에서 피고 6명에게 15년~5년의 징역형을 선고.

● 민족자주통일 중앙협의회 사건

1961년 11월 17일의 공판에서 피고 11명에게 15년~3년의 징역형을 선고.

● 마산 영서중립회 사건

1961년 12월 7일의 공판에서 피고 3명에게 10년~5년의 징역형을 선고.

● 통일사회당 사건

1962년 4월 27일의 공판에서 피고 7명에게 15년~3년의 징역형을 선고.

제26장 박정희 군사독재정권

1. 남한 단독선거 법통의 유지

　미국은 지금까지 거듭 지적했듯이 남한 단독선거에 의해 성립된 친미반공체제의 유지를 한국정책의 중심으로 삼아왔지만 5·16 군사쿠데타 후에 있어서도 역시 이 체제·법통의 유지라는 지상과제에 힘을 기울였다.
　일반적으로 정권의 성립에는 크게 나누어 두 가지 과정을 생각할 수 있다. 하나는 정권의 합법적인 수수·교체이며 다른 하나는 혁명 또는 쿠데타에 의한 새로운 정권의 수립이다. 박정희는 군사쿠데타의 주도자로서 새로운 독자적인 전통을 지향한 정권을 수립하기보다도 미정부, 특히 CIA의 방침에 따라 남한 단독선거의 법통, 즉 철저한 반공·대미 의존체제의 유지를 위해 힘썼다.
　쿠데타 직후인 5월 19일 대통령 윤보선은 일단 하야성명을 발표했으나 쿠데타 세력측의 간청에 따라 다음날인 20일에 번의하여 군사정권을 지지한다는 뜻을 발표했다. 장면 등 민주당 신파의 부패와 무능 그리고 예속성을 비난하며 분당하고 신민당을 창당한 윤보선 등 구파는 최고회의가 머지않아 신민당 후 미국이 육성해 온 이승만파, 한국민주당세력의 배제를 뜻하는 것은 아니다. 이러한 세력은 계속 온존 보호되어 윤보선의 경우처럼 반공군사지배체제의 강화에 이용되는 것이다.

본래 미군정이 이승만정권에게 인계한 주요한 인적 기반은 국방경비대와 국가경찰, 그리고 관료집단이다. 경찰은 조병옥 등의 한민당계가 그 중추를 이루고 있었고 경비대(훗날의 국군)는 이승만 지지와 반공을 제일의 사명으로 하는 군대였다. 즉 국군은 이승만정권을 지탱하고 동시에 미국의 한국정책을 군사적으로 지탱하는 존재이기도 했다. 그런 까닭에 미국의 한국정책의 전략적 변화에 따라 한국의 정권 담당자가 이승만, 허정, 장면, 박정희로 변했다고 하더라도 그것을 받치고 있는 인적 기반은 군정 이래의 이승만과 한민당계로 이어지는 기성지배층과 군대라는 사실에 변함은 없었다. 따라서 박정희 군사정권은 자유당계, 한민당(민주당)계를 보호·등용하고 혹은 이승만에의 「존경」을 표시함으로써 군사정권이 남한 단독선거의 법통 위에 서 있음을 과시하며 정권기반을 강화하는 데에 주력한 것이다.

2. 위법적인 헌법개정

1962년 3월 22일 윤보선은 정치활동정화법에 반대하여 대통령을 사임하고 최고회의의장 박정희가 대통령권한대행이 되었다. 동년 7월 11일 최고회의 헌법심의위원회는 헌법개정방침을 밝히고 11월 5일 개헌안을 발표했다. 이 안은 지금까지의 내각책임제를 대통령중심의 피라미트형으로 고친 전문 5장 121조와 부칙 9조로 되어 있고 부칙에서는 쿠데타 이후의 제 법령의 유효성을 규정하고 있다.

여기에서 주목되는 것은 박정희 군사정권이 신헌법을 제정하는 방식을 취하지 않고 구헌법의 개정방식을 취했다는 것이다. 구헌법(1960년

6월 15일 공포)의 규정에 의하면 개헌의 절차는 대통령, 민의원 또는 참의원이 발의하고 양원의 재적의원 3분의 2이상의 찬성을 얻어야 할 수 있게 되어 있었다. 그러나 쿠데타 직후 양원을 해산했기 때문에 군사정권은 헌법의「개정」을 실시할 합법적인 수단을 이미 상실하고 있었다고 하지 않으면 안된다. 그럼에도 불구하고 군사정권은 개헌안을 최고회의에서 발의하고 강제로 국민투표에 붙여 헌법을「개정」한 것이다. 이것은 분명히 위법적인 개헌이다.

박정희정권이 신헌법을 제정하지 않고 위헌적인 절차에 의해 개헌을 강행한 것은 어떤 이유에서일까? 그것은 앞에서도 말한 것처럼 한국에 있어서의 정권을 필수로 하는 미국의 지지와 원조를 확보하기 위해 군사정권이 구정권으로부터의 합법적 계승성, 즉 남한 단독선거 이래의 역대정권의 법통을 유지하려고 하는 의도에 따른 것이다.

1962년 12월 6일의 최고회의에서 의결된 개헌안은 동 17일에 실시된 국민투표에서 78.78%의 찬성을 얻은 것으로 발표되었다. 대통령에 권력을 집중한 이른바 제3공화국 헌법은 26일에 공포되었다.

헌법은 전문에서「3·1운동의 숭고한 독립정신을 계승하고 4·19의거와 5·16혁명의 이념에 입각」하고 있다고 표현하고 있다. 헌법이 5·16 군사쿠데타의 이념에 입각한 반공독재의 헌법인 것은 당연하다 하겠지만 반일·민족독립의 3·1정신, 반독재·민주체제를 지향한 4·19의거의 이념과는 상충된다는 것은 누가 보아도 분명한 것이다. 학생이나 교수, 그리고 민족주의 세력, 진보세력을 비롯한 국민대중이 4·19의거에서 추구한 것은 독재부패정권의 퇴진과 사회의 민주화이며 그 연장선상에는 조국의 자주적이고 평화적인 통일이 있었다. 민주화와 자주통일의 운동을 강권으로 압살한 5·16쿠데타의「이념」은 4·19의거의 이념과는 정반대되는 것이었다.

 동헌법은 또 「정당의 설립은 자유」, 「복수정당제의 보장」등을 규정하고 있는데 그것은 어디까지나 이승만파, 한국민주당계 등 친미보수세력의 정치적 기득권을 「보장」하는데 지나지 않는 것이며 민족주의 정당 또는 혁신정당 설립의 자유를 보장하는 것은 아니었다. 반대로 동헌법에는 국민의 기본권과 함께 정치활동, 정당활동의 극단적인 제한이 각 조항에 규정되어 있다. 즉 제3공화국 헌법은 5·16 군사쿠데타에 의한 민주세력의 봉쇄를 합법화하고 박정희 군사정권의 독재체제를 굳히는 법적 조처였다.

3. 미국의 뒷바라지와 한일 접근

 박정희군사정권의 출현은 한일관계를 급속히 긴밀화하는 전기가 되었다. 장면정권도 집권 9개월 동안 미대사관측과의 합의하에 「고자까」일본 외상의 방한, 제5차 한일회담의 개시 등 한일관계의 정상화에 힘썼지만 정권약체화 때문에 대일접근책에 대한 국내의 비판을 누를 수가 없었다. 미국의 기대를 짊어지고 등장한 박정희정권에 있어서는 정권의 유지, 강화를 도모하는데 있어서 미국의 외교, 군사, 경제면에 있어서의 지원 뿐만 아니라 일본의 원조를 확보하는 것이 시급한 문제이며 그것이 미국이 바라는 바이기도 했다.

 미국이 한일교섭을 주선한 것은 주지의 사실이다. 미국은 군사쿠데타정권의 노골적인 파쇼적 자세에 대한 국제여론의 반발을 고려하여 1961년 8월 12일 박정희로 하여금 민정이양을 공약케 한 뒤 11월초 「러스크」를 서울에 파견하여 박정희와 회담시켰다. 여기에 앞서서 러스크는 이께다(池田) 수상과도 회담하였다. 이러한 미국의 주선에 따라 박정희는 11월 12일 이께다 수상과의 회담을 가진 후 미국을 방문한 것이다.

이리하여 박정희군사정권은 미 CIA의 은밀한 지지에 더하여 미국정부의 공공연한 지원을 받아 그 강력한 작용 하에 일본 자민당정권과의 야합에 의한 한일교섭의 타결, 경제원조 도출 등의 레일을 깔았다. 4·19 민중봉기 후 한국에 있어서의 친미반공체제의 동요를 가장 두려워한 미국은 군사정권의 등장과 이것을 돕는 일본과의 대한원조 책임분담에 따른 한국정세의 안정화를 도모한 것이다. 이것은 또 미·일·한의 반공동맹체제를 준비하는 것이기도 했다.

4. 군사정권의 시행착오와 실패

군사정권은 쿠데타 이래 박정희의 실권하에 장도영, 송요찬(宋堯讚), 김현철(金顯哲) 등을 내각수반으로 세워 여러 가지 파쇼입법을 단행하여 강권을 휘둘렀으나 집권 2년이 채 안되는 동안에 정치, 경제, 사회 기타 각방면에서 불합리한 정책이 원인이 되어 그 파탄이 명백해졌다. 다음에 몇 가지 예를 들어본다.

우선 군사정권은「혁명공약」에서「부패와 구악의 일소」를 다짐했으나 군사정권의 독재화는 이승만정권을 능가하고 4·19의거에서 규탄의 대상이 된 부정 부패세력과 전횡을 자행한 구자유당 관계자를 보호 또는 등용했다. 군사정권은 정당정치가를「구정치인」이라고 낙인찍고 범죄자처럼 다루면서도 군사정권에 협력하는 자는 이승만, 장면 두 정권에 직접 관계했던 부정 부패분자까지도 등용하고 우대했다.

군사정권은「구악의 일소」를 운운하면서 부정 부패행위에 있어서는 역대정권을 웃돌아「신악」이라는 평판이 널리 퍼졌다. 증권시장의 부정조작에 의한 부당이득(증권파동 사건), 새나라자동차회사와 기아산업이 결탁한 밀수사건(새나라자동차 사건), 워커힐 개업에 따르는 부정이득(워커힐 사건), 빠찡코기계반입 사건 등 이른 바 4대 의혹 사건은 군사정권과 이를 둘러싼 정상배의 탐욕과 부패상을 여실히 말해 주는 것이었다. 이 때문에 군사정권 핵심에 있던 김종필과 오정근이 실각하고 동사건에 대한 재수사가 진행되는 동안에 김종필은 1963년 3월 25일「외유」라는 명목으로 해외에 도피했다.

다음에 군사정권에 있어서「반공」은 모든 반정부 세력과 혁신세력 그리고 민족주의 세력을 말살하는 구실이 되었다. 통일사회당, 사회당, 혁신당, 사대당, 민자통, 민통학련, 영세중립위, 피학살자유회, 민족일보 등 합법적으로 조직 설립되었던 정당, 사회단체, 언론기관 등이 반국가행위 집단으로서 처벌대상이 되었고 일부 지도적 인사에게는 사형이 과해졌다. 더욱이 군사정권은 이러한 불법적인 억압행위를 쿠데타 후에 일방적으로 제정한 소급법에 입각하여 단행했고 일체의 정부비판세력을「반공」이라는 이름으로 봉쇄했다. 그러나「용공분자」도 정부에 충성을 맹세하고 그들에게 협력하면 또 처우는 달랐다.

군사정권의 잇따른 수탈과 경제정책의 실패는 인플레와 민생고를 가중시켰다. 군사정권은 1961년 5월 25일「농어촌고리채정지령」을 발포했고 또 동년 6월 14일에는 부정축재처리법을 제정하여 부당이득의 환수를 노렸고 1962년 6월에는 통화개혁을 단행했으나 경제는 전혀 안정되지 않고 악성인플레가 더욱 조장되었다.

통화량을 보면 1960년만 2,191억 환, 1961년 말 3,120억 환, 1962년 말에는 4,050억환(=405억 원)이라는 엄청남 증가를 초래하였다. 물가도 예

를 들어 1961년 초에 한 되에 300환 하던 쌀값이 2년 후인 1963년 초에
는 4배인 1,200환(=120원)으로 뛰어오르고 같은 기간에 설탕도 한 근에
200환에서 700환(70원)으로 올랐다.

군사쿠데타 후 2년 남짓한 동안에 정권의 내분도 심해졌다. 그 결과로
잇따라 일어난 반혁명사건은 정치적 사회적 혼란에 박차를 가했다. 군
사정권을 구성하는 인맥과 파벌은 육사8기생, 반8기생파, 평안도파(장도
영파), 함경도파(알라스카파), 해병대파(김동하파), 김종필파, 반김종필
파 등으로 나뉘어 반목 대립했다. 추악한 파벌다툼은 1961년 7월 장도영
등의 반혁명사건, 1963년 3월 박임항(朴林恒)·박창암(朴蒼岩) 등의 반
혁명사건, 1963년 10월 김윤근 등의 쿠데타혐의사건 등 피비린내 나는
사건을 낳았다. 이러한 사건들은 곧 박정희정권의 불안정과 정국의 혼
란을 여실히 말해 주는 것이었다.

군사정권은 계속된 정치, 경제, 사회 각방면에 있어서의 실정과 혼란
에도 불구하고 그 책임을 지려고 하지는 않고 강압적인 정책에서만 활
로를 찾았다. 최고집권자는 아무런 경륜도 신념도 정견도 경험도 없는
데다 즉흥적인 발상과 겉치레 그리고 기분내키는대로 권력을 행사했고
번의를 되풀이하여 실소와 조소를 사면서도 그것은 「시행착오」라고 강
변하며 군민의 눈을 속이려 했다.

5. 민정참여를 둘러싼 박정희의 번의

박정희집권집단은 정권에 대한 탐욕적인 집착을 가지고 있었는데 내
외여론의 비난을 피하기 위해서는 갖가지 허구적인 선전과 연기가 필요
했다. 그것은 박정희의 각종성명과 앞뒤가 맞지 않는 번의의 연속에 잘

나타나 있다. 이점의 경과를 보면 다음과 같다.
• 1961년 8월 12일   최고회의의장 박정희는 1963년 여름까지 민정이양을 단행하겠다고 발표했다.
• 1962년 3월 16일   민정이양에 대비하여 구정치인의 활동을 봉쇄하기 위해 정치활동정화법을 공포하고 동년 5월 30일부터 3,038명의 정치가에 대해 그 활동을 금지시켰다.
• 1962년 여름쯤부터 일반에게는 정치활동을 금지시켜 놓고 중앙정보부(부장 김종필)가 중심이 되어 여당인 민주공화당의 조직에 착수했다.
• 동년 12월 27일   박정희는 쿠데타 당시의 공약을 깨고 자신의 대통령 출마, 최고회의 멤버의 민정참여를 밝힌 뒤 다음해 1월 1일부터 정치활동을 재개시켰다.
• 1963년 2월 18일   박정희는 자신의 민정불참여를 밝히면서 몇 가지 전제조건을 단 9개 항목의 정국수습방안을 발표했다. 즉, 5·16 혁명과의 계승, 5·16 혁명의 정당성 인정, 정치적 보복의 금지, 혁명주체세력의 개인의사에 따른 군복귀 또는 민정참가, 유능한 예비역 군인의 기용, 한일문제의 초당파적인 추진 등이다. 이러한 조건이 각 정당, 정치지도자에 의해 수락되면 박정희 자신은 민정에 참가하지 않겠다는 것이다. 박정희의 이 2·18성명은 군사정권의 장기화에 대한 국민의 불만과 정권내부의 의견대립에 의해 정국이 혼란에 빠진 결과 어쩔 수 없이 내놓은 제스처였다.
• 1963년 2월 27일   박정희와 각 정파의 지도자, 군대표가 모여 시국수습방안 수락·준수의 선서식을 거행했다. 또한 같은 날 최

고회의는 정정법 해당자 가운데 2,320명을 해제했다.
- 동년 3월 7일 박정희는 5·16 쿠데타정치질서에 해를 미치는 기성 정치인의 후퇴를 요구하고 군사쿠데타를 지지하는 새로운 세대에 정권을 맡겨야 한다는 세대교체론을 주장했다.
- 동년 3월 15일 수도방위사령부 소속의 현역군인이 민정이관에 반대하고 군정연장을 요구하는 데모를 감행했다.
- 동년 3월 16일 박정희는 군정의 4년 연장을 국민투표에 묻는다는 뜻을 발표함과 동시에 비상사태수습임시조치법을 공포하고 기성 정치가의 정치활동을 중지시켰다.
- 동년 3월 19일~22일 재야 정당인, 서울시민 등이 군정연장에 반대하여 데모를 벌였다. 그러나 3군지휘관회의는 박정희의 3·16 군정연장성명을 지지한다고 발표했다.
- 동년 3월 23일 미국무성은 군정연장에 반대하고 합리적인 민정이양을 바란다는 뜻을 박정희에게 전했다. 4월 2일 미대통령 케네디도 박정희에게 보낸 회신 속에서 「한국에 민주적 정부가 수립되기를 바란다」라고 말했다.
- 동년 4월 8일 박정희는 앞서 발표한 군정연장을 위한 국민투표안을 9월말까지 보류함과 동시에 기성 정치인의 정치활동을 금지한 임시조치법을 폐기하고 정당활동을 재개시켰다(4·8성명).
- 동년 5월 16일 박정희는 국민투표를 중지하고 연내에 민정이양을 실시한다고 발표했다.
- 동년 5월 27일 민주공화당은 전당대회에서 박정희를 동당의 대통령 후보로 지명했다.
- 동년 7월 27일 박정희는 대통령선거는 10월 중순, 국회의원선거는

11월 하순, 새국회 소집은 12월 중순으로 한다는 민정이양 스케줄을 발표했다.

6. 제 정당의 결성

 일반적으로 군사쿠데타정권이 쉽게 정권을 민간에게 이양하지 않는 것처럼 박정희 등 5·16 쿠데타세력도 장기집권을 기도하여 그 실현의 준비를 추진했다. 국제여론을 우려한 미국의 민정이양요구에 따라 박정희정권은 군복을 민간복으로 바꿔 입는데 불과한 민정이양극에 전력을 기울였다. 그 하나는 현연군인인 최고회의 멤버를 예비역으로 편입시켜 민간인으로 만들고 그들을 유력간부로 앉힌 정당을 결성하여 부정선거를 통해서 계속 정권을 장악하려는 생각이었다. 이것은 말할 것도 없이 실질적으로 군정의 연장에 다름 아니다.
 박정희정권은 장기집권을 노려 일찍부터 각종 부정사건, 외자 도입 등에 의한 정치자금의 조달을 도모함과 동시에 신헌법, 정정법 외에도 정당법, 집회 및 시위에 관한 법률 등을 제정했고 1963년에 들어와서는 대통령선거법, 국회의원선거법을 잇따라 만들어내어 선거에 대비했다. 또 선거결과에 따라서는 다시 쿠데타를 일으켜서라도 정권을 장악하겠다고 공갈했다.
 1963년 초두의 정치활동 재개후의 각 정당결성의 상황은 다음과 같다.

• 민주공화당

 박정희군사정권은 쿠데타 후 정치활동을 일반에게는 금지했으나 김종필은 1962년 여름쯤부터 중앙정보부의 조직을 총동원하여 여당의 말단조직을 만들었다. 게다가 1963년 1월 10일 김종필, 윤일선, 김재순, 김정열, 이원순 등의 발기인이 첫 회합을 열고 18일의 발기인 총회 2월 2일의 창당준비대회(창당준비위원장에 김종필)를 거쳐 2월 25일 창당대회를 열었다. 당총재에 정구영(鄭求瑛), 의장에 김정열이 선임되었다. 김종필은 여당의 조직과정을 둘러싼 내분 때문에 공직사퇴를 선언하고 「외유」를 떠났다. 5월 27일의 제2차 전당대회에서 박정희가 대통령후보로 지명되었다. 그 뒤 자유민주당의 일부가 민주공화당에 합류했다. 동년 8월 30일 박정희는 육군대장이 되어 예비역으로 편입한 뒤 민주공화당에 입당, 다음날인 31일 제3차 동당 전당대회에서 민주공화당총재와 대통령후보 지명을 수락했다.

● 민정당

1963년 1월 정치활동 재개와 더불어 윤보선, 김병로, 이인, 전진한 등이 단일야당결성에 착수하여 1월 27일의 창당준비 발기인대회를 거쳐 동년 5월 14일 구신민당, 구자유당, 구민주당계에 일부 무소속이 가담하여 민정당을 창당했다. 때문에 후보에는 윤보선, 대표최고위원으로는 김병로를 추대했다. 동년 6월 20일 단일야당공작에 따라 민정당과 허정 등의 신정당, 이범석 등 구민족청년단계의 민우당(民友黨)의 3당 합당이 이루어져 8월 1일 「국민의 당」이 발족했다. 9월에 들어와서 단일 대통령후보의 옹립문제를 둘러싸고 윤보선계와 허정계가 대립하여 혼란을 거듭했다. 9월 12일 임시전당대회가 열려 대통령후보에 윤보선이 재지명되었다.

● 신정당 · 국민의 당

　1963년 2월, 허정을 중심으로 신정당발기가 추진되었으나 3월 4일 민주당계가 여기에 합류하기로 결정했기 때문에 4월 29일 신정당창당준비인대회를 열어 위원장에 허정, 부위원장에 이상철(李相哲), 이갑성을 선출했다. 5월 22일 민주당계는 거의 이탈했으나 7월 18일 신정당창당대회가 개최되어 당대표에 허정, 대통령후보로는 야당연합에 의한 단일후보를 옹립하기로 했다. 한편 동년 6월말경부터 민정당, 신정당, 민우당의 통합이 도모되어 8월 1일 민정당의 김병로, 신정당의 허정, 민우당의 이범석 등이 3당 합당에 의한「국민의 당」창당준비위원회를 구성했다. 그러나 9월에 들어와서 민정당계와 일부 민우당계가 이탈했고 13일에는 민정당계 대의원이 국민의당의 해체결의서를 중앙선관위에 제출했다. 민정당계와 결별한 신정당계와 민우당 잔류파는 다음날인 9월 14일 국민의 창당대회를 열고 허정을 대통령후보로 지명했다.

● 범국민당(汎國民黨) · 자유민주당

　박정희의 4·8 성명에 따라 중앙정보부장 김재춘(金在春)은 박정희를 정점으로 하는 새로운 범국민적 정당의 발기를 추진했다. 여기에 호응한 구자유당계, 구민주당계가 기초적 조직공작을 전개하고 민정당, 신정당, 민주당 등으로부터의 이탈자가 가세하여 1963년 6월 10일 신당발기준비위원회를 결성, 위원장에 소선규(蘇宣奎), 부위원장에 김용우(金用雨)를 선출했다. 6월 14일 당명을 자유민주당이라고 정하고 창당대회의 준비가 서둘러졌으나 민주공화당과의 통합을 촉구한 박정희의 뜻을 받아들여 일부는 민주공화당에 흡수되었다. 동년 9월 3일 김도연, 소선규,

김산(金山) 등 잔류세력이 창당대회를 열고 대표에 김도연, 대통령후보에 송요찬을 추대하고 최고위원에 김재춘 등을 선출했다. 그러나 다음 날인 4일 송요찬은 체포되고 김재춘도 외유를 강요당했다.

● 민주당

1963년 1월 7일 박순천(朴順天), 홍익표 등 구민주당계는 무원칙한 단일 야당운동을 비판하고 민주당의 재건운동에 착수했다. 1월 31일에 발기인대회를 가진 후 2월 1일 창당준비대회를 개최, 대표위원에 노진설(盧鎭卨)을 선임했다. 그러나 민주당창당준비위원회는 3월 4일 신정당과의 합당에 합의하고 4월 29일 신정당창당준비대회에 참가했다. 5월 22일 민주당계는 신정당결성운동에서 이탈하여 독자적인 민주당 재건에 나서 7월 18일 창당대회를 열고 박순천을 당총재로 선출했다.

● 자유당

구자유당계는 민주공화당, 범국민당, 민우당 등에 각각 참가했으나 잔류파는 1963년 1월 23일 발기인대회를 열고 자유당창당준비위원회를 구성했다. 8월 8일 동당 중앙위원회는 장택상을 당대표 및 대통령 후보로 추대하고 9월 7일의 전당대회에서 추인했다.

● 정민회(正民會)

자유당계의 변영태와 인태식(印泰植) 등은 1963년 4월 25일 정민회를 발기하여 8월 29일에 창당대회를 개최, 변영태를 대통령후보에 지명했다.

● 민우당

 구민족청년당계의 구자유당원은 이범석과 이윤영을 떠메고 1963년 6월 19일에 민우당발기인대회를 개최하고 위원장에 안호상, 부위원장에 최재옥을 선출했다.
 이상에 서술한 바와 같이 정치활동 재개와 더불어 친미보수 각정파의 정당결성, 선거대책 등은 이합집산을 거듭하면서도 빠른 속도로 진행되었다.
 정치활동재개 후에 다시 정계에 등장한 주도 인물을 계보적으로 보면 다음과 같다.

① 이승만·구자유당계 — 이범석, 장택상, 변영태, 인태식, 이인, 조경규, 남송학, 김철안, 이갑성, 전진한, 안호상, 김용우, 노진설
② 한국민주당계 — 윤보선, 박순천, 김도연, 허정, 김병로, 김재순, 이원순, 소선규, 홍익표, 이상철
③ 군부계 — 박정희, 김정열, 김종필, 김재춘, 송요찬

 한편 조국의 자주통일독립과 민주화를 주장한 민족주의 세력, 혁신세력은 쿠데타 후의 잇따른 탄압과 일련의 소급법에 의해 일체의 정치활동이 봉쇄되었고 이른바 정치활동 재개나 민정이양도 그들의 완전한 소외 위에서 추진되었다. 가령 이동화, 김달호, 윤길중 등은 옥중에 있었고 서상일, 최근우, 이훈구 등은 사망했고 장건상, 김성숙(金星淑), 김성숙(金成璹), 조헌식, 정화암, 구익균, 송남헌 등은 출옥 후에도 감시 하에 있었고 박기출, 유병묵 등은 계속 지하에 숨어 있어야 했다.

제27장 군정연장을 위한 민정이양

1. 제5대 대통령선거

민정이양을 위한 제5대 대통령선거는 1963년 10월 15일에 실시되었다. 각 당의 대통령후보 등록자는 민주공화당 박정희, 민정당 윤보선, 국민의 당 허정, 자유민주당 송요찬, 정민회 변영태, 추풍회(秋風會) 오재영(吳在泳), 신흥당(新興黨), 장이석(張履奭) 등 7명이었다.

박정희는 「혁명과업의 완수」를, 윤보선은 「자유민주주의」를, 허정은 「공포 없는 민주사회」를, 송요찬은 「폭력혁명의 배격」을 주장했다. 난립하여 보조가 맞지 않는 야당에 비해 여당인 민주공화당은 전국의 재건국민운동조직, 애국단, 통일청년회, 신민회, 한국청년단, 경로회, YTP(靑思會) 그 밖의 어용단체, 우익을 총동원함과 함께 행정 말단의 동·통반조직, 각종 공무원, 경찰을 박정희 당선을 위해 몰아세웠다.

야당 후보는 군사정권의 실정과 정치활동재개 전에 있어서 공화당의 사전조직 등 불법행위를 폭로하는 유세에서 활로를 찾았다. 허정, 송요찬이 대통령후보를 사퇴했기 때문에 선거에서는 특히 박정희와 윤보선의 대결이 주목을 끌었다. 박정희는 9월 23일 「이번 선거는 가식의 자유민주주의를 기반으로 하는 자유민주주의와 민족주의를 기반으로 하는 자유민주주의의 사상적 대결이다」라고 하여 야당 측을 공격했다. 다음 날인 9월 24일 윤보선은 유세지인 전주에서 「정부내에 여수·순천 반란사건의 관련자가 있다. 박정희의 사상은 의심스럽다」라고 반박하여 이른바 「사상논쟁」을 분출시켰다. 이것을 계기로 1948년 이승만의 공산게릴라토벌에 반기를 들었던 국군의 여수·순천 반란사건에서 「동지」를 팔아 살아 남았다고 하는 박정희의 전력이 항간에서 수근거려지게 되었다.

대통령선거의 결과는 총유권자 12,985,015명중에서 11,036,175명이 투표했고(투표율 84.99%) 박정희는 4,702,640표, 윤보선은 4,546,614표로 발표되어 박정희가 15만 여표의 근소한 차이로 「당선」했다.

1963년 1월의 정치활동 재개에 이르는 과정 및 재개후의 정정(政情)은 민정이양을 실시하는 자유로운 분위기와는 거리가 먼 것이었으나 대통령선거의 과정도 역시 부정이 판을 친 것이었다. 역대정권의 부정선거를 경험했고 군사쿠데타 세력의 장기집권욕을 알고 있는 야당측은 독자적인 입장에서 공명선거의 실시를 요구하는 운동을 전개했고 9월 20일에는 전야당적인 공명선거투쟁위원회를 결성했다. 그러나 박정희정권의 뜻을 받은 선거기관 및 공무원에게 있어서 역대정권 하에서 구사해 온 부정선거의 술법을 사용하여 야당의 「감시」를 속이고 100만 표 이상의 부정득표를 만들어내는 것은 어려운 일이 아니었다. 윤보선은 당국이 발표한 개표결과를 인정하지 않고 스스로 「정신적 대통령」이라고 칭했다.

10월 12일 민정당, 민주당, 국민의 당, 자민당, 자유당들의 야당은 공동성명을 발표하여 박정희가 위헌·위법적인 부정선거를 자행하고 있다고 비난했다. 윤보선을 옹립한 민정당은 11월 13일 박정희의 대통령 당선무효소송 및 선거무효소송을 대법원에 제출하고 대통령선거시에 있어서의 정부, 여당의 부정불법행위를 지적했다.

그러나 한국에 있어서의 역대선거가 모두 미국의 정책에 의해 선정된 정권담당자에게 합법의 베일을 씌워주는 의식(儀式)에 지나지 않았던 사실을 상기하면 미국정부와 CIA가 군사쿠데타라는 비상수단에 호소하면서까지 등장시킨 박정희의 「당선」과 계속 집권은 움직일 수 없는 것이었고 야당 측의 항의는 광야를 향해 소리치는 이상의 효과를 기대할 수는 없는 것이었다.

이처럼 민정이양은 군정의 종언과 민간정치인에의 정권이양이 아니라 박정희쿠데타세력의 정권연장으로 끝났다. 참된 의미에서의 민정이양을 기다리고 바라던 국민의 기대는 완전히 배신을 당했고 선거는 군복에 색안경 모습으로 등장한 박정희가 신사복으로 갈아입는 단순한 요식행위에 지나지 않았던 것이다. 이것은 또 쿠데타 직후「양심적인 정치인에게 언제라도 정권을 이양하고 본연의 임무로 복귀한다」고 발표한 군사정부의 「혁명공약」을 스스로 내던진 배신행위이기도 했다.

2. 제6대 국회의원 선거

박정희의 대통령「당선」에 힘을 얻은 군사정권은 1963년 10월 26일 제6대 국회의원 선거를 동년 11월 26일에 실시한다고 공고했다. 민정당, 민주당, 자유민주당, 국민의 당 등 재야 4당은 정부·여당측의 부정선거에 대처하여 즉시 공명선거투쟁위원회를 결성하고 선거법의 개정을 요구했다.

선거는 전국 131개 지역구에서 131명과 비례대표제에 의한 전국구(44명)의 동시 선출이라는 형태로 행해졌다. 지역구에는 825명, 전국구에는

151명, 도합 976명이 입후보했다. 12개 정당의 후보가 난립한 지역구를 보면 민주공화당 131명, 민정당 128명, 민주당 120명, 자유민주당 113명, 국민의 당 109명, 자유당 37명, 신민회 25명, 신흥당 11명, 한국독립당 8명, 보수당 77명, 정민회 35명, 추풍회 31명의 입후보로 되어 있다. 말할 것도 없이 민족주의 세력, 혁신세력은 한 사람의 입후보도 허용되지 않았다.

선거결과는 유권자 13,344,147명중 9,622,183명이 투표(72.1%)하여 지역구(정원 131명)는 민주공화당 88, 민정당 27, 민주당 8, 자유민주당 6, 국민의 당 2명의 당선이 발표되고 전국구(정원 44명)는 민주공화당 22, 민정당 14, 민주당 5, 자유민주당 3이라는 결과가 되었다. 예상대로 여당인 민주공화당이 다수의석(정원 175명 중 110명)을 차지했다.

10·15 대통령선거를 확대한 형태로서 11·26 국회의원선거에서도 부정행위가 공공연히 행해졌다. 표의 매수, 유권자 늘리기, 야당지지유권자의 말살, 사전투표, 대리투표, 사후투표, 투표함 바꿔치기, 야당후보 표의 무효화, 여당후보의 샌드위치표, 발표부정 등등 온갖 부정불법 수단이 정부·여당측에 의해 자행되었다고 야당 측이 지적하고 있다.

예를 들면 선거기간중인 11월 11일 민주당은 민주공화당에 의한 부정선거 작전 제1호라는 것을 폭로했고 공무원을 선거에 동원했다고 비난했다. 목포 경찰서의 최승원(崔承元)경사는 동월 16일 정부가 경찰에 부정선거를 지령한 사실을 폭로했고 21일에도 평택 경찰서 윤선홍(尹善洪) 순경과 파주 군청에 근무하는 공무원 윤태원(尹泰元)이 각각 정부의 부정선거 지령을 폭로했다. 11월 13일 민정당은 박정희를 국회의원선거법위반 책임자로서 서울지방법원에 제소하고 있다.

정부·여당 측의 부정선거행위는 이미 자파에 유리한 선거관계법을 일방적으로 제정한 것으로도 명백했으나 그 중에서도 비례대표제는 제1당을 예견한 민주공화당의 절대다수를 확보하기 위한 계략이었다. 일반적으로 비례대표제는 어디까지나 사표(死票)를 줄여 득표수와 의석수의 차이를 감소시키고 선거민의 의사를 공정하게 의회에 반영시키기 위한 것이다. 그러나 박정권의 고안한 비례대표제(전국구)는 사표의 구제에 목적이 있는 것이 아니라 지역구당선 제1당, 즉 집권여당에 대량의 의석을 추가함으로써 국회를 자기들 마음대로 끌고 가려는 데 참된 목적이 있었다. 또 비례대표제에 의한「당선」순위는 당내의 실권, 헌금의 순위에 기초해서 정해졌기 때문에 순위를 둘러싸고 막대한 돈이 오고가게 되었다.

3. 제3공화국의 발족

민정이양을 분식(粉飾)하는 두 선거를 끝낸 박정희는 1963년 12월 17일 제5대 대통령에 취임하여 제3공화국을 발족시켰다. 그는 취임연설에서「강화정치를 빙자한 독재의 등장과 민주주의를 도용한 무능부패의 재현을 모두 배격한다」,「민주주의는 소수의견을 존중하고 보호하는 데에 의의가 있다」는 등 뻔뻔스럽게 말하고 있으나 그보다 2년 7개월 전 총검으로 합헌정부를 찬탈하고 군사독재에 의해 모든 진보세력을 뿌리 채 억압하고 부정부패를 재현 증대시키고 민정이양을 빙자하여 군정을 연장시킨 자기의 행위에 대해서는 입을 다물고 있다. 제3공화국은 이름 뿐이고 군정하의 법체계도 지배층의 인맥도 무엇 하나 달라진 것이 없다.

박정희는 선거극을 벌여 군복을 신사복으로 갈아입을 준비가 되자 외유에서 돌아온 김종필을 민주공화당 의장에 앉히고 전 동아일보사장 최두선을 국무총리에 임명했다. 김종필은 악명 높은 중앙정보부의 두목으로서 온갖 포학행위와 4대 부정사건과의 관련, 민주공화당의 사전조직 등의 책임을 추궁 당하여 공직에서 추방된 뒤 9개월만에 돌아온 자이며 최두선은 변절민족운동자로 알려진 최남선(崔南善)의 친동생이었다. 국회의장에는 경북대학교교수 이효상(李孝祥), 부의장에는 군인출신인 장경순(張坰淳)이 지명되었다. 또한 각료 14명 중에서는 김유택, 정일권, 박동규, 민복기, 김성은, 고광만, 원용석, 박주병 등 이승만 정권과 관계가 깊었던 자가 눈에 띄었다.

「구약일소」라는 구호하에 구정치인의 배격을 명분으로 했음에도 불구하고 박정희정권은 일찍부터 친미보수정치인과 야합해 왔는데 정치활동의 재개, 국회의원선거, 제3공화국의 발족에 있어서는 이승만계, 구자유당의 잔당까지 포섭하고 있다는 것은 주목할 만하다. 박정희는 민정이양에 즈음하여 12월 16일 일반사면령 및 특사령을 공포하여 이승만 정권 말기의 3·15 부정선거 원흉 등의 정치범 전원을 포함하여 전국 수감자의 80%의 석방 또는 감형조치를 취했는데 이 경우도 혁신계 정치인만은 제외되었다.

3. 비 망

● 미군의 만행 빈발

1962년 1월 6일 경기도 파주에서 미군이 벌채를 하러 간 농민에게 발포하여 2명을 사망케 했다. 동사건을 조사한 한국인권옹호협회에서는 미군이 이유 없이 사냥에 사용하는 엽총을 난사하여 주민을 살해한 잔혹하기 이를 데 없는 진상을 밝혔다. 또 동년 5월 29일 같은 파주에서 미 제4기갑연대의 미장병 2명이 한국주민을 천정에 거꾸로 매달고 폭행을 가하여 실신시켰다. 6월 1일에는 양주에 주둔하고 있는 미병들이 한국 주민 2명에게 린치를 가하여 발가벗긴 채 내쫓았다. 6월 2일, 5일, 7일에도 파주에서 미병들의 주민습격, 폭행사건이 잇따라 발생했다.

• 미군의 만행에 대한 항의 데모

매일처럼 발생하는 미군의 만행은 그 잔인성과 야만성에 있어서도 한국민중을 크게 자극하는 것이었다. 1962년 6월 6일 고려대생 2,000명이 미병의 만행 사건을 규탄하는 집회와 데모를 감행했고 미대사관에 항의한데 뒤이어 8일에는 서울대생 2,000여명이 항의 데모를 감행하여 한미행정협정의 체결을 요구했다. 9일에는 대구대생 300여명이 궐기했다. 이 데모는 미국 측에 선 군사정권에 의해 진압되었으나 쿠데타 후의 최초의 반미데모로서 주목되었다.

제28장 매국적 한일협정의 체결

1. 미국에 의한 한일유착정책

민정이양, 제3공화국의 발족과 더불어 급속히 추진된 한일회담의 조기 타결, 일본자본의 도입에 의한 정권기반의 강화라는 행정(行程)을 보기 전에 미국과 역대 한국정권의 대일자세를 살펴보자.

주지하는 바와 같이 제2차 대전 후 미국은 일본의 군벌, 재벌, 초국가주의단체, 군수산업 등의 제거와 독점금지입법, 농지개혁, 정치적 자유의 보장을 통해 일본의 구군국주의적 지배체제를 거세하고 평화헌법을 제정하는 등 일본의 정치, 경제, 사회에 있어서의 비군사화, 민주화에 중점을 둔 점령정책을 추진했다. 그러나 미소의 대립이 첨예화하고 한국, 중국, 동유럽에 있어서의 사회주의세력의 신장이 현저해짐에 따라 일본을 아시아에 있어서의 맹방, 「아시아의 공장」으로 만들 필요가 생겼다. 즉 서구에 있어서의 서독과 아울러 일본을 사회주의세력의 팽창에 대처케 할 필요가 있었고 한반도에 있어서의 「일단 유사시」에 대비하지 않으면 안되었다. 그렇기 때문에 미군은 일본의 민주세력, 노동운동에 대한 억압을 강화함과 동시에 구지배세력에게 재등장의 길을 열었다(독점금지법의 완화, 단체 등 규제령의 제정, 레드 파지 선풍).

한국전쟁의 발발을 기회로 미국은 일본의 재군비, 반공군사체제에의 편입을 단숨에 추진했다. 자위대의 전신인 경찰예비대의 창설, 추방해체, 샌프란시스코강화조약과 미일안전보장조약의 체결이 강행되어 일본의 군국화와 미일군사동맹체제의 기초가 굳혀졌다. 이것과 동시에 북한, 소련, 중국의 봉쇄를 노린 미국은 한일양정권의 협조관계를 만들어 내기 위해 한일회담의 개시를 양정권에 요구했다. 한국전쟁이 한창이었던 1951년 10월 20일 미국(연합군 사령부)의 「중개」로 제 1차 한일회담 예비회담이 이루어졌는데 이것이 샌프란시스코강화조약·미일안보조약 조인에서 1개월 남짓밖에 지나지 않은 시점이었다는 것만 보더라도 미일동맹에 대응하는 한일동맹을 위한 회담이었다는 것이 충분히 추찰된다.

그러나 한일교섭은 1960년 4월 이승만정권이 무너질 때까지 현안문제에 대한 개괄적인 토의가 계속되었으나 일본제국주의의 한국통치를 미화한 일본측대표의 폭언(구보다 : 久保田 망언)에서 엿보이는 고자세와 이승만의 「반일」정책이 겹쳐서 타결에는 이르지 못했다.

이조말기 이래 「반일」의 독립운동가로서 세상을 살아온 이승만은 미국의 압력에 의해 대일교섭을 시작하기는 했으나 일본측의 고자세에 반발하여 어업문제, 청구권문제 등으로 최대의 양보를 끌어내어 장기집권에 이용하려 하고 있었다. 그는 1952년 1월 18일 이승만 라인(평화선)을 선언하여 한국근해에서의 일본어선의 조업을 허용하지 않았다. 이승만의 이러한 반일적 자세는 한일협력관계를 의도하는 미국의 정책추진에 적잖은 장해가 되었다. 4·19 의거를 계기로 이승만에서 장면의 손으로 정권이 옮겨졌으나 미국정책의 이면에는 한일문제의 해결을 서두르는 기도가 개재하고 있었다고 보지 않으면 안된다.

친미반일이었던 이승만과는 달리 장면은 친미친일의 크리스천이었다. 조선총독부치하에서 장면이 일본이름으로 일어를 상용하고 일본의 옷을 입고 신사참배를 한 것은 잘 알려져 있다. 또 장면이 이끄는 민주당 신파의 중심 멤버에도 일제식민지의 관료출신자가 많았다. 이 때문에 이승만의 대일강경정책을 대일접근정책으로 전환시키는 데는 장면정권이 훨씬 더 적합했던 것이다.

한일회담의 재개, 조기타개를 과제로 하는 장면정권은 1961년 9월 6일 고자카 젠타로(小坂善太郎) 외상 등의 일본친선사절단을 서울로 맞아들인 것을 비롯하여 10월 24일에는 유진오(兪鎭午)를 수석대표로 하는 대표단을 도쿄(東京)에 보내어 다음날인 25일부터 제5차 한일회담을 시작했다. 그러나 장면정권은 급속한 대일접근에 반대하는 국내여론을 억누르지 못하여 미국의 기대를 배신했다. 한일회담의 본격적인 진척은 일체의 반정부세력을 총칼로 용서 없이 짓밟는 박정희군사정권의 등장과 함께 실현되게 되었다.

2. 박정희 정권의 대일 굴욕외교

본래 박정희는 만주군관학교를 졸업하고 일본의 육군사관학교에서 훈련을 받았으며 우수한 황군(皇軍) 장교로서 일본의 대륙침공과 한국, 중국의 항일독립운동 소탕의 제1선에서 이름을 떨쳤고 8·15 해방 후에는 미군지휘하의 한국군장교로 전신(轉身)한 사나이이다. 문제가 많은 한일교섭의 조기 타결을 실현하기 위해서는 박정희정권이 친일·배일적(拜日的) 체질을 가졌고 또 반정부세력을 억압할 수 있는 군사정권이라는 점, 다시 정권유지를 위해서 일본의 원조를 필요로 하고 있었다는 실정으로 보아서 가장 적합했던 것이다.

박정희는 1961년 11월 일본과 미국을 역방(歷訪)했는데 도쿄에서는 이께다(池田) 수상과 회담하여 청구권문제 등에서 일본측의 주장을 받아들여 한일회담 조기 타결의 정지작업을 했다. 한일회담은 무대 뒤에서의 미국의 강한 개입을 섞어가면서 1962년 11월 청구권문제에 관한 이른바 김종필·오오히라(大平) 합의를 거쳐 1965년 2월 20일에 한일기본조약의 가조인 동년 6월 22일에는 한일조약 정식조인에 다달았다. 조인까지에 꽤 오랜 세월을 필요로 한 것은 박정희정권의 대일굴욕외교와 일본의 침략적 자세에 반대하는 국내 각 정파와 국민대중의 격렬한 반대가 있었기 때문이다.

한일교섭에 임하는 일본측의 태도는 일본제국주의의 한국지배에 대한 아무런 반성도 없다는 점에서 일관하고 있었다. 이것은 이승만정권기의 「구보다 망언」에 잘 나타나 있지만 1965년 1월에 밝혀진 일본측 수석대표 와카스기 신이찌(高杉晉一)의 「일본은 분명히 한국을 지배했다. 그러나 일본은 좋은 일을 했다. 20년만 더 일본이 한국을 가지고 있었으면 좋았을 뻔했다」라는 침략합리화의 폭언으로 재현되었다. 그럼에도 불구하고 박정권은 일본측의 불합리한 자세를 반격하기는커녕 시종 서사세로 임하여 「설사 제2의 이완용(李完用)이라고 불리는 한이 있어도」 한일회담을 타결 짓겠다면서 파렴치한 굴욕외교를 일삼았다.

박정권 등장 후의 제6차 한일회담을 둘러싼 움직임은 다음과 같다.

• 1961년 10월 20일   제6차 한일회담 개시. 한국측 수석대표는 배의환(裵義煥).
• 동년 11월 12일   도쿄에서 박정희·이께다 회담. 한일회담의 정치적

타결에 합의.
- 동년 11월 14일   워싱턴에서 박정희·케네디 회담.
- 1962년 2월 21일   김종필이 일본을 방문, 이께다 수상과 회담하고 한일고위정치회담에 합의.
- 동년 3월 12일 ~ 17일   최덕신 외무부장관·고자카 외상간에 정치회담을 가짐.
- 동년 10월 20일, 11월 12일   김종필·오오히라 회담. 청구권자금문제 등으로「김·오오히라 메모」를 교환.
- 동년 12월 10일   자유민주당 부총재 오오노 한포꾸(大野伴睦) 일행이 서울을 방문. 박정희정권 당국자의 지나치게 비굴한 추태는 국민의 빈축을 샀다.
- 1963년 1월 11일   한일예비절충 재개. 청구권, 어업, 법적 지위, 문화재 문제가 잇따라 토의되었으나 중점은 어업문제에 모아졌다.
- 동년 7월 26일   도쿄에서 김용식(金溶植) 외무부장관이 도오히다 외상과 전관수역문제(專管水域問題) 등에 대해 토의.
- 동년 12월 18일   자민당 부총재 도오노가 서울에서 박정희와 회담하여 한일교섭의 정치적 타결에 합의.
- 1964년 1월 29일   미국무장관 러스크가 서울에서 박정희와 회담. 한일문제의 조기 타결을 독촉.
- 동년 3월 10일   도쿄에서 한일 농상(農相)회담 개시. 현안인 어업문제의 최종절충에 들어갔다.
- 동년 3월 12일   제6차 한일회담 본회의가 2년만에 개막.
- 동년 3월 23일   도쿄에서 김종필·오오히라 회담. 한일교섭의 3월 타결, 5월 조인의 일정을 확인.

• 동년 3월 24일   김종필·이께다 회담.

1964년에 들어와서 급속도로 정치적 타결을 향해 어거지로 추진된 한일교섭은 3월 김종필의 일본방문에 의한 노골적인 타결공작이 국민의 굴욕외교반대 기운에 기름을 부어 격렬한 학생데모, 야당의 반발을 초래했다.

3. 굴욕외교에 반대하는 야당세력

일반적으로 국가 상호간의 외교관계의 설정, 조약의 체결 등은 평등·호혜를 원칙으로 한다. 그러나 한국과 일본의 관계정상화에는 일본에 의한 한국식민지화, 강도적 지배, 수탈이라는 역사적 사실을 정당화에 청산하는 문제가 전제로 된다. 일본정부는 과거의 죄과에 대한 역사적 반성과 거기에 따르는 배상과 속죄를 하여야 마땅하며 이것이 양국간의 관계정상화의 조건으로서 고려되어야 한다는 것은 너무나도 당연한 일이었다.

그러나 10수년에 걸친 한일회담의 경과가 잘 말해주듯이 일본정부는 과거의 한국통치에 대한 조그마한 반성, 도의적 책임조차도 나타내는 일없이 반대로 그것을 한국민족에 대한 「은혜」였던 것처럼 주장하여 또다시 한국에 진출하려는 제의마저도 보이고 있었던 것이다.

말할 것도 없이 배상과 속죄가 행해진다고 하더라도 그것은 단순한 금전과 숫자의 수수만으로 끝날 성질의 것이 아니다. 일방적인 무력으로 한국을 침략하고 병합조약을 강요하여 온갖 인적·물적 자원을 약탈한 데다 끝내는 민족을 말살하려고 했던 일본의 끝없는 죄과를 돌아보면 한국민중의 민족감정을 해소하는 노력이 우선 선행되지 않으면 안되었던 것이다. 그것은 한일 양정권의 야합에 의한 청구권자금의 공여 등으로 해결될 수 있는 문제는 절대로 아닌 것이다. 이 청구권자금조차도 일본의 식민지통치에 희생된 민중에게 제공되는 것이 아니라 일본의 침략과 식민지통치에 협력한 앞잡이들 박정희집단의 정권유지와 연명을 위한 정치자금으로서 제공되는 것이다. 그렇기 때문에 국민은 이조 말기에 나라를 팔아먹은 매국노 이완용을 자칭하기를 서슴치 않는 박정희 친일정권과 결탁하여 또다시 한국에 들어오려는 일본의 팽창주의자에 반대함과 함께 굴욕적 자세로 민족의 경제이권을 일본에 매도하고 그 대가로 정권을 유지 강화하려는 박정희정권에 대해 큰 비난과 저주도식 대한 것이다.

야당세력의 반대운동은 한일회담의 정치적 조기타결이 획책된 1964년 봄에 들어와 치열하게 전개되었다. 몇 가지 움직임을 들면 다음과 같다.

- 1964년 3월 4일 민정당과 삼민회(三民會)는 군정시대(1962년)에 교환된 「김종필·오오히라 메모」에 입각한 한일회담의 불투명한 타결에 반대하는 공동성명을 발표하고 박정희정권의 대일저자세를 비난했다.
- 동년 3월 9일 민정당, 민주당, 자유민주당, 국민의 당, 한독당의 각 대표와 언론계, 학계, 종교계, 문화단체의 대표 300여명이 참가하여 대일굴욕외교 반대 범국민투쟁위원회를 결성했다. 석상에서 발표된 구국선언문과 대정부경고문은 대일매국외교·한일회담의 즉각적인 중지를 요구했다.
- 동년 3월 15일 대일굴욕외교 반대투쟁위원회의 지방유세가 시작되었다. 이날부터 부산, 목포, 마산, 광주, 대구, 서울 등지에서 굴욕외교규탄연설회가 많은 청중이 모인 가운데 행해졌다.

윤보선은 3월 19일 민의를 무시한 한일협정이 비준되면 의원
직을 사퇴하고 구국운동을 벌이겠다고 말했다.
- 동년 3월 25일 전국에 파급된 학생데모에 힘을 얻어 민정당, 삼민회가 대일굴욕외교반대 원내투쟁위원회를 구성했다.
- 동년 3월 26일 김준연 의원은 국회에서 「박정희정권은 일본정부로부터 한일회담타결의 대가로 1억3천만 달러를 받았다」고 폭로했다.
- 동년 3월 27일 국회는 비정상적 한일회담의 중지를 요구하는 대정부건의안을 채택했다.

4. 3·24 데모 ~ 6·3 데모

매국적인 한일회담에 반대하는 움직임은 3·24학생데모를 계기로 폭발했다. 그 경위는 다음과 같다.
- 1964년 3월 24일 서울대, 고려대, 연세대생 등 5천여 명은 한일회담의 굴욕적 타결과 매국외교에 반대하는 집회와 데모를 감행했다. 「매국외교를 즉시 중지하라」, 「평화선을 사수하라」, 「일본제국주의를 박살하라」, 「제2의 이완용인 김종필은 즉시 귀국하라」 등의 슬로건을 내건 데모대는 서울시가에 진출, 무장경찰대와 격렬하게 충돌했다. 3월 25일 학생데모는 서울의 주요 대학과 부산, 대구, 전주 등 전국에 파급되었다. 10여 대학이 참가한 서울의 학생데모대표단은 정부당국자를 만나 ① 한일회담의 무조건 중지, ② 한일회담대표의 소환, ③ 대통령과의 면담, ④ 구속학생의 즉시 석방을 요구했다.

• 동년 3월 26일 ~ 28일 서울을 비롯한 전국 백수십 개의 대학, 고교생 수만 명이 잇따라 궐기하여 매국적 한일회담의 즉시 중지를 요구하여 집회와 데모를 감행했다.
• 동년 4월 19일 ~ 20일 4·19의거 4주년을 전후하여 서울대, 고려대를 비롯하여 서울과 부산의 각대학과 고교생이 「한일회담을 즉시 백지화하라」, 「일본상사를 추방하라」, 「학원사찰을 중지하라」, 「4·19의 붉은 피는 매국정권을 증오한다」 등의 플랑카드를 내걸고 연일 유혈데모를 되풀이하여 반정부색을 강하게 나타냈다. 박정희정권은 대량의 무장경찰대를 동원하여 피비린내 나는 탄압책으로 임하고 학생들에 대한 일체 체포를 단행했다.
• 동년 5월 9일 최두선 내각이 총사퇴하고 새 국무총리에 정일권(丁一權)이 임명되었다.
• 동년 5월 20일 서울대를 비롯한 각대학생 수천 명은 경찰대의 저지를 뚫고 서울대 문리과대학에 모여 「민족적 민주주의 장례식·규탄대회」를 감행했다(「민족적 민주주의」란 박정권이 주창한 기만적인 간판이었다). 한일굴욕회담반대 학생총연합회의 이름으로 발표된 선언문·결의문에서는 「4월항쟁의 진가는 반외세, 반매판, 반봉건에 있으며 민족민주의 정도(正道)로 나가기 위한 도정이었다. 5월의 군부쿠데타는 이 민족민주의 이념에 대한 전면적인 도전이며 노골적인 대중탄압의 시작이었다」, 「국제협력이라는 미명 하에 숙적 일본제국주의를 수입하고 대미의존적 한국경제를 이중 예속의 쇠사슬에 묶고 이것이 조국의 근대화라고 기만하는 반민족적 음

모를 획책하고 있다」라고 박정희정권을 정면으로 비난하고 매국적 한일회담의 전면적인 중지, 매판적 악덕재벌의 처형, 부정부패원흉의 처단, 일본상사의 추방, 정치범의 석방을 요구하며 정부는 국민의 심판을 받으라고 강조하고 있다. 집회 뒤에 학생들은 「민족적 민주주의」의 「시체」를 넣은 관과 조기를 앞세우고 데모에 들어갔으나 저지되었다.

- 동년 5월 23일 박정희는 정국불안의 요소가 일부 정치인의 무궤도한 언동과 일부 언론기관의 무책임한 선동, 일부 학생의 불법행동, 정부의 지나친 관용에 있다고 말하고 한층 더 강압책으로 임하겠다는 것을 분명히 했다.
- 동년 5월 25일 한국학생총연맹에 가맹한 전국의 각 대학에서 「난국타개 학생궐기대회」가 일제히 열렸다.
- 동년 6월 2일 서울대, 고려대의 수천 명의 학생은 「박정희타도」, 「독재정권은 물러가라」, 「김종필을 총살하라」, 「미국은 한일회담에 관여하지 말라」는 등의 구호를 내걸고 데모를 감행, 일부는 국회의사당 앞에서 연좌데모에 들어갔다. 경찰대는 학생 2백여 명을 연행했다. 한편 서울대생은 학내에서 단식투쟁을 속행했다.
- 동년 6월 3일 서울의 각대학과 고교생 수만 명이 일제히 「박정권타도」를 외치며 집회와 데모를 감행했다. 「썩어빠진 박정권타도」, 「굴욕적 한일회담을 전면 중지하라」, 「민생고를 해결하라」 등을 외치는 데모는 수원, 대전, 대구, 부산 등에 파급되었고 서울에서는 일부 시민의 합류를 얻어 경찰과 군대의 진압에도 불구하고 4·19 의거 이래 최대의 봉기로 번졌다.

이리하여 한일회담에 반대하는 3·24 데모로 시작된 학생의 궐기는 6·3데모에 이르러 분명히 박정권 타도를 전면에 내건 반정부투쟁으로 확대되었다. 이에 당황한 박정희는 대량의 군대를 서울에 투입함과 함께 동일 저녁 서울시 일대에 비상계엄령을 선포하고 철저한 탄압을 시작했다.

5. 언론, 학원 규제의 기도

- 1964년 6월 3일 비상계엄령이 선포됨과 동시에 발표된 포고 제1, 제2호에서 일체의 집회, 데모의 금지와 언론, 출판의 사전검열, 각급 학교의 무기한 휴교, 통행금지시간의 연장이 강행되었다.
- 동년 6월 5일 정부는 수백 명의 학생 외에 다수의 언론인, 교수도 연행하고 서울의 각 대학에는 데모학생의 처분을 지시했다. 김종필은 민주공화당 의장직을 사퇴했다.
- 동년 6월 24일 야당의원이 제출한 계엄령해제요구안은 여당의원의 반대로 폐기되었다.
- 동년 6월 26일 박정희는 국회에서 시국수습특별교서를 발표하여 야당이 정부방침에 따르도록 요구했다.
- 동년 7월 2일 박정희는 계엄령해제에 앞서 「사회의 안전」을 보장하는 조치가 필요하다고 강조했다.
- 동년 7월 27일 민주공화당과 야당(민정당과 삼민회)은 계엄령해제의 전제로서 언론규칙과 학원대책을 위한 입법에 합의하고 계엄령해제를 공안으로 제안, 다음날인 28일 이것을 139대 0,

거권 3표로 가결했다.
- 동년 7월 29일 계엄령 해제. 여당은 언론윤리위원회법안과 학원보호법안을 국회에 제출했다.
- 동년 8월 2일 여당은 언론계, 야당의 반대를 무릅쓰고 언론윤리위원회법안을 심야회의에서 단독의결했다. 동법안 심의과정에서 민정당의 유진산계가 여당에 협조적이었다는 비판을 받아 훗날의 내분요인이 되었다.
- 동년 8월 3일 언론규제를 노린 언론윤리위원회법 반대운동이 고조되었다. 한국신문편집인협회는 동법이 위헌·비민주적 악법이라고 비난하고 4일에는 중앙청 출입기자단이 24시간 동맹파업(취재거부)을 결행했다.
- 동년 8월 4일 반대여론에 밀린 여당은 학원보호법안의 단독입법을 단념했다.
- 동년 8월 5일 정부는 언론윤리위원회법을 공포했다. 전국 언론인 대표는 동법 폐기를 요구하여 투쟁위를 결성, 장기투쟁을 전개하였다고 발표했다. 10일에는 전국언론인대회가 열리고 동법 폐기를 위한 투쟁을 관철시키기로 결의했다. 17일에는 한국기자협회가 발족했다.
- 동년 8월 31일 정부는 언론윤리법의 시행에 반대한 5개지에 용지할당, 은행융자, 정부기관에서의 구독중지 등 일련의 보복조치를 결정했다.
- 동년 9월 2일 일부 야당, 학계, 종교계, 사회단체 대표들이 자유언론수호국민대회의 발기준비위원회를 구성했다.
- 동년 9월 9일 여론의 반대에 밀려 박정희는 언론윤리위원회법의 실

시를 유보한다고 발표했다.

이처럼 한일회담에 반대하여 반정부데모의 선봉에 나선 학생의 정치활동과 언론인의 투쟁을 탄압법으로 봉쇄하려고 했던 박정권의 시도는 각계의 강한 반격을 받아 좌절되었다.

6. 한일협정조인과 반대투쟁

1964년 10월 국제적으로는 중국의 핵실험 성공, 영국 노동당의 정권획득 등 정세의 급격한 변화가 있고 국내적으로는 도쿄에서의 신금단(辛金丹)선수 부녀의 대면에 촉발되어 남북교류의 기운이 높아졌다. 고립감에 허덕이는 박정권은 12월 3일 8개월만에 한일회담을 재개했다(제7차 회담). 미국의 강한 요청 하에 사또(佐藤)정부도 적극적인 대한 진출의 의욕을 보여 회담은 급진전, 1965년에 접어들자 제 현안은 거의 합의를 보았다. 기구하게도 1905년 을사조약 체결에 의해 한국이 일본의 식민지로 전락한지 60년째가 되는 이 해에 제2의 매국적 조약·제 협정의 조인과 비준을 향해 사태가 급진전했고 이에 반대하는 전국민적인 투쟁이 다시 장기간에 걸쳐 격렬하게 전개되었다. 그 과정을 보면 다음과 같다.

- 1965년 2월 20일   일본외상 시이나(椎名悅三郞)가 방한하여 한일기본 조약의 가조인이 이루어졌다. 대일굴욕외교반대 범국민투쟁위원회는 가조인은 매국적이라고 비난하는 성명을 발표했다.
- 동년 3월 20일   대일굴욕외교반대 범국민투쟁위는 서울을 필두로 전국에서 한일조약 반대유세를 시작했다.
- 동년 3월 31일   광주의 전남대생 100여명이 「매국외교 결사규탄」을 외치며 데모를 감행했다.

- 동년 4월 3일   외무부장관 이동원(李東元)이 방일하여 어업, 청구권, 법적 지위 등의 각 협정 가조인이 이루어졌다.
- 동년 4월 7일 서울 시내의 각 대학 학생대표로 된 평화선사수 학생투쟁위원회는 한일회담의 저지, 가조인의 무효화, 평화선사수를 위한 일제궐기를 호소했다.
- 동년 4월 10~16일 서울대 법과대학생 300여명이 대일굴욕외교반대의 집회와 데모를 단행한 것을 계기로 하여 당국의 휴교조치가 취해진 16일까지 전국의 대학, 고교생이 일제히 한일회담을 반대하는 항의집회와 가두데모를 전개했다. 12일에는 서울의 경희대, 동국대, 연세대의 학생 6천여 명이 궐기하고 13일에는 고려대를 비롯한 8개 대학의 학생 1만1천여 명, 14일에는 성균관대, 중앙대 등의 학생 6천여 명, 15일에는 고려대, 대구대, 제주대, 경기고 등의 학생 7천여 명, 16일에는 동국대, 한양대, 건국대 등 7개 대학의 학생 1만5천여 명과 배재고 등 7개 고교의 학생이 일제히 궐기하여 데모를 감행했다. 집회와 데모는 모두「제2의 보호조약을 즉시 철회하라」,「대일 굴욕외교 반대」,「매국외교를 결사 저지하라」,「평화선을 사수하라」,「구속학생을 즉시 석방하라」 등의 구호아래 조직적으로 행해졌고 각지에서 무장경찰대와 충돌, 최루탄과 투석의 응수로 다수의 부상자와 체포자를 냈다. 15일 동국대생 김중배(金仲培)군이 경찰의 곤봉에 맞아 사망하는 사건이 일어나 학살에 항의하여 전국학생데모의 파고가 한층 더 높아졌다.
- 동년 4월 16일   데모의 확대에 당황한 박정희정권은 서울의 고교와

대학에 17일부터 30일까지 일제 휴교를 명령했다.
- 동년 4월 17일　대일 굴욕외교반대투쟁위가 주최한 한일회담 반대 서울시민궐기대회에 약 8만의 시민이 참가했다. 대회 후 5천여 명의 군중이 데모를 강행하여 파출소 등을 습격했다.
- 동년 4월 20일　휴교기간 중임에도 불구하고 서울대, 연세대를 비롯한 각 대학에서 또다시 매국적 한일회담, 대일 굴욕외교를 규탄하는 집회 등이 열렸고 4월 23일부터는 대구대 등 지방 대학생이 4월 26일부터는 서울의 각 대학생이 데모를 단행했다.
- 동년 5월 2일　박정희는 한일회담에 반대하는 학생, 야당, 언론인, 지식인을 비난했다.
- 동년 5월 16일　박정희가 방미 길에 올랐다.
- 동년 5월 18일　서울대생 510여명이 「한일회담 반대」, 「미국은 한일회담에 관여하지 말라」라고 외치며 항일집회와 데모를 단행했다. 이날 박·존슨 회담이 이루어졌다.
- 동년 5월 29일　대일 굴욕외교반대투쟁위는 5월 4일부터 제 2차 지방유세의 마무리로서 서울에서 매국외교규탄 민중시위대회를 열었다.
- 동년 6월 21일　서울의 11개 대학 학생과 고교생들 1만여 명이 한일조약의 본조인을 반대하여 데모를 벌였다. 14일부터 시작된 서울과 지방 각 대학의 단식투쟁 참가 학생은 800명에 이르렀다.
- 동년 6월 22일　도쿄에서 삼엄한 경계 하에 한일조약 본조인이 이루어졌다. 서울에서는 시내 14개 대학의 학생과 4개 고교생 1만2천여 명이 매국적 조인결사반대를 외치며 격렬한 데모를

벌였다. 인천, 대구 등 지방에서도 학생의 항의집회와 데모가 단행되었다. 대일 굴욕외교반대투쟁위의 야당간부 등도 서울에서 연좌데모를 감행하고 윤보선, 서민호(23일부터는 박순천도 참가)는 한일협정의 무효를 선언하며 단식투쟁에 들어갔다.

- 동년 6월 23일 「한일협정의 무효」, 「매국정권 물러가라」고 외치는 학생데모는 서울, 부산, 대구, 전주, 충주 그 밖의 그 주요 도시에서 29일까지 연일 수천 명의 규모로 전개되었다. 각지에서 여대생, 고교생도 데모에 합류하여 단식투쟁, 서명운동이 데모와 병행하여 이루어졌다. 휴교 조치로 대학이 폐쇄되자 29일부터 연세대를 비롯한 각 대학의 일본상품불매운동이 행해졌다.

- 동년 7월 1일 전국의 대학이 강제휴교에 들어갔기 때문에 서울, 부산을 비롯한 각지의 고교생이 「한일협정의 비준결사저지」의 구호를 내걸로 데모에 돌입했다. 서울에서 100여명의 기독교 목사가 한일협정비준반대집회를 열고 성명을 발표했다. 이때부터 각지에서 한일협정에 반대하는 기독교도의 구국기도회와 데모가 잇따랐다.

- 동년 7월 5일 대일굴욕외교반대투쟁위의 주최로 서울에서 매국조약규탄 민중대회가 2만5천여 명의 시민이 모인 가운데 열렸다. 9일과 10일에도 부산, 광주, 대구, 대전 등에서 각각 수만 명의 시민이 참가한 가운데 민중대회가 열려 한일협정의 비준결사저지의 기세를 돋구었다.

- 동년 7월 9일 서울에 있는 문학자 84명과 역사교육 연구회, 역사학

회, 한국사학회의 세 역사연구자 단체가 각각 한일협정의 백지화를 요구하여 성명을 발표했다.
- 동년 7월 12일 정부는 한일협정의 비준안과 월남파병안을 국회에 제출했다. 서울의 16개 대학과 대구의 청구대 교수 354명은 한일협정의 비준에 반대하고 구속학생의 즉시석방을 요구하는 선언문을 발표했다.
- 동년 7월 14일 송요찬, 김홍일, 손원일 등 예비역 장성 11명도 한일협정비준반대를 표명했다.
- 동년 7월 20일 대한변호사협회도 한일협정비준반대의 성명을 발표했다. 민중당 대표최고위원 박순천은 박정희와 회담하여 차기 52회 임시국회에서 한일협정 비준안, 월남 파병안을 처리하기로 합의했다.
- 동년 7월 28일 민중당 강경파인 윤보선은 한일협정비준저지를 위해서는 민중당 의원이 탈당함으로써 의원직을 사퇴해야 한다면서 탈당을 신고했다.
- 동년 7월 30일 서울의 주요 9개 대학 대표로 된 한일협정비준반대 투쟁 대학생연합회는 강제휴교에 의해 귀향중인 학생에게 한일협정의 매국성 폭로와 민중투쟁대열의 조직화, 실력궐기를 촉구하는 성명을 발표했다.
- 동년 7월 31일 한일협정비준에 반대하는 각계의 연합체인 조국수호국민협의회의 결성대회가 학자, 문화인, 종교인, 언론인, 예비역 장성 등 각계 대표 300여명이 참가한 가운데 서울에서 열려 한일협정의 비준저지를 결의했다.
- 동년 8월 6일 서울에 있는 유림단 대표 31명은 한일협정비준반대의

성명을 발표했다.
- 동년 8월 8일   대구에 있는 교수단 43명도 한일협정비준반대를 성명했다.
- 동년 8월 11일   여당인 민주공화당은 한일협정비준안을 특별위원회에서 단독 강행처리했다.
- 동년 8월 12일   대일굴욕외교반대범국민투쟁위원회, 조국수호국민협의회, 추풍회, 통일사회당, 한국독립당 등은 여당의 단독의결을 강하게 비난하는 성명을 발표했다. 민중당 의원 53명은 의원직 사퇴서를 국회에 제출했다.
- 동년 8월 13일   여당은 월남파병안도 단독으로 의결통과시켰다.
- 동년 8월 14일   여당은 야당의원이 출석을 거부한 단독국회에서 매국적 한일협정비준안을 가결통과시켰다. 이날 조국수호국민협의회는 서울에서 비상국민대회를 열고「한일협정의 국회비준은 무효」라고 선언한 후 데모를 감행했다. 한일협정반대투쟁대학생연합회도 비준무효를 선언했다.
- 동년 8월 20일   7월이래 강제폐쇄되었던 각 대학이 개교하자마자「한일협정 비준무효」,「독재정권은 물러가라」를 외치는 데모가 일제히 폭발했다. 경희대 등 서울과 부산의 대학생 4천여 명의 데모에 이어 21일에는 서울대, 고려대, 연세대, 동국대, 한양대 등 주요대학의 5천여 명이 궐기하고 서울대 법과대학에서는「매국문서·매국국회·매국정권의 화형식」이 행해졌다. 23일에는 서울을 비롯한 광주, 전주, 수원, 제주 등에서 대학·고교생 1만7천여 명이 항의집회와 데모를 감행했다. 슬로건 중에는「나라를 팔고 축배를 드는 매국정권은 물러가라」,「매국적 한일협정의 주범은 미국이다」,「월남에서 미국

놈의 총알받이가 될 수는 없다」는 등의 반미·반박(反美·反朴) 슬로건이 눈에 띄었다. 24일에는 서울에서만 1만1천여 명의 학생데모가 단행되고 일부 시민이 합류하여 경찰, 군대와 격렬하게 충돌했다.

• 동년 8월 25일 서울의 11개 대학과 1개 고교의 학생 1만여 명이 데모에 나섰다. 정부는 수도경비사령부의 군대 500여명을 고려대에 난입시키고 학생 750명을 체포했다(부상자 천여 명). 다음날인 26일에는 서울 일원에 위수령을 발동, 제6사단의 병력 1만여를 서울에 투입했다. 그러나 이날 서울에서는 탄압에 항거하여 11개 대학, 2개 고교의 학생 1만3천여 명이 집회와 데모를 감행했다.

• 동년 8월 27일 서울의 13개 대학 학생 1천여 명이 위수령을 무릅쓰고 고려대에 모여 「학생 수호 총궐기대회」를 열었다. 정부는 데모를 「근절」시킨다는 방침 하에 검찰관 출신인 권오병을 문교부장관에 기용하고 서울대 총장을 경질, 동대학의 각 단과대학장도 전원 사임시켰다.

• 동년 9월 4일 고려대, 연세대에 강제 휴교령이 내려졌다.
• 동년 9월 7~9일 동아일보, 동아방송 간부, 민중당 간부에 대한 테러사건이 발생했다.
• 동년 9월 25일 위수령 해제.
• 동년 10월 11일 의원직 사퇴를 외치며 국회를 거부했던 민중당 의원 가운데 33명이 국회에 출석했다.
• 동년 11월 12일 한일조약·제협정비준안이 일본국회를 통과했다.
• 동년 12월 18일 한일조약·제협정비준서가 양국 사이에서 교환되었다.

이상과 같은 경로를 거쳐 한일기본조약과 거기에 따르는 제 협정(어업·청구권·법적 지위·문화재)은 각계의 격심한 반대를 유혈탄압으로 봉쇄한 가운데 성립시켰다. 여기에 따라 일본은 미국 극동정책의 중요한 거점인 한국의 반공독재정권과의 유착·동맹관계를 설정하고 경제협력이라는 미명 하에 한국에 대한 재진출의 길을 열었다. 한편 박정희군사정권은 미국뿐만 아니라 일본의 강력한 「원조」를 받아가며 반공체제·남북대결의 체제를 굳히게 되었다.

7. 월남 파병

한일조약의 체결에 의한 한일협력·동맹관계의 확립이 미국의 아시아 반공전략과 불가분한 것임은 말할 필요도 없다. 주목되는 것은 박정희군사정권의 등장에 의한 한일회담의 조기타결, 조약체결의 전과정이 1961년 이래의 케네디, 존슨 두 정권에 의한 월남에의 간섭확대, 특수전쟁에서 통상전쟁으로의 전환에 서로 대응하고 있었다는 것이다. 즉 한일회담·조약체결은 미국의 월남전쟁 확대에 따르는 북동 아시아에 있어서의 미·한·일 반공동맹체제의 확립을 의미하는 것이다.

미국은 소련, 중국, 북한 월맹 등의 사회주의국가를 봉쇄하고 아시아 제국민의 민족해방운동을 억제하기 위한 아시아반공전략의 추진에 동맹제국, 특히 박정희군사정권을 최대한으로 이용했다. 미국의 요구에 따라 박정권은 「제2의 이완용」, 「매국노」의 오명을 감수하면서 구지배자 일본에게 민족의 이권을 맡겼을 뿐만 아니라 「반공 십자군」의 이름 밑에 월남파병을 강행하여 한국청년의 목숨을 달러와 바꾸어 팔아먹는 과오를 저질렀다. 박정권이 미국의 「더러운 전쟁」에 군대를 파견하여 월남인민의 학살한 과정은 다음과 같다.
- 1964년 9월 박정희정권은 이동외과병원(의료 중대)을 월남에 파견.
- 1965년 1월 8일 정부는 공병중대, 수송중대, 해병대 등 정규군 2천 명의 월남파견을 결정.
- 동년 1월 20일 민정당(民政黨)은 월남파병 반대를 결정.
- 동년 1월 26일 국회에서 월남파병안이 106대 11, 기권 8로 가결되었다. 민정당 의원은 전원퇴장하기로 되어 있었으나 김준연, 전진한, 나용균, 서범석, 이영준, 이상돈, 김상흠, 정운근, 유치송 등은 의장에 남아 표결에 참가했다. 박정희는 담화를 발표하여 「월남파병결정은 월남에 대한 공산침략이 한국의 안전에 대한 중대한 위협이라는 확신에 기초한 것」이라고 말했다.
- 동년 2월 7일 미공군에 의한 월맹폭격 개시.
- 동년 2월 21일 월남파견 「비둘기」부대 사이공 도착.
- 동년 5월 27일 동아일보는 박정희가 5월에 방미했을 때 한국군 3만 명의 월남파견을 약속했다고 보도.
- 동년 7월 14일 정부는 한국군 1개 사단의 월남증파안을 국회에 제출.
- 동년 7월 21일 민중당은 월남증파안에 대한 의견을 통일하지 못하고 박순천, 서범석 등이 증파에 찬성을 표명.
- 동년 7월 25일 존슨 미대통령은 박정희에게 보낸 친서에서 월남에 대한 증파를 요구했다.
- 동년 8월 13일 여당만의 단독국회에서 월남증파안이 101대 1, 기권 2로 강행 채택되었다. 여기에 입각하여 맹호부대, 청룡부대가 월남에 파견되었다.

- 동년 11월 8일　월남수상 구엔 카오 키가 내한.
- 1966년 2월 2일　존슨 미대통령은 박정희에게 보낸 친서에서 다시 한국군의 월남증파를 요구했다.
- 동년 2월 21일　민중당(대표 박순천)은 한국군의 월남증파에 찬성을 표명하고 신한당(新韓黨:대표 윤보선)은 반대성명을 발표.
- 동년 2월 22일　험프리 미부통령이 내한하여 전투부대의 월남증파를 요구.
- 동년 2월 25일　브라운 주한 미대사와 이동원 외무부장관이 한국군의 증파조건에 합의.
- 동년 2월 28일　정부는 한국군의 월남증파안을 국회에 제출했다(「맹호」부대의 1개 연대 보충, 육군 1개 전투사단의 증강).
- 동년 3월 24일　여야당의 합의가 이루어져 월남증파안이 국회를 통과.
- 동년 9월 1일　민중당의 박순천, 김대중, 고흥문, 김상현 등이 월남 파견국군을 시찰, 박순천은 「세계 평화와 자유를 위해서 월남파병을 기정 사실로 인정한다」고 성명. 신한당의 윤보선은 이에 반대의사를 표명.
- 동년 9월 5일　증파 「백마」부대가 월남에 도착.
- 동년 9월 21일　박정희는 월남참전 7개국 수뇌회의에 참가하고 월남전선을 시찰.

　이상의 경과로 보아 분명하듯이 박정희군사정권은 미국의 강력한 요구에 따라 어느 동맹국보다도 먼저, 또 대량의 군대를 월남에 보내고 「반공」의 이름 밑에 월남인민 살육에 참가했다. 박정권은 군대 뿐만 아니라 「인력수출」의 명목으로 수만 명의 노동자를 월남에 보내어 미군의

「더러운 전쟁」의 수행을 도왔다. 월남파병과 「인력수출」의 반대급부로서 확실히 달러는 한국에 흘러 들어왔으나 많은 장병이 희생되었고 또 월남인민의 반한(反韓)감정을 증대시켰다.

8. 비 망

• 월남파견 한국군의 보수

월남전선에 파견된 한국군 병사의 보수는 극히 저렴했다. 월금액으로 미병 200달러, 필리핀 병 120달러, 월남병 60달러에 비해 한국군 병사는 불과 40달러 정도였다. 이 때문에 1966년 2월 험프리 미부통령이 내한하여 월남증파 문제가 논의될 때 여론의 비난을 피하기 위해 한국군 장병의 대우개선(봉급25%인상) 문제가 검토되었다.

• 인민혁명당 사건

중앙정보부는 1964년 8월 14일 「인민혁명당 사건」을 발표했다. 여기에 의하면 인민혁명당이 북한의 지령에 따라 반국가적 음모를 획책했기 때문에 41명을 체포했다고 한다. 동사건 관련자에는 4·19의거 직후에 활동한 민주민족청년동맹(이종율이 지도)과 상민학회(醒民學會 : 박기출이 지도)의 멤버가 들어가 있는데 공산주의자도 아닌 그들을 「북으로부터의 지령」 운운의 구실로 체포한 것은 박정희군사정권의 정략적인 의도에 기초한 것이다. 한일회담 반대의 6·3 데모를 비상계엄령으로 진압한 정부는 반정부운동을 송두리째 억압하기 위해 학원, 언론관계입법을 기도하면서 6·3데모 등이 공산주의자의 조작에 의한 것인 것처럼 인상지우기 위해 동사건을 날조한 것이다. 사건발표 후 가혹한 고문을 가한 사실이 폭로되었고 또 증거가 없어서 담당검사 등이 불기소를 주장하여 사직하는 등 날조의 실상이 노정되었다. 이때의 피고 등은 1974년 봄 「민청학련 사건」과 관련하여 또다시 박정권에 의한 공포정치의 희생자로서 제물이 되었다.

● 언론인에 대한 탄압과 테러

한일조약 체결, 월남파병을 서두르는 박정희정권에게 있어서 반정부적 언론기관은 학생과 마찬가지로 눈의 가시였다. 언론윤리위원회법의 입법화, 정기간행물의 취소, 사전검열, 구매중지 등 외에 반정부적·언론인에 대한 체포, 테러 행위가 꼬리를 물었다. 1964년 5월 「한일회담보다도 남북협상을」이라는 글을 게재한 경향신문 편집간부 7명이 체포되고 11월에는 남북통일에 관한 논문을 집필했다고 해서 문화방송 사장이 체포되었다. 동년 6월 8일에는 제1공수단 장교 8명이 동아일보사를 습격하여 폭행을 자행했다. 다시 1965년 4월에는 경향신문 체육부장을 「북한의 간첩」이라고 하여 체포하였고 5월에는 동사 사장 등 간부를 체포했다(다음해에 동사는 「운영불능」이라는 구실로 매도되었다). 이밖에도 정부의 마음에 들지 않는 보도를 했다고 해서 합동통신 기자(동년 4월), 부산일보 편집국장 등(동년 5월)이 체포된 것을 비롯하여 동년 9월 7일에는 동아일보 편집국장 대리의 자택이 폭파되었다. 이제 언론인의 체포와 투옥은 일상 다반사로 변하고 말았다.

제29장 재야정당의 이합집산

1. 삼민회(三民會), 민정당(民政黨), 민주당

　군복을 평민복으로 갈아입고 「제3공화국」을 발족시킨 박정희정권은 대내적으로 억압체제를 굳히면서 매국적 한일조약의 체결과 월남파병을 강행했으나 이에 대항하는 이념세력은 민정이양 후에도 보조가 맞지 않아 내분과 이합집산을 되풀이했다. 활동이 허용되고 있던 재야 각 정당의 움직임을 추적해 보자.

● 삼민회

　1963년 11월 26일의 국회의원선거에서 소수당이 된 민주당(대표 박순천, 자유민주당(대표 김도연), 국민의 당(대표 허정)의 의원은 동년 12월 14일 원내교섭단체로서 삼민회를 결성했다. 그 구성은 민주당 13명, 자유민주당 9명, 국민의 당 2명 등 도합 24명이었다.

● 민정당

　윤보선이 이끄는 민정당은 1963년 11월 14일 박정희의 대통령당선 무효소송을 제기했다. 당수 윤보선은 1964년 1월 14일 새 국회에서의 당기조연설에서 언젠가는 오늘의 정치현상이 반공과 부패일소, 부정선거 근절과 민생고 해결을 구실로 박정희정권을 타도할 혁명을 정당화하는 사태가 될 수 있다는 점에 대해서 정부의 명확한 답변을 요구한다,라고 주장했다. 흥분한 여당은 단독으로 윤보선징계동의안을 통과시켰다.

민정당은 1964년 11월 26일 자유민주당을 흡수합당하여 의석수 50명이 되었다. 동년 12월 16일 언론윤리위원회법의 국회통과에 협조적이었던 유진산 등 13명을 제명했다. 1965년 2월 22일의 전당대회에서 윤보선계와 유진산계 사이에서 타협이 이루어져 윤보선을 당총재로 추대하고 유진산계를 불문에 붙였다.

● 민주당

언론윤리위원회법안의 수정안을 제출하여 그 성립에 동조했다고 해서 1964년 8월 14일 조재천(曺在千)과 김대중(金大中)에 대한 정권(政權) 처분을 둘러싸고 분규를 일으켰다. 동당은 9월 17일 국민의 당을 흡수통합하여 의석수는 15명이 되었다. 1965년 5월 3일 민정당과 민주당은 통합하여 민중당을 창당했다.

2. 민중당의 창당과 내분, 신한당(新韓黨)의 발족

한일조약의 본조인을 눈앞에 두고 동조약에 반대하는 재야세력과 민중의 반대운동이 고조되는 속에서 1965년 5월 3일에 이루어진 민정, 민주 양당의 통합에 의한 민중당의 창당은「재야세력의 총결집」을 의도한 것이었다. 민중당은 창당선언에서 「군사적 권력집단이며 부패한 특권도당인 박정권과 정면으로 싸울 것」을 분명히 하면서 박정권은 대일매국외교를 즉시 중지하고 가조인한 한일간의 제 협정을 백지화하라, 애국시민에 대한 비인도적 탄압을 즉시 중지하라」고 요구했다. 동년 6월 14일 창당전당대회가 개최되어 대표최고위원에 박순천, 최고위원에 허정, 서민호 등을 선출했다. 민정당당수인 윤보선이 열세인 민주당당수 박순천에게 신당의 지도권을 빼앗긴 것은 민정당내의 유진산, 김영삼(金泳三) 등이 민주당측에 가담했기 때문이다. 이 때문에 전당기관의 구성이 어려워져서 40일 이상이나 분규를 거듭했다.

한일조약의 비준문제를 둘러싸고 박순천과 윤보선의 불화가 마침내 노정되었다. 민정당의원은 합당 전인 4월 28일 「한일협정비준안이 국회에서 가결될 경우 의원직을 사퇴한다」라고 결의하고 있었는데 7월 15일 민중당의원총회에서도 같은 취지의 결의를 했다. 19일 윤보선은 「의원사퇴서를 박순천이 보관하는 것만으로는 의원에 대한 통제가 불충분하기 때문에 탈당원을 제출케 해야 한다」라고 주장했으나 박순천은 이에 반대했다(국회의원은 소속정당탈당과 더불어 의원직이 자동적으로 소멸되게 되어 있었다).

한일조약의 비준 및 월남파병안의 국회제출·발의를 무효라고 하여 국회거부행동으로 나왔던 야당의 대세와는 달리 박순천은 7월 20일 박정희와의 회담에서 타협적 태도를 취했다. 다음날인 21일에 발표된 양자의 합의내용은 여야 간의 극한 대립을 지양함과 더불어 현 제51회 국회를 폐회하고 즉시 제52회 임시국회를 소집하여 한일협정 비준안과 월남파병안을 처리한다는 것이었다. 여기에 대해 박순천계의 조재천, 김대중 등은 「적절한 조치」라고 하여 지지를 표명했으나 윤보선계의 정성태(鄭

成太), 정해영(鄭海永) 등은 「의원직을 걸고 반대하고 있는 비준안의 처리에 합의한 것은 당방침위반이다」라고 하여 반대했다. 한일협정의 조인무효, 매국협정의 비준반대를 외치며 극한투쟁방침을 명백히 하고 있던 민중당으로서는 박순천에 의한 7·20 합의는 여당의 독무대인 국회에 나가는 것을 인정한 것이기 때문에 명백히 큰 후퇴라고 간주되었다.

격론 끝에 민중당 중앙상무위원회는 7월 25일, ① 한일협정비준저지의 원칙에 반대되는 협상은 하지 않는다. ② 비준을 강행할 때는 의원직을 사퇴한다. ③ 의원직사퇴서가 여당에 의해 반려되더라도 이에 응하지 않는다는 것을 결의했다. 윤보선계는 정부·여당에 타협적인 박순천, 유진산 등 당집행부에 의한 의원직사퇴서의 보관은 실효를 기하기가 어렵기 때문에 탈당·해당(解黨)에 의해 의원직사퇴를 확실하게 해야 한다고 주장했다. 윤보선은 스스로 탈당계를 제출하여 비준저지의 수단은 해당이 있을 뿐이라고 했지만 박순천은 비준안에 대한 원내투쟁을 중시하라고 주장했다.

박순천 등 구민주당계의 미온적 자세에 분격한 원내외로부터의 압력에 의해 8월 4일 제3차 중앙상무위원회가 소집되어 8월 8일까지에 탈당계를 지역구출신의원은 소속지구당에 전국구출신의원은 중앙선거관리위원회에 제출하기로 결의했다. 박순천 등은 탈당계의 제출에 끝까지 반대했다.

8월 11일 한일협정비준안이 국회특별위원회에서 강행 의결되자 윤보선 등 8명의 의원은 탈당계를 제출하여 스스로 의원직을 포기했으나 51명의 의원은 사퇴서를 국회의장에게 제출했다. 동월 14일 민중당 중앙상무위원회에서는 국회의장(여당)이 사퇴서를 반려할 수도 있다고 하여 탈당계제출문제가 다시 제기되었으나 구민주당계 의원 등 40명은 이에 정면으로 반대했다.

여당단독의결에 의해 한일협정의 비준이 강행된 후 박순천, 허정, 전진한, 서범석, 홍익표, 조재천 등은 8월 28일 「의원직사퇴는 잘못된 노선이었다」는 자기비판의 성명을 발표하고 국회에 복귀하겠다고 선언했다. 그리고 10월 11일, 박순천, 전진한, 유진산, 김대중, 서범석, 김영삼, 김형일, 홍익표 등 민중당의 33명의 의원이 2개월만에 국회에 제출했다. 이에 반해 동월 20일, 고형곤(高亨坤), 함덕용(咸德用), 김삼(金三), 유홍(柳鴻) 등 14명의 의원은 박순천 등 당지도부의 타협적 태도를 비난하고 야당으로서의 선명한 입장을 고수하겠다고 성명했다. 다시 23일에는 원외의 유진령, 임문석, 김용진 등 구민주당원 169명이 당지도부를 친여적이라고 비난하며 집단탈당을 했다. 고형곤, 함덕용, 강승구(姜昇求) 등 강경파 19명은 12월 6일 새로운 원내교섭단체로서 명정회(明政會)를 발족시켰다. 이에 앞서 11월 1일 한일협정을 강력히 반대한 민중당 내의 강경파는 「민중당은 한일협정반대투쟁에 있어서 참된 민족관과 헌정관(憲政觀)을 망각했다」는 성명을 발표하고 집단으로 분당하여 선명야당을 결성하겠다고 밝혔다.

다음해인 1966년 1월 18일 윤보선 등 민중당을 탈당한 강경파와 자유민주당계 및 일부 혁신계(김성숙 : 金星淑, 조헌식, 정화암) 등은 신당발기에 합의했다. 그러나 자유민주당계의 김재춘과 서민호는 곧 신당발기에서 이탈했다. 3월 15일 신한당(新韓黨) 창당준비위원회가 결성되고 3월 30일에는 신한당이 발족했다. 총재에는 윤보선이 선출되었다. 이날 채택된 결의문에서는 ① 신의 있는 선명야당의 육성, ② 한일협정의 매국적 부분에 반대, ③ 국군의 월남증파반대, ④ 구속 또는 제적된 학생과 학원으로부터 추방된 교수의 구제 등이 강조되었다.

민중당과의 대립을 심화한 신한당은 4월 26일 박순천 등 민중당 지도층을 비난하는 성명을 발표하고 「한일협정의 비준을 돕고 월남파병을 지지한 정당 및 개인은 야당이라고 인정할 수가 없다」고 지적했다. 동년 7월 28일 민중당총재 박순천이 야당의 대통령후보단일화를 위해 윤보선과의 회담을 요구했을 때 윤보선은 회담의 전제조건으로서 박순천의 잘못된 지도노선과 국회복귀에 대해 국민에게 사과함과 동시에 민주당의 지도층도 정치인으로서의 책임을 져야 할 것이라고 주장했다.

　박순천은 10월 5일 제6대 대통령선거에 신한당의 윤보선이 입후보하는 데에 반대한다는 뜻을 밝혔다. 10월 22일 민중당전당대회에서는 당대통령 후보에 유진오(兪鎭午)를 지명하고 정권교체의 실현을 위해 노력할 것을 결의했다. 신한당은 11월 21일 민주공화당과 민중당의 협조에 의한 선거법의 개악이 「부정선거의 소지를 만들고 선명 야당인사의 당선을 방해하는 것」이라고 비난했다.

3. 반독재 재야민주세력 단일화추진위원회

　동서를 불문하고 쿠데타에 의해 성립한 군사파쇼 독재정권이 선거에 의한 평화적 정권이양을 실행한 예는 아직껏 없다. 박정희정권의 경우는 특히 미국의 비호를 받고 미군정 이래의 반민족적 매판세력에 의해 뒷받침된 반공우익군부출신이 그 핵심을 이루고 있었던 만큼 유례 없는 광포성과 독재전횡을 특색으로 하고 있었다. 더욱이 이 군사독재정권의 주된 존재 이유는 미국의 반공전략에 적극적으로 복무하는 데에 있었고 따라서 미국정부와 CIA의 강력한 보호를 받고 있었다. 한국에 있어서의 자주통일세력의 말살, 한일조약의 체결과 월남파병의 강행은 바로 미국이 요구하는 바였고 그 반대급부로서 미국에 의한 박정권에의 원조와 조력이 주어졌던 것이다.

　박정권 하에서 정치활동을 허용 받은 정파는 모두 미국의 대한정책의 테두리에서 벗어나지 않은 반공친미세력이다. 이들 정파는 한일조약이나 월남파병문제에서 볼 수 있듯이 민중의 반정부기운이 고조되면 어느 정도의 반정부적 자세를 취하지만 본래적인 반공친미적 체질과 이승만·한국민주당 이래의 세도·이권욕, 그리고 파벌투쟁 때문에 반정부세력, 정권교체세력으로서는 극히 약체였다. 이 이권욕과 파벌투쟁을 이용한 정부측의 유혹과 모략, 야당분열책은 쉽게 주효할 수 있었다. 민정이양에 대비한 범당(汎黨)운동의 기만, 단일야당으로서의 국민의 당 운동의 실패, 6·3데모 후의 정국수습극, 한일조약 비준과 월남파병단을 둘러싼 박정희·박순천 회담의 수수께끼 의원직사퇴소동과 국회복귀, 그밖에 정부 폐정(弊政)의 추궁과 이권의 흥정 등에 있어서 보수야당세력의 본질적인 무원칙성과 공리(功利)에 급급한 취약성이 유감 없이 노정되었다. 이러한 보수야당세력이 박정희군사독재정권을 타도하고 정권을 장악한다는 것은 꿈조차 꿀 수 없는 일이었다.

　그러나 박정희정권이 민중 위에 군림하면서 거듭해 온 반민주적 반민족적 과오는 너무나도 커서 국민에게 있어서는 결코 묵과할 수 없는 것이었다. 박정권의 독재전횡을 저지하기 위해서는 반독재세력의 총집결이 필요했다. 그렇기 때문에 군사파쇼독재하에서 살아 남은 진보적 민족주의세력과 형기를 마치고 출옥한 혁신계 정치인은 1966년 1월 반독재 재야민주세력 단일화추진위원회(약칭 반독민일위)를 결성하고 민중당과 신한당에게 재야반독재민주세력의 통합을 호소하고 국민전선적인 반독재민주세력의 통일을 지향했다. 이것을 추진한 중심 멤버는 의장 박기출 외에 유한종, 홍병주, 임갑수, 배일성, 임춘호, 김대 등이다. 그 경과를 보면 다음과 같다.

1966년 2월 25일 반독민일위는 윤보선 등의 민중당 탈당멤버에 더하여 김성숙(金星淑), 조헌식, 권오동, 정화암 등의 혁신계가 신한당 창당을 위해 적극적으로 움직이기 시작했기 때문에 그러한 역량을 단순한 신당운동을 위해서가 아니라 광범한 민주적 민족세력의 대동결집에 돌려야 한다는 성명을 발표했다. 동년 6월말 반독민일위는 이인, 김홍일, 이교선 등 보수계 인사와도 접촉하고 반독재민주세력의 대동을 추진할 것을 역설했다. 다시 9월 27일 반독민일위는 이인 등과 더불어 시국선언을 발표하고 재야민주세력의 단일화를 호소했다.

동년 12월 7일 반독민일위는 야당 각파로 된 야당 대통령후보 단일화 추진위원회의 협력 도청에 동의한다는 성명을 발표했다. 야당대통령후보 단일화추진위원회는 12월 24일 허정, 장택상, 이인, 김홍일, 박기출 등이 참가한 가운데 야당대통령후보의 단일화를 도모했으나 각파의 이해가 맞지 않아 아무런 성과를 거두지 못한 채 다음해 1월 10일에는 해산했다.

1967년 1월 25일 반독민일위는 야당대통령후보 단일화추진위원회의 해산에 구애되지 않고 전국적으로 민주적 대중세력의 대동단결을 추진해야 한다고 성명하고 윤보선, 백낙준, 이범석, 유진오의 4자회담에 의한 합의를 측면에서 촉구했다. 2월 1일 반독민일위는 전국대표자회의를 개최하고 4자회담의 합의를 촉구하는 건의서를 채택하여 전달했다. 3월 1일의 반독민일위 전국대표자회의는 통일야당으로서의 신민당대통령후보의 당선을 위하여 가능한 범위에서 협력한다는 것을 분명히 했다.

4. 신민당 창당

재야반독재세력의 결집에 의해 신민당이 창당되었으나 그 내실은 민중당과 신한당의 합당을 기본으로 하는 것이었다.

1967년 1월 23일 윤보선은 야당세력의 단일화를 위해 백낙준, 이범석, 유진오 등에게 4자회담의 개최를 제안했다.

1월 25일과 27일의 양일에 걸쳐 상기 4자는 야당세력의 통일을 위한 회담을 벌였다. 2월 5일의 4자회담에서는 ① 민중당, 신한당, 재야민주세력이 합동하여 신민당을 창당한다. ② 창당대의원은 민중당 25명, 신한당 25명, 재야인사 10명으로 한다. ③ 대통령후보에는 윤보선을 추대한다. ④ 당수에는 유진오를 추대하기로 결정했다. 동일 민중당과 신한당은 각각 4자회담의 합의사항을 승인했다.

2월 7일 재야민주세력통합대회가 열리고 신민당이 발족했다. 동시에 2월 5일의 4자회담의 합의사항이 추인되었다. 그러나 이날 합의사항에 있는 재야인사로부터 창당대의원 10명을 내는 건은 실현되지 않아 양당 및 자유당 관계자 3인이 재야인사로서 대회에 출석했다. 2월 11일의 선거까지 전당대회의 권한을 대행할 결의기관으로서 운영위원회가 구성되었는데 멤버 67명의 내역은 ① 보수계(남한 단독선거 지지세력) 64명 - 민중당계 30명(민중당원 25명, 친민중당계 소선규 등 5명), 신한당계 30명(신한당원 25명, 친신한당계 유수현 등 5명), 자유당계 4명(임철호 등) - ② 혁신계(민주통일세력) 3명(박기출 등)으로 되었다. 즉 남한 단독선거를 지지 추진한 친미반공의 맥을 이은 보수세력이 독점적 지위를 차지했다.

2월 22일 당내에 10인 심사특별위원회가 설치되어(위원장 유진산) 지구당위원장과 국회의원선거 입후보자의 심사를 시작했다. 창당대회에서는 명분으로서 「범국민적 정당」을 소리높이 선언하고 있었으나 구민주당계와 구신한당계가 매사에 주도권 다툼에 몰두하여 당간부직과 당기관에 자파를 끌어들이기 위해 혈안이 되었다. 그 결과 당의 전기구에 걸쳐 양파가 거의 동률로 직책을 맡는 형국이 되었다.

3월 10일에 10인 심사위원회는 지역구조직책심사에 있어서 전체 131개 구 중에서 102개 구를 단수로 추천, 23개 구를 복수로 추천하고 6개 구를 미정으로 하고 최종결정은 윤보선과 유진오에게 일임했다. 3월 17일 양자는 구 민중, 신한 양당계에 분배하는 형식으로 120개 구의 지구당위원장을 임명했다.

5. 통일사회당과 대중당의 발족

● 통일사회당

전술한 바와 같이 군사쿠데타 후 한국의 진보적 민족주의세력과 혁신세력은 철저히 체포 투옥되고 극히 일부가 지하에 잠복했을 뿐으로 그 정치활동은 완전히 봉쇄되었다. 이것은 민정이양 후에도 마찬가지였으나 1964년 봄부터의 한일회담 반대, 독재정권 물러가라는 학생과 민중의 투쟁이 고조됨에 따라 김성주(金成疇), 김성숙(金星淑), 조헌식, 정화암 등 비교적 조기에 석방된 인사들이 정국문제를 둘러싸고 의견교환을 거듭했다. 정부의 폭압을 모면한 일부 혁신정당 관계자들도 보수야당의 청년들과 협력하여 민주사회주의연구회 등을 만들어 상호연락을 도모했다.

1965년 7월 20일 김성주(金成疇), 김성숙(金星淑), 구익균(具益均) 등은 통일사회당 창당준비위원회를 구성하고 대표위원에 김성주(金成疇)와 김성숙(金星淑)을 추대했다. 그러나 동년말 김성숙(金星淑)은 조헌식, 정화암 등과 함께 윤보선의 한일협정반대, 월남파병반대에 강경한 태도에 공명하여 신한당창당운동에 참가했다. 1966년 3월 김성주(金成疇)와 구익균은 신한당 운동에서 이탈한 서민호, 정화암과 함께 혁신세력의 통합을 지향했으나 파벌대립이 격화하여 실패로 끝났다.

1966년 5월 통일사회당창당준비위 간사장 김철(金哲:민족청년단 출신)은 스톡홀름의 사회주의자국제회의에 출석하여 한국군의 월남파병을 지지하는 듯한 발언을 한 것이 문제가 되어 징계처분에 회부되었다. 김철은 징계처분에 반발했기 때문에 김성주(金成疇)계 김철계의 양파간에 분규가 일어나 1967년 4월 3일 김철계는 당 대표최고위원인 김성숙을 일방적으로 제명 처분했다. 이리하여 다음날인 4월 4일 김철계 안으로 창당대회가 열려 통일사회당을 발족시켰다. 4월 7일 민주사회주의연구회 관계자인 이봉학(李鳳鶴)이 동당 위원장으로 선출되고 김철은 간사장에 취임했다.

● 대중당

신한당 창당준비위원회를 이탈한 서민호는 1966년 2월 15일 혁신신당을 결성하겠다고 발표했다. 서민호는 3월에 들어서서 김성주(金成疇), 구익균 등과 접촉하여 통일사회당 창당준비위원회와의 통합을 시도했으나 실패로 끝났다. 동년 5월 4일 서민호는 정화암, 이몽(李蒙) 등과 함께 민주사회당을 발기했으나 정화암계는 결국 이탈했고 이몽도 제명되었다. 그 결과 5월 9일 서민호 중심의 보수계 인사만으로 민주사회당 창당준비위원회가 구성되어 위원장에는 서민호가 선출되었다. 그러나 서민호는 6월 3일 반공법위반혐의로 체포되었다.

　1966년 7월 민사당 창당준비위는 통일사회당창당준비위의 구익균, 안필수(安弼洙), 김재훈(金在訓) 등과 양위원회의 통합을 도모했으나 또다시 실패하여 구익균과 김재훈은 민사당 창당준비위측으로 옮겨갔다. 또 민사당 창당준비위는 12월 20일 한국독립당 대표 신공제(辛公濟)와도 접촉하여 양당을 합당한다는 데에 합의는 했으나 구체적인 합당절차에서 이견이 노출되어 실현되지 않았다. 1967년 3월 9일 민주사회당 창당대회가 열려 당명을 대중당으로 고치고 대표최고위원에는 서민호를 선임했다.

제30장 「사상 유례없는」 부정선거

1. 제6대 대통령선거

　1967년에 들어와서 선거에 대비하여 진용을 정비한 여·야당간의 대립항쟁은 절정에 달했다. 매국적 한일조약의 체결, 월남파병, 굴욕적인 한미행정협정의 체결(1966년 7월), 언론탄압, 사회적·경제적 불안의 증대와 일련의 부정부패사건의 속출 등으로 해서 민심은 박정희정권에서 완전히 떠나 군사독재체제는 심각한 모순에 직면해 있었다. 박정권에 남겨진 연명의 길은 관권과 금권, 그리고 온갖 부정수단에 의한 선거의 강행 밖에는 없었다.

　민주공화당은 1967년 2월2일 제4차 전당대회를 열어 대통령후보에 또다시 박정희를 지명했다. 정부는 3월 24일 제6대 대통령선거를 5월 3일에 실시한다고 공고했다. 민주공화당은 선거공약으로서 경제자립을 위한 제2차 5개년계획의 추진 등을 내걸고 공명선거의 실시에 의한 건전한 보수양당제의 확립을 약속했다.

　박정희의 선거대책특별고문으로는 백두진, 윤치영, 이갑성, 이윤영, 임영신, 정구영, 최두선 등 이승만계 정객 5명을 포함한 7명이 선임되었다. 4월 1일부터 시작된 대통령선거 유세는 박정희 후보반, 김종필 당의

장반, 이효상(李孝祥) 국회의장반의 세 그룹으로 나뉘었고 권일(權逸), 이정석(李丁錫), 조시원(趙時元), 이도선(李道先), 강문봉(姜文奉) 등이 각반에 참가했다. 김종필은 포천, 고양, 파주, 온양, 공주, 부여, 청양, 홍성, 예산, 속초, 인제, 홍천, 양평, 영동, 양산, 산청, 함양, 남원, 장수, 군산, 이리, 김제, 원주, 영월, 충주, 목포, 진주, 마산, 밀양, 영양, 삼척, 강릉, 장성, 평창 등을, 이효상반은 삼천포, 충무, 의령, 함안 등을 박정희반은 대전, 광주, 부산, 대구, 춘천, 청주, 서울, 인천 등을 돌았다.

한편 최대야당인 신민당은 1967년 2월 7일의 창당시에 차기대통령후보로서 윤보선을 지명했다. 윤보선은 3월 8일의 기자회견에서 다음과 같은 정견을 발표했다. ① 거국내각을 조직하고 일체의 정치보복을 하지 않는다. ② 대통령의 중임제를 폐지한다. ③ 이중곡가제를 실시한다. ④ 세율을 인하한다. ⑤ 최저임금제를 실시한다. ⑥ 부패와 부정을 근절한다. ⑦ 장병의 생명을 존중하는 정책을 취한다. ⑧ 강대국에 대한 예속을 배제하고 자주통일을 위한 능동적 자세를 취한다. ⑨ 정보정치를 지양한다.

신민당은 3월 22일부터 전국유세를 시작했다. 윤보선 후보반에는 박기출, 윤제술(尹濟述)이, 유진오 당수반에는 이재형, 장준하(張俊河)가, 기동반에는 정해영, 김대중, 김영삼, 김수한, 유진산, 정일형, 부완혁(夫完赫) 등이 가담했다. 후보・당수 합동반은 북제주, 서귀포, 광주, 여수, 김천, 상주, 점촌, 예천, 안동, 가평, 춘천, 양구, 속초, 강릉, 묵호, 삼척, 원주, 제천, 충주, 청주, 전주, 부산, 대구, 서울, 인천을, 후보반은 거창, 함양, 산청, 진주, 삼천포, 충무, 마산, 이리, 군산, 김제, 정읍, 고창, 영광, 나주, 목포, 해남, 강진, 장흥, 보성, 순천, 광양, 남원을, 당수반은 선산, 군위, 의성, 울진, 수원, 논산, 공주, 의정부, 파주 등을 돌았다. 그러나 박순천 등 구민중당계는 선거운동을 거부하거나 또는 윤보선에 반대하는 입장을 취했다.

제6대 대통령선거에 입후보한 것은 박정희, 윤보선 외에 이세진(李世鎭:정의당), 전진한(한국독립당), 서민호(대중당), 김준연(민중당), 오재영(吳在泳: 통한당) 등 모두 7명이다. 그러나 민주공화당, 신민당을 제외한 다른 후보자들은 모두 당조직의 약체와 자금난으로 해서 실질적인 선서활동이 불가능한 상태였다. 또한 언론기관이 보수양당제라는 명분도 있어서 민주공화당, 신민당의 움직임 외에는 거의 취급하지 않았다. 3월 28일 대중당의 서민호 후보는 신민당과의 타협이 이루어져 입후보를 사퇴했다. 대통령선거는 4년 전과 마찬가지로 박정희, 윤보선의 대결로 압축되었다.

5월 3일에 실시된 투표결과는 총투표수 11,646,621표 중 유효 투표는 11,060,217이고 득표수는 박정희가 5,688,666표, 윤보선이 4,526,541표로 발표되어 박정희가 당선되었다. 양자의 득표수는 어디까지나 공식발표이며 5·3대통령선거가 이승만시대의 최악의 부정선거에 못잖은 부정선거였다는 데 대해서는 뒤에서 보는 바와 같다.

2. 제7대 국회의원선거

박정희정권은 대통령선거에서의 승리의 여세를 몰아 국회에 있어서도 대통령 3선을 금한 헌법을 개정할 수 있는 3분의 2의 다수를 확보하기 위해 필사적인 선거공작을 벌였다.

정부는 1967년 5월 8일 제 7대 국회의원선거를 6월 8일에 실시한다고 공고했다. 정부는 신민당의 선거운동에 비열한 간섭과 방해를 가했다.

예를 들면 서울 동대문구에서 신민당의 공천을 받은 장준하를 「반공법 위반」 등의 구실로 체포하고(5월 8일), 신민당 전국구 후보 김재화(金載華)를 「조총련과의 관련」 운운의 구실하에 국가보안법·반공법·외환관리법 위반 혐의로 체포했다. 신민당의 지역구 입후보 예정자 박기출에 대해서도 대통령선거법 위반 혐의로 긴급체포령이 내려졌다. 박기출은 지하에 잠적한 채 5월 9일 국회의원 입후보등록을 성공리에 했기 때문에 체포장의 집행이 정지되었다(그러나 국회의원선거 직후인 6월 9일 다시 긴급 체포장이 발부되었다. 경찰은 지하에 잠복한 박기출을 추적하여 3개월 동안에 전국의 1천여 곳을 수색했다).

6월 8일에 실시된 투표의 결과를 보면 전국 131개 지구 7,863개소의 투표소에서 유권자 총수 14,717,354명 중 11,203,317명이 투표했다. (투표율 75.85%) 유효 투표수 10,856,008표 중 민주공화당은 5,494,922표(50.61%), 신민당은 3,554,224표(32.7%)라고 발표되어 지역구 의석은 민주공화당이 131명 공천 중 당선자 102명, 신민당은 공천 131면 중 당선자 28명, 대중당은 공천 65명 중 불과 1명이 당선했다. 통한당(공천 28명), 자유당(동 86명), 민중당(동 69명), 정의당(동 17명), 한국독립당(동 78명), 자민당(동 14명), 통일사회당(동 46명), 민주당(동 87명) 등의 야당은 모두 당선자를 내지 못했다. 각당 득표의 비례대표제에 의한 전국구 의석의 배분은 민주공화당 27명, 신민당 17명으로 되었기 때문에 총의석수는 민주공화당 129명, 신민당 45명, 대중당 1명이 되었다. 또한 통합야당으로서 발족한 신민당의 지역구 공천자 131명 중 반독재 재야민주세력 단일화추진위원회(혁신계) 관계자는 거의 2명에 지나지 않았다.

3. 부정선거 수단의 전모

　5·3 대통령선거와 6·8 국회의원선거는 정부·여당에 의한 악랄하기 이를 데 없는 부정선거였다. 민심의 지지를 잃은 정부·여당은 야당 세력에 대해 노골적인 탄압과 박해를 가하고 권력, 금력, 폭력을 총동원하여 파렴치한 부정선거행위를 감행했다. 예를 들면 지방유권자의 환심을 사기 위한 지역개발공약(선심공사라고 불렸다)의 난발이 있다. 박정희는 호남선의 복선화, 4대 고속도로의 건설, 4대 하천개발 등의 공약을 늘어놓았고, 김종필은 태백산종합개발, 전주공업단지조성, 특수작물재배계획을 위한 120억원 투자, 호남지방농민의 소득향상, 서해연안준설공단의 발족, 군산의 국제항화 등을 외쳤다. 정부·여당의 부추김으로 지방관청도 매표공작에 전념하여 주민에 대한 밀가루 무료배급, 실업자구제를 위한 소공사를 시작하는가 하면 착공의 가망도 없으면서 각지에서 지역개발공사의 「기공식」만을 성대하게 벌이기도 했다.

　또 일반공무원, 교원, 말단 행정기관이 여당의 선거운동에 동원되었고 노동조합, 사회단체, 문화단체와 저명한 연예인, 작가, 나아가서는 학자까지도 정부·여당의 장단에 맞추어 춤을 추어야 했다. 극영화「팔도강산」이 무료로 상영되었고 예총위원장은 가수, 배우 등을 데리고 전국을 뛰어다녔고 일부의 교수나 작가들도 박정희의 표를 모으기에 여념이 없었다. 특히 신민당의 구민중당계 지반구에서는 내분의 선동으로 야당다운 선거운동이 벌어지지 않았기 때문에 여당의 뜻대로 매표, 집표행위가 이루어졌다.

　6·8 국회의원선거운동기간에는 특히 관권·행정권의 남용이 문제가 되어 산림법의 악용, 관허영업체에 대한 간섭, 세무행정의 압박 등이 횡

행했다. 대통령 및 국무위원들은 스스로가 만든 법을 어기면서까지 여당후보지원의 선거운동에 혈안이 되었다. 신민당은 5월 29일 정부·여당에 의한 부정·불법선거수단으로서 ① 민주공화당 말단조직인 5인조를 악용하고 있다. ② 공포분위기를 조성하고 있다. ③ 행정관청의 지방사업공약을 선거운동에 이용하고 있다는 것은 들고 중앙선거관리위원회에 제소했다. 지방공무원과 민주공화당원들은 공공연히 선거민 호별방문, 매수, 향응, 협박 등 방약 무인의 부정선거행위를 자행했다.

정부·여당의 극심한 부정행위는 내부로부터도 고발되었다. 예를 들면 경북 영천군 대청면의 산업계장 김영달(金泳達)은 6월 5일에 「영천군 내무과장 남(南)모가 영천면장 김용원을 통해 6개 항목에 걸친 부정선거를 지령해 왔다」면서 그 내용을 폭로했고, 동일 전북 남원의 민주공화당의 한 간부도 정부·여당의 유령유권자의 작성, 대리투표 등 부정선거행위를 노리고 있다고 폭로했다. 신민당총재 유진오는 6월 6일 정부·여당이 「사상 유례 없는 망국적 부정선거」를 감행하고 있다고 비난했다.

신민당은 선거 후인 6월 25일과 8월 14일의 두 차례에 걸쳐 정부·여당이 사용한 부정선거수단의 전모를 폭로했다. 이러한 부정수단의 자체는 새로운 것이 아니다. 이승만 이래의 역대정권이 상용했고 더욱 세련시켜 온 것임은 말할 것도 없다. 주요한 것을 열거해 본다.

(1) **선거기간중의 부정** - ① 유령 유권자의 날조, ② 야당지지 유권자를 선거인 명부에서 삭제, ③ 투표용지를 매수 또는 배부하지 않는다, ④ 살인, 폭행, 협박 등으로 야당 인사를 위압, ⑤ 관헌이 조직적으로 부정선거를 지도, ⑥ 경찰관 및 공무원을 선거운동에 동원, ⑦ 호별방문, ⑧ 향응 및 취직 알선 등의 약속, ⑨ 선심공사, 선심기공식, 선심공약.

(2) 투표과정중의 부정 - ① 부재자투표를 부정하게 행한다. ② 매수표, 유령표, 기권표로 대리투표, ③ 릴레이식 대리투표, ④ 야당계 참관인의 출입을 방해, ⑤ 기표를 감시 또는 공개투표를 강요, ⑥ 사전투표, ⑦ 부락별 투표, 시차별 투표로 부락주민을 위협, ⑧ 투표함의 내용 바꿔치기.

(3) 개표과정의 부정 - ① 환표계산으로 여당표 늘리기, ② 샌드위치식의 집계로 여당표를 날조, ③ 야당표의 무효화(피아노표, 올빼미표, 아일롱표 등), ④ 개표결과의 부정발표.

4. 부정선거 반대투쟁

6·8 국회의원선거가 노골적인 정부·여당 측의 부정수단으로 행해졌기 때문에 부정선거규탄데모가 전국 각지에서 전개되었다. 선거당일 남원의 신민당원과 시민 등 2천여 명이 데모를 감행한데 이어 다음날인 9일 연세대생이 선거의 무효를 외치며 데모를 결행했다. 10일에는 광주, 보성, 무안, 수원 등지에서도 데모가 계속되었고 11일에는 춘천에서 기독교도 등 200여명이 부정선거를 규탄하는 집회를 가지고 데모를 감행한데 이어 군산에서도 학생과 신민당원 등 3천여 명이 선거의 무효화를 요구하여 격렬한 데모를 벌였다.

12일이 되자 서울대 법과대생 500여명이 6·8 선거규탄대회를 연 뒤 가두에 진출하여 데모를 벌였고 동일 오후에는 신민당총재 유진오 등 간부 100여명이 재선거실시를 요구하며 데모를 벌였다. 유진오는 10일에 「6·8 선거는 사상 유례 없는 부정선거이다.」라고 선거의 무효를 주장하고 신민당 당선자의 국회등원을 거부했다. 신민당은 12일에 6·8선거무효화 투쟁위원회를 설치했다. 13일 부정선거 규탄데모는 서울대, 고려대, 연세대를 비롯하여 서울의 각대학과 지방대학에 파급하여 각지에서 수천 명의 학생과 무장경찰대 사이의 투석전 증 유혈대결이 전개되었다. 동일 고려대, 연세대, 성균관대에 강제휴교령이 내려졌다. 한편 서울 일원에는 갑호비상경계령이 선포되었다.

그러나 데모는 진정되기는 커녕 더욱 확대되었다. 14일에는 서울의 11개 대학, 20개 고교 학생 1만5천여 명이 선거의 무효화와 재선거의 실시를 요구하여 데모를 벌였고 15일에는 서울의 대학, 고교생 1만5천여 명(이화여대, 숙명여대에서는 전체 학생)이 궐기했다. 서울의 각 대학, 고교생 등 6천 여명은 16일에도 격렬한 데모를 벌였다. 연일 이어지는 데모에 당황한 정부는 전국의 이름 있는 대학과 고교를 휴교·폐쇄함과 함께 대량으로 경찰대를 동원하여 데모학생의 무차별체포와 유혈의 폭압을 단행했다. 신민당은 6월 19일 6·8 부정선거규탄국민대회를 열고 6·8선거의 무효를 다시 주장함과 동시에 대회 후 가두데모를 강행했다.

6월 8일 이후 부정선거를 규탄하여 전국적으로 소용돌이친 데모의 물결은 6·3데모이래 2년 만에 박정권을 뒤흔든 반정부데모이며 선거에서 나타난 정부·여당의 득표수와는 반대로 정부·여당이 얼마나 민중의 강렬한 공격대상이 되고 있는가를 여실히 보여 주었다. 그래서 정부는 부득이 평택, 서천, 보령, 군산, 옥구, 고창, 화순, 곡성, 영천 등 부정선거 행위가 너무나도 노골적이었던 6개 지구의 민주공화당당선자를 제명하여 사태를 극복하려고 했다.

그러나 이러한 호도책으로는 무엇 하나 문제가 해결되지 않는다. 박정희는 험프리 미부통령, 사토 일본수상을 비롯한 각 우방의 사절이 지켜보는 가운데 7월 1일 대통령 취임식을 거행했으나 그 직후인 3일에는 서울 시내의 10개 대학 학생이 기말시험을 거부하고 6·8 부정선거규탄 집회와 데모에 들어갔고 4일에도 서울의 대학가에는 데모가 소용돌이쳤다. 박정희정권은 또다시 「전가(傳家)의 보도(寶刀)」인 강제휴교령을 각 대학, 고교에 내리고 학생의 움직임을 봉쇄했다. 제7대 국회는 야당위원의 거부가 계속되었기 때문에 여당만으로 7월 10일에 개원하는 판국에 이르렀다.

5. 통합야당 신민당의 좌절

　군사독재정권이 선거에 의한 평화적인 정권교체에 응하지 않는다는 것은 앞에서 말한 바와 같지만 4·19 의거처럼 전국민적인 봉기가 발생하고 여기에 미국의 정책적 배려가 가해질 때는 독재정권의 도괴도 가능하다고 여겨졌다. 그런 고로 박정희군사정권하에 있어서도 반독재세력이 총집결하여 민중을 동원하는 데 성공하기만 하면 그 힘으로 정부를 궁지에 몰아넣고 정권교체의 계기를 만들 가능성은 충분히 있다고 여겨졌던 것이다. 미국에 있어서 박정희 정권은 반공전략의 집행자이지만 보수야당도 전통적으로 친미반공이며 이를테면 미국의 충실한 앞잡이가 될 수 있는 요소를 충분히 갖추고 있었던 고로 민중의 반정부적 봉기가 불을 뿜기만 하면 미국이 박정권과 동반 자살을 할 의도가 없는 한 「민주주의」라는 명분으로 정권교체를 고려한다는 것은 확실할 것이다.
　반독재재야민주세력 단일화추진위원회가 반독재야당세력의 결집을 호소한 이면에는 군사독재체제를 무너뜨리기 위한 이러한 정치전환의 논리가 있었던 것이다. 그러나 군사정권의 퇴진을 대망하는 국민의 염원을 반영하여 재야반독재세력의 통합체로서 결성되었을 터인 신민당은 국민의 요망을 실현할 수는 없었다.

당내의 여러 파벌은 박정권 타도의 사명에 따라 통일하기보다는 지도권 다툼의 내분으로 치달았다. 구자유당계와 한국민주당계의 대립, 구민주당계 내의 신구 양파 대립, 구자유당계 내의 민족청년단파와 비민족청년단파의 대립, 윤보선계와 박순천계, 유진산계의 숙명적인 불화대립 등, 총체적으로 구민중당계와 구신한당계의 대립이 뿌리깊이 매사에 분규를 일으켰다. 통합야당이라는 간판과는 달리 신민당의 중앙·지방의 여러 조직이 윤보선계와 반윤보선계로 양분되어 지휘되고 있었기 때문에 윤보선이 출마한 5·3 대통령선거에 있어서는 반윤보선계가 선거운동을 거부하는 상태였다.

또 5·3 대통령선거와 6·8 국회의원선거가 1개월의 간격을 두고 계속적으로 행해져 양쪽 모두 철저한 부정선거라는 점에서는 공통되어 있었음에도 불구하고 신민당의 반윤보선계지도부는 5·3선거의 부정에 대해서는 고의적으로 입을 닫고 6·8선거에 대해서만 그 부정을 추구하는 태도를 취했다. 전술한 바와 같이 5·3선거의 실상은 1개월 후인 6·8선거 못잖게 추악한 부정행위로 가득 차 있었지만 반윤보선계는 정부·여당을 추궁하는 것이 윤보선을 이롭게 한다는 파벌차원의 사고방식에 입각하여 침묵을 지켰다고 생각된다.

5·3 대통령선거에 있어서 윤보선은 1963년 가을의 지난번 선거와 마찬가지로 실제의 지지표에서는 박정희를 앞서고 있었지만 투개표과정에서 윤보선의 패배가 짜여졌다고 일컬어지고 있다. 윤보선 자신「투표에 이기고 개표에 졌다」고 탄식했던 것이다.

신민당은 6·8국회의원선거의 부정을 비난하며 재선거를 요구했고 부정선거반대 데모에서 볼 수 있는 국민대중의 고양된 반정부 기운에 편승했으나 이것도 역시 철저한 것이 되지는 못하여 좌절로 끝났고 국민의 기대를 배반하기에 이르렀다. 제7대 국회는 6·8부정선거의 무효를 주장하는 야당 측의 거부 때문에 7월 10일의 개원 후에도 공전을 거듭, 9월 1일부터의 제 62회 정기국회도 민주공화당의 단독국회가 되어 휴회가 계속되었다. 그래서 민주공화당은 헌법에 규정된 복수정당제를 형식적으로나마 준수할 필요에서 내분으로 동당에서 제명된 무소속의원으로 된 원내교섭단체 「10·5 구락부」의 참석으로 국회운영을 도모하려고 했다. 그러나 헌법위반이라는 비난을 받았기 때문에 여당은 신민당을 끌어들이는 공작을 강화했다. 여기에 따라 11월 2일 그것도 김종필·유진오 회담이 열려 정국수습을 위한 여야대표자회담을 거쳐 11월 20일 양당의 전권대표가 공동성명과 합의의정서(合意議定書)에 서명했다.

이 의정서는 선거관계법의 개정과 6·8선거 부정조사 특별위원회의 설치, 신민당의원의 국회등원을 결정한 것이다. 그러나 민주공화당측에게 부정선거행위의 조사에 관심이 있을 까닭이 없어 특별위의 설치는 신민당을 국회에 끌어들이기 위한 미끼에 지나지 않았다. 그럼에도 불구하고 신민당간부는 여당측의 기도를 충분히 헤아리고 있으면서 합의의정서를 승인, 선거무효와 재선거 실시의 주장을 철회하고 의원을 등원시킨 것이다.

이렇게 해서 신민당의원이 참가한 국회는 12월 1일 상기 합의의정서를 결의안으로서 채택하기에 이르렀으나 예측했던대로 민주공화당은 합의의정서의 실행을 태만히 하고 6·8선거 부정조사 특별위원회의 설치에는 응하려 하지 않았다. 이에 항의하여 신민당의원은 12월 19일부터 국회의사당 내에서 10일간에 걸친 농성투쟁에 들어갔다. 그러나 힘으로 밀어붙이는 여당의 국회전략 앞에 이것도 무너지고 말아 결국 합의의정서에 담겨진 사항들은 그림의 떡으로 끝났다(12월 29일에 정기국회 종료).

6. 비 망

● 동베를린(대남적화공작단)사건

중앙정보부는 1967년 7월 8일「동베를린을 거점으로 한 북한의 대남적화공작단 사건」을 발표했다. 중앙정보부는 서독, 프랑스 등에 체류중인 한국 유학생, 교수, 예술가 등 다수를 당해국의 양해도 없이 서울에 은밀하게 연행하여 투옥하고 자백을 강요하여 사건을 발표했기 때문에 서독을 비롯한 각국에 격심한 항의의 소용돌이를 불러일으켰다. 사건관련자는 국내를 포함하여 312명에 달한다고 발표되었고 유죄로 판결된 34명에는 사형, 무기를 포함한 중형이 부과되었다. 서독에서는 주권침해, 인권유린의 여론이 높아져 동국 주재의 일부 한국외교관의 추방, 경제원조협정조인의 무기연기 등의 조치가 취해졌고 1969년 1월에는 서독정부 특사일행이 내한했다.

● 통일혁명당 사건

중앙정보부는 1968년 8월 24일 대규모적인 지하당을 적발하여 158명을 체포 또는 수사중이라고 발표했다. 여기에 의하면 김종태 등 동당 간부는 수년 전부터「북한의 지령」하에 한국에 있어서의 민족해방민주혁명을 위해 각계에 침투,「민족해방전선」,「조국전선」산하에 각종 단체와 서클을 조직, 무력투쟁을 위한 지도간부 육성까지 추진함과 동시에 합법 잡지 「청맥(靑脈)」을 기관지로 하고 비합법 기관지로서 「혁명전선」을 발행하고 있었다고 한다. 1969년 1월 26일 김종태 등 5명에게 사형, 25명에게는 무기를 포함한 중형이 가해지고 동년 7월 이후 5명의 사형이 집행되었다. 또한 이 사건과 관계가 있다고 하는 임자도(荏子島)혁명조직사건, 남조선 해방전략당 사건도 발표되어 「주도자」에 대한 사형이 집행되었다.

● 향토예비군의 창설

1968년에 들어와서 정부는 1월 21일의 공산게릴라의 청와대습격 미수사건, 미정보수집함 푸에블로호 납치사건 등이 발생하여 남북의 긴장상태가 격화되었다는 이유로 4월 1일 250만에 달하는 향토예비군을 발족시켰다.

제31장 특권자본가층과 근대화 정책

1. 미국에 의한 특권자본가층의 육성

　박정희정권은 1967년의 대통령선거, 국회의원선거를 노골적인 부정행위로 치루어 집권연장을 달성했으나 그 때문에 막대한 선거자금이 투입된 것은 말할 것도 없다. 그 자금원은 몇몇 부정부패사건에서 찾아볼 수 있다. 정부지배층의 추악한 체질은 쿠데타 후의 4대 의혹사건, 민정이양 후의 신4대 의혹사건 등으로 충분히 드러나고 있었으나 선거를 앞두고 폭로된 코로나 의혹사건, 제2정유 사건, 판본(阪本)재벌 밀수사건, 삼성재벌 밀수사건, 대만쌀수입사건 등의 부정·부패·오직 사건은 사복을 채우고 정권을 유지하는 정치자금염출을 위해 수단을 가리지 않는 파쇼정권 특유의 흉악한 본성을 여실히 드러냈다. 이러한 잇따른 부정사건은 모두 정부·여당과 특권 자본가·재벌과의 끊을 수 없는 유착관계 속에서 발생했다.
　한국의 특권 자본가·재벌은 선진자본주의국가처럼 자생적인 산업자본 또는 산업자본의 전화(轉化)형태가 아니라 미군정의 부산물이며 미국과 역대정권의 두터운 비호 하에 특권적인 정상(政商)으로서 육성되고 비대해진 것이다. 그 출발점이 된 것은 미군정에 의한 구일본인 소유재산의 불하이다.

  8·15 해방 직후 남한에 있어서의 일본인 소유자산(귀속재산)은 생산공장의 85%, 수산시설의 90%, 광산의 90%, 그밖에 철도, 은행, 토지 등 남한 전자산의 80%를 차지하고 있었다. 일본인 소유자산이란 말할 것도 없이 일본의 식민지수탈정책에 의해 획득된 것이며 한국인의 피와 땀의 결정이며 자원약탈의 결과인 고로 그것은 당연히 한국인에게 반환되어야 할 성질의 것이었다. 그렇기 때문에 남한의 민족주의세력은 방대한 일본인 소유자산이 민의를 대표하는 기관과 기업종업원 및 관계기업가에 의한 합의의 토대 위에서 국가 백년대계에 비추어 민족의 이익에 따라 올바르게 처리될 것을 요망했다.

  그러나 미국은 남한상륙 직후 군정령을 발하여 일본인 자산을 접수하여 미군정청의 귀속재산으로 만듦과 동시에 그 대부분을 염가로 더욱이 장기분할불로 특정한 친일·친미 자본가, 대미협력자에게 불하하여 특권 자본가층을 조성했다.

  특권 자본가층은 이 귀속재산의 불하 뿐이 아니라 미국원조물자의 우선적인 배분을 받았다. 따라서 많은 소비재로 된 미국의 경제원조물자의 매입이나 판매권은 정권과 밀착된 일부 특권 자본가층에게 거의 독점되었다. 그들은 특혜적으로 저렴한 가격으로 제공된 원자재, 소비재를 약간의 가공을 거쳐 높은 값으로 판매하여 이중의 폭리를 취했다. 또한 특권 자본가들에게는 재정금융상의 특혜조치가 주어지고 저리융자나 면세조치가 취해졌다. 이승만정권은 이들 특권 자본가층을 보호하면서 이들과의 결탁을 강화하고 거기에서 막대한 정치자금을 울거낸 것이다. 장면정권이 당국과 유착하여 부정부패를 거듭해 온 특권 정상(政商)·부정축재자 규탄의 여론에 밀려 부정축재자처벌법을 만들기는 했으나 실행에 옮기지 못했다는 것은 앞에서 서술한 대로이다.

　박정희정권도 군사쿠데타 후 부정축재자를 처벌하는 시늉을 했으나 결국 중요한 정치자금원으로서 특권 자본가층·재벌을 비호하고 그들에게 숱한 특혜를 주었다. 또한 근대화·공업화 정책이 제창되면서 재벌은 외자도입을 통해, 또 내자조달자로서 점점 더 비대해졌다.

2. 근대화정책과 특권 자본가의 비대

　일본통치시대에 있어서의 한국의 경제구조는 식민지경제 특유의 파행성을 나타내어 공업은 어디까지나 일본경제의 보충적 예속적 위치를 차지하고 민족자본은 극도로 억압되었고 농촌에서는 봉건적 토지소유가 유지되었다. 게다가 8·15 해방 후 남북한의 분단은 「북의 광공업, 남의 농업」이라고 일컬어져 유기적인 통일체제를 이루고 있던 한국경제 내부의 상호의존관계를 단절시켰다. 남한의 공업생산은 북의 동력원, 중공업으로부터 격리되어 공업내부의 파행성은 치명적인 상황에 도달했다. 또한 미군정 하에 있어서의 조잡한 공업관리에 의한 생산의 마비, 6·25동란으로 인한 생산시설의 파괴, 압도적인 미국원조에의 의존과 기생, 특권 자본가의 상공업지배 등에 의해 민족산업의 발전은 궤도에 진입할 수가 없었다. 그 때문에 5·16군사쿠데타 당시의 산업별 취업인구를 보면 제 1차 산업이 70% 가까이를 차지하고 제 2차 산업은 불과 10%였다. 이것은 한국이 후진농업국이었음을 말해 주고 있다.

　이러한 조건 하에서 경제의 근대화를 달성하기 위해서는 무엇보다도 자금, 원자재, 기술에 이르기까지 외국원조에 의존하는 비뚤어진 경제구조를 바꾸지 않으면 안되고 또 원조에 기생하는 특권 자본가층의 억제와 민족자본의 육성이 추진되지 않으면 안될 것이었다. 그리고 중공업 등 기간산업의 발전에 힘을 기울이고 공업과 농업의 유기적인 제휴를 도모하지 않으면 않되었을 것이다. 그런데도 박정희정권은 「근대화」와 「경제자립」을 소리높이 외치면서도 외국원조의존의 경제구조에는 손을 대지 않고 오히려 외자도입정책을 무리하게 추진하여 외국 독점자본의 대량 침투를 허용, 민족산업을 위축시키고 특권 자본가·부정축재자를 한층 더 비대시켰다.

　자본, 원료, 자재, 공장, 시설, 기술 등 여러 면에서 뒤지고 있는 한국에 들어온 외국의 거대 독점자본은 한국의 매판정권, 매판적 특권 자본가와 결탁하고 저렴한 노동력을 착취하여 폭리를 취했다. 박정권의 근대화정책에 의해 확실히 도로, 항만, 철도 등이 확장되고 고층빌딩도 많이 들어섰지만 중소기업의 곤궁과 민생고는 깊어지고 도시 근로자와 농어민의 소득격차, 특권 기업가와 서민대중의 빈부의 차는 점점 더 커졌다. 외국자본 의존의 원조경제, 차관경제, 군사파쇼체제에 의한 수탈경제의 부담은 모두 국민의 어깨에 Ep메어지고 살찐 것은 위정자와 특권 지배층 뿐이었다.

　박정희정권은 일관하여 특권 자본가층을 비호했다. 부정축재자 처벌의 완화, 무제한적인 특혜융자 외에 그들의 고려채무이행의 의무를 완화해 주고(8·3조치) 정부예산으로 투자상의 특혜를 주고 원료의 면세 수입을 인정하고 출혈수출에 대한 손실을 정부가 보장하는 등 온갖 보호조치를 취했다. 정부가 1973년 말까지의 약 10년 간에 50억 달러 이상의 차관을 도입한 과정은 뒤집어 보면 이들 매판자본가의 축재치부의 과정이기도 했다.

　즉 한국의 특권 자본가들은 자기의 자본과 창의에 의해 민족경제의 번영과 민생의 향상을 지향하는 것이 아니라 박정희 친미·친일 정권과의 야합에 의해 민족과 국민의 희생 위에서 치부를 거듭했다. 정부·여당은 외국 거대자본과 함께 그들을 통해 정치 자금을 받아들여 많은 부정·부패사건을 파생시켰을 뿐만 아니라 그렇게 함으로써 억압과 국민수탈의 파쇼체제를 유지해 간 것이다.

3. 비 망

● 부정축재자의 비대

1960년의 4·19의거 직후에 여론에 밀려 허정 과도정권과 민주당이 조사·발표한 주요 부정축재자는 다음과 같다. 이병철(삼성 재벌), 정재호(삼호 재벌), 설경도(대한 재벌), 이정림(삼척 시멘트), 백남일(태창장적), 구인회(낙희:樂喜 재벌), 조성철, 김상홍, 조승구(삼부토건), 이용범, 함창희(동림산업), 남궁련, 최태섭(한국초자), 김원전(고려제지), 최재현(무학주정), 단사천(해성산업), 현수덕(동신화학), 이석구(대림산업), 송영수(전주방적), 정주영(현대건설), 김용산(극동건설), 이경용(달성제사), 김성곤(금성방적), 양춘광(홍화) 등 71개 회사 도합 25명.

군사쿠데타 직후 박정희 정권이 발표한 부정축재자는 다음과 같다.

일반 기업가 — 김용란(경성방적), 김철호(기아산업), 백남일, 김연규(대한중기공업), 김영주(중앙학원), 이용범(대동건설), 이광우(한국광업), 홍석우(한국교과서), 김형남(전주방적), 박흥식, 조성철, 서정익(동양방적), 김상홍, 함창희, 이정재, 임화수, 최태섭, 구인회, 홍재선(금성방적), 남궁련(대한해운), 이양구, 설경동, 김지태(조선견직), 이한원(대한제분),

이정림, 이병철 등

관·공직 관계 – 김영선, 박해정, 서정학, 고재봉, 안정근, 김만기, 곽영주, 구본준, 임흥순, 송인상, 배제인, 김진형, 윤병칠, 강경옥, 한광석, 양일동, 유봉순, 박용익, 김진만, 정준모, 조경규, 국쾌남, 이영언, 정재설, 김정호 등.

군부 – 임홍섭, 백남권, 백인엽, 양국진, 이용운, 함병선, 최경남 등.

말할 것도 없이 그들은 여론의 강한 추궁에 못이겨 어쩔 수 없이 발표된 부정축재자의 일부에 지나지 않았다. 이들 부정축재자도 정부에의 협력을 조건으로 그 적극적인 비호를 받고 특권적 기업가 또는 고위고관으로서 다시 등장하게 되었다.

제32장 장기집권을 위한 대통령 3선 개헌

1. 3선 개헌안의 강행

1971년 대통령선거를 앞두고 장기집권의 야욕에 불타는 박정희정권의 골칫거리는 현 헌법에 「대통령은 1회에 한하여 중임할 수 있다」라고 규정되어 있는 것이었다. 즉 3선금지의 조항이다. 그렇기 때문에 정부는 1969년에 접어들자 지금까지의 공약을 버리고 야당과 국민의 반대를 무릅쓰고 3선을 위한 개헌에 착수했다.

- 1969년 1월 3일 국회의장 이효상은 「3선개헌이 불가능하다고는 할 수 없다」라고 방언했다.
- 동년 1월 6일 민주공화당 사무총장 김재호는 한 걸음 더 나아가 「3선개헌을 검토중」이라고 발언했다.
- 동년 1월 10일 박정희는 「3선개헌이 꼭 필요하다면 연말이나 내년 초에 논의해도 늦지 않다」라고 개헌에 대한 의사표시를 했다. 그때까지 박정희는 신민당의 질문에 대한 회답 등에서 「나의 재임 중에는 그러한 개헌을 하고 싶지 않다는 것이 나의 솔직한 심정이다」라고 말하고 있었다.
- 동년 2월 25일 민주공화당 의장대리 윤치영은 「헌법은 고정적인 것

이 아니다」라고 말하면서 「3선개헌은 고려 밖이다」라고 말
하여 반대여론의 화살을 피하려고 했다.
• 동년 4월 25일   박정희는 기자회견에서 「임기 중에는 3선개헌을 하
지 않고 지나가고 싶은 것이 나의 심정이다」라고 말했다.
• 동년 6월 3일   민주공화당 사무총장 김재호는 「3선개헌안을 연말이나
내년 초에 발의하겠다」라고 개헌에 대한 속셈을 털어놓았다.
• 동년 7월 7일   박정희는 신민당총재 유진오의 공개서한에 대하여 「3
선개헌안의 발의가 합법적으로 행해진다면 여기에 대해 국
민의 자유의사가 반영될 수 있도록 적법조치를 취하는 것이
정부의 의무이다」라고 대답했다.
• 동년 7월 25일   박정희는 특별담화를 통해 「3선개헌 국민투표를 통
해 나에게 대한 신임을 물을 생각이다」라고 말했다.
• 동년 8월 1일   민주공화당 의원 108명은 3선 개헌안에 찬성하는 서
명을 했다.
• 동년 8월 7일   민주공화당 의장대리 윤치영은 동당 및 정우회(政友
會) 의원과 신민당 내의 반당행위 의원, 무소속 의원 등 122
명의 연서를 얻어 정식으로 3선 개헌안을 국회에 제출했다.
• 동년 8월 8일   3선개헌안의 발의를 위해 71회 임시국회가 소집되었
으나 이에 반대하는 신민당 의원의 철야농성, 연단점거 등 때
문에 개회식은 유회되었다.
• 동년 8월 9일   국회의장 이효상은 신민당측의 저지전술에 부딪쳐 개
헌안의 본회의 보고를 할 수 없게 되자 이것을 생략한 채 개
헌안을 정부에 직송했다.
• 동년 8월 9일   정부는 3선개헌안을 공시했다.

- 동년 8월 12일 여당계인 경제인연합회, 상공회의소가 3선개헌안 지지성명을 발표한데 뒤이어 각 어용사회단체가 매일처럼 지지성명을 냈다.
- 동년 8월 30일 민주공화당은 임시전당대회를 개최하여 3선개헌안의 추진을 결의했다.
  동일 국회법사위원회는 야당의원이 모르는 사이에 민주공화당의원안으로 3선개헌을 위한 국민투표법안을 1분만에 심의 통과시켰다.
- 동년 9월 1일 민주공화당 지도층은 3선개헌을 호소하는 유세를 시작했다.
- 동년 9월 9일 3선개헌안이 국회본회의에 상정되어 본격적으로 심의에 들어갔다.
- 동년 9월 11일 박정희는 기자회견에서 개헌안의 국회통과를 확신한다고 발언했다.
- 동년 9월 12일 민주공화당 의원총회는 박정희는 앞으로 한 임기 동안만 대통령직에 재임한다는 결의를 채택했다.
- 동년 9월 14일 국회의장 이효상은 국회법에 기초하여 신민당 의원에게 통고해야 할 의무를 무시하고 야당측에 알리지 않은 채 본회의장을 심야에 은밀히 국회 제3별관으로 옮겨 오전 2시에 개회했다. 민주공화당, 정우회 무소속 의원 122명만으로 대통령 3선개헌과 국민투표법안이 전격적으로 가결되었다.
- 동년 10월 8일 정부는 10월 17일에 3선개헌 국민투표를 실시한다고 공고했다.
- 동년 10월 17일 3선개헌 국민투표가 실시되었다. 정부당국의 발표

로는 투표율 77%이고 찬성 7,553,665표(65.1%), 반대 3,634,367표였다.

2. 3선개헌 반대운동

박정희정권의 장기집권을 노린 3선개헌 기도가 표면화한 이래 이에 반대하는 운동은 다음과 같이 전국적인 규모로 전개되었다.
- 1969년 1월 14일 신민당은 3선개헌안에 반대한다는 입장을 표명하고 개헌저지 5인대책위원회를 구성했다.
- 동년 1월 17일 신민당총재 유진오는 연두기자회견에서 3선개헌을 저지하겠다고 언명했다.
- 동년 1월 28일 신민당은 3선개헌의사의 유무를 묻는 질문서를 국회에 제출했다.
- 동년 2월 3일 정정법에서 풀린 정치인들이 「3선개헌반대 범국민투쟁위원회 발기 준비위원회」를 구성했다.
- 동년 3월 31일 신민당은 3선개헌저지 범국민투쟁위원회 14인 준비위원회를 구성했다.
- 동년 6월 12일 서울대 법과대학생 200여명은 3선개헌에 반대하는 학내집회를 열었다.
- 동년 6월 16일 서울대 법과대학생 200여명은 3선개헌 작업의 중지를 요구하며 학내에서 농성 시위를 벌였다.
- 동년 6월 27일 고대생 700명은 3선개헌에 반대하여 가두데모를 벌이고 무장경찰대와 충돌했다.
- 동년 6월 30일 연세대, 경희대, 서울대, 경북대, 부산대의 학생 4천

여명은 3선개헌에 반대하여 데모를 벌이고 각지에서 무장 경찰대와 충돌했다.
- 동년 7월 2일   3선개헌 반대데모는 중앙대, 동국대, 성균관대, 외국어대, 경북대를 비롯하여 전국의 대학, 고교에 파급되었다.
- 동년 7월 3일   서울대 공과대학생 600명이 연좌데모를 벌이며 무장 경찰대와 충돌, 학생측에 40여명의 부상자가 나왔다. 동일 정부는 서울대학에 임시휴교조치를 취하게 했다.
- 동년 7월 5일   고려대도 앞당겨 여름방학에 들어갔다.
- 동년 7월 7일   신민당 총재 유진오는 박정희에게 3선개헌을 중지하라는 서한을 보냈다.
- 동년 7월 17일   신민당은 유진오, 박기출, 김대중, 함석헌 등을 강사로 하여 서울 효창공원에서 3선개헌 반대의 강연회를 개회, 5만여의 시민을 모았다.
- 동년 8월 1일   대구고교 당국은 3선개헌 반대데모를 벌인 학생 16명에게 정·퇴학 처분을 내렸다.
- 동년 8월 4일   신민당 의원총회는 국회에서의 3선개헌안 실력저지를 결의했다.
- 동년 8월 8일   3선개헌안 발의를 위해 71회 임시국회가 소집되었으나 신민당의원의 철야 국회농성, 단상점거 때문에 개헌안 보고·발의는 무산되었다.
- 동년 8월 9일   신민당의원의 실력행사 때문에 3선개헌안의 국회보고가 불가능해지자 국회의장이 이것을 정부에 직송, 정부가 개헌안을 공고했기 때문에 일부 신민당 의원은 농성을 풀고 가두데모를 벌였다.

• 동년 8월 12일 전국 21개 대학의 총장이 회합하여 학생의 3선개헌 반대데모에 대한 대책을 협의했다.
• 동년 8월 25일 여름방학이 끝난 첫날 고려대생이 3선개헌 반대데모를 벌였다.
• 동년 8월 29일 신민당 의원 43명은 박정희에게 3선개헌안의 철회를 요구하는 질문서를 제출했다.
• 동년 9월 1일 서울대 문리과대, 법과대, 상과대는 개강을 무기한 연기했다.
• 동년 9월 2일 경북대학은 무기휴교에 들어갔다.
• 동년 9월 3일 신민당은 3선개헌 반대의 지방유세를 시작했다.
• 동년 9월 7일 신민당은 임시전당대회를 열어 3선개헌을 지지한 반당행위 의원 3명의 의석을 박탈하기 위해 당의 해산을 결의함과 동시에 신민당발기준비위원회를 구성했다.
• 동년 9월 9일 3선개헌안이 국회 본회의에 상정됨과 동시에 신민당의 박기출, 김수한, 김영삼, 송원영 의원 등이 반대질문을 했다.
• 동년 9월 13일 신민당 의원은 국회 본회의장의 단상을 점거하고 개헌안의 일방적 체결을 반대했다.
• 동년 9월 20일 신민당은 7일의 해체 후 13일만에 창당전당대회를 열고 대회 후 3선개헌 반대데모를 감행했다. 동일 문교부는 3선개헌 반대데모를 저지하지 않았다고 해서 경기 고교 교장을 파면했다. 한편 서울시 교육위원회 교육감은 3선개헌반대데모를 행한 고교생 중 주동분자 39명을 징계처분했다고 발표했다.
• 동년 10월 15일 신민당 정무위원회에서 박기출, 이재형 등은 3선개

헌·국민투표의 거부를 주장했으나 정해영, 김대중, 김영삼 등은 투표에 참가하여 반대투표를 해야 한다고 주장했다. 당수 유진오는 후자의 의견을 받아들여 신민당은 반대투표운동을 벌이기로 했다.

- 동년 10월 20일 신민당은 17일에 행해진 국민투표에 대해서「관권에 의한 주권탈취행위이며 투표는 불법무효이다」라고 성명하고 의원의 국회등원을 거부했다.
- 동년 10월 25일 신민당은 정부가 국민투표 기간 중 통화 200억 원을 난발했다고 폭로했다.

제33장 친미보수세력 간의 쟁투와 선명야당

1. 친여야당과 선명야당

이미 서술한 바와 같이 8·15 해방 후, 미군정 하에 이승만을 정점으로 하여 결집한 남한 단독선거 지지세력은 자주통일독립 세력을 이념적·정치적인 적수로서 배제하고 이승만정권을 수립했으나 상호간에 단선지지·반공의 이념적 동지로서 권력과 이권의 분배를 자행해 왔다.

단선지지세력중 한국민주당 등 이승만정권에서 소외된 사람들은 친미세력 내에서의 반이승만파가 되어 여당인 자유당에 상대되는 야당인 민주국민당(훗날의 민주당)을 결성했다. 그러나 양자 사이에는 단선강행, 신정권수립을 위해 애쓴 이념적 동지로서의 우정과 접촉이 개인적 관계에 있어서는 오랫동안 존속되었다. 그런 고로 민주국민당(민주당)계가 자유당측으로부터 물심양면에 걸친 지원을 받아도 아무도 이상하게 생각하지 않았다. 그들 상호간의 유착관계는 진보당 조봉암의 손에 쥐어질 것이었던 대통령직을 부정수단을 다하여 이승만에게 넘겨주는 선거극을 공동연출하기까지에 이르렀던 것이다.

5·16 군사쿠데타에 의해 새로이 정치무대에 등장한 군부세력은 본래 미군정과 이승만정권의 중도 기반으로서 남한 단독선거 및 여기에

입각한 체제를 유지하는 역할을 담당해 온 세력이다. 계보적으로 보면 한국의 경찰관료가 주로 한국민주당계였던 데 반해 군부관계는 이승만과 가까웠다. 게다가 이승만적인 군부는 쿠데타라는 비상수단으로 민주당 장면정부에게서 권력을 탈취했기 때문에 박정희군사정권과 민주당계 정당인과는 권력찬탈자와 피찬탈자의 적대관계에 놓였다. 따라서 정당인이 군사정권으로부터 어떤 원조를 받거나 정부측에 접근했을 경우 그것은 적과의 내통이며 정당인 동지에 대한 배신행위로 간주되었다. 가령 민정이양에 앞서서 정부의 뜻을 받든 중앙정보부장 김재춘과 함께 범국민당운동에 참가한 자, 공화당비주류파와 함께 5월 동지회에 관여한 자, 민주공화당 또는 그 방계단체에 참가한 자 등이 그러한 취급을 받았다.

이와 함께 정부·여당의 부당한 대내외정책에 반대하는 정도에 따라 가령 언론봉쇄를 위한 언론윤리위원회 법안, 매국적 한일협정, 월남파병 등의 반대운동에 소극적이었던 박순천, 유진산, 김대중, 김영삼 등은 선명하지 못한 야당인으로 간주되었고 이에 강하게 반대한 윤보선 등은 선명한 야당인으로 간주되었다. 같은 당내에 있어서도 윤보선 등은 이를 불선명한 야당인과 쿠데타 직후 정부계 단체에 가담한 일이 있는 유진오 등이 지도하는 신민당은 선명야당이라고는 할 수 없다고 비판했다.

2. 국민당 창당

1970년 1월 26일 신민당 임시 전당대회에서는 정부·여당과의 관계로 이러쿵저러쿵 말이 끊이지 않았던 유진산이 당수로 선출되었다. 2월 2일 신민당 고문 윤보선은 유진산을 중심으로 하는 신민당 지도층에 불신을 표명하고 앞으로 신민당에게 야당다운 선명한 투쟁은 기대할 수 없다고 단정, 선명야당을 창당하기 위해 신민당을 탈당한다고 성명했다.

동년 6월 18일 윤보선, 장기영(張基榮), 신중옥, 신각휴, 조중서, 조헌식, 정화암, 이동화 등은 국민당 창당발기인대회를 개최하고 창당준비위원회 위원장에 윤보선을 선출했다.

국민당 창당대회는 다음해인 1971년 1월 6일에 개최되어 총재에 윤보선, 당지도부서에 신각휴, 조한백, 장기영, 함덕용, 이동화, 조헌식 등을 선출했다. 그들은 민주공화당 정권의 독재와 부패를 비난하고 신민당 및 그 관계자의 타락상을 밝힘과 함께 도의에 입각한 선명야당으로서 국민당을 발족시킨다고 선언했다.

3. 비 망

• 문교부장관의 해임

1969년 4월 8일 국회는 권오병 문교부장관의 해임건의안을 89표 대 57표, 기권 3표, 무효 3표로 이례적으로 가결했다. 이것은 여당의원 50여 명이 내분으로 해서 야당에 동조했기 때문이다. 이 때문에 여당 안에서는 상부에 따르지 않았다는 항명문제로 분규가 일어나 4월 15일 양순직 등 5명의 의원이 제명되었다.

• 신민당, 자유당, 한국독립당의 합당

신민당은 1970년 1월 24일 자유당과 합당하고 다음날인 25일에는 한국독립당을 흡수했다. 한때는 모두 단선을 지지한 반공친미세력이었으나 정부수립 후 서로 반목하고 있던 구이승만계, 구한국민주당계(후의 신민당)는 여기에서 하나로 합체한 것이다. 한국독립당은 김구 사후에는 그 민족주의적 전통을 잃고 반공친미세력의 일환이 되어 있었다.

● 정인숙(鄭仁淑)사건

1970년 3월 17일 밤 정부고위층과의 접촉설이 분분하던 콜걸 정인숙이 서울 노상의 자동차 안에서 사살되었다. 정은 박정권의 「지도적 인물」의 애를 낳았고 호화로운 생활을 보내며 특수여권을 소지하고 각국을 마음대로 돌아다니고 있었다. 국회에서 이것을 문제삼은 신민당 의원은 「그 애의 아버지는 박씨인가 정(丁)씨인가 또는 김씨인가」하고 정부 지도층(박정희, 정일권, 김종필)의 스캔들을 추궁했다.

● 담시(譚詩)「오적(五賊)」사건

잡지 「사상계」 1970년 5월호에 정재계(政財界), 군부 등 특권층의 부정부패를 날카롭게 풍자한 김지하(金芝河)의 당시 「오적」이 게재되어 큰 반향을 불렀다. 동년 6월 2일 필자와 사상계 사장 부완혁 등이 체포되었다. 또 경찰은 동일 신민당 본부를 습격하여 「오적」을 전재한 동당의 기관지 「민주전선(民主前線)」을 압수했다. 「오적」이란 1905년의 제2차 한일협약을 체결하여 일본에 나라를 팔아 먹은 을사오적(乙巳五賊)이라고 불리는 매국노에 빗댄 것으로서 재벌, 국회의원, 고급관료, 장성, 장·차관 등의 지배층을 가리킨 것이었다.

● 부정부패와 도둑촌

정부관계·특권층의 부정부패는 말로 다할 수 없을 정도였다. 예를 들면 1968년 5월 17일 정부의 특혜를 받고 있는 25개의 수출업자가 면세 수출용원자재를 국내에 횡류(橫流)시켜 폭리를 취한 사실이 국회에서 폭로되었다. 서울의 동빙고, 연희동, 성북동 근처에 즐비한 특권층의 고급주택가가 「도둑촌」이라고 불렸다.

〈한일회담을 반대하는 3·24데모의 도화선이 된 서울대 문리과대 학생들(1964년)〉

〈한일협정을 반대하는 서울의 학생데모(1965년)〉

〈학원내외를 점거한 군대(1965년)〉

〈「대남적화공작단 사건」의 공판(1967년)〉

〈서울 남산의 유세장에서(1967년) 앞줄 왼쪽부터 유진오, 윤보선, 박순천, 박기출〉

金大中(김대중)

柳珍山(유진산)

朴正熙(박정희)

〈1967년 4월 광주에서 유세하는 박기출〉

〈신민당 간부의 가두시위(1967년) 앞줄에 박기출, 윤보선, 유진오 등이 보인다.〉

제 4 편
다극화 시대에 있어서의 민족 재통일 운동

제34장 강대국 지배의 후퇴

1. 유엔의 변모

1970년에 들어와서 한국을 둘러싼 국제정세 특히 유엔의 판도는 급격히 달라져 갔다. 8·15해방 이후 이승만계, 한국민주당계 등 한국의 친미세력은 미국의 비호하에 남한에 단독반공정권을 수립하고 한국전쟁의 쓰라림을 겪은 뒤에는 「북진통일」의 슬로건을 외치면서 한편으로는 유엔을 통한 평화통일을 운위하였다. 장면정권시대의 「유엔감시하의 선거」에 의한 평화통일을 포함하여 이들의 주장은 결국 남북분단의 현상유지 또는 반공친미정권에 의한 북한병합을 의미하고 있었다고 할 수 있다. 1954년의 제네바회의에 있어서는 중립국감시 하의 통일선거안에 대해서도 논의되었으나 미국을 비롯한 한국전쟁 참전 16개국은 유엔감시 하의 인구비례선거를 주장하는 공동선언을 발표하고 회의를 일방적으로 끝내 버렸다.

1954년 11월 미국과 참전 15개국은 유엔사무총장에 대해 「제네바 한국정치회의에 관한 보고」를 제출했고 총회는 1954년 12월 11일 이것을 승인하는 결의를 채택했다. 이렇게 해서 한국문제는 다시 미국의 영향하에 있는 유엔에서 다루어지게 되었다. 또 동회에서는 한국대표만을 초청하기로 결정하고 이후 연례행사처럼 한국대표만을 참가시킨 가운데 한국문제결의가 되풀이되었다. 한국문제를 유엔의 무대에 가지고 간 미국은 해마다 비슷한 유엔결의를 채택시킬 뿐 한국의 평화적 통일에 관해서 아무런 구체적이고 실현가능한 합리적 방법을 내놓으려 하지 않았다. 그렇기 때문에 한국민과 세계의 여론은 한국통일에 대한 미국을 비롯한 강대국의 성의를 믿지 않게 되었다.

그 뿐만이 아니다. 창립이래 가맹국의 대부분이 미국의 영향하에 있던 유엔도 4반세기라는 시간의 경과와 함께 변용했는데 여기에는 특히 아시아, 아프리카, 라틴아메리카 지역에 있어서의 신흥독립국가가 다수 가맹했고 더욱이 그 대부분이 제3세력으로서 발언권을 강화한 데에 크게 영향을 받았다. 이 때문에 1970년대에 들어와서는 한국문제의 처리에 있어서도 미국의 일방적인 지휘 효력은 현저하게 감퇴했다.

유엔의 새로운 흐름을 상징적으로 나타낸 것은 말할 것도 없이 1971년 10월 26일 제 26회 유엔총회에 있어서 중화인민공화국이 압도적 다수의 지지하에 정식 대표권을 획득하고 대만정부대표가 추방되었다는 사실에 있다. 여기에 따라 1951년 2월 1일 중국에 「침략자」라는 낙인을 찍었던 유엔결의는 백지화되고 다시 「조선민주주의 인민공화국」과 유엔의 관계에 있어서도 현저한 변화가 예상되고 있다. 1953년의 한국휴전협정(북한·중국·미국이 조인)에 입각한 남북한의 군사경계선은 북한·미국간 뿐만 아니라 미·중간의 휴전라인이라고도 할 수가 있다. 따라서 중국의 유엔대표권 장악에 의해 휴전라인의 해소 — 평화적 결정은 미·중국간의 현실적 외교문제로서도 해결을 요하는 문제로 되었다고 생각할 수 있다.

한국문제의 합리적인 해결을 요망하는 유엔 가맹국이 증가하고 한국전쟁의 당사국의 하나인 중국이 유엔에 자리를 차지했을 뿐 아니라 안보이사회 상임이사국의 됨으로써 지금까지「유엔감시 하의 선거」등 불모의 결의 채택을 되풀이하여 한국의 분단을 고착화시키려던 나라들은 궁지에 몰리게 됐다. 불리한 유엔 내의 대세를 인지한 미국과 그 동조세력은 1971년과 1972년의 제26회, 제27회 유엔총회에서 한국문제에 관한 토의를 1년 간 보류한다는 태도로 나오기에 이르렀다.

2. 자주·독립은 세계의 추세

중국의 유엔대표권 획득은 미국의 오랜 세월에 걸친 중국봉쇄정책의 파탄을 나타냄과 동시에 중국의 국력을 반영한 국제적 위신의 고양을 과시하는 것이었다. 중국은 유엔에 정식가맹국으로서의 위치를 차지하게 됨으로써 그 국제적 발언권을 더욱 높이게 되었다. 1972년 2월 중국봉쇄정책으로 일관해 오던 닉슨 미대통령이 스스로 중국을 방문한 사실은 유엔에 있어서의 중국대표권문제와 더불어 세계사의 흐름이 어디로 향하고 있는가를 여실히 말해 주는 것이었다. 어떤 대국도 이제 중국의 8억 인구를 무시하고 아시아와 세계평화의 문제를 처리할 수 없게 된 것이다.

이것은 미·중관계 뿐 아니라 중소관계에 대해서도 말할 수 있다. 오랫동안 공산권의「종주국」적 위치에 있던 소련은 이른바 스탈린비판, 특히 1959년이래 표면화한 중소논쟁이래, 그「지도성」에 큰 변화가 나타났다. 중국의 유엔대표 교관화(喬冠華)는 1971년 11월 16일 유엔총회에서의 첫 연설에서 미소 초대국의 강권주의(强權主義), 패권주의(覇權主義) 반대를 강조했다. 소련을 공산권의 중심으로 보는 도식(圖式)은 무너진 것이다. 북한에서는 1955년「조선혁명에 있어서의 주체의 확립」이 강조되고 자주성이 국가존립의 기본이라고 간주되었는데 1966년에는「자주성을 옹호하자」는 슬로건을 내외에 밝힌 바 있다. 일본 공산당도 1961년이래 자주노선을 명확히 했다. 자주·독립은 세계적인 조류가 되었다. 제2차 세계대전 후 압도적인 군사력과 경제력을 배경으로 한「원조」와 군사간섭에 의해 국제헌병, 식민지주의의 총본산이 되어 있던 미국도 1950년대 후반부터 1960년대의 세계 각지에 있어서의 민족해방투쟁의 발전, 피압박 민족의 주체적 자각과 독립·자주의 지향 앞에서는 후퇴하지 않을 수가 없었던 것이다. 아시아, 아프리카, 라틴 아메리카 제국의 인민은 강대국의 오만한 간섭과 식민지주의적 지배에 반대하고 민족의 해방과 독립, 자주자립의 길로 들어섰다.

이러한 아시아와 세계의 추세에 쫓긴 미국은 1969년 7월 닉슨 독트린이라고 불리는 새로운 아시아정책, 즉 아시아인끼리 싸우게 하는 정책을 제창했다. 이것은 베트남을 비롯하여 아시아지역에 있어서의 미국의 정치 군사적 후퇴를 반영한 전략이며 기사회생을 노린 전략이다. 그러나 대만의 장개석정권은 유엔에서 추방된 국제적 고아가 되었고 1973년에 들어와서는 1월의 월남평화협정의 체결에 의하여 미군의 월남 철수는 시간문제가 되었고 10월에는 태국의 타놈 친미정권이 타도되었고 캄보디아의 론놀 친미정권의 운명도 풍전등화가 되었다.

자주성의 조류는 유엔에도 반영되어 한국에 관한 미국의 유엔정책은 재검토하지 않을 수 없는 처지에 몰렸다. 다시 말하면 유엔에 있어서도 미국의「위신」은 현저하게 감퇴되어 한국문제의 처리가 미국의 일방적 지휘로 좌우되었던 시대는 이제 끝난 것이다.

제35장 보수야당의 체질

1. 미국의 각본과 정치적 연기

한국에서의 친미보수정당인은 사실상 미국의 각본에 따라 정치무대에서 연기하는 배우에 지나지 않는다고 말할 수 있다. 미군정의 유산을 짊어지고 한국정당사의 무대에 등장한 이승만파와 한국민주당 세력, 그리고 군부가 미국의 두터운 비호를 받은 데 대해서는 앞에서 서술한 바와 같다.

한국정치사를 외견적으로 보면, 이승만이 남북통일선거를 주장하는 민족자주세력을 깔아뭉개고 대한민국을 건국했고, 4·19의거로 이승만정권이 쓰러진 뒤에는 민주당이 정권을 장악, 다시 5·16군사쿠데타에 의해 박정희가 정권을 탈취한 것처럼 되어 있다. 그러나 이것은 이면에서 보면 실권을 쥐고 있는 미국이 이승만을 초대대통령의 자리에 앉혔다가 4·19의거를 계기로 이승만 대신 허정, 장면을 정권의 자리에 앉히고 남북교류를 요구하는 한국민의 움직임을 봉쇄하기 위해 약체인 장면 대신 박정희군사정권을 등장시켰다고 할 수 있다. 즉 한국에 있어서의 정권교체의 연출은 어디까지나 미국의 손에 의한 것이었다.

그러나 미국의 각본에 따라 무대에 뛰쳐나온 한국의 친미보수세력은 통일독립을 주장하는 민족주의세력·진보세력의 억압이라는 점에서는 이해가 일치하여 이를테면 친미반공의 「동지」일 수가 있었으나 미국이 마련한 따뜻한 온돌 = 정치무대에 있어서는 이권과 주도권을 둘러싸고 서로 대립하는 경쟁자였다. 그들에게 있어서는 분단된 국토와 민족의 수난을 해소해야 할 민족적 당위가 문제인 것이 아니고 또 자기의 소신과 주의 주장의 관철이 문제인 것도 아니었다. 친미권력지도층의 개인사가 말해주듯이 그들에게 있어서 가장 절실한 관심사로 되었던 것은 자기의 영달, 이권, 권세욕의 충족이며 조국과 동포의 운명은 2차적인 것이었다. 확실히 구호로만 「반독재」, 「반부패」, 「반무능(反無能」, 「민생고의 해결」 등을 보란 듯이 외쳤으나 그것은 국민을 기만하는 제스처에 지나지 않았다. 그들이 「민주건설」, 「경제부흥」, 「평화통일」에 대해서 염불을 되풀이 한 것은 내외의 여론을 오도하고 그 그늘에서 사리사욕을 일삼기 위해서였다고 해도 과언이 아니다. 이승만이나 박정희가 반민주적 독재자로서 비난과 저주의 표적이 되고 장면이 무능자로서 경멸의 대상이 되었으나 문제는 누가 그렇게 만들었는가에 있다. 그들에게 그러한 비난을 받을 소지가 처음부터 없었던 것은 아니지만 실제로는 미국이 마련한 각본대로 행동하고 연기하는 동안에 그러한 악평을 받을 사태를 스스로 낳았다고 하는 편이 옳을 것이다. 따라서 극단적으로 표현하면 한국의 친미보수세력이 무엇을 공약하고 있는가 하는 것을 문제삼기보다도 미국정부와 CIA가 무엇을 획책하고 있는가 하는 것을 꿰뚫어 보는 편이 한국정치사를 보는데 있어서는 중요한 일이다. 왜냐하면 미국의 필요성과 정책에 의해 한국 역대정권의 수수가 이루어지고 또 정부의 형태도 결정되었기 때문이다. 그 때문에 친미보수정당인은 어떻게 해서든지 미국의 눈에 들려고 보란 듯이 무대 위에서 춤을 추었던 것이다.

2. 신민당과 「사꾸라」

한국에 있어서 정당정치의 성패는 여기에 쏟아 붓는 정치자금의 다과에 의해 좌우되었다. 일반적으로 민주사회에 있어서의 정당활동은 그 목적 뿐이 아니라 형식과 방법에 있어서도 민주적이어야 한다는 것이 요구된다. 정당지도자는 대다수 당원 또는 대의원의 지지를 얻어 비로소 당의 지도권을 장악하고 또 당의 제반활동을 지도할 수 있는 것이다.

해방직후에 있어서 한국의 정당지도자는 주로 개인적 역량과 과거의 투쟁에 있어서의 공적에 의해 추대되었으나 이승만, 장면 양정권시대에는 정당과 특권 자본가와의 결탁이 강화되어 정치자금의 염출이 정당지도자의 「실력」을 나타내는 하나의 척도가 되었다. 박정희군사정권하에 있어서는 정당의 중앙당조직의 요직, 전국구의원직, 지역구조직책 등의 선임이 정치헌금의 다과에 의해 정해지고 지역구책임자는 상부의 정치자금공급자에 예속되며 그 때문에 전당대회에 모인 대의원들도 현금공세에 밀려 태도를 결정하게 되는 경우가 많다.

이러한 상황은 정당의 요직과 영달을 돈으로 매매하는 금권정치를 낳게 되고 특히 정당의 보스에게는 막대한 정치자금이 필요해진다. 정부·여당은 국가권력을 이용하여 얼마든지 정치자금을 거둬들일 수가 있었지만 야당은 여당과 중앙정보부에 의해 자금루트를 봉쇄당하여 곤궁하기 이를 데 없는 처지에 빠졌다. 그 때문에 자금에 굶주린 일부 야당인은 이권에 눈이 멀어 정부권력에 접근하게 되고 또 정부·여당측은 내통 또는 굴종을 조건으로 이들 야당인을 포섭하여 이권과 자금을 나누어주는 매수행위를 태연스럽게 행했다. 한국의 야당이 「낮에는 야당, 밤에는 여당」, 또는 「사꾸라 정당」 등으로 불리는 연유이다. 금권만능의 정치에 시달린 오늘의 보수야당의 모습은 뒤집어 말하면 금권을 비롯한 모든 권한을 장악하여 장기독재체제를 구축한 박정희독재정권에 의한 야당분열정책의 결과이다.

강대화한 정부·여당을 상대로 신민당의 지도층도 야당의 반정부투쟁만으로 정권교체를 실현할 수 있다고는 생각하지 않았다. 대통령선거를 눈앞에 둔 1971년 초두 신민당 주류계인 유진산, 양일동, 고흥문, 김영삼, 김의책은 말할 것도 없고 비주류계인 정일형, 이재형, 김대중, 이철승 그리고 중도계인 박기출, 김홍일 등에 이르기까지 정부 지도자의 끝없는 정권욕과 보조가 맞지 않는 신민당의 내부사정에 비추어서 신민당이 선거에 의해 박정희의 손으로부터 정권을 빼앗을 수 있다고 확신하고 있는 사람은 하나도 없었다. 선명 야당의 기치를 들고 국민당을 창당한 윤보선 등도 야당의 투쟁에 의해 정권의 평화적 교체가 이루어질 수 있으리라고는 믿고 있지 않았다. 박정희는 어떠한 불법수단에 호소해서라도 정권에 매달리고 야당에게는 절대로 정권을 내주지 않으리라는 것이 일반의 관측이었다. 설사 국민전체가 야당후보에게 투표를 했다 하더라도 박정희는 정권을 내어놓기는 커녕 경우에 따라서는 제2의 군사쿠데타도 서슴지 않으리라고 여겨지고 있었다. 3선개헌을 강행하기에 이른 정부·여당의 방법이 너무나도 악랄하고 불법적인 것이었기 때문에 이렇게 생각하는 것도 결코 무리가 아니었다.

박기출 등이 반독재재야민주세력 단일화추진위원회에서 신민당에 가담한 것은 처음부터 군사파시스트 박정희정권을 타도하기 위한 야당통일전선결성을 위해서였다. 그러나 신민당의 중심세력을 이루고 있던 구민주당(구한국민주당계, 구민주국민당계를 포함), 구자유당계 등 친미보수세력은 1967년의 선거에서 볼 수 있듯이 이미 국민전선적 통일의 기치아래 반독재투쟁을 수행할 수 없는 세력임을 드러내 보이고 있었다. 1971년에 접어들자 당내 각파벌의 상호불신과 증오는 한층 더 증대했다. 이들 친미보수세력은 파쇼독재와 민족분단의 아픔에 시달리는 민족을 구출하고 민주화를 실현한다는 대의보다도 미국의 동향을 살피며 사리와 파벌싸움에만 정신을 팔아 이미 정치가로서의 책임의 자각도 동지적 결속력도 가지고 있지 않았다. 이해(利害)와 영달을 둘러싼 시기, 암투 그리고 서로가 서로를 탐색하며 대립을 되풀이하고 있던 파벌들이 의견통일도 보지 못한 채 입으로만 반독재투쟁을 외친다고 해서 파쇼독재정권을 쓰러뜨릴 수 있을 까닭이 없었다.

　신민당의 지도층은 서로간에 정부·여당의 「사꾸라」라는 중상 비난을 퍼부었다. 「사꾸라」논의는 특히 군사쿠데타 후에 보스계 야당인 사이에서 시끄럽게 떠들어지게 되어 정계에 있어서 여야당 간의 권모술수를 반영한 말로 되었다. 「사꾸라」란 말할 것도 없이 표면으로는 야당인처럼 행동하면서 뒤에서는 정부·여당과 통하여 사리사욕을 꾀하는 부류의 사람을 가리킨다. 「사꾸라」의 배신행위는 무대 뒤에서 비밀리에 행해지기 때문에 이렇다할 증거를 남기지 않지만 야당지도층에 「사꾸라」가 있어서 정부·여당은 이 「사꾸라」를 통해 야당을 조종하고 있다고 일반은 믿고 있었다. 이것은 야당의 정치자금이 「사꾸라」의 루트를 거치지 않고는 조달하기 어렵다는 것이 주지의 사실이었기 때문이다

　한일협정과 월남파병문제가 국회심의에 붙여졌을 때 윤보선계는 박순천, 유진산, 김대중, 김영삼 등의 타협적 태도로 미루어 그들과 정부·여당과의 관계에 의심을 표명했다. 6·8부정선거에 반대하여 신민당이 국회등원을 거부했을 때 여야당 간에 시국 수습의 합의의정서가 교환된 무대 뒤에도 불투명한 거래가 있었던 것은 아닌가 하고 당내에서는 공

공연히 이야기가 오고갔다. 또 6·8국회의원선거 때 부산의 김모 의원과 전남의 김모 의원 두 사람에게 정부기관의 가혹한 억압이 가해졌는데 그것은 전회인 제6대 국회의원 시대에 당국이 그들에게 베푼 특혜에 상응한 협력을 받지 못했기 때문이라는 소문이 나돌았다. 이것을 뒷받침하듯이 부산에서는 김모 의원의 전비서가 김의원과 같은 선거구에서 입후보하여 김의원의 숨겨진 정치자금 루트를 폭로했고 전남의 김모 의원은 「정치자금이 어떤 루트를 통해서 들어오든 그것을 바르게 사용하기만 하면 된다」라고 스스로 공언했다고 한다.

신민당 비주류계는 당수 유진산과 박정희 사이의 검은 관계를 의심하여 일반에게 유진산은 「사꾸라」 정치가의 대표처럼 여겨지고 있었다. 한편 유진산계의 청년당원들은 김대중의 이권관여에 대한 의혹을 표명했다. 신민당이 정부·여당과 대결할 문제가 일어나면 비주류계는 그 수습과정의 불명료함에 주목하여 주류계간부에 불신을 품었다. 주류계 내에서도 김모, 고모, 정모, 양모 등이 사사건건 비난을 받았고 또 비주류계 내에서도 상호불신은 풀리지 않았다.

이러한 주류, 비주류, 각파가 뒤섞인 상호불신과 경합, 교환은 야당으로서의 전력을 말살하고 정부·여당의 전단횡포를 어쩔 수 없이 방관하거나 심지어는 정부·여당의 어용적 역할을 하게 되는 사태까지도 초래했다. 이러한 부조리는 박정희 군사정권의 파쇼독재와 정보정치, 야당분열정책이 주효한 결과이기도 하다.

제36장 격동하는 아시아와 한국의 반정부운동

1. 신민당의 40대 기수들

대통령3선개헌을 강행한 박정희파쇼정권은 대통령선거에 대비하여 만반의 태세를 갖추었다. 신민당은 정부·여당이 상투적인 부정선거수단은 말할 것도 없고 정적 말살, 또는 쿠데타 재연까지도 서슴치 않으리라는 것을 예측하고 있었다. 당수 유진산은 대통령선거결과가 불을 보기보다도 뻔하기 때문에 대통령선거에서는 여론환기에 중점을 두고 오히려 국회의원선거를 보다 유리하게 싸워야 할 것이라고 주장했다. 그러나 당내에는 국제정세의 변동을 반영하여 대통령후보지명을 둘러싼 새로운 움직임이 태동하고 있었다.

평화적 정권교체가 절망시되는 가운데 김영삼 등 40대 기수론, 즉 신민당 대통령후보는 40대의 젊은 세대가 아니면 안된다고 하여 스스로 대통령후보지명전에 입후보할 뜻을 분명히 했다. 이철승, 김대중 등도 40대 기수론에서 서서 역시 대통령후보지명전에의 출마를 표명했다. 여기에 대하여 유진산 등은 40대 기수론이 박정희가 일찍이 제창했던 「세대교체론」과 통하는 것이라면서 반대하고 「구상유취(口尙乳臭)」라고 혹평했다.

제4편 다극화 시대에 있어서의 민족 재통일 운동

그러나 40대 기수론자들은 적극적으로 선거운동태세를 굳히기 위해 동분서주했고 당내에 있어서는 지명 획득을 위한 대의원포섭공작에 힘을 기울였다. 그리고 대외적으로는 자기들이 얼마나 친미적인가를 과시하기 위해 미국정계인과 함께 찍은 사진 등을 배포하기까지 했다. 신민당 지도층과 정무위원회는 40대 기수론자에 대처하는 특별한 관심을 표명하지 않았으나 일부의 신문은 40대 기수론을 대대적으로 취급하고 그 동향을 자세하게 보도했다.

신민당 지도층과 일반정계에서는 오히려 40대 기수론자의 움직임을 양식 있는 정치활동이라고는 생각하고 있지 않았다. 승패가 정해진 대통령선거였기 때문에 젊은 후보를 내어 대중운동의 경험을 쌓게 하거나 또는 미국제 선거극의 각본을 연출하기에 알맞은 젊은 연기자의 수를 과시하기 위해서라면 모를까 적어도 민중의 운명을 걸고 군사파시스트와 일전을 벌이려는 태도로서는 크게 의심스럽다는 생각이 유력했다.

한편 국민당당수 윤보선은 야당대통령후보는 반드시 종래와 같이 친미세력에 국한할 것이 아니라 선명한 야당적 지도자로서 부끄럽지 않은 인물을 추대해야 한다고 주장했다. 또 신민당의 이재형, 김홍일 등은 한국의 정계공로자 중에서 지도적 경력을 가진 인물을 추대해야 한다고 주장했다. 박기출은 중국의 국제적 지위향상, 월남 정세의 격변 등 아시아 정세의 새로운 움직임에 맞추어 남북통일문제 등의 민족적 과제를 올바르게 해결할 수 있는 민족적 지도자를 추대해야 할 것이라고 주장했다.

그러나 중앙정보부의 압력을 받고 소승적(小乘的) 파벌근성에서도 벗어나지 못했던 신민당은 전국민적 입장에 서서 당 내외로부터 대통령후보에 알맞은 지도적 인물을 찾으려고는 하지 않았다. 그들은 여전히 친미보수라는 매너리즘의 포로가 되어 각종 수단을 동원한 파벌싸움의 연장선상에서 대통령후보 지명공작을 시작했다.

2. 한국언론계의 한계

앞에서도 말한 바와 같이 해방 후 한국에 있어서의 정치지배는 미국과 남한단독정권수립을 지지 추진한 친미매판의 보수세력의 합작으로 이루어졌고 자주적인 통일독립을 주장하는 민족주의세력·진보세력은 철저한 탄압과 거세를 당하여 한국의 정권은 친미보수세력의 독점물이 되었다. 따라서 한국의 언론도 당연히 이러한 정치사회적 제약 속에서 밖에 존립이 허용되지 않았다. 국가보안법, 반공법, 출판사 및 인쇄소의 등록에 관한 법률을 비롯하여 각종 출판, 신문, 통신 관계의 통제법과 당국의 부단한 감시, 자금원에 대한 통제 등에 의해 한국의 언론기관은 일반적으로 민주사회에 허용되고 있는 상황과는 매우 다른 고통스러운 조건 하에 놓여 있었지만 다른 한편으로 특정 정당, 집단과의 결탁이 밀접한 것도 하나의 특징이다. 동아일보사는 한국민주당 발상(發祥)의 자리였고 한때는 한국민주당 간부에 의해 신문편집이 지도되었다. 경향신문은 가톨릭 관계자에 의해 발간되고 민주당 신파와는 가톨릭을 통해 깊은 연대를 가졌다. 이 때문에 양신문은 사시(社是)로서 한국민주당, 민주국민당, 민주당 등을 지지하고 김구, 김규식 등의 민족주의세력, 여운형, 조봉암 등의 진보세력에 대해서는 항상 비판적이었다. 양지는 이승만정권의 수립과 그 후의 보수야당의 성립, 보수양당제도 추진을 위해 여론지도를 행했을 뿐이 아니라 반공여론의 양성(釀成)과 중간세력의 억압을 위해 논진(論陣)을 폈다.

군사쿠데타 후에는 잇따른 편집간부의 체포와 당국의 검열, 휴·폐간, 일상적인 감시·통제를 받아 언론은 질식하기 직전의 상태로 내몰렸다. 이러한 실정 하에서 한국의 언론은 친미반공과 자유민주주의를 궤도로 하고 중앙정보부의 검열 통제와 경영주의 주관을 두 바퀴로 하여 걸어 가는 운명을 강요당했다. 경영난에 시달리는 신문은 정부의 특혜융자를 운전 자금으로 하여 윤전기를 돌리고 사옥을 증·신축하기도 했다. 이러한 매카니즘에 의해 기자들의 자주적인 취재·집필활동은 스스로 한정된 것이 될 수밖에 없었고 필화(筆禍)에 대한 두려움과 생활난, 또한 출세욕이 그들의 붓을 무디어지게 만들었다.

한국언론기관의 한계는 보수양당제와 친미세력이 지배하는 정치상황에 변혁을 요구하지 않고 그 유지에 가담한 점에 나타나 있다. 주지하는 바와 같이 우리나라는 이씨 왕조의 지배에서 일본제국주의의 식민지로 전락하고 1945년 이후에는 미국의 군정 지배를 거쳐 38도선 이남에 한해 국권을 수립해서 만들어진 것이다. 따라서 우리나라에는 정상적인 근대사회의 발전과 사회계층의 분화가 이루어지지 않았고 일본제국주의의 식민지 지배의 철쇄에서 풀려난 한국사회에는 매판적 반민족세력과 해방된 식민지 민중이 있었을 뿐이었다. 따라서 8·15 해방 후에는 항일투쟁의 민족사적 전통을 짓밟고 외세에 의존하는 매판세력을 견제, 배제하고 민족의 자주독립과 통일의 길이 보장되지 않으면 안되었다. 모든 것은 여기에서부터 시작되었어야 했었다. 건국도, 민족자본의 축적도, 사회의 근대화도 여기에서 출발점을 찾지 않으면 안되었다.

그러나 우리나라의 많은 언론기관은 이승만정권 수립 후에도 친미적 매판세력과 장단을 맞추어 친미보수세력의 테두리 안에서의 정권계승과 보수양당제의 확립을 주장하며 이 테두리 바깥에 위치하는 민족자주세력을 전적으로 무시하고 나아가서는 그 거세에 한몫 거들었다. 군사쿠데타 후에도 민주공화당과 친미보수야당간의 대립, 그들 사이의 정권다툼에 대해서는 대서특필하면서도 참된 민족주의정당, 혁신세력에 대한 기대와 그 진출의 필요성에 대해서는 언급하지 않았다.

또한 우리나라의 언론기관은 아시아정세의 격변을 직시하고 그것이 한국문제에 미치는 거대한 영향을 올바르게 생각하려 하지를 않았다. 친미매판정권은 본질적으로는 북진통일・멸공통일론자들로 구성되어 있다. 따라서 그들이 국제정세의 변동에 뒤지지 않으려고「평화통일」을 입에 담았다고 하더라고 내심으로는 어디까지나 승공통일이나 또는 분단의 고정화를 생각하고 있을 뿐이다. 따라서 그들의 실제의 정책에서는 말과는 달리 조국의 자주통일독립을 주장하는 민족주의 세력・진보세력에 대한 억압으로 나타나는 것이다. 그들이 진정한 평화통일론자가 아니기 때문에 그들 주위에는 각양 각색의 반공주의가, 멸공론자가 모여들어 미국의 비호 하에 아시아에서도 유수한 반공 집단을 형성하기에 이르렀다. 이승만과 한국민주당의 주변에 일제 또는 구만주국의 관리 및 군인, 구조선총독부의 관헌이 모여들고 거기에 친미파가 가담하여 한국의 반공・친미 정치기구가 만들어진 것은 결코 우연한 일이 아니다. 또한 관련 집단으로서 보수계 언론기관, 흥사단, 기독교지도자, 북한에서 온 월남인사, 부정축재자를 핵으로 하는 정상배, 특권 자본가, 친일파 등을 들 수가 있는데 이들에게 공통되어 있는 것은 철저한 반공과 자주통일 반대의 입장임은 말할 것도 없다.

그러나 그들의 반공주의적 입장이 관철되기 위해서는 이것을 뒷받침하는 미국의「힘의 정책」이 유효성을 발휘하지 않으면 안된다. 그러나 끊임없이 변화하는 현실(객관적 조건)과 주관적 희망은 반드시 일치하지만은 않는다. 오히려 현실은 냉혹할 만큼 인간의 주관을 무시하고 배반하면서 진전하는 경우가 많다. 우리나라를 둘러싼 객관적 정세는 변화하고 있고 전술한 것처럼 그것은 1970년대에 들어와서 속도를 현저히 빨리 하고 있다. 미국은 힘에 의한 반공정책, 봉쇄정책을 재검토하지 않을 수 없게 되었고 중국은 미·소와 어깨를 겨루는 강국이 되어서 국제적 발언권을 강화하고 있었다. 따라서 미국이 휴전협정조인국의 하나인 중국과도 한국문제를 외교적 현안으로서 해결해 나가지 않으면 안될 것은 필지의 사실이다. 그런데도 우리나라의 보수세력은 말할 것도 없고 여론을 지도해야 할 언론기관도 이 한국을 둘러싼 급격한 정세변화가 가지는 의미를 올바르게 포착하지 못하고 구태의연한 반공주의에서 빠져나오려고 하지를 않았다.

3. 통일문제를 정권욕 충족에 이용

1970년 8월 15일 박정희는 이른바 「평화통일의 기반조성에 관한 구상」을 발표하여 북한의 침략성을 극구 비난하고 ① 북한이 적화통일, 폭력혁명의 방침을 시정한다면 남북의 인위적 장벽을 단계적으로 제거할 용의가 있다. ② 북한이 우리나라의 민주통일독립과 유엔의 권위와 권능을 수락한다면 유엔의 한국문제 토의에의 북한참석을 반대하지 않는다라고 말했다. 신민당 지도층은 여기에 비판적 태도를 나타내어 ① 공산주의자를 상대로 통일문제를 논할 일이 아니다. ② 실정과 부패를 거듭하고 있는 박정희독재정권은 승공통일의 기수가 될 수 없다. ③ 승공통일을 위해서는 신민당이 정권을 장악하여 통일문제를 다루어야 한다라고 주장했다.

이 「8·15선언」에서 박정희는 결국 북한의 군사적 위협을 강조함으로써 자기의 군사지배체제의 존속을 합리화하려고 했으며, 신민당 지도층은 정권교체를 승공통일을 위한 전제로 간주하고 있다. 양자가 모두 민족통일을 성취하기 위한 현실적으로 가능한 방도를 제시하지는 않고 모두가 통일문제를 정권유지, 또는 장악을 위한 수단으로 간주하고 있다. 결국 그들은 통일문제를 아주 먼 미래의 과제로 떠올려 놓고 전민족의 숙원인 통일을 뒤로 하고 자기의 권세욕을 충족시키고 남북의 분단 상태를 고정화시키려는 속셈을 드러낸 것이다.

진보적 민족주의 세력에 속하는 박기출 등은 문서 또는 국회를 통하여 아시아에 있어서의 미국의 후퇴와 중화인민공화국의 유엔복귀라는 새 사태의 도래, 거기에 수반하여 일어날 것으로 예상되는 새 정세, 즉 ① 북한의 국제적 지위 향상, ② 유엔내의 세력관계 변동, 신흥세력의 발언권 강화, ③ 미·중 간에서 검토된 것으로 예상되는 휴전선의 처리 문제 등을 지적했다. 그리고 가까운 장래에 현실문제화 할 것으로 생각되는 한국의 통일문제에 대한 보다 높은 차원에서의 자각과 민족의 자주적 총화를 호소했으나 여전한 파벌싸움, 권력투쟁에 눈이 멀어 정세의 발전을 직시할 수 없었던 보수세력은 국내의 이권과 권력을 둘러싼 정치투쟁과 조국의 재통일이라는 전민족적인 투쟁과의 차원의 차이를 생각하지 못하고 따라서 우선해야 할 후자의 중요성을 생각하려고 하지 않았다.

제37장 제7대 대통령선거

1. 여·야당 지도층의 특권의식

1971년 3월 17일 민주공화당 전당대회에서 박정희가 제7대 대통령후보로 지명된 데 이어 정부는 대통령선거를 4월 27일에 실시한다고 공고했다. 앞에서도 말한 바와 같이 3선개헌을 강행한 박정희는 어떤 수단을 써서라도 대통령자리에 눌러앉기로 결심하고 있었다. 무력으로 정권을 탈취한 박정희정권은 이미 직접적인 군정을 2년간, 제5대, 제6대 대통령 임기를 모두 8년 간, 도합 10년 간이나 정권을 장악해 왔으나 그러고도 미련이 남아 자기가 만든 헌법까지 뜯어 고쳐가며 이승만 이상의 장기집권을 실현하려고 한 것이다. 그러기 위해서는 쿠데타도 불사할 자세였음은 앞에서 지적한 바와 같다.

한편 박정희의 독주를 저지해야 할 신민당 지도층은 광범한 반정부민주세력을 결집하기 보다도 한국에 있어서의 정치적 영위의 주도권은 보수세력이 장악해야 한다고 했다. 신민당 지도층을 구성하고 있는 보수 야당 인사는 구신한당계, 구민중당계를 막론하고 한때 송진우, 김성수, 조병옥, 신익희, 장면 등을 지도자로 받들고 함께 단선의 지지추진, 이승만정부의 수립, 반공체제의 강화에 기여해 온 것을 자랑으로 삼고 있었다. 그들은 정권을 사물시하는 경향이 농후했고 보수정계에 속하지 않는 국외자인 박정희에게 정권을 탈취 당한 것이 불만이었다. 그들은 신민당이 통합야당임을 과시했으나 대내적으로는 구한국민주당의 전통을 이어받은 보수야당임을 강조하고 있었다. 따라서 일부 인사가 당외로부터 광범한 국민의 지지를 받을 수 있는 민족지도자를 대통령 후보로 추대해야 한다고 주장을 해도 그들은 여기에 귀를 기울이려 하지 않았다. 또 독재정권 타도라는 대의(大義)를 위해서 감히 신민당창당에 가담한 혁신계 인사의 역량에 대해서도 눈을 돌리려 하지 않았다. 그들은 정당 활동을 포함한 모든 정치적 영위의 주도권은 어디까지나 보수정파가 장악해야 한다고 규정짓고 있었던 것이다.

또한 40대 기수론을 내걸고 신민당 대통령후보의 지명을 다툰 김영삼, 김대중, 이철승 등은 신문의 선전을 교묘하게 이용하여 당내에 그들 이외의 적격자는 없는 것처럼 인상짓고 있었으나 유진산의 측근들은 일찍부터 유진산을 대통령후보로 추대하려고 움직이고 있었고, 민족적 지도자를 추대하려는 세력은 김홍일, 박기출 등을 후보로 생각하고 있었다. 당수 유진산은 박정희정권의 집권욕과 신민당의 복잡한 내부 사정을 고려하면서 자기는 대통령후보로 나서고 김홍일을 원로직에 앉히고 박기출을 차기 75년 선거에 대비시키고 이철승, 김대중에게는 당의 요직을 부여하고 김영삼에게는 40대 기수론의 책임을 묻는다는 구상으로 당론의 통일을 꾀했으나 성공하지 못했다. 그래서 유진산은 일단 입후보 의사는 밝혔으나 전당대회 전날인 1970년 9월 28일에서 와서 갑자기 김영삼을 대통령후보로 추천했다. 이 때문에 당내에서는 유진산, 김영삼의 독선에 반발했다. 다음날인 29일의 전당대회에서는 유진산의 추천을 무시하고 결선투표 결과 소수파인 김대중이 대통령후보로 지명되었다.

김대중은 유진산, 김영삼의 독주에 반발하는 당내 기운에 편승해서 어부지리를 얻은 것이다.

2. 미·일의 지지를 내세워

민주공화당과 신민당이 여·야의 차이는 있어도 한국의 정치무대에서 함께 활보하고 있는 것은 양당이 미국의 극동정책, 대한정책에 충실한 전통적 친미반공노선 위에선 정치집단이기 때문이다. 따라서 역대 대통령후보는 모두 자기가 얼마나 미국에 대한 정책의 충실한 지지자이며 또 미지배층과의 긴밀한 관계를 가지고 그 신임을 얻고 있으며 당선되는 날에는 자기가 얼마나 미국의 원조를 끌어낼 자신이 있는가에 대해서 선전했다. 또 미국이 대한정책에 있어서의 일본의 역할을 중시하고 원조를 대행시키게 되자 박정희정권은 「제2의 이완용」의 오명을 무릅쓰고까지 일본정부에게 몸을 맡기게 되었고 신민당 지도층도 거기에 뒤질세라 도쿄(東京) 방문을 게을리하지 않았다. 한일협정체결을 전후한 야당의 대정부 자세에 있어서 박순천, 유진산, 김대중, 김영삼 등의 신민당 간부가 소극적이었다는 비판에 대해서는 앞에서 언급한 바와 같다.

여·야당의 7대 대통령후보를 보더라도 박정희가 5·16쿠데타 이후 일관하여 미국의 대한정책에 충실하게 움직여 왔다는 것은 주지의 사실이다. 박정희는 1968년 6월 1일의 워싱턴 포스트지, 동년 8월 18일의 뉴스 앤드 월드 리포트지 기자와의 회견에서 일본에 반환되는 오끼나와(沖繩)를 대신하여 제주도를 미군기지로서 제공할 용의가 있다고까지 말했다. 신민당 대통령후보 김대중은 1971년 2월 3일 내셔널 프레스 클럽의 기자회견에서 미·소·중·일 4개국의 공동보장에 의한 한반도의 안전보장을 주장했고 7·4 남북동공성명이 발표된 직후에는 남북의 유엔동시가입을 주장했다. 이러한 주장들은 결국 한반도의 분단상태를 그대로 고정시키려는 의견이며 미일지배층의 정책과 상통하는 것이 있다.

대통령선거를 앞둔 박정희는 1969년 8월 20일 방미하여 닉슨과 두 번에 걸쳐 회담했는데 김대중도 1971년 1월 26일 미국을 방문하고 도중에 도쿄에 들르는 등 미·일 양국의 여당측과 접촉했다.

미국의 대외정책에 있어서 상대가 후진국의 경우 CIA가 극히 중요한 역할을 하고 있다는 점은 전술한 바와 같다. 미국무성, 미의회, 매스컴 등은 후진국에 있어서의 민주주의와 근대화 노력에 대한 지원을 강조하지만 해당국의 현지에 있어서 정치를 좌우하는 것은 이면에서의 CIA 공작인 경우가 많다. 이 경우 미국이 반공을 기조로 하는 자국의 외교정책에 가장 도움이 되는 인물을 뒤에서 지원하는 것은 당연한 이치이다. 1971년 4월의 한국 대통령선거에 있어서 일부의 미국소식통은 일면에서 김대중후보 지지 방향으로 작용했다는 소문이 항간에 나돌기도 했으나 한국의 중앙정보부 측에서는 미정부와 CIA가 박정희후보를 지지하고 있다는 것을 인상지으려고 활발하게 움직였다.

3. 제3당을 노린 국민당의 혼미

신민당 지도층의 부패를 기피하여 선명야당으로서 출발한 윤보선의 국민당은 민주공화당의 국회의원 공천에서 탈락한 최석림(崔爽林) 등의 입당과 신민당을 탈당한 구자유당계 이재형과의 접촉이 이루어지게 되었기 때문에 선명야당의 이미지가 크게 무너졌다. 국민당은 정부·여당과 신민당의 관계로 미루어 선거에 의한 정권교체가 불가능하고 또 국민의 폐쇄된 정치의식과 언론보도기관의 동향에 비추어 정치적 도의를 주장하는 선명야당에 대량의 투표가 모아질 형세도 아니기 때문에 궁여의 일책을 강구했다. 즉 중앙정보부와 연고가 있는 전 여당멤버를 입당시켜 그들을 중앙정보부의 지원으로 당선시킴으로써 제3당으로서의 국회의석 수를 확보하자는 것이다.

국민당은 민주공화당의 국회의원 공천에서 탈락한 전 여당의원 10여 명을 입당시켜 동당의 지역구 후보자로서 공천 또는 중앙당의 요직에 앉혔다. 구자유당계의 전 의원이나 전 장관들도 입당시켰다. 이들의 입당에 의해 당요 직의 인적 구성은 달라지고 중앙정보부의 압력이 증대했을 뿐만 아니라 당간부 중에서도 중앙정보부의 주구(走狗)가 되는 자가 나타났다. 이리하여 국민당은 윤보선이 말하는 선명야당은 아니게 되었고 차츰 제3당을 노리는 친여정당으로 변질되어 갔다.

여기에서 진보적 민족주의세력 출신인 박기출이 국민당 대통령후보로 추천된 경위에 대해서 언급해 두고 싶다. 윤보선은 국민당을 창당함에 있어서 신민당에 소속되어 있던 박기출과 수차에 걸쳐서 회견하여 선명야당의 결성문제에 대한 의견조정을 시도했다. 박기출은 그때 박정희정권의 전제적인 권력행사와 이후락(李厚洛) 지휘하의 중앙정보부에 의한 중세적 폭압이 횡행하는 조건하에서는 선명야당의 존립은 불가능하다면서 다음과 같은 소신을 피력했다.

① 매판적 정치세력의 불편분자를 모아 보았자 선명야당은 성립되지 않는다. ② 미국에 의한 정권수수를 노린 정권교체투쟁도 신민당이나 국민당의 현지도층을 가지고는 불가능하다. ③ 어용화하고 타락한 현언론기관을 가지고는 제3당 육성의 여론조성은 불가능하다. ④ 새로운 선명야당을 조직한다면 그것은 대미매판성에서 벗어난 새로운 차원의 민

족 자주적 정당이 아니면 안된다. ⑤ 모든 선거가 중앙정보부와 행정기관의 배표(配票)에 의해 좌우되어 온 현실을 직시하여 제3당이 되려는 의석확보의 망상을 버리고 아시아의 새로운 정세가 가지고 올 민족통일 문제와 정면으로 맞붙을 진보적인 정당이지 않으면 안된다. ⑥ 신민당이 저지른 부패의 재판을 연출하지 않기 위해서는 최소한의 정치자금이 준비되지 않으면 안된다는 것 등이었다. 그러나 윤보선이 이러한 의견을 받아들이려 하지 않았기 때문에 박기출은 국민당 창당운동에 참가하지 않았다.

국민당은 조직 과정에 있어서의 부조리, 즉 다양한 보수정객의 참가에 의해 그 성격과 지향이 선명야당과는 거리가 먼 것이 되었고 밖으로부터는 중앙정보부의 집요한 작용과 내부에서는 파벌대립이 격화했기 때문에 대통령선거공고 후에도 동 당의 대통령후보는 결정되지 않았다. 창당 당초 당간부는 대통령후보에 윤보선을 추대하려고 했으나 윤보선은 중앙정보부 등 당국의 악랄한 선거조작, 언론기관의 근시안적인 여론지도, 당 자체의 조직적 미정비, 정치자금의 결핍, 당간부의 파벌 등 불리한 조건을 돌아보고 지명수락을 거부했다. 민족청년단 출신의 장준하, 이재형 등은 일찍이 민족청년단장을 지냈고 자유당 부총재가 되기도 했던 이범석을 추대하려고 했으나 그도 불리한 당세를 생각하여 수락을 고사했다. 이러한 당 상층의 움직임은 당의 조직적 활동을 마비시키고 또 지도간부의 부조화, 불통일은 결국 당에 대한 중앙정보부의 작용을 강화하는 결과를 초래했다.

그렇기 때문에 윤보선은 혼란된 당내를 하나로 묶어 사태를 수습하기 위해 1971년 3월 중순 이동화와 함덕용에게 박기출을 대통령후보로 끌어낼 임무를 부여했다. 그리고 대통령선거운동을 박기출의 구상에 따라

「아시아정세의 새로운 변혁적 진전에 대하여 역설하고 거기에 따르는 민족통일문제에 대비한 양심적 민족자주세력의 결집을 호소하는 새로운 차원의 국민운동을 일으키는 계기로 삼는다」는 데에 중점을 두겠다고 약속했다.

여기에서 박기출은 대통령선거법이 허용하는 범위의 언론·집회의 자유를 「새로운 국제정세의 발전을 역설하고 민족재통일을 위한 민족적 자각을 환기하는」 운동에 이용할 수 있다면 국민당 대통령후보의 수락도 고려할 여지가 있다고 대답했다. 그런데 국민당 관계자는 박기출이 정당인으로서 관계 동지의 양해를 얻어 준비를 갖출 여유도 주지 않고 개인적인 「내락」을 「수락」이라고 하여 공표하고 말았다. 이렇게 해서 박기출은 신민당에서 국민당으로 옮기지 않을 수가 없게 되고 말았다.

그러나 박기출의 등장이라는 사태에 직면하여 이후락 지휘하의 중앙정보부는 줄이 닿는 국민당 간부 및 전민주공화당 간부를 부추겨 공공연히 박기출에 반대하는 운동을 전개시켰다.

4. 무시된 국민당 후보의 호소

국민당 대통령후보 박기출의 선거운동은 정부·여당, 중앙정보부, 일부 국민당간부에 의한 반대 뿐이 아니라 친미보수양당체제의 테두리를 벗어나지 못한 언론기관에 의한 묵살을 받았다. 앞에서 말한 것처럼 발간이 허용되고 있던 한국의 신문은 거의 대부분이 남한단선지지세력의 계보를 잇고 있으며 전통적으로 친미보수이다. 이들 보수계 신문은 단선반대와 자주통일 독립을 주장한 김구, 김규식, 여운형, 안재홍, 장건상, 박기출 등 진보적 민족주의 세력에 대해서는 「남북협상파」, 「좌우합작파」,「중간파」,「회색분자」,「용공세력」 운운으로 부르고 이승만파, 한국민주당계의 친미보수세력에 대해서는「민족진영」,「애국적 보수세력」 등으로 칭송하여 왔다. 신문은 여·야를 불문하고 친미사대세력에는 지극히 호의적이었으나 그 반면 사회주의세력은 말할 것도 없고 자주통일독립을 주장하는 진보적 민족세력의 정치참여에 대해서는 당국의 뜻대로 무시 또는 방해를 했던 것이다. 그 때문에 민족재통일과 관련된 여러 가지 정세의 발전이 내다보임에도 불구하고 언론기관은 정세의 흐름을 직시하는 일 없이 친미보수양당체제의 유지에만 열심이었다.

　박기출은 새로운 아시아정세의 진전에 대해서 역설하고 민족세력의 대동결집에 의해 조국의 재통일을 지향해야 한다고 주장했으나 이들 보수계 신문은 악의에 찬 비판과 허위 보도로 이에 응했고 박기출이 강조한 새로운 차원의 민족적 과제에 대해서는 완전히 묵살하고 말았다. 가령 박기출이 재래의 한국보수정당을 미극동정책의 연기집단(演技集團)이라고 비판하면 이것은 반미적이라고 보도되었고 김구나 조봉암계 정치인이 활동할 수 있는 정치체제가 바람직하다는 뜻의 정책광고의 게재를 의뢰하면「사시(社是)에 반한다」하여 거부되었고 또 박정희정권의 끝없는 집권욕과 신민당의 내부 순으로 하여 평화적인 정권교체는 어렵다고 비판하면 신문은 즉시 박기출을 정권교체를 바라고 있지 않다는 허위보도를 했다. 박기출은 온갖 방해와 간섭, 곤란을 배제하여 전국 30여 시군에서 유세를 벌이고 자기의 소신을 호소했다. 이 유세를 무시하는 태도를 취하고 있던 신문도 중앙정보부와 미국측의 압력에 밀린 국민당간부에 의해 대통령선거를 포기한다는 국민당 운영위원회의 결의가 나오자 박기출 자신이 여기에 동의한 것처럼 왜곡하여 대서 특필했던 것이다.

5. 군사교련 반대 데모

　　대통령선거의 대세는 온갖 폭압장치를 총동원하여 착착 준비를 진행한 박정희의 3선을 움직일 수 없는 것으로 만들고 있었으나 또 그런 만큼 국민은 쿠데타 이후의 박정권에 의해 행해진 숱한 반민주적, 반민족적 비정에 대한 증오심을 키워가고 있었다. 3선개헌 반대운동에서부터 이어져 온 박정희 3선저지를 목표한 학생들의 격렬한 운동이 선거직전에 이르러 또다시 폭발되었다. 학생들은 이미 전년말에 군사교련 반대를 내걸고 연세대, 서강대, 경북대 등에서 활발한 움직임을 보이고 있었으나 차츰 3선반대를 표면에 내세우게 되었다.

- 1971년 4월 2일　군사교련 반대를 외치는 대학생데모가 각지에서 전개되었다. 학내 집회 후 연세대, 경희대의 학생 데모대는 가두로 진출하려다 무장경찰대와 충돌했다.
- 동년 4월 6일　고려대 학생들은 장기집권을 반대하는 「투쟁현장」을 발표했다. 데모는 이후 서울대, 성균관대로 번져갔다.
- 동년 4월 13일　데모의 급속한 확산 때문에 서울대 문리대, 법과대는 임시 휴교에 들어갔다(17일까지에 서울대의 각 단과대학은 사실상 전면휴교에 들어가게 되었다).
- 동년 4월 14일　서울대 사범대의 데모학생이 동 대학 앞을 지나가던 박정희 일행에게 투석하였다고 하여 경찰대 70명이 학내에 난입하여 학생 50여명을 대량 검거했다.
- 동년 4월 14일　서울시내 11개 대학의 학생대표는 민주수호 학생청년연맹을 결성하고 군사교련 반대와 공정한 선거실시를 위한 캠페인을 벌이겠다고 발표했다.

- 동년 4월 16일 서울시내 각대학생의 데모가 일제히 불을 뿜었다. 고려대생의 데모에 대해서 경찰은 헬리콥터를 동원하여 최루탄을 수십발 발사했다.
- 동년 4월 19일 정계, 법조계, 언론계 등 각계의 대표적 인사가 민주수호국민협의회를 결성하여 당국의 부정선거 기도와 학생데모탄압에 항의했다(대표의원으로는 김재준(金在俊), 이병린(李丙璘), 천관우(千寬宇)를 선출). 동일 협의회는 결의문을 채택하여 ① 민주적 기본질서가 파괴된 현실을 직시하고 그 회복을 위해 국민의 총궐기를 촉구한다. ② 이번 선거가 민주헌정사의 분수령임을 자각하여 선거에 있어서 부정불법을 행하는 자는 역사의 범죄자로서 민족의 이름으로 규탄한다. ③ 국민은 권력측의 탄압과 금력 기타 모든 유혹을 일축하고 신성한 주권을 엄숙하게 행사할 것을 호소한다. ④ 학생들의 평화적 데모를 잔혹하게 탄압하는 정부당국의 행위에 의분을 느끼며 강력히 항의한다라고 강조했다.
- 동년 4월 20일 육군보안사령부는 재일한국인 모국유학생(서승(徐勝), 서준식(徐俊植) 등)을 포함한 학원간첩단을 검거했다고 발표하고「그들은 학원을 거점으로 군사교련 반대, 박대통령 3선반대데모를 조직했다」라고 하여 고조되는 데모를 억압하기 위해 혈안이 되었다. 정부의 공갈책은 주효한 듯이 보였으나 4·27 대통령선거, 5·25 국회의원 선거 뒤 선거의 무효와 부정부패규탄을 외치며 다시 학생데모가 잇따랐다. 10월까지 장기적인 반정부색이 짙은 데모가 계속되었다.

6. 입후보자의 공약과 선거 결과

　민주공화당 대통령후보 박정희는 제 2차 경제5개년 계획의 완성, 평화통일의 추진, 대중립국 외교의 확대, 4대 하천의 개발 등을 공약했다. 박정희는 1971년 4월 24일(부산)과 25일(서울)의 정견발표연설에서 「이것이 마지막 대통령 출마이다」라고 공약했다.
　신민당 대통령후보 김대중은 행정개혁, 중앙정보부의 폐지 등 반공체제의 쇄신, 학생군사교련의 폐지, 향토예비군의 전면 폐지, 세제개혁, 남북간의 비정치적 교류, 미·소·일·중 4개국에 의한 한반도의 안전보장, 미국을 비롯한 자유우방과의 협조 등을 호소하고 박정희가 종신총통제를 노리고 있다고 폭로했다.
　국민당 대통령후보 박기출은 중화인민공화국의 유엔복귀와 미국의 아시아지역으로부터의 후퇴에 나타난 새로운 국제정세의 변화가 조국재통일의 계기를 낳는 것이라고 역설하고 여기에 대처하기 위해 종래의 미국의존의 매판적 정치를 시정하고 민족재통일에 대비한 민족자주세력의 결집을 이루어 나가지 않으면 안된다고 역설했다.
　1971년 4월 27일에 실시된 제7대 대통령선거의 투표결과는 당국의 발표에 의하면 유권자 15,551,236명 중 12,417,824명이 투표하고(79.8%) 박정희가 6,342,828표, 김대중이 5,395,900표를 획득, 박정희의 당선으로 되었다. 신민당측은 투개표장에 많은 참관인을 파견했기 때문에 김대중의 표는 투개표의 과정에서는 종래 만큼은 도둑맞지 않은 것으로 생각된다. 그러나 박정희의 대량득표의 조작에 대해서는 각종 억측을 낳았다.
　선거 직후인 4월 30일 투표 당일에 6천여 명의 청년학생으로 된 참관인을 파견하고 있던 민주수호국민협의회의 대표위원 김재준, 이병린, 천관우 등은 대통령선거가 관권에 의한 원천적 부정에 의해 침해되었다고 비난했다. 또 5월 1일에는 각 대학의 학생선거참관단이 이번의 대통령선거는 국가권력이 불법으로 개입한 부정선거였다고 비난했다.

중앙정보부를 중심으로 선거관리 당국이 원천적 선거부정을 감행했다면 그것은 유령 유권자의 날조와 투표용지매수에 의한 대리투표, 부재자투표의 조작일 것이다. 그러나 이러한 부정에 의해 50~100만 표를 박정희의 실제 투표에 덧얹었더라도 그 발표득표수는 국민여론에 비해 너무나도 많다. 신민당참관인이 꽤 많이 배치되어 있었기 때문에 확실히 김대중 표의 삭감, 사전투표, 투표함 바꿔치기, 발표부정 등은 어려운 일이었다. 여기에서 문제가 되는 것은 박정희와 김대중을 제외한 제3위 이하의 세후보의 표가 너무나도 적다는 이상한 사실이다. 세 후보의 소속 정당은 투개표소에 참관인을 내고 있지 않았다. 특히 국민당은 당 기관으로서는 이미 선거를 포기하고 있었기 때문에 자당후보의 득표에는 전혀 관심이 없었다. 따라서 참관인의 감시 바깥에 있는 이들 세 후보의 표는 투개표의 과정에서 감소될 조건을 갖추고 있었다고 할 수 있다. 박정희의 당선을 위해 수단을 가리지 않고 선거부정에 혈안이 되어 있던 당국 통제하의 투개표소에서 방치 상태에 있는 약소 후보의 표가 침식당하지 않을 까닭이 없다. 여기에 박정희의 부풀리기 득표원의 하나가 있었다고 해도 좋을 것이다.

선거운동 기간중의 정부·여당의 각종 부정에 대해서는 새삼 말할 필요도 없다. 5월 21일에 밝혀진 바에 의하면 선거운동 기간 1개월 동안에 225억이나 되는 통화가 증발되었다. 그 사용도가 어디에 있었는가에 대해서는 더 따질 필요도 없을 것이다.

7. 국민당의 대통령선거 포기

여기에서 국민당이 대통령선거를 포기한 경과에 대해서 기술하고자 한다.

1971년 4월 21일 국민당 운영위원회는 지방유세중인 동당 대통령후보 박기출에게는 아무 의견도 묻지 않고 다음과 같은 이유를 들어 일방적으로 대통령후보 사퇴권고 결의안을 채택했다. 즉 ① 박기출후보의 정견은 다분히 반미적이다. ② 신민당, 공화당, 재야 정치인, 교회 관계자, 언론인은 말할 것도 없고 중앙정보부 관계자도 처음부터 박의 입후보에 반대하고 있으며 최근에는 특히 미국의 유력 인사가 박의 대통령후보사퇴를 강하게 권고하고 있다. ③ 국민당은 대통령선거를 포기하고 중립적 입장을 지킴으로써 장차 구성될 것으로 생각되는 4·27 부정선거수습기구에서 주동적 역할을 담당할 수 있다는 이유이다.

국민당은 다음날인 22일 함덕용 등을 강원도 북평(北坪) 유세장에 파견하여 박기출에게 운영위원회의 결정을 전하고 또 24일에는 당수 윤보선이 직접 박기출을 찾아와 사퇴를 권고하고 25일에는 이동화 등이 다시 윤보선의 권고의사를 전했다.

여기에 대해 박기출은 다음과 같은 점을 지적하여 후보사퇴를 거절했다. ① 박기출의 유세 내용이 미국에 대해 비판적인 것은 역사적 사실에 입각하여 반성을 가하고 새로운 진로를 모색하는 입장으로서는 당연한 것이다. ② 매판세력 간의 이권다툼에 관여해 온 자의 반대는 처음부터 예측하고 있었던 일이며 중앙정보부 관계자나 외국인의 간섭 등은 고려의 대상으로 삼을 일이 아니다. ③ 박정희정권은 선거후에 4·27 부정선거수습기구 등을 설치하는 서투른 짓을 하지 않을 것이다. ④ 박은 입후보 당초부터 조직과정에 있는 국민당의 집표력(集票力)에 큰 기대는 하고 있지 않다. 또 박의 새로운 차원에 선 민족사적 정치지향이 자본주의적 사대세력(事大勢力) 출신으로 된 당지도층의 충분한 이해를 얻을 수 있으리라고는 생각하지 않았던 고로 당이 선거를 포기해도 어쩔 수 없다. ⑤ 그러나 박 개인은 어디까지나 신념을 관철하는 자세를 견지함으로써 전국의 자주통일독립 지지자, 더불어 진보적 민족주의세력의 산하에 있던 세력에 새로운 목표를 제시함으로서 국민대중에게는 매판세력 간의 권력다툼과는 차원이 다른 민족재통일을 지향한 민족사적 투쟁의 중요성을 알릴 필요가 있다.

  윤보선은 투표를 눈앞에 둔 4월 25일 박정희정권이 관리하는 이번 선거는 부정불법한 것이라면서 국민당의 대통령선거포기를 발표했다.

제38장 제8대 국회의원 선거

1. 국회의원 선거 보이코트 요구

박정희의 3선으로 끝난 4·27 대통령선거의 부정에 분개한 학생과 국민대중은 선거의 무효를 외침과 동시에 야당에 국회의원선거의 보이코트를 요구했다. 그 주된 움직임을 보면 다음과 같다.

- 1971년 4월 30일   정부는 국회의원선거를 5월 25일에 실시한다고 공고했다.
- 동년 5월 3일   국민당, 대중당, 민중당, 통일사회당은 대통령선거에 있어서의 중앙정보부 등 당국의 악랄한 부정행위를 지탄하고 박정희정권 하의 선거는 국민과 세계를 속이는 요식행위에 지나지 않는다고 단정, 국회의원선거 보이코트를 신민당에 호소했다.
- 동년 5월 5일   신민당은 4당의 선거보이코트요청을 거부했다.
- 동년 5월 17일   서울대 법과대생 20명이 신민당 본부에 몰려가 국회의원 선거를 거부하라고 요구하며 농성데모를 감행했다.
- 동년 5월 19일   고려대 총학생회는 구속학생이 석방될 때까지 20일부터 수업을 거부하고 가두데모를 벌이겠다고 발표했다. 동

일 서울대, 연세대 등의 학생이 국회의원 선거의 보이코트를 외치며 데모를 벌였다.
• 동년 5월 21일 국회의원 선거 보이코트, 구속학생의 석방을 요구하는 학생데모가 전국에 파급되었다. 서울대 문리과대, 상과대, 법과대 학생과 연세대, 고려대, 한양대, 서강대, 전북대 등의 학생이 일제히 궐기, 집회, 가두데모, 서명운동을 벌였다.
• 동년 5월 27일 문교부는 데모 격화를 이유로 서울대 문리과대, 법과대, 상과대, 사범대의 4개 단과대에 휴교령을 내렸다.

2. 야당의 내분과 선거결과

국회의원 선거를 보이코트하라고 요구하는 학생데모가 정부당국에 의한 일제체포, 휴교 등의 강경책과 대결하고 있을 때 신민당 내에서는 비례대표제에 의한 전국구후보의 등록문제를 둘러싸고 치열한 내분을 전개하고 있었다. 신민당 당수 유진산은 5월 6일 지역구 153명과 자신을 비롯한 전국구 후보 53명의 등록을 실시했다. 그러나 전국구 후보에서 빠진 다수의 당원이 등록에서 빠진 데에 분노, 김대중, 정일형 등 비주류계 간부와 합류하여 유진산을 축출하기 위한 집단적 폭력행위에 호소했다. 당 본부와 유진산의 사저는 이들 불평분자와 비주류계에 의해 점거되고 당기능은 마비되었다.

형세가 유진산에게 불리하게 기울자 지금까지 유진산과 결탁하여 당 상층부에 도사리고 있던 주류계도 반유진산파로 돌아서게 되었다. 양일동(梁一東), 고흥문(高興門), 김영삼 등 주류계 유력멤버까지가 앞을 다투어 반유진산계로 전신했기 때문에 정계는 말할 것도 없고 일반 국민도 기이한 느낌을 받았다. 5월 7일 당의 6인위원회는 유진산의 제명을 결정했다. 10일에는 유진산의 사임에 이어 김홍일이 당수직 권한대행이 되어 내분은 일단 수습되었다. 전국구등록에서 발단된 「진산 파동」은 5·25 국회의원 선거를 앞둔 신민당에게 있어서는 큰 타격이었다.

또한 통한당(統韓黨), 자유민주당, 정의당(正義黨) 등 이른바 군소정당은 5월 5일 조건 불비를 이유로 정당법에 의해 그 등록이 취소되었다. 한편 국민당은 창당이념과는 반대로 중앙정보부에 의한 농락의 대상으로 되고 있었다. 동당은 창당 당초에는 신민당의 치부를 들추어내는 데 열심이었으나 대통령 선거 직전에는 박기출의 입후보에 반대하는 등 분열, 소란, 성명전, 탈당 소동을 벌였다. 그 결과 동 선거운동은 친미적 매판세력 출신인 당지도층과 진보적 민족주의세력 출신인 박기출과의 대립 속에 진행되어 결국 당으로서의 선거포기라는 추태를 초래하였고 박기출을 탈당에 몰아넣었다. 당의 실권은 중앙정보부와 연결된 민주공화당 출신자가 장악하게 되었다. 국민당지도층은 이재형의 투자와 중앙정보부장 이후락의 제휴하에 보수 제3당의 의석수 확보를 노려 지역구 121명의 후보를 세웠다. 그러나 대통령 선거의 부정에 반대하는 국민의 분노가 너무나도 컸고 그 때문에 이재형의 손을 거쳐 들어오게 되어 있던 자금 루트가 끊기고 또 중앙정보부의 간섭도 뜻대로는 되지 않았다.

5월 25일에 실시된 제8대 국회의원 선거의 결과는 중앙선거관리위원회의 발표에 의하면 민주공화당이 지역구 153명의 입후보 중 86명의 당선자를 내고 전국구 27명을 합쳐 113의석을 차지했다. 신민당은 지역구 153명의 입후보 중 65명이 당선, 전국구 24명을 합쳐 89의석이 되고 국민당은 지역구입후보 121명중 불과 1명의 당선으로 끝났다. 대중당도 지역구 53명의 입후보 중 1명이 당선되었다. 통일사회당은 60명, 민중당은 36명을 각각 지역구에 입후보시켰으나 당선자는 없었다.

3. 비 망

• 보수지(保守紙)의 허위를 제소

국민당 대통령후보 박기출은 1971년 5월 11일 보수계 신문이 진보적 민족주의세력 출신자에 대하여 악의에 찬 허위 보도를 했을 뿐만 아니라 공정해야 할 선거관계 기사에 있어서도 고의의 선거방해를 했다고 해서 동아일보, 한국일보, 조선일보를 신문윤리위원회 및 중앙선거관리위원회에 제소했다.

• 보수증진 윤보선의 정치적 전진

남한단선지지파의 중진이며 친미반공을 정치신조로 하는 전대통령이며 보수세력의 대표적 지도자의 위치에 있던 윤보선이 남한단선반대파이며 민족총단결에 의한 자주·평화·민주·통일·독립을 주장해 온 진보적 민족세력에 속하는 박기출을 국민당의 대통령후보로 감히 추대한 이유는 무엇이었을까. 거기에는 윤보선 나름대로의 여러 가지 생각이 있었으리라고 생각되지만 주된 동기로서는 우선 보수계 정당인들의 타락한 상황에 대한 실망과 윤보선 자신의 정치관의 전진을 생각할 수가 있다. 윤보선은 그때까지도 신한당, 신민당, 국민당을 결성하는 과정에서 혁신계 정치가를 포섭하기 위해 적지 않은 노력을 기울여왔다. 윤보선이 박기출을 국민당의 대통령후보로 추대하자 중앙정보부는 말할 것도 없고 정부·여당, 야당. 기독교계, 보수계 신문, 나아가서는 미국인까지도 유형무형의 책략을 다하여 여기에 반대했고 그 활동을 방해했다. 그러나 윤보선은 지지연설에서 「박박사는 백두산의 정령을 받은 한반도의 꽃이며 한민족통일을 위한 뛰어난 민족적 지도자이다」라고 추켜세웠던 것이다.

● 4·27선거의 부정득표원

5·15 정·부통령 선거에서 이승만은 조봉암의 표를 훔쳐서 자기표를 늘렸으나 당리당략에 급급했던 민주당은 이것을 묵인했다. 4·27선거에 있어서도 전술한 바와 같이 신민당후보의 표가 도둑맞지 않는 한 동당 참관인은 타당후보의 표가 도둑맞는 데 대해서는 관심이 없었다. 신민당과 보수계 신문은 박정희의 득표가 원천적 부정에 의한 것이라고 논란을 벌였으나 그 부정득표원인 제3당 이하의 후보표가 당국에 의해 잠식 당한 사실에 대해서는 입을 닫았다. 제7대, 제8대 국회의원선거 때 밝혀진 일이지만 후보자를 세우지 않는 정당에서도 한 선거구에서 평균 800표 전후의 득표가 있었다. 이것은 선거운동이 불충분해서 후보자 이름의 침투도가 낮았다는 것, 또는 유권자의 수준이나 투표방식 등의 여러 조건이 겹친 결과 생긴 것으로서 한국 특유의 선거메카니즘이 낳은 우발적 요소에 의해 각 선거구에서 평균 800표 이상의 득표는 거의 틀림이 없다. 이러한 상황을 대통령선거에 적용하여 생각해 보면 대통령후보가 누구이든 전국 153개의 선거구에서 각각 평균 800표, 총계 12만 2,000표 전후의 우발적 득표가 앉아서 굴러든다는 계산이 된다. 본인의 총득표는 이 위에 실제의 지지표가 가산된 것이다. 따라서 제7대 대통령

선거에서도 제3당 이하의 후보자 득표는 틀림없이 일정선 이상은 확보되었을 것이다. 그러나 그들은 투개표 참관인을 내지 않았기 때문에 여당후보의 득표를 늘려 주는 원천으로서 불법적으로 이용되고 말았다.

● 사법 파동

서울지검은 1971년 7월 28일 서울지법의 이범열(李範烈)부장판사를 수뢰 혐의로 구속영장을 신청했다. 그러나 재야법조계가 이것을 이유 없는 보복조치라고 비난한 데 이어 서울 형사지법의 판사 39명이 이것을 사법권독립에 대한 침해라고 항의하며 집단사표를 제출, 30일에는 검찰의 사법권침해 사례를 7항목에 걸쳐 밝혔다. 여기에 동조하여 각지의 판사도 잇따라 사표를 제출했기 때문에 사법파동은 전국으로 확산되어 사법기구의 마비, 재야법조인에 의한 법무당국 추궁이 격화되었다.

● 광주(廣州) 단지 폭동 사건

1971년 8월 10일 경기도 광주의 가난한 주민 5만 여명은 분양지 불하가격의 인하문제 등을 계기로 집단적으로 봉기했다. 데모군중이 지방관공서를 습격하는 등 반정부 폭동으로 발전하여 경찰차, 파출소 등도 불태워졌다.

● 공군 특수부대원의 반란

1971년 8월 23일 인천항 근처의 실미도(實尾島)에서 훈련중인 공군 특수부대원 24명은 정부 및 군수뇌에 생활·대우의 개선을 요구하며 반란을 일으켜 버스로 서울 시내에 들어왔으나 영등포 가로상에서 군경의 저지를 받고 전멸했다. 당초 군 대변인은 북으로부터의「무장간첩침입」이라고 위장하려 했으나 나중에 그 진상이 폭로되었다.

● 월남 귀환노동자의 불만 폭발

1971년 9월 15일 월남에서 귀환한 노동자와 그 가족 400여명은 고용주 한진(韓進)상사가 그들을 월남에 보내어 혹사했을 뿐만 아니라 고용계약을 위반했다 하여 노임지불을 요구하고 동상사가 있는 KAL빌딩을 습격하여 기세를 올렸다. 이 때문에 100여명이 체포되었다.

● 서울에 위수령

1971년 4월초에 시작된 학생데모는 당초의 군사교련 반대 슬로건이 박정희의 3선반대, 대통령선거의 무효, 국회의원 선거 보이코트 등 반정부색이 강한 외침으로 바뀌고 여름방학이 끝난 9월이 되자 박정권의 부정부패를 직접 공격하는 데모가 되었다. 정부는 학생데모에 강경책으로 대응, 대량 구속, 제적, 휴교 조치를 취했다. 10월 5일에는 수도경비사령부의 장병 40여명이 고려대에 난입하여 학생지도자 5명을 연행하는 사태가 일어났다. 박정희는 10월 15일 학생지도자의 추방, 불법 데모·집회·수강거부의 금지, 지도적 학생의 제적, 학생단체의 해산, 학생간행물의 발행금지 등 9개 항목의 특별명령을 내림과 동시에 서울시 일원에 위수령을 발동했다. 여기에 따라 수도경비사령부의 정예가 각 대학을 점거하고 대학은 무기한 휴교, 동일 하루에만 1,900명의 학생이 연행되었다. 정부는 전국의 데모주동학생 156명을 제적하고 학생써클 76개 단체를 해산시키는 한편 13개 간행물을 폐간 처분했다. 또 군사교련 거부학생 5,000여명에게는 징병을 경고하고 제적학생의 대부분을 군대에 보냈다. 위수령은 11월 9일까지 계속되었다.

제39장 중국의 유엔 복귀와 남북통일의 기운

1. 미국의 후퇴와 미·중 접근

중국의 유엔 복귀, 닉슨 미대통령의 방중이라는 충격적인 정세변동은 한반도를 둘러싼 국제정세의 변화(긴장의 완화)를 단적으로 나타내는 것이며 남북의 접촉과 평화적 통일에 유리한 조건을 가져다 주었다. 그간의 움직임을 열거해 본다.

- 1970년 7월 8일   미국무성 대변인은 주한미군의 감축방침을 공식으로 확인했다.
- 1971년 2월 3일   한미 양정부는 주한군의 감축과 한국군 현대화 방침에 합의했다.
- 동년 2월 26일   미군은 3월 초에 판문점지대를 제외하고 155마일의 전휴전선에서 후퇴한다고 발표했다.
- 동년 4월 14일   U·S 뉴스 앤드 월드 리포트지는 1975년까지 주한 미군전투부대는 완전히 철수할 것이라고 보도했다.
- 동년 7월 9일   중국은 군사정전위원회에 중국대표를 파견했다. 중국은 과거 5년 간 정전위원회에의 대표파견을 중지해 왔다.
- 동년 7월 15일   닉슨 미대통령은 1972년 5월까지에 중국을 방문한

데 대해 중국정부와 합의를 보았다고 발표했다.
- 동년 7월 21일 미상원외교위원회는 대만해협에 있어서의 무력행사권을 대통령에게 부여한 1955년의 결의를 폐기했다.
- 동년 7월 24일 중국의 주은래(周恩來) 국무총리는 주한 미군의 철수를 요구했다.
- 동년 8월 5일 주은래는 닉슨의 중국방문시에 한국문제로 토의의 대상이 될 것이라고 언명했다.
- 동년 8월 14일 미하원의원 관계자는 6월에 열린 미하원외교위원회의 한국문제공청회에서 한반도의 중립화에 관한 논의가 있었다고 발표했다.
- 동년 10월 26일 제26회 유엔총회는 중국대표권문제로 대만 국민당 정부의 추방, 중화인민공화국의 복귀를 압도적 다수로 가결했다.
- 동년 11월 16일 중국 대표단장은 유엔총회본회의에서의 첫 연설에서 북한의 제창한 평화적 통일에 관한 8항목의 제안을 지지함과 동시에 한국에서의 유엔군사령부의 해체, 주한 유엔군의 철수, 유엔 한국통일 부흥위원단의 해체, 한국문제에 관한 유엔의 불법결의의 폐기를 요구했다.
- 1972년 2월 21일 ~ 28일 닉슨 미대통령은 중국을 방문하여 모택동, 주은래 등 중국 수뇌와 미·중 간의 현안문제·국제정세에 대해 의견을 나누었다. 2월 28일에 발표된 미중 공동성명에서 미국측은 「한국과의 밀접한 관계 및 이에 대한 지지」를 주장함과 함께 「한국이 한반도에서 긴장완화를 도모하고 연계를 증대시키기 위하여 기울이고 있는 노력을 지지한다」라

고 성명했다. 중국측은 북한이 1971년 4월 12일에 발표한「조선의 평화적 통일을 위한 8항목의 제안 및 유엔 한국통일부흥위원단 해체 주장을 단호히 지지한다」라고 성명했다.

2. 7·4 남북 공동성명의 발표

국제정세의 격동은 한국의 남북관계에도 반영되어 20여년에 걸친 남북분단의 두꺼운 벽을 뚫고 교류와 통일을 도모하려는 기운이 급속히 고조되었다. 1970년 8월 15일에 박정희가 발표한「평화통일구상」이 이러한 국민의 평화적 통일에의 기운을 역이용하여 자기의 정권유지를 도모하려는 것이었다는 데 대해서는 전술한 바와 같다. 1971년 4월의 대통령선거에서 박기출, 김대중 등이 남북통일문제에 대해 강조하여 큰 반향을 불러 일으킨 것은 당연한 추세였다고 할 수 있다. 이러한 전민족적 기대와 절실한 염원을 배경으로 하여 마침내 실현을 본 남북간 적십자단계의 접촉과 고위급회담, 남북공동성명의 발표에 이르는 과정을 보면 다음과 같다.

- 1971년 4월 12일   북조선최고인민회의는 한국으로부터의 미군철수, 남북의 군대축소, 남북연방제, 남북간의 경제·문화 교류, 남북협상회의의 소집 등 8개 항목을 제안했다.
- 동년 8월 9일   김일성은 캄보디아의 시아누크를 환영하는 대회에서 한국의「민주공화당을 포함한 모든 정당과 사회단체, 개별 인사들과 언제라도 접촉할 용의가 있다」라고 말하여 남북간의 광범한 정치협상을 제안했다.
- 동년 8월 12일   한국적십자사 총재 최두선(崔斗善)은 북조선적십자

사에 대해「남북이산가족찾기운동」을 위해 제네바에서 예비회담을 열 것을 제안했다.
- 동년 8월 14일 북조선적십자회는 한국적십자사의 제안에 호응하여 가족찾기 운동 뿐이 아니라 남북의 서신교류, 이산가족, 친척의 자유로운 방문 등을 포함하여 판문점회담을 열 것을 제안했다.
- 동년 8월 20일 남북적십자파견원이 판문점에서 예비회담을 위한 첫 접촉을 가졌다.
- 동년 9월 20일 남북적십자 예비회담이 시작되었다. 앞으로의 본회담장소, 개최일시, 의제, 대표단 구성 등의 문제를 둘러싸고 25차례의 회담이 다음해 8월까지 계속되었다. 이와 병행하여 1972년에 들어서자 정치레벨에서의 남북고위회담이 비밀리에 열려 쌍방의 특사가 서울과 평양을 왕래했다.
- 1972년 7월 4일 남북공동성명이 발표되었다. 성명에서는 조국통일의 원칙으로서 ① 통일은 외세에 의존하거나 외세의 간섭을 받는 일 없이 자주적으로 해결해야 한다. ② 통일은 서로 상대방을 반대하는 무력행사에 의존하지 않고 평화적 방법으로 실현되어야 한다. ③ 사상과 이념, 제도의 차이를 초월하여 우선 단일민족으로서 민족적 대단결을 도모해야 한다」라는 3원칙이 강조되었다.

    이밖에 성명에는 남북상호간의 중상비방과 무력도발의 중지, 남북간의 다면적인 교류의 실시, 적십자회담의 진척, 서울·평양간의 상설 직통전화의 설치, 제반 문제를 개선·해결하여 통일문제를 해결하기 위한 남북조절위원회의 구성·운영 등에 합의를 보았음이 명기되었다.
- 동년 8월 30일   제 1차 남북적십자 본회담이 평양에서 열렸다. 제 2차 본회담은 9월 13일에 서울에서 열렸다. 그 후 제3차, 제4차 회담이 각각 평양, 서울에서 교대로 10월 24일과 11월 22일에 열렸다.
- 동년 10월 12일   남북조절위원회공동위원회 제 1차 회의가 판문점에서 열렸다. 제 2차 회의는 11월 2일에 평양에서 열렸다. 제 2차 회의에서 남북조절위원회의 구성·운영에 관한 합의서가 발표되었다. 제3차 회의는 서울에서 11월 30일에 열렸다.
8·15 해방 후·4반세기 이상이나 굳게 닫혀 있던 남북분단의 벽은 획기적인 남북공성명의 발표와 그 후의 남북회담에 의해 무너질 것처럼 보였다. 남북공동성명의 발표에 환호한 국민은 사태의 추이를 숨을 죽이고 지켜보았다.

3. 유엔에서의 자주적 평화통일 지지 결의

7·4 남북공동성명은 국내 뿐이 아니라 국제여론의 압도적인 지지를 받았다. 1973년 가을의 제28차 유엔총회가 남북공동성명을 지지하기에 이르는 과정을 일변하기로 하자.

앞에서 말한 것처럼 미국은 해마다 한국문제를 유엔총회에 상정하여 한국 옵서버만을 참가시킨 석상에서 불모의 토의를 거듭해 왔으나 1971년 중국대표권 문제로 흔들린 제26차 유엔총회에서는 한국문제의 토의를 유보했다.

1972년에 들어와서 7·4 남북공동성명의 발표, 남북적십자회담의 진전 등 남북간의 대화가 진전됨에 따라 유엔에 있어서의 한국문제 처리가 국제여론의 초점이 되었다. 동년 7월 알제리아 등 비동맹 13개국은 「조선의 자주적 평화적 재통일을 촉구하기 위한 조건 조성」이라는 의제로 한국문제를 토의하자고 제의했다. 그 목적이 유엔한국통일부흥위원단의 해체, 주한유엔군의 철수 실현에 있었음은 말할 것도 없다. 그러나 한국, 미국, 일본, 영국 등은 다시 한국문제의 유보를 강력히 주장했기 때문에 결국 9월 24일의 총회 본회의에서는 토의 1년 연기안이 70대 35, 기권 21, 불참가 6으로 가결되었다.

1973년 5월 17일 유엔전문기관의 하나인 WHO(세계보건기구)는 북한의 가맹을 인정했다. 1973년 9월 5일~9일에 알제리에서 열린 제4차 비동맹제국 수뇌회의는 한국문제에 관한 결의를 만장일치로 채택, 제28차 유엔총회가 주한유엔군의 철수와 유엔한국통일부흥위원단의 해체를 결정하도록 요구함과 동시에 남북의 유엔동시가입안에 반대한다고 선언했다.

동년 9월 7일 유엔한국통일부흥위원단은 유엔사무총장에게 제출한 연차보고 속에서 동위원단의 해체를 건의했다고 발표했다. 여기에 이어서 9월 10일 미국, 일본 등 한국 지지국은 「한국의 평화보장과 통일 촉진에 관한 결의안」을 유엔에 제출했다. 동안은 ① 남북의 대화 환영, ② 유엔한국통일부흥위원단의 해체, ③ 남북의 유엔 동시가입 지지, ④ 정전협정의 고수를 골자로 하는 것이었다.

북한을 지지하는 알제리, 중국, 소련 등은 9월 11일 「한반도의 자주적 평화통일 촉진을 위한 유리한 조건의 조성」이라는 결의안을 유엔에 제출했는데 그 내용은 ① 유엔한국통일부흥위원단의 해체, ② 주한외국군대에 의한 유엔기의 사용중지와 주한유엔군사령부의 해체, ③ 주한외국군대의 철수 등이었다.

제28차 유엔총회에는 한국옵서버와 함께 WHO 가맹 이래 그 출석이 주목되고 있던 북한대표가 처음으로 유엔상주옵서버로서 자리를 차지했다. 정치위원회에서는 남북쌍방의 지지안을 둘러싸고 격렬한 토론이 벌어졌으나 막후 절충에 의해 타협이 이루어져 양안 모두 결의에 붙여지지 않고 11월 21일 정치위 의장의 성명이 발표되고 28일의 총회 본회의가 이것을 승인했다. 그 내용은 유엔이 ① 1972년의 7·4 남북공동성명에 담겨진 통일의 3원칙을 인정한다. ② 남북간의 대화가 진행되어 7·4 공동성명의 정신에 입각한 자주적 평화통일을 촉진하기 위해 남북간의 다면적인 교류협력이 이루어지기를 바란다. ③ 유엔한국통일부흥위원단의 해체를 인정한다는 것이었다.

제40장 유신 독재체제의 강화

1.「대화있는 대결」과 10월 유신

중국의 유엔복귀, 닉슨의 중국방문, 남북간의 대화진전 등에서 볼 수 있는 제반 정세의 발전은 민족의 통일문제에 밝은 빛을 던졌으나 반공지배체제의 동요를 두려워 한 박정희정권은 국내의 단속을 꾀하고 독재강화에 온 힘을 기울였다. 남북회담 개시 후의 상황을 보면 다음과 같다.

- 1971년 9월 21일(남북적십자 예비회담이 처음으로 열린 다음날) 김종필은 국회답변에서「한국의 국시는 민주주의가 아니라 반공이다」라고 말했다.
- 동년 10월 15일 서울 일원에 위수령이 선포되어 군대의 힘으로 반정부데모의 진압과 대량 체포가 단행되었다.
- 동년 12월 6일 박정희는「국제정세의 급변」,「북한의 남침준비」라는 구실로 국가비상사태선언을 발하고「국가안보 최우선」,「사회불안요소의 배제」,「자유의 일부유보」 등을 강조했다. 박정희는 또 12월 27일 국가보위에 관한 특별조치법을 공포하여 전기한 비상사태선언을 추인함과 동시에 정치, 외교, 경제, 국방의 비상 대권(非常大權)을 한 손에 쥐고 집회, 데모,

언론 등의 규제, 인적 물적 자원의 동원, 근로자의 단체교섭권, 임금의 규제방침을 명백히 했다.

- 1972년 7월 4일 남북공동성명이 발표되었으나 조인의 당사자 이후락은 기자회견에서 「대화있는 대결」을 강조했다.
- 동년 7월 7일 박정희는 국무회의에서 남북공동성명으로 지나친 낙관을 해서는 안된다. 반공교육을 계속 강화하라고 지시했다. 국무총리 김종필은 국회답변에서 공동성명에 대한 지나친 기대의 위험성과 북측에 대한 불신을 표명하고 「주한유엔군은 외세가 아니다」, 「국가보안법과 반공법 등에 의한 국가질서를 강력히 유지한다」라고 강조했다.
- 동년 8월 3일 정부는 「경제의 안정과 성장에 관한 대통령긴급명령」을 발동하여 모든 기업의 사채를 동결하는 등 경제통제를 강화했다.
- 동년 10월 17일 박정희는 전국에 비상계엄령을 선포하고 대통령특별선언을 발표했다. 여기에 따라 즉시 국회는 해산되고 정당·정치활동이 중지됨과 동시에 옥내외 집회의 금지, 언론·출판·보도의 사전 검열, 대학의 휴교, 군법회의의 설치 등이 단행되었다. 그 이유로서는 「국제정세의 변화와 남북대화에 대처하기 위해서」라는 기만적인 문구가 나열되었다. 이 폭거는 나중에 「10월 유신」이라고 명명되었다. 정당이나 국회도 없고 중앙정보부와 계엄사령부가 군림하는 상황 하에서 국무회의가 비상국무회의로서 운영되고 입법·행정권을 행사했다. 반정부세력, 야당의 활동을 완전히 봉쇄해 놓고 비상국무회의는 전례없는 개인독재헌법에 합법의 베일을 씌우

기 위한 국민투표에 관한 특례법, 동 시행령의 공포, 이른바 유신헌법안의 의결, 통일주체국민회의 의원선거법, 통일주체 국민회의법 등이 제정, 1973년도 예산안의 확정 등을 잇따라 단행했다. 1972년 10월 27일 박정희 주재하의 비상국무회의에서 의결 공포된 이른바 유신 헌법안은 박정권의 뜻을 받아들여 갈봉근(葛奉根), 한태연(韓泰淵), 박일경(朴一慶) 등이 기초한 것이다.

유신헌법에서 주목되는 것은 ① 대통령을 의장으로 하고 대의원 2천~5천명으로 된 통일주체국민회의가 「국민의 주권적 수임기관」으로서 신설되고 대통령의 선출, 통일정책의 심의를 행하여 국회의원의 3분의 1을 선출한다. ② 임기 6년으로 연장된 대통령은 사실상 입법, 행정, 사법, 군사의 전권을 장악하고 통일문제의 발의(發議) 및 결정권을 전유한다. ③ 대통령은 통일주체국민회의에서 선출되는 국회의원을 일괄 추천하는 권리를 가진다. ④ 대통령은 내정, 외교, 국방, 경제, 재정, 사법 등 국정 전반에 필요한 긴급조치를 발하여 국민의 자유와 권리를 정지할 수 있다. ⑤ 국회는 직접선거와 통일주체국민회의의 선출에 의한 의원으로 구성되는데 입법권은 대통령에 의하여 제약되고 있다는 점이다. 이것은 그야말로 대통령의 철저한 개인독재이며 사실상의 총통제에 의한 박정희의 영구집권 체제의 법제화라고 할 수 있다.

이 헌법에 대해서는 찬반의 논의조차 허용되지 않고 계엄령하인 11월 21일 이름 뿐인 국민투표가 실시되었다. 공포된 바에 의하면 유권자 15,676,395명 중 91.9%에 해당하는 14,410,714명이 투표하고 찬성 13,186,559표(91.5%), 반대 1,106,143표(4%), 기권 1,265,681표(4.5%)였다고 한다. 국민투표에서는 행정말단기관, 중앙정보부, 경찰 등에 의한 주민의 강제동원이 각지에서 화제가 되었다. 투개표에도 야당계 참관인의 입회는 허용되지 않았고 정부당국이 일방적으로 투표결과를 발표했다.

　1972년 12월 15일에 실시된 통일주체국민회의 대의원선거도 완전한 관제선거였다. 11월 25일에 공포된 동 대의원선거법에 의하면 전국 1,630 선거구에서 총 2,359명의 대의원을 선출한다는 것이었는데 선거는 완전한 공영제로서 불과 1회의 합동연설회를 제외하고는 일체의 선거운동이 허용되지 않았다. 이 선거에는 5,876명의 입후보등록이 행해지고 투표일 직전(12월 13일)에 계엄령은 해제되었으나 정치활동은 계속 금지된 채 무거운 분위기 속에서 투표가 진행되었다. 입후보자의 선정, 선거관리 등은 중앙정보부의 지휘하에 이루어졌다. 유신체제에 이의를 제기하는 자의 입후보나 당선의 여지는 전혀 없었다. 유권자 15,802,435명 중 10,280,315명(70.4%)이 투표했다고 발표되었는데 기권자수도 4,319,302명에 달했다.

　완전한 관제선거에 의해 발족된 통일주체국민회의는 12월 23일 곽상훈(郭尙勳)을 의장으로 하여 제1차 회의를 열어 즉시 제8대 대통령선출에 들어갔다. 각본대로 참가대의원 2,359명 중 2,357명(무효 2표)의 찬성으로 단일후보인 박정희가 대통령으로 추대되었다.

　박정희는 12월 27일 대통령취임식을 거행하고 동일부로 유신헌법을 공포했다.

2. 제9대 국회의원 선거

　유신헌법의 공포에 의해 정당활동은 재개되었으나 국회는 해산된 채였다. 정부는 12월 30일 정당활동과 선거운동을 현저히 제한한 정당법과 국회의원 선거법을 새로 공포했다.

비상국무회의에 의해 제정 공포된 국회의원선거법에 대해서 보면 종래의 153개 지구에 걸친 소선거구제를 73개 중선거구제로 고치고 이 지역구 선출의원 146명에다 통일주체국민회의에서 일괄 선출된 관선의원 73명(정원의 3분의 1)을 합친 219명을 정원으로 했다. 즉 여당은 선거에서 정원의 3분의 1의 당선자를 차지하기만 하면 관선의원과 합쳐서 국회의석의 3분의 2를 차지할 수 있다는 장치이다.

그밖에 이 선거법에서 주목되는 것은 다음과 같은 점이다. ① 선거운동은 기간을 18일 간으로 묶었다. ② 선거운동은 선관위발행의 선거공보와 선거포스터, 1~3회의 합동연설회(1인 30분 이내로 시간 제한)로 한정되고 완전한 공영제이다. 이것은 야당의 정부비판의 장을 빼앗는 것이며 공영제는 중앙정보부의 통제를 의미했다. ③ 입후보자는 무소속의 경우 300만원, 정당추천의 경우 200만원이라는 막대한 기탁금을 내야 하도록 의무화했기 때문에 일반의 입후보가 어렵게 되었다. ④ 금고이상의 형의 선고를 받고 그형의 실효 선고를 받지 못한 자의 피선거권이 박탈되었기 때문에 5·16쿠데타 직후 소급법에 의해 체포된 혁신계 인사는 거의 입후보할 수 없게 되었다. ⑤ 정당관계자의 투표소 참관을 금했기 때문에 투표장에 있어서의 당국의 자의적인 부정행위를 가능하게 만들었다. 정부는 1973년 2월 9일 국회의원 선거를 2월 27일에 실시한다고 공고했다. 이에 앞서 민주공화당은 이미 1월 중순 당조직을 선거태세로 개편하고 사실상의 선거준비에 들어가 있었다. 그러나 신민당쪽은 반유진산파 등 비주류계가 탈당하여 1월 8일에 민주통일당 창당준비위원회를 구성하고 1월 27일에 창당대회를 열었다(대표 최고위원에 양일동). 신민당 당수 유진산은 당내 수습을 이유로 사의를 표명하여 정일형(鄭一亨)이 당수 권한대행으로 지명되었다. 신민당도 민주통일당도 내분의 후유증으로 충분한 선거태세를 갖출 여유가 없었다.

입후보자 수를 정당별로 보면 민주공화당은 66개 지구에 단일후보, 7개 지구에 복수후보를 세워 모두 80명, 신민당은 59개 지구에 단일후보, 14개 지구에 복수후보를 세워 모두 87명, 민주통일당은 57개 지구에 단일후보 57명을 세웠다. 새 선거법에서 새로 입후보를 허용받은 무소속은 113명이 입후보했다

2월 27일에 행해진 선거의 결과는 포천·연천·가평 지구와 함안·의령·신청 지구에서 민주공화당과 신민당후보가 각각 의석을 나누어 가진 무투표당선 지구가 된 것을 제외하고 나머지 71개 선거구에서 유권자 15,348,049명중 11,196,484명이 투표하여(투표율 72.9%), 민주공화당 73명(득표율 38.7%), 신민당 52명(동32.6%), 민주통일당 2명(동 10.1%), 무소속 19명(동 18.6%)이 당선됐다. 여기에 3월 5일 박정희의 일괄 추천하에 통일주체국민회의에서 그대로 「선출」된 73명의 국회의원을 더하여 219명의 의원으로 된 제9대 국회가 민의와는 반대로 여당이 3분의 2 이상의 압도적 다수를 차지한 형태로 발족되었다.

새 선거법의 테두리 안에서 선거운동다운 운동도 하지 못하고 더욱이 공영제라는 이름으로 중앙정보부의 통제하에 놓여져 선거연설 하나 만족스럽게 할 수 없는 조건하에서 선거내용과 결과가 어떻게 될 것인가 하는 것은 언급할 것까지도 없다. 입후보 등록, 선거운동, 투개표과정을 통한 당국의 상례적인 부정불법행위에 대해서는 이미 말했기 때문에 생략하지만 흥미있는 실례를 두어가지 들어보기로 하겠다.

그 하나는 중앙정보부장 이후락의 주문과 야당후보자의 관계에 대해

서이다. 어느 민주공화당 후보자는 선거연설 속에서 「신민당과 민주통일당 후보자 대부분이 음으로 양으로 유신헌법을 지지하고 있으면서 말로만 유신반대를 부르짖고 있는 것은 마땅치 않다. 이제 여야당의 구별은 없어졌고 현시점에서는 제1당, 제2당, 제3당이 있을 뿐이다」라고 공언했다. 이것은 적잖은 수의 야당후보가 중앙정보부의 주문 또는 묵인을 받고 있었음을 말하려고 했던 것이다.

다른 하나는 서울시 동대문구에 있어서의 지나친 부정선거의 실상이다. 후일 적발된 바에 의하면 이곳에서는 민주공화당후보에게 사전투표가 행해졌을 뿐만 아니라 동후보와 후보로 보여지는 야당후보에게도 개표과정에서 엄청난 몰표가 주어졌다. 그 때문에 이 지구의 민주공화당 후보는 전국 제일의 최고득표자가 되었다. 그러나 부정사실이 밝혀졌기 때문에 민주공화당도 어쩔 수 없이 부정을 인정하고 당선자를 제명했다. 이것은 빙산의 일각에 지나지 않는다. 국민은 국회의원선거결과가 유권자의 투표에 의해 결정되었다기 보다도 당국의 손에 의해 배표된 결과라고 생각하지 않을 수가 없었다. 여당과 중앙정보부는 오더 후보의 당선을 날조함과 동시에 한편에서는 유신체제에 비판적인 후보를 떨어뜨리기 위해 온갖 권모술수를 다 사용했다.

3. 유신독재 반대운동

한국의 야당, 학생, 언론인, 종교인을 비롯한 광범함 국민은 박정희에 의한 「제2의 쿠데타」라고도 할 수 있는 유신독재수립에 강력히 반대했다.
- 1972년 10월 18일 전신민당 대통령후보 김대중은 도쿄에서 성명을 발표하여 10월 17일의 박정희의 조치는 「통일을 빙자하여 자

선의 독재적 영구집권을 노리는 놀라운 반민주적 조치이다」
라고 비난했다. 다시 김대중은 동월 27일 도쿄에서 박정권에
의한 개헌안은 「독재적 군림과 영구집권의 야망에 불타는 박
대통령의 목적을 달성하고 직접선거에서 승리의 가능성이 없
어졌기 때문에 취한 일종의 총통제개헌이다」라고 성명했다.

- 1973년 2월   전국민당 대통령후보 박기출은 국회의원선거 정견연설을 통해 ① 유신체제에 반대한다. ② 참된 평화통일을 위한 체제구축을 요구한다. ③ 국가보안법, 반공법을 폐기하라고 주장했다.

- 동년 8월 8일   미국 및 일본에서 유신독재반대운동을 벌이고 있던 김대중이 한국 중앙정보부원이라고 생각되는 괴한들에 의해 백주에 도쿄의 호텔에서 납치되었다.

- 동년 8월 25일   신민당의 유진산, 이철승, 정해영 등이 일본, 미국 등에서 행한 유신체제를 지지하는 듯한 발언에 대한 국내여론의 반발에 당황하여 신민당은 국민에 대한 사죄성명을 발표했다.

- 동년 10월 2일   서울대 문리대 학생 300여명은 유신체제에 반대하는 학내집회와 데모를 감행, 급거 동원된 경찰대에 연행되었다. 유신 독재하의 어마어마한 억압을 무릅쓰고 궐기한 학생들은 선언문에서 「전국민 대중의 생존권을 위협하는 잔혹한 현실을 더 이상 묵인할 수가 없어 스스로 양심이 명하는 바에 따라 분연히 일어섰다.」라고 말하고 ① 정보파쇼통치의 즉시 중지와 자유민주체제의 확립, ② 대일 예속화의 즉시 중지와 민족 자립경제체제의 확립, ③ 중앙정보부의 해체와 김대중

사건의 진상규명, ④ 기성정치인, 언론인의 각성을 요구했다. 이것을 계기로 유신독재 반대운동은 각대학과 각계에 번졌다.

- 동년 10월 4일 서울대 법과대학생 300여명이 유신독재에 항의하는 선언문을 발표하고 학내데모를 감행했다. 동대학 상과대생 200여명도 학내데모를 감행했다.
- 동년 11월 5일 함석헌(咸錫憲), 김재준, 천관우, 김지하 등 15명의 지식인, 종교인은 「민주회복을 요구하는 시국선언문」을 발표했다. 동일 경북대생 200여명이 반정부데모를 감행했다.
- 동년 11월 7일 서울대 공과대학생 500여명이 학내집회를 열고 정부 파쇼통치를 비난하고 무기한 동맹휴교를 결의했다.
- 동년 11월 8일 서울대 교양학부 학생 1,400여명과 가정대생 150여명이 반정부집회를 열었다.
- 동년 11월 9일 고려대학생은 구속학생의 석방을 요구하는 서명운동을 시작했다. 동일 서울대 농과대, 동 치과대, 한국신학대 학생들이 반정부집회를 열었다.

이후 집회와 데모는 연일 계속되었다. 12일에는 이화여대생 4,000여명이 학내집회를 열고 국민의 기본권과 생존권을 보호하는 민주체제의 확립, 학원의 자유 등을 요구했다. 다음날인 13일에도 이화여대, 감리교 신학대, 고려대 학생들이 학내 집회를 열고 중앙정보부의 해체, 구속학생의 석방 등을 요구했다. 14일에는 고려대, 연세대, 성균관대, 서울신학대의 학생이 반정부집회를 열었다. 15일에는 고려대생 2,000여명이 16일에는 연세대생 2,000여명, 숙명여대생 3,000여명이 각각 집회와 데모를 감행했고 17일에는 서울대 음대생, 서강대생,

한국신학대생 등이 정부파쇼통치를 규탄하는 집회를 열고 단식투쟁을 벌였다. 19~20일에는 서울의 여자사범대 학생 2,000여명을 비롯하여 경희대생, 한국신학대생 등이 궐기했다. 이 때문에 21일 서울대의 8개 단과 대학에서는 휴강조치가 취해졌다. 그러나 유신독재에 반대하는 학생의 투쟁은 그 후에도 연일 서울의 각대학에서 계속되었고 12월에 접어들자 부산대, 경북대, 영남대, 전남대, 광주 제일고 등 지방의 대학, 고교생도 합류했다.

• 동년 11월 28일 서울의 기독교회협의회 등 6개 단체의 공동주최로 유신체제비판의 구국기도집회가 열렸다.

• 동년 11월 29일 한국기자협회는 보도 활동에 대한 내외의 압력을 배제하고 언론의 자유를 위해서 싸운다는 결의문을 발표했다. 여기에 이어 각사의 기자들이 언론의 자유를 요구하여 궐기했다.

• 동년 11월 30일 중앙일보, 동양라디오방송의 기자 150명이 집회를 열고 「말살된 언론의 기본권을 부활시킨다」는 선언문을 발표하고 1일파업을 단행했다. 12월 3일에는 동아일보의 기자 약 260명이 집회를 열고 데모 관계의 보모제한에 항의하여 언론자유수호 선언문을 발표했다.

• 동년 12월 4일 각계의 격렬한 반정부 기운에 밀려서 김종필은 종교계, 학계, 언론계와 대화를 가지겠다는 취지를 밝혔다.

• 동년 12월 11일 기독교계 지도자는 민주공화당 간부와의 회합에서 국회와 정당의 권능회복을 요구했다.

• 동년 12월 13일 윤보선, 백낙준, 김수환(金壽煥)등 재야인사 11명은

유신체제를 비판하여 박정희에게 면담을 요구했다.
- 동년 12월 18일 신민당 부당수 김영삼은 기자회견에서 유신헌법의 전면개정과 중앙정보부의 폐지 등을 요구했다.
- 동년 12월 19일 백낙준 등 재야원로 15명은 유신헌법의 개정을 요구하여 박정희에게 면담 요청의 서한을 보냈다.
- 동년 12월 22일 서울대의 기독교학생회에 소속된 학생 20여명은 일본대사관에서 데모를 감행했다. 학생들은 선언문을 발표하여 한일각료회의의 중지, 매춘관광의 중지 등을 강력히 요구했다.
- 동년 12월 24일 함석헌, 김재준, 장준하 등 종교계, 언론계, 학계, 법조계 등 각계인사 30여명이 중심이 되어 유신헌법개정청원을 위한 100만명 서명운동을 시작하겠다고 발표했다.
- 동년 12월 29일 박정희는 개헌운동의 즉각 중지를 요구하는 특별담화를 발표했다.
- 동년 12월 31일 서울대 총학생회는 개헌 100만명 서명운동을 지지하는 성명을 발표했다.

4. 긴급조치와 민청학련 사건

　박정권의 유신독재에 반대하는 투쟁은 10월의 학생데모에 의해 발단된 뒤 전국 각계에 파급되었으나 그것은 1973년말 ~ 1974년 초의 개헌 100만명 서명운동의 급속한 확산에 의해 정점에 달했다. 이에 당황한 박정희는 1월 8일 전가의 보도(寶刀)인 대통령긴급조치 제1호, 2호를 발표하여 일체의 개헌 논의를 금지함과 함께 비상군법회의를 설치했다. 긴급조치 제1호는 명백히 개헌운동 뿐만 아니라 유신체제에 대한 일체의 비판, 반대를 압살하려는 것이었다. 여기에 의해 장준하, 백기완(白基琓) 등 개헌서명운동의 추진자와 종교인, 학생 등이 잇따라 체포되었다. 그들은 군법회의에 붙여지고 징역 15~10년의 중형에 처해졌다.

정부의 발표에 의하면 긴급조치 제1호에 의해 1974년 1월말부터 3월말까지의 사이에 34명의 학생, 교회인, 정치인, 지식인이 군사재판에서 유죄판결을 받았다고 한다(2월 1일 장준하 등에는 징역 15년의 판결이 내려졌다).

긴급조치 제1호에 의해 일체의 정부비판이 합헌적인 헌법개정청원운동을 포함하여 여지없이 압살되었고 자유의 편린조차도 찾아볼 수 없게 되었으나 유신체제와 정부파쇼통치를 반대하는 기운은 사회불안을 밑바닥에 깔고 뿌리깊게 지속되었다. 국민들 사이에서는 4·19 의거형의 학생봉기에 의한 박정희정권타도를 기대하는 경향도 농후해졌다.

1974년 4월 3일 서울대, 성균관대 등의 학생은「유신독재 물러가라」,「유신헌법 폐지하라」,「중앙정보부를 즉시 해체하라」라고 외치며 집회와 데모를 결행했다. 동시에 전국민주청년학생총연맹의 이름으로 박정권의 부패와 개인독재, 대외예속과 민중수탈을 규탄하는「민중·민족·민주선언」등의 삐라가 뿌려졌다. 학생데모의 확대를 두려워한 박정희는 이날밤 대통령 긴급조치 제4호를 발하여 전국 민주청년학생 총연맹 관계의 모든 활동, 보도 등을 금지함과 함께 학생의 집회나 데모, 토론, 그밖의 모든 정치활동을 금지시켰다. 그리고 동연맹의 조직가입 활동에 대한 동조는 말할 것도 없고 조직원과의 연락, 기타 잠복, 회합 등을 위한 장소, 물품 금품 등의 편의를 제공하는 행위, 또는 이 긴급조치로 금한 행위를 보도 출판하거나 기타의 방법으로 타인에게 알리는 등의 행위에 대해서는 최고 사형을 과한다고 위협했다. 또한 정부는 민청학련의 지도급 간부로 지목된 서울대 문리과대 학생 이철(李哲), 강구철(姜求哲), 유인태(柳寅泰) 등은 200만원의 현상금까지 걸고 혈안이 되어 찾아나섰다.

중앙정보부는 4월 25일 민청학련 사건의 수사결과를 발표하여 240여 명을 긴급조치위반 혐의로 취조하고 반정부 문서 10만 장을 압수했다고 밝혔다. 동시에 사건 관련자 60명의 이름이 나열되었는데 그 속에는 인민혁명당(人民革命黨) 관계자와 서울대 등 각대학의 학생 외에 일본인 학생 다찌가와(太刀川正樹), 하야가와(早川嘉春)의 이름이 들어 있었다. 중앙정보부장 신직수(申稙秀)는 사건의 배경에 대해 「민청학련은 공산계 불순단체인 인민혁명당조직과 재일조총련계의 조종을 받은 일본 공산당원, 그리고 국내 좌파, 혁신세력과 뒤얽혀 4월 3일을 기해 서울, 대구, 부산, 광주 등 전국 주요 도시에서 대학생, 고교생, 시민을 선동하여 동시다발의 일대 폭력데모를 감행, 서울에서는 청와대, 중앙청 등 정부기관을 점거하여 정부를 전복시킬 것을 기도하고 있었다」고 발표했다. 거기에는 특히 민청학련에 붉은 레테르를 붙여 북한측과 일본 공산당으로부터의 지시가 있었던 것처럼 보이려는 의도가 노골적으로 나타났다.

민청학련사건의 피고 55명에 대한 군사재판은 ① 인민혁명당 관계 21명, ② 학생, 종교인 관계 32명, ③ 일본인 2명의 세 그룹으로 나누어 진행되었다. 7월 8일 비상보통군법회의는 인민혁명당 관계 피고 21명에 대한 구형공판에서 전 인민혁명당 당수 도예종(都禮鍾), 전 민주민족청년동맹 위원장 서도원(徐道源) 등 7명에 사형, 김한덕(金漢德) 등 8명에 무기징역, 황현승(黃鉉昇) 등 6명에 징역 20년을 구형하고 3일 후인 11일에는 구형대로 판결을 선고했다. 비상보통군법회의는 또 9일 학생, 종교인 관계 피고 32명에 대한 구형 공판을 열고 서울대 문리과 대학생 이철, 동대학 대학원생 유인태, 시인 김지하 등 7명에 사형, 중앙일보논설위원 유근일(柳根一) 등 7명에게 무기징역, 기타 18명에게 징역 20~15년을 구형했고 4일 후인 13일에는 구형대로의 판결을 선고했다. 7월 12일에는 나머지 일본인 피고 다찌가와와 하야가와에 대한 구형공판이 열려 양인에게 징역 20년, 자격정지 15년의 구형, 15일에는 구형대로의 판결이 선고되었다.

7월 20일 민청학련사건 관계자에 대한 극형판결을 비난하는 국제여론을 고려하여 국방장관 서종철(徐鍾喆)은 군법회의에서 사형판결을 받은 이철, 유인태, 김지하 등 5명을 무기징역으로 감형했다.

비상보통군법회의는 7월 16일 민청학련을 원조했다고 하여 전 대통령 윤보선, 연세대 교수 김동길, 목사 박형규(朴炯圭), 연세대 교수 김찬국의 공판을 시작했다. 8월 10일에는 가톨릭 원주(原州) 교구장인 주교 지학순(池學淳)도 내란선동혐의로 군사재판에 끌어 내려졌다. 그리고 8월 12일 비상보통군법회의는 윤보선에게 징역 3년(집행유예 5년), 지학순, 박형규, 김동길에게 징역 15년, 김찬국에게 징역 10년의 판결을 선고했다. 다시 9월 4일 비상 보통군법회의는 김지하 등 민청학련사건의 피고 11명의 변호를 맡아 재판의 부당성을 비판했던 변호사 강신옥(姜信玉)에게까지 징역 10년의 판결을 선고했다.

대통령긴급조치 제1호가 발동된 이래 비상군법회의에 회부된 자는 203명에 이르렀는데 그들은 사형 8명, 무기징역 13명을 포함하여 모두 중형에 처해졌다. 이 때문에 일본, 미국 그밖의 나라에서 박정희정권은 암흑재판, 파쇼통치를 비난하는 국제여론이 높아지고 김지하 등 민청학련 관계자에 대한 구제운동이 널리 행해졌다. 박정권의 긴급조치 남발과 민청학련 사건은 그들 자신의 반민주·군사독재의 체질을 만천하에 드러낸 것이다.

1974년 8월 15일 재일 한국인 문세광(文世光)에 의한 박정희 저격 사건이 발생, 부인 육영수가 죽고 여학생 장봉화도 총에 맞아서 죽었다. 정부는 범인을 북한 및 조총련과 결부시켜 대대적인 반공선전을 벌였다.

박정희는 8월 하순 긴급조치 제1호, 4호를 해제했으나 다시 태동한 반정부기운을 억압하기 위해 10월 1일 「현 유신체제는 국민투표에 의해 확정된 헌법에 기초한 것이며 헌법에 규정된 이외에는 어떠한 방법이나 형태의 것이든 유신체제에 대한 도전은 용서하지 않는다」라고 강조했다. 김종필도 동 8일의 국회답변에서 반정부 운동이 격화하면 대통령긴급조치를 부활시킬 수도 있다고 공갈했다.

5. 번지는 반정부 운동

대통령긴급조치로 봉쇄되었던 민주화운동은 9월 하순부터 11월에 걸쳐서 다시 불타 올랐다.

9월 18일에 서울대 공대생 등이 구속학생의 석방을 요구하는 서명운동을 벌인데 이어 19일에는 한국기독교교회협의회 주최의 기도회, 22일에는 한국가톨릭노동청년회 주최의 「조국과 정의와 민주회복을 위한 신구기독교도 연합기도회」가 열렸다. 약 1,000명의 참가자를 모은 22일의 기도회에서 발표된 선언에서는 ① 3권분립에 의한 참된 민주주의의 실현, ② 긴급조치의 전면 무효화와 구속자의 즉시 석방, ③ 선교, 언론, 집회, 결사의 자유, ④ 노동권보장 등의 요구가 명기되었다. 9월 23일에는 함석헌, 천관우, 김재준 등이 민주수호국민협의회의 성명을 발표하여 구속자의 조기석방을 요구하고 동일과 다음날인 24일에는 이화여대에서 구속자석방의 서명, 기도회가 벌어졌다. 한편 강원도 원주 가톨릭교회에서는 신도 약 300명이 주교 지학순의 석방을 요구하며 연좌데모를 벌였다. 다시 25일에는 한국신학대생 150명의 단식투쟁이 벌어지고 다음날인 26일에는 가톨릭교도 약 2,000명이 서울 명동 대성당에서 기도회를 열고 ① 유신헌법의 철회, ② 민주헌정의 회복, ③ 긴급조치의 전면 철폐, ④ 지학순의 석방, ⑤ 국민의 생존권과 기본권의 존중, ⑥ 최소한의 생활보장을 요구하며 400여명이 데모를 감행했다.

이러한 학생, 종교인의 움직임에 대해 정부는 학생, 목사 등에 대한 체포로 응답했으나 민주화의 요구와 구속자의 석방을 부르짖는 운동은 날이 감에 따라 더욱 더 확산되었다. 신민당, 민주통일당도 9월 26일과 27일 각각 정부에 의한 일련의 부당한 체포에 항의하고 철폐된 긴급조치 제1호, 4호 위반 구속자의 석방을 요구했다.

10월 4일, 충남 대전에서 전국의 가톨릭 지도자 1,800명이 모여 전국대회를 열고 민주 회복과 기본적 인권을 지키기 위해 싸우다가 투옥된 성직자, 교수, 학생, 문화인, 변호사 등의 즉시 석방, 민주주의에 역행하는 모든 조치의 철폐 등을 요구하는 결의를 채택했다. 그리고 9일에는 서울시내의 가톨릭 신학대에 2만명의 신도를 모아「가톨릭합동 성년(聖年) 대회」를 개최한 후 그중 5,000여명이 유신헌법의 철폐, 지학순의 석방 등을 요구하는 플랭카드를 내걸고 데모에 나서 경찰대와 충돌했다.

10월 8일과 10일에는 유신헌법의 즉시 개정, 구속학생의 석방, 언론의 자유보장 등을 요구하며 학내집회, 데모, 단식투쟁을 벌였다. 다시 14일에는 서울의 중앙대, 건국대, 동국대, 지방의 부산대, 전남대, 전북대 등에서도 항의집회와 데모가 벌어졌고 그 후 18일까지 연일 서울의 각대학과 지방의 대학에서 격렬한 투쟁이 전개되었다.

전국에 파급된 학생 데모에 초조해진 정부는 각대학에 휴교조치를 취하도록 명령했다. 이 때문에 19일에는 서울의 주요 대학을 비롯하여 전국 32개 대학에서 수업이 중단되는 이상한 사태가 벌어졌다.

학생과 기독교도 투쟁에 힘을 얻어 지금까지 침묵을 강요당하고 있던 언론인들도 궐기했다. 1973년 가을에도 일선 기자의 궐기가 있었으나 이번에는 편집간부까지도 포함하여 전국적 규모에서의 획기적인 궐기로 나타났다. 그 직접적인 계기는 학생데모와 월남의 반정부운동에 대해서 보도했다고 하여 각사의 편집간부, 기자가 중앙정보부에 연행된 데에 있었다.

10월 24일 우선 동아일보의 편집, 방송, 출판 3국의 기자 약 200명이 집회를 열고「자유언론실천선언」을 발표하여 외부의 간섭, 중앙정보부원의 출입, 언론인의 불법연행을 비난했다. 그리고 이 선언의 지면 게재를 회사측에 요구하여 파업에 들어갔다. 이날 조선일보, 한국일보에서도 기자집회가 열리고 언론의 자유를 요구하는 선언과 결의를 채택했다. 이러한 움직임은 25일 중에 중앙일보, 동양방송, 경향신문, 신아일보, 문화방송, 기독교방송, 합동통신, 동양통신에도 파급되었고 또 부산, 대구, 광주 등의 지방지 6개사에도 번졌다.

10월 말이 되어 휴교조치가 풀리자 28일에는 벌써 고려대, 서울대, 이화여대 등에서 학생집회가 열렸고 11월 5일에는 한양대생이 경찰대와 투석전을 벌였고 7일에는 서울대 공과대, 가톨릭대, 부산의 동아대, 대구의 영남대 학생이, 14일과 15일에는 숙명여대, 광주 제일고교, 18일에는 한국 가톨릭신학대, 서울대 의과대, 19일에는 이화여대의 학생들이 각각 집회와 데모를 감행했다.

11월 18일에는 문학가 약 20명이 자유실천 문인협의회를 열고 김지하 등의 석방, 자유민주주의의 정신에 입각한 새 헌법의 제정 등을 요구하는「자유실천 101인 선언」을 발표했다.

11월 27일 야당인사, 종교인, 학자, 문화인, 언론인 등 71명의 발기에 의해 각계를 망라한 민주회복국민회의(民主回復國民會議)가 발족되었다. 서울에서 열린 이 집회에는 함석헌, 천관우 등 민주수호 국민협의회의 지도자 외에 신민당 총재 김영삼, 민주통일당 당수 양일동, 통일사회당 고문 김철(金哲), 불교계 지도자인 법정(法頂), 변호사 이병린(李丙璘), 전 고려대 총장 유진오 등 다채로운 인사 50여명이 참가했다. 윤보선은 자택연금상태 때문에 참석하지 못하고 집회에서 발표된 민주회복 국민선언에는 서명하고 있었다.

동 선언은 현행헌법의 민주헌법에 의한 대체, 구속·연금 인사의 석방과 정치적 권력의 회복, 언론의 자유, 가난한 사람들의 생활과 복지의 보장 등을 요구함과 함께「민주체제를 재건 확립하는 것만이 우리나라가 국제적 고립을 모면하는 길이다」라고 강조했다. 동 국민회의는 12월 25일 정식으로 창립총회를 열고「자주, 평화, 양심의 3원칙에 입각하여 헌법을 개정하고 인권의 회복을 위해 노력한다」라고 강조했다.

여기에 대항하여 민주공화당은 11월 28일의 당무회의에서「유신헌정질서 수호 국민협의회」를 결성하고 유신체제유지를 위한 캠페인을 벌였다.

박정희는 11월 30일「수출의 날」기념메시지에서「일부의 사람들이 헌법개정을 획책하고 있는 것은 통탄스러운 일이다」라고 견제했고 또 12월 12일에는「유신체제를 비난하고 있는 것은 일부의 사람에 지나지 않으며 대다수 국민은 전면적으로 지지하고 있다」라고 말하여 유신독재를 끝까지 계속해 나갈 방침임을 분명히 했다.

6. 결과가 뻔한 국민투표

박정희정권의 유신독재, 민주화 저지와 인권의 억압은 미국에 있어서도 여론의 반발을 샀다. 미 상하 양원의 외교위원회는 대한 군사원조의 삭감을 제기했다. 하원외교위원회는 1974년 9월 24일, 75년도의 대한원조를 정부안인 2억 3,400만 달러에서 1억 5,000만 달러로 삭감한다는 프레저 의원이 제출한 대외원조법수정안을 찬성 18, 반대 7로 가결했다.

프레저 의원은 수정안의 제안 이유로서 「박대통령은 긴급조치를 일부 해제했으나 아직도 반정부활동혐의로 체포된 종교인, 학생들이 석방되고 있지 않다. 언론의 자유도 없다. 미국은 대한군사원조를 삭감함으로써 박대통령의 인권억압에 대한 불만을 분명하게 전해야 한다」라고 말했다. 도 위원회는 11월 22일부터의 포드 대통령의 방한에 대해서도 「박정권의 탄압정책을 용인하는 것」이라면서 비판을 퍼부었다. 이보다 먼저 상원의원 케네디도 같은 견해를 피력하고 있었다. 한편 미국무성당국은 1974년 10월 1일 「미국정부는 인권에 대해서 한국정부가 취하고 있는 정책을 승인하지 않는다」는 특별보고를 발표했다.

일본에서는 정부가 박정희정권의 긴급조치에 대해서 「한국의 내정문제」라면서 입을 다물고 묵인했으나 민청학련사건으로 2명의 일본인이 체포되고 더욱이 징역 20년이라는 중형에 처해진 일도 있어서 한국의 정정(政情)에 대한 사회적 관심이 김대중사건 때와 마찬가지로 고조되었다. 특히 시인 김지하 등과 다찌가와, 하야가와 등 양인에 대한 구제운동이 도쿄를 비롯한 각지의 문화인, 시민, 학생 사이에서 활발하게 전개되었다. 이 운동은 필연적으로 박정권의 탄압정치, 유신독재에 대한 비난을 강화하게 되었다.

이상과 같이 밖으로부터는 국제여론의 고조, 안으로부터는 격렬한 민주화 요구에 직면한 박정희는 1975년 1월 22일, 특별담화를 통하여 유신헌법의 존속시비를 묻는 국민투표를 실시한다고 발표하여 만일 투표에서 부결되면 즉각 하야하겠다고 큰소리를 쳤다. 그러나 유신헌법에 대한 찬반의 의사표시나 운동이 일체 허용되지 않는 엄격한 규제 하에서 국민투표의 결과는 불을 보듯이 뻔한 일이다. 이 때문에 야당, 민주회복국민회의 등은 이것을 결과가 뻔한 정치극이라 하여 일제히 거부 전술로 나왔다. 그러나 정부·여당은 국민투표에의 주민동원운동을 대대적으로 벌이고 2월 12일 비상계엄령하의 긴장된 분위기 속에서 투표가 실시되었다.

공표된 투표결과는 유권자 16,778,839명중 총투표수 13,413,951표(투표율 79.84%), 찬성 9,800,206표(73.1%), 반대 3,370,086표(25.1%), 무효 233,968표(1.8%)였다. 공표된 숫자만으로도 반대와 기권을 합하여 도합 673만여 명이 유신체제에 찬의를 표명하지 않았다는 점은 무시할 수가 없다. 그러나 공표결과가 국민투표의 실제 결과를 그대로 나타낸 것이라고는 생각할 수 없기 때문에 숫자만을 보고 속단을 내리는 것은 곤란하다. 야당이나 민주회복국민회의는 「관제국민투표는 참된 민의를 묻는 것이 아니라 강요와 기만에 의한 결과」, 「정부가 계획한 큰 정치극」이라고 단정하고 국민투표결과를 찬양하는 박정희의 「신임 감사」담화에 정면으로 대립했다.

국민투표에서 「신임」을 얻은 박정희는 2월 15일 긴급조치 제1호, 4호 위반으로 구속중인 정치범을 일단 석방한다고 발표했다. 김지하, 지학순, 이철, 다찌가와, 하야가와 등은 석방되었으나 인민혁명당 관계자의 석방은 인정되지 않았다. 석방된 김지하 등은 「내 목숨이 붙어 있는 한

계속 독재정권과 싸우겠다」는 결의를 피력했다.

옥문을 나온 학생들은 중앙정보부에 의한 야만적인 고문 사실을 잇따라 폭로했다. 2월 21일 김지하, 김동길, 이철, 강신옥, 박형규, 김찬국 등은 민주회복구속자협의회를 결성하기 위한 준비위원회를 발족시키고 재투옥을 각오하고 반독재민주회복투쟁에 매진하겠다고 강조했다. 이와 병행하여 야당 및 민주회복국민회의 등도 무고하다는 소문이 나돌던 인민혁명당 그룹의 공개재판을 요구했다.

2월 24일 법무장관 황산덕(黃山德)은 박정희의 뜻을 받들어 「인민혁명당사건과 관련하여 무책임한 소문을 퍼뜨리거나 사건관련자를 민주적 인물이라든가 애국자라고 말하거나 그 석방을 요구하는 것은 이적행위이며 반공법위반으로서 엄벌에 처하겠다」라고 경고했다. 두말할 것도 없이 인민혁명당 관련자들은 정부가 발표한 것 같은 북한의 지령에 따라 국가전복을 기도한 공산주의자 등이 아니다. 동 피고들이 관련된 1964년의 인민혁명당사건도 앞에서 본 것처럼 고문에 의한 자백 이외의 증거가 없었기 때문에 담당검사가 사표를 제출하고 결국 무죄 또는 가벼운 실형을 선고받은 것으로 끝나고 있다. 피고 중에 4·19 의거 후 민주민족청년동맹 또는 성민학회(醒民學會) 등에 관계한 진보적 인물은 있었으나 그것도 결코 북한과 관계가 있는 공산주의자 따위는 아니었다. 인민혁명당 관계자에 대한 박정권의 강경조치는 민청학련사건을 어떻게 해서든지 공산주의자와 결부시키기 위한 연출에 지나지 않았다. 그것은 또 미군정이래 한국의 역대 매판정권이 진보적 민족주의세력에 가해 온 부당하기 이를 데 없는 탄압과 궤(軌)를 같이 하는 것이다.

민청학련사건의 일부 피고를 석방하여 은전을 베푼 셈으로 있던 박정권은 반대로 그들로부터 역습을 당하여 인민혁명당 관계 피고를 포함한 모든 정치범의 석방이라는 요구를 받게 되자 김지하를 3월 14일에 다시 체포한 것을 비롯하여 잇따라 피고를 본래의 어두운 감옥 안에 다시 수감했다.

7. 비 망

● 유신은 자신(自信)상실의 표현

박정희는 쿠데타적 수법으로「10월유신」을 강행하고 영구집권과 개인독재의 유신체제를 만들었다. 그 구실로서는「남북대화와 급변하는 국제정세에 대처하기 위해서」라는 점이 강조되었다. 그러나 이것을 액면 그대로 받아들이는 사람은 없다. 국민은 박정희가 내외의 불리한 정세진전에 당황하여 어떻게 해서든지 정권을 유지하고 나아가서는 영구집권체제를 수립하려고 한 폭거라고 생각했다. 즉 박정희는 예사로운 선거 등 민주적 절차를 가지고는 정권을 유지할 자신이 없었기 때문에 광포한「제2의 쿠데타」에 호소한 것이라고 여겨지고 있었다.

● 국회의 어용화

유신헌법의 초기 초안에서는 관제인 통일주체국민회의를 유일한 대의기관(代議機關)으로 한다는 형태를 취하고 있었으나 국회의 존속을 강력히 희망하는 미국측의 의견에 따라 실권이 없는 국회가 남게 된 것이라고 정계에서는 수군거려지고 있었다. 즉 유신독재체제 하에 있어서 국회는 파쇼정권의 악세서리로써 남겨진 데에 지나지 않는다. 국회에는 유신체제에 정면으로 반대하는 자는 자기자리를 차지할 가능성이 극히 적고 여당후보와 중앙정보부의 이른바 오더 후보가 우선적으로 의원이 되었다.

● 박비판(朴批判) 세력

유신체제를 비판하는 국내의 정치세력을 다음의 세 가지로 대별할 수 있다. ① 친미적 매판세력에 속하는 보수정치가 그룹. 그들은 미국의 힘을 빌어 박정희정권을 후퇴시키고 기회가 오면 그 뒤를 담당하려고 생각하고 있었다. ② 북한으로부터의 월남자, 경제인, 그 밖의 반공세력. 그들은 박정희정권의 지나친 독재가 오히려 국민을 북한지지 쪽으로 내몰 것을 두려워했다. ③ 자주적 평화통일을 염원하는 민족자주세력. 그들은 박정희정권이 민주회복과 민족통일기운을 짓밟고 조국의 분단상태를 고정화하거나 또는 제2의 한국전쟁을 초래할 것을 우려했다.

● 그물에서 빠진 박기출

진보적 민족주의 세력 출신인 박기출은 유신 후에도 박정희독재정권의 정치적 박해를 용케 빠져나와 1973년의 2월의 국회의원선거에 있어서는 혁신세력 중에서 유일한 선거권보유자가 되었다. 그러나 정부는 1967년의 대통령선거지지연설의 내용까지 들추어가며 박의 피선거권을 박탈하려고 혈안이 되었다.

● 김대중납치사건을 둘러싸고

1973년 8월 8일 전신민당 대통령후보 김대중이 백구에 도쿄 그랜드

파레스 호텔에서 누군가의 손에 의해 납치되어 13일 밤 서울의 자택 근처에서 풀려난 사건에 대해 일본에서는 KCIA의 범행이라고 하여 주권침범, 인권침해가 큰 문제로 되었으나 박정권은 당초 김대중의 자작자연(自作自演)설까지 퍼뜨리고 나중에는 일반적 형사사건으로서 처리하려고 했다. 재일 한국대사관의 1등 서기관이었던 김동운(金東雲)의 지문이 납치현장에서 발견되는 등 물적 증거가 밝혀졌으나 사건의 처리는 한·일 두 정부가 모두 시종 애매했다. 동 사건에 대해서 한국에서 논의된 견해의 몇 가지를 들어본다. 첫째 정부기관의 관여 없이 그토록 솜씨좋게 납치하고 입국시키고 서울에 연행한다는 것을 생각할 수도 없다. 또 한국의 기관만으로는 일한(日韓) 양국을 무대로 해서 일을 벌일 수는 없을 것이다. 1967년 7월 KCIA에 의한 서독 등으로부터의 한국유학생 납치사건이 국제문제화한 데에 질려 이번에는 미국 CIA와 일본 정보기관의 사전양해 또는 협조를 얻은 것이 아닐까? 둘째는 미국 CIA나 일본 정보기관의 양해를 얻은 전제로서는 김대중의 반박정권적(反朴政權的) 언동만으로는 설명이 되지 않는다. 한·미·일 3국의 정보기관이 김대중 납치라는 비상조치에 합의한 배후에는 김대중이 반박적(反朴的)일 뿐이 아니라 미국의 대한정책에 바람직하지 않다고 판단되는 것이 있었음에 틀림없다. 그 증거가 되는 것은 ① 김대중이 1973년 일본 도쿄에서 북한에 동조하는 듯한 남북연방제 지지를 내놓았다. ② 워싱턴에서 미군의 한국철수요구시위를 벌였다. ③ 미·일 양국정부의 대한원조 재검토를 요구했다. ④ 도쿄에서의 김대중측근에 북한동조자가 있었다, 등등이다. 셋째는 김대중은 해상에서 살해될 뻔했지만 미국 CIA가 헬리콥터를 보내어 중지를 명령했기 때문에 목숨을 건졌다고 하지만 김대중을 살해하려고 했다면 KCIA는 어째서 그를 일부러 배에 태워 해상에 실어

나를 필요가 있었는가 넷째는 납치현장에 있었던 양일동과 김경인(金敬仁)은 그럴 의사가 있었건 없었건 결과적으로는 김대중의 거처를 KCIA에게 알려 준 역할을 한 것이 된다.

● 오른손에 독재의 칼, 왼손에는 「평화통일」

박정희는 유신체제 밑에서 유례 없는 독재의 칼을 휘두르면서 한편으로는 「평화통일」의 구호를 되풀이하고 있다. 박정희는 1973년 6월 23일 이른바 「평화통일외교정책」을 발표했다. 이것은 ① 한반도의 평화 유지와 내정 불간섭, ② 남북대화의 계속, ③ 남북의 유엔 동시가입, ④ 공산국가와의 관계개선 등을 주장한 것인데 자세히 검토하면 남북분단상태를 어디까지나 유지, 고정화하려는 데에 목적이 있다. 또한 박정희는 1974년 8월 15일 「평화통일기본3원칙」을 그럴 듯하게 내놓았다. 그것은 ① 남북불가침협정의 체결, ② 남북대화의 촉진, ③ 인구비례에 의한 남북총선거를 제창한 것 등이었는데 여기에서도 북측과의 대결자세를 강조하고 있으며(국력배양, 국민총화) 국토분단의 고정화, 집권의 영구화야말로 진짜로 노린 것이라고 할 수 있다.

● 박정희 저격사건

한국 당국은 1974년 8월 15일의 박정희저격사건에 대해 재일 한국청년 문세광이 북한과 조총련의 지령을 받아 단독으로 범행한 것이라고 발표했다. 그러나 이 사건을 둘러싸고는 수수께끼가 많으며 열쇠를 쥐고 있는 문세광도 동년 12월 20일 어떤 이유에서인지 서둘러 교수형에 처해지고 말았다. 일본측의 수사로는 북한, 조총련과의 관계에 대해서 뒷받침되는 것은 없다. 문세광에 의한 권총입수의 경위, 자금의 출처, 한국입국의 경위, 8월 6일부터 15일까지의 문의 서울 체재시의 행동, 권총을 숨긴 채 계엄하의 기념식회장에의 입장, 착석, 그밖에 불분명한 점이 너무나도 많다. 배후에 이러한 모든 것을 가능케 한 특권분자의 존재를 지적하는 사람도 있다. 공판정에서 기념식장의 경비담당자는 문의 입장이 대통령경호실 관계자의 허가 밑에 이루어졌다고 증언하고 있다. 다시 당일의 박정희, 육영수, 문세광 3인의 위치관계와 육영수의 피탄(被彈) 방향 등으로 미루어 대통령부인의 사살 진범은 따로 있다고 추측하는 자도 있다.

제41장 결론

민족의 통일은 남북공동성명과 유엔결의의 정신에 따라 자주적이고 평화적으로 실현되지 않으면 안된다.

1. 남북협상에 의한 민족자주통일의 조건

국내외의 광범한 여론과 제28차 유엔총회에서 압도적인 지지를 받은 7·4 남북공동성명은 조국통일의 원칙에 대해서 ① 외부 세력의 간섭을 받지 않는 자주통일, ② 무력 행사에 의존하지 않는 평화적 방법, ③ 사상과 이념, 제도의 차이를 초월한 민족적 대단결 등의 세 가지를 명기하고 있다. 그러나 전 민족 앞에 서약한 이 3대 원칙은 남북 당사자에 의해 어떻게 준수되었으며, 또 이 원칙에 입각한 공동성명의 합의사항은 어떻게 이행되었을까?

박정희 정권에 대해서 보면 공동성명을 발표한 뒤에도 여전히 외국에의 의존, 외부 세력의 간섭을 배제하지 않고 오히려 반대로 미·일 등에의 정치, 경제, 군사의 전반에 걸친 의존과 특히 외자도입정책을 강화하고 외국의 원조를 체제 유지의 중요한 의지로 삼아 왔다. 박정권이 민의에 입각하여 유지되기보다도 미국의 무기와 일본의 경제원조로 지탱되고 있다는 연유이다. 뿐만 아니라 박정권은 비상계엄 하에 「10월 유신」을 단행하여 이름뿐인 의회민주주의와 정당정치까지도 말살했다. 박정희의 개인 독재체제가 강화됨과 함께 모든 반정부 세력이 봉쇄되었으며, 「국력배양」 「총력 안보」의 이름 밑에 북측과의 철저한 대결이 도모되었다.

한편 북한은 프롤레타리아 독재를 더욱 강화함과 함께 현상태에서 남북대화를 촉진하기보다도 국토통일의 전제로서 반미, 반박정희로 일관하는 강경방침을 내놓고 있다. 민족적 대단결의 원칙에 입각한 남북의 평화통일을 실현하기 위해서 그 볼셰비키체제에 어느 정도의 완화를 가져왔는지는 심히 의심스럽다.

우선 평화통일, 민족적 대단결의 정신에 입각하여 생각한다면 남북의 양당사자가 자기들이 신봉하는 주의와 제도에 대해서 선전하는 것까지는 허용되겠지만 이것을 무력으로 상대방에게 강요하는 것은 허용되지 않는다. 평화와 상호존중이 관철되지 않으면 안된다. 또한 통일후의 정치사회체제가 어떠해야 하는가에 대해서도 남북의 일방이 다른 일방에게 강요하는 성질이 되어서는 안되며 전민족의 자유의사만이 결정할 수 있는 문제이다.

다음 통일문제의 해결에 있어서는 어떠한 외부의 간섭이나 용훼도 배제되지 않으면 안된다. 통일문제가 민족자결권에 속하는 민족내부의 문제인 이상 어느 대국도 우리 민족의 의사를 우선 존중해야 하며 문제의 해결에 좋지 않은 압력을 가하거나 대국의 국익을 우선케하는 것은 절대로 허용되어서는 안된다. 외부세력의 간섭과 영향력의 행사가 있는 곳에 민족의 자주성은 있을 수가 없으며 또 평화도, 민족의 이익에 부응한 문제의 해결도 있을 수가 없다.

다음 남북 당사자는 남북의 전인민이 통일문제에 대해 자유로운 의사표시를 행하고 문제를 해결할 수 있는 「민족통일을 위한 민족적 광장」을 조성하지 않으면 안된다. 사상, 신조를 초월한 민족적 대단결을 지향하는 구체적인 토의의 장이 주어지지 않는 한 민주주의에 기초하여 평화적으로 통일국가를 수립한다는 것은 불가능하다. 인권과 민주주의의 억압, 독선적인 주관의 강요는 중지되지 않으면 안된다.

즉 남북공동성명의 원칙과 합의사항의 이행에 장애가 되는 원인이 있다고 한다면 이것은 민족의 대의를 위해서 제거되지 않으면 안된다. 통일을 저해하는 요인은 외적인 것이든 내적인 것이든 배제되지 않는 한 남북관계의 개선도 통일문제의 진전도 있을 수가 없다. 특히 전국민적 문제인 통일문제의 자유로운 논의를 보장하기 위해서 한국의 파쇼적인 유신독재는 시정되지 않으면 안된다.

이상의 문제와 관련하여 남북공동성명 후에 남북 당사자가 행한 다음과 같은 주장이나 제안도 공동성명의 3대 원칙에 비추어 그 시비가 검토되지 않으면 안된다.

◇ 남북공동성명 발표 직후인 1972년 7월 8일 국무총리 김종필은 국회에서 「몇 장의 성명으로 우리의 운명을 결정할 수는 없다 … 남북공동성명에 기대를 걸어서는 안된다」라고 말했다. 이에 앞서 6일 김종필은 「주한 유엔군은 외부세력이 아니다」라고 국회에서 발언했다.

◇ 동년 10월 1일 박정희는 「바야흐로 총력안보 태세의 성과를 올릴 때가 왔다. 모두가 총을 들고 싸울 국민총력의 조직화가 필요하다」라고 말했다.

◇ 1973년 6월 23일 박정희는 남북간의 불간섭, 불침략과 남북의 유엔 동시가입을 주장했다.

◇ 동년 6월 23일 김일성은 남북의 유엔 동시가입에 반대하여 ① 남

북 간의 군사적 대치상태의 해소와 긴장상태의 완화, ② 남북 간의 다변적인 합작과 교류, ③ 남북의 정당·사회단체 대표와 각계층 인민에 의한 대민족회의의 소집, ④ 고려연방공화국(高麗聯邦共和國)의 국호에 의한 남북연방제의 실시, ⑤ 고려연방공화국의 단일 국호에 의한 유엔 가입을 제안했다.

◇ 동년 8월 28일 남북 조절위원회 평양측 공동위원장 김영주(金英柱)는 성명을 발표하여 「김대중 납치사건을 야기했을 뿐만 아니라 남조선 인민을 가차없이 탄압하고 있는 박정권」을 비난함과 함께 여기에 책임을 져야 할 중앙정보부장과 자리를 함께 할 수는 없다고 하면서 「이후락의 경질과 인민탄압의 중지, 민주적 자유의 보장, 조절위에의 남조선 각 정당·사회단체, 각 계층 인민대표의 참가」 등을 요구했다. 이에 대해 서울측 공동위원장 이후락은 다음날짜 성명에서 김영주 성명의 철회를 요구함과 동시에 기자회견에서 중앙정보부는 김대중 사건에 아무런 관계도 없다고 말했다.

◇ 1974년 1월 18일 박정희는 연두기자회견에서 ① 남북간의 무력 불간섭, ② 내정불간섭, ③ 현행 정전협정의 효력 유지 등을 조건으로 한 남북불가침조약의 체결을 제안했다.

◇ 1974년 3월 25일 북조선 최고인민회의는 미국 의회에 편지를 보내어 군사통수권을 갖지 않는 남조선 당사자의 남북 불가침조약의 제창은 공론(空論)에 지나지 않는다면서 현정전협정을 조미(朝美)간의 평화협정으로 대체할 것을 제안했다.

2. 민족의 대의(大義)에 서지 않으면 전쟁을 초래한다

　김일성 지도하의 북한은 주체사상(主體思想)에 입각한 사회주의국가로서 정치적 자주성과 경제의 자립, 국방에 있어서의 자위를 강조하고 있으나 그 현실을 직접 견문할 수 없는 사람에게 있어서는 그 가치판단과 시비를 분명히 할 수는 없다. 그러나 북한 정권이 8·15 해방 후 소련의 지원 하에 성립된 것은 부인할 수가 없고, 해방 전 김일성이 항일 무장투쟁을 벌이고 있을 때 친소적이었다는 것도 의심할 여지가 없을 것이다. 북한은 한국전쟁을 통해서 남한의 해방을 노렸고 오늘에 있어서도 조국통일에 의한「전 조선민족의 해방과 완전독립」을 의도하고 있다는 것은 결코 비밀이 아니다. 만일 한국전쟁과 같은 무력 충돌이 남북간에서 일어난다면 북한에 있어서 그것이 다시「조국해방전쟁」이 될 것은 너무나 분명하다.

　한국정부는 한국을 극동 반공전략체제의 중요거점으로 간주하고 있는 미국의 대한정책의 산물이며 그 원조에 의해 유지되고 있는 것도 잘 알려져 있다. 박정희는 한때 구일본제국주의 군대의 충실한 장교로서「용맹」을 떨쳤고, 8·15 해방 후에는 미군 통제하의 한국군 정보장교로 변신하여 5·16 군사쿠데타의 주역으로서 정치무대에 진출한 후 친미 반공독재의 지휘권을 휘둘러 왔다. 그런 고로 박정희는 원래 체질적으로 공산주의와는 물과 기름이며 공산주의자를 상대로 하는 통일에 적극적일 까닭이 없다. 그는 남북통일보다도 한국의 실력배양에 관심이 있고, 그것을 통한 영구집권과 때가 되면 승공통일을 하겠다는 것이 그 속셈이다.

　1945년 해방 직후의 시점에서는 남북의 통일문제는 그때까지의 민족해방운동의 전통 위에 서서 민족주의 세력, 친미 반공세력, 친소 공산세력 등의 어느 하나의 주도에 입각한 통일 또는 정권수립을 추진하는 것이 문제였으나, 해방 후 30년이 경과된 오늘에 있어서는 이미 남북의 체제적 차이가 너무나도 이질적인 것으로 달라져 양체제의 모순대립은 적대적이다. 이 모순대립을 한층 더 격화시켜 온 것으로서는 남북의 배후에 있는 자본주의 대국의 개입과 사회주의 대국의 지원을 들 수 있다.

민족의 자주통일이라는 전민족적 과제를 해결하기 위해서는 무엇보다도 민족 자신의 이익을 근간에 두고 민족 내부의 문제로서 사태를 처리하는 관점이 필요하며 이것을 가로막아 온 오랜 외부세력에 의한 모든 압력과 개입을 단절하지 않으면 안된다.

만일 남북의 어느 한쪽이 자기의 이익을 추구하는 나머지 민족의 대의, 민족자주의 입장을 떠나 외국의 지원을 등에 업고 성급한 통일 실현을 도모하려 한다면 다시 피로 피를 씻는 내란, 나아가서는 관계 대국을 끌어들이는 커다란 전쟁으로 발전하는 것을 피할 수 없을 것이다. 남북의 당사자는 공산주의 또는 반공 자본주의의 대의를 위해서 전쟁도 불사한다는 태도가 아니라 민족 자신의 대의, 조국의 평화적 자주통일의 대의 등을 위해서 자기에게 부과된 책임을 완수해야 할 역사적 사명을 요구받고 있다.

3. 관계 대국은 통일방해 요소를 제거할 의무가 있다

남북의 평화통일 실현의 전제가 되는 민족자주, 민족자결의 원칙은 미국을 비롯한 관계 대국의 간섭을 배제할 뿐만 아니라 거기에 종속하고 있는 국내의 사대적 세력, 매판적 요소를 제거했을 때만이 관철될 수 있다. 외국세력을 부식(扶植)하는 국내 매판세력과의 대결 없이 민족의 주체는 확립되지 않는다.

그러기 위해서는 국내 인민의 반매판투쟁이 중요하지만 매판세력을 통해 국내에 세력을 심어 온 미국 등 관계 대국의 책임이 우선 추궁되지 않으면 안된다. 관계 대국은 민족의 분열을 지지 추진하고 그에 편승하여 권세와 영달을 누려 온 한국의 매판세력, 특권세력에 대한 지원을 중지하지 않으면 안되고 또한 그들의 반민족적 자세를 바로잡아 조국통일의 대의에 나서게 할 자신의 의무를 통감해야 할 것이다.

이와 함께 남북의 통일문제 해결에 있어서 한국 민족주의세력의 역사적 역할이 올바르게 인식되지 않으면 안된다. 해방 후 김규식 등의 진보적 민족주의 세력, 김구 등의 봉건적 민족주의 세력 등은 모두 조국의 분단에 반대하고 남북협상에 의한 민족의 통일독립을 주장했으나 미국에 뒷받침된 친미매판 세력에 몰려 결국 쓰러졌다. 그러나 민족주의 세력은 역대 정권의 박해, 특히 박정권의 탄압에도 용케 견디며 민족자주 통일 독립의 뜻을 버리지 않고 전민족의 이익을 추구하며 정치적 중도(中道)를 걸어왔다.

남북의 정치·사회 체제가 적대적 모순을 내포하고 있는 오늘의 조건 하에서 민족의 완전통일에는 과도적 단계가 필요하며, 그 단계에 있어서의 민족주의 세력의 역할은 결코 작지 않다고 생각된다. 해방 후 30년 간 한국의 민족주의 세력을 억압하고 거세해 온 미국과 그 앞잡이는 조국의 자주적 통일독립이라는 역사적 사명을 수행하는 과정에서 민족주의 세력이 잠재적으로 가지고 있는 역량과 그 역할을 재평가하지 않을 수 없을 것이다.

다시 한 번 되풀이해서 강조하겠다. 미국 등 관계 대국은 민족 자결을 부정하지 않는 한 한국 내에서 스스로 조성한 민족분열의 모든 요인, 통일 방해요소를 제거하지 않으면 안된다. 우리 조국분단의 주된 요인은 민족 내부에 있는 것이 아니라 미국 등 대국의 지금까지의 대한정책에 있다. 관계 대국은 남북 간의 대립, 불신, 오해를 증폭시키고 그렇게 함으로써 자국의 이익을 추구하는 태도를 버리고 평화통일과 민족적 대단결에 필수적인 민족자결권을 실제의 정책으로 인정하고 밖으로부터의 어떠한 압력이나 간섭도 중지하지 않으면 안된다.

미국 등 관계 대국은 인도차이나 사태에서 교훈을 얻지 않으면 안된다. 강대국이 타민족의 자결을 짓밟는 행위가 얼마나 범죄적이며 반민족적이며 또 얼마나 비참한 결말로 끝나는가 하는 것은 인도차이나 반도의 최근의 사태가 웅변적으로 말해 주고 있다.

어째서 베트남, 캄보디아, 라오스의 인민은 저토록 피를 흘리며 국토와 생활을 파괴하지 않으면 안되었는가. 베트남, 캄보디아, 라오스 3국 인민의 의사와는 관계없는 대국의 이기적인 개입, 식민지 정책과 야만적인 전쟁이 그 모든 문제의 발단이었다. 그러나 힘의 정책에 의존하는 대국의 논리는 전차나 대포, 비행기나 군함의 위력을 가지고서도 민족의 해방과 국토의 통일독립을 원하는 3국 인민의 요구를 짓밟을 수는 없었다.

전쟁과 분열은 역사의 한 토막에 불과하지만 민족은 영원하다. 미국 등 관계 대국은 인도차이나 반도에서의 어리석음을 한반도에서 되풀이해서는 안된다. 미국 등 관계 대국은 1945년 이후 대한정책에 있어서는 과오를 솔직하게 인정하고 민족자결과 민주주의, 민족의 평화통일을 촉구하는 정책으로의 전환을 겸하지 않으면 안된다.

4. 비 망

• 인도차이나 정세의 급변과 박정권

미국의 앞잡이가 되어 있던 캄보디아의 로논 정권의 붕괴(1975년 4월 17일)와 월남정권의 무조건 항복(4월 30일)은 인도차이나 반도에 대한 미국의 개입 역사에 종지부를 찍었으나 마찬가지로 미국에 의해 지탱되고 있는 박정희정권이 받은 충격과 위기감은 매우 컸다고 할 수 있다. 박정권은 프놈펜과 사이공의 함락이 목전에 다가온 4월 8일 인민혁명당 사건의 피고인 8명의 상고를 기각하고 사형을 확정, 다음날에 즉시 처형을 강행했다. 또 같은 날 「독재정권 물러가라」라고 외치는 고려대생의 데모에 대통령긴급조치 제7호를 발동하여 3월말부터 재연하고 있던 학생의 반정부데모 진압에 나섰다. 박정희는 연일 인도차이나의 사태는 대안의 불이 아니라면서 북으로부터의 무력남침의 가능성을 강조하고 「국민총화」, 「총력안보」, 「국력배양」 등의 필요성을 소리높이 외쳤다.

4월 29일 박정희는 특별담화를 발표하여 북측이 올해를 침략의 해로 삼고 있다고 말하고 「국민총력안보」를 강조했는데 여기에 동조하지 않는 자는 「비국민」, 「이적행위자」라고 규정지었다. 이것을 계기로 한국 전토에 걸쳐 각종 단체와 지역주민에 의한 「안보궐기」, 「반공궐기」의 대대적인 집회, 국론통일이 위로부터 조직되어 개헌요구 등 반정부 움직임은 일체 봉쇄되었다. 5월 12일 신민당은 개헌운동을 당분간 중지하기로 결정했다.

● 대통령긴급조치 제9호

1975년 5월 13일 박정희는 「국가의 안전과 공공의 질서를 지키기 위한 긴급조치」(제9호)를 발동하고 「국력의 낭비나 국론의 분열, 그리고 국민총화를 저해하는 모든 행위에 종지부를 찍어야 한다」면서 일체의 반정부활동을 금지했다. 동 조치는 ① 유언비어의 날조, 유포, 사실의 왜곡, ② 헌법의 부정, 왜곡, 또는 그 개정, 폐기의 주장과 청원, ③ 학생의 집회, 데모, 정치행위, ④ 동 조치의 비방행위 등을 금지하고, ⑤ 여기에 위반한 내용의 보도, 인쇄, 전시 등도 금하고, ⑥ 해외도피의 목적으로 재산을 국외에 이동, 은닉하는 행위, ⑦ 부정한 해외이주 등도 금했다. 이에 따라 국민은 입도 귀도 봉쇄 당하고 손발도 꼼짝 못하게 묶이게 되었다.

● 학도호국단

동년 5월 20일 문교부장관 유기춘(柳基春)은 「학원의 총화와 자주국방체제 확립을 위해서」라며 전국의 모든 고교, 대학에 학도호국단을 조직하고 군사교련을 강화하겠다고 발표했다. 이것은 학생의 군사교련을 종래의 주 2시간에서 4시간으로 늘리고 연 10일간의 입영을 의무화함과 동시에 중앙 학도호국단을 정점으로 종합대학과 단과대학을 각각 사단, 연대로 하는 군대식으로 편성하고 전시에는 후방질서의 유지와 지방방위의 임무를 맡게 하는 것으로서 이는 학생의 전력화(戰力化)를 의미한다. 학도호국단에는 여학생의 참가도 의무화하고 있으며 동단의 조직화가 학생 반정부운동의 억압을 노린 것임은 말할 것도 없다. 6월 30일까지에 전국 98개 대학, 54개 전문학교, 1,237개 고교에서 학도호국단의 결단식이 강행되어 약 150만 학생의 전력화가 획책되었다.

● 방위 관계 4법

동년 7월 9일 제93차 임시국회에서 민방위기본법(民防衛基本法), 사회안전법(社會安全法), 방위세법(防衛稅法), 교육관계법 개정안 등이 여당에 의해 강행 채택되었다. 민방위기본법은 17세 이상 50세 미만의 남자 중 정부기관직원, 군인, 군속, 향토예비군, 학도호국단, 신체장애자를 제외한 모든 사람의 민방위대 가입을 의무화하고 그 외에 상기 연령의 여자, 50~60세의 남자의「지원」도 가능한 것으로 되어 있다. 이에 따라 17세부터 50세까지의 남자는 군대, 향토예비군, 학도호국단, 민방위대중의 어느 하나에 소속할 것이 의무화되었다. 한국은 그야말로「총력안보체제」라는 이름의 전시체제에 놓여진 것이다. 사회안전법은 정치범, 사상범의 재범 방지를 구실로 유죄판결을 받는 일이 있는 사람은 말할 것도 없고 기소보류, 기소유예가 된 사람에 대해서도「유사시」에는 보호감찰, 거주제한, 보안감독 등의 예비구금을 할 수 있다고 하여 해당자의 신고를 의무화했다. 방위세법에서는 국방비의 재원 확충, 국민의 세부담 증가의 조치가 정해지고 교육관계법 개정에서는 사립대학의 교수를 포함한 교수에 대한 정부 당국의 임명권이 명확해졌다.

● 긴급조치하의 학생

1975년 3월말부터 헌법개정, 박정희의 퇴진, 민주회복 등을 외치며 재연된 학생 데모는 4월 8일의 긴급조치 제7호에 의해서도 수그러 들지 않고 4월 11일에는 서울대 농과대생의 반정부 집회와 데모가 벌어졌다. 이 집회에서 축산과 4년 생 김상진(金相眞)군이 항의의 할복자살을 기도하여 다음날에 사망했다. 그가 남긴 「양심선언」에는 「우리는 유신헌법의 잔인한 폭력성을 고발한다」, 「일체의 정치적 자유를 질식시키는 공포의 병영국가(兵營國家)의 도래를 민족과 역사 앞에 고발한다」라고 적혀 있었다. 긴급조치 제9호 하에서도 5월 22일 서울대생 약 1,000명이 학내집회를 열고 김상진군의 추도와 민주회복의 결의를 채택했는데 약 400명이 경찰에 연행되었다.

● 김종필, 정일권의 일본·미국 방문

박정권은 인도차이나 정세의 격변 후 「북으로부터의 위협」, 「총력안보」를 외치는 한편 대미 대일 관계의 강화를 지향했다. 국무총리 김종필은 5월 8일 방일하여 미끼(三木) 수상을 비롯한 정부·자민당 요인, 친한(親韓) 로비 주요 멤버와의 회담을 거듭하고 「북으로부터의 위협」에 대처할 한일관계의 긴밀화를 호소했다. 동 8일 국회의장 정일권은 미대통령 포드와 회담하고 미국의 대한 방위약속, 주한미군의 불철수를 재확인했다.

● 미국의 핵사용 문제

5월 1일 미국방장관 슐레진저는 기자회견에서 베트남 후의 미전략 구상으로서 한국을 「전진방위지역」으로 하고 일본을 한국지원의 후방기지로 삼는다는 미·한·일 일체의 방위방침을 밝혔다. 다시 슐레진저는 유 에스 뉴스 앤드 월드 리포트 지와의 인터뷰에서「상대방의 침입에 대해서는 여격을 할 뿐이 아니라 적의 심장부를 때리는 것」이 월남전에서 얻은 교훈의 하나라고 말하고 6월 20일의 기자회견에서는 북한이 남진을 할 경우 미국은 전술핵무기의 사용을 포함하여 어떠한 선택도 배제하지 않는다고 핵무기에 의한 선제공격의 가능성을 인정했다.

● 미일 수뇌회담과 한국문제

1975년 8월 5~6 양일 워싱턴에서 이루어진 포드·미끼 회담은 그 공동기자회견에서「한국의 안전이 한반도에 있어서의 평화유지에 긴요하며 또 한반도에 있어서의 평화의 유지는 일본을 포함한 동아시아의 평화와 안전에 있어서 긴요하다는 데에 의견일치를 보았다」라는 이른바 신한국조항을 확인했다. 이것은 미·한·일 삼각동맹 체제의 확인이며 한일 운명공동체적 발상의 소산이다. 여기에 따라 8월말 슐레진저를 맞이한 가운데 한미안보협의회, 미일방위회담이 이루어져 9월 15일, 1년9개월만에 제8차 한일각료회담이 이루어졌다.

이러한 움직임은 박정희정권의 유신독재를 지원하여 국토분단의 고정화를 촉진하고 나아가서는 한반도에서 다시 전화를 초래할 수도 있는 위험한 행위이며 참된 인권의 확립, 민주주의와 외세의 배제에 의한 자주통일독립을 염원하는 한국민의 의사와는 완전히 역행하는 것이다. 한국민은 미국 등 외국의 이기적인 대한정책을 위해서든 또는 공산세력의 확대를 위해서든 조국과 민족을 전화에 휘말리게 하여 핵무기의 제물로 바칠 수는 없다. 전민족의 숙원은 평화와 어떠한 외국의 간섭이나 압력도 없는 조국의 자주통일독립, 전민족의 총의에 따라 정해지는 통일국가의 수립과 번영이다.

● 7·4남북공동성명

1971년 중반은 월남전쟁의 절정기로서 미국은 병력을 50만, 전비(戰費)를 1개월에 1억 달러나 투입하고 있었다. 이 시기에 북한이 「남진」을 해 온다면 전략적으로 곤란한 국면에 처할 우려가 있었다. 이러한 군사상의 상황이 국제 세력 간의 변화와 함께 미국으로 하여금 남북의 대화를 추진케 하는 동기가 되었던 것이다.

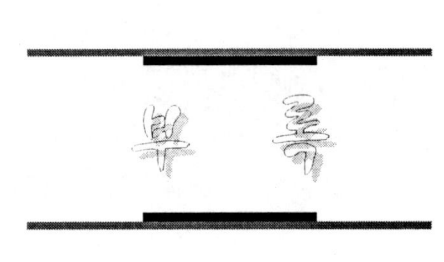

부록 1 한국의 분단에 반대한다 (1972년 4, 8월의 강연)

머리말

최근 일본의 언론인 사이에서 한국의 분단을 논평하는 사람이 늘었을 뿐만 아니라 한국의 젊은 정치가 중에서도 남북의 유엔 동시가입론은 고려할 만하다고 방언하는 사람이 나오고 있다. 지난 4월 3일(1972년) 일본의 유력한 보수당의 어떤 정객은 남북의 동시 유엔가입을 어쩔 수 없는 것이라면서 이것이 통일의 한 과정인 것처럼 논하고 있는데 정말로 안타까운 현상이라고 할 것이다. 남북 5천만의 인민은 오로지 조국과 민족의 재통일을 염원하고 있지 결코 분단을 바라고 있지는 않다는 것을 분명히 해두고 싶다.

미국이 아시아로부터 후퇴하지 않을 수 없는 지경에 몰리고 중화인민공화국이 유엔에 복귀하는 등 아시아 정세의 기본적인 변혁을 앞에 두고 필자와 같은 입장에 놓인 사람은 좀더 솔직한 의견을 말해야 할 것이라고 생각하지만 한국에는 지금까지도 국가보안법과 반공법이 엄연히 존재하고 더욱이 논하는 상대는 중공이며 북한인 고로 이것을 논하는 사람에게는 스스로 절도(節度)가 과해지고 있다(7·4 남북 공동성명 후에도 이러한 국내법은 오히려 강화된 느낌이 있다). 따라서 필자는 「공

산주의 집단을 지지 또는 찬양하거나 이것을 유리하게 하는」따위의 의
도를 가지고 있지 않다는 것을 먼저 말해 두려고 한다.

한국의 분단론

한국의 분단을 현상태대로 유지한다거나 또는 남북을 동시에 유엔에
가입시킨다는 것을 생각하고 있는 사람은 크게 두 그룹으로 분류할 수
가 있다. 그 하나는 분단에 직접 이해관계가 얽혀 있는 집단이며 다른
하나는 독일식 분단을 바라는 구미제국의 논자이다. 한국은 미국과 군
사동맹의 관계에 있으며 일본과는 우호조약체결 관계에 있다. 북한정권
은 중공 및 소련과 군사동맹의 관계에 있다. 그러나 일본은 말할 것도
없고 미국이나 중공으로서도 또 소련으로서도 우리나라 분단의 역사적
경위에 비추어 공식적으로는 한국의 통일에 찬물을 끼얹는 의견은 감히
주장할 수 없다고 생각한다.

점령군의 기지는 사라져야 마땅하지만 기지 덕분에 배를 채우는 무리
가 있다. 한국에 있어서 휴전선도 사라져야 마땅하지만 그 덕분에「권력
과 부(富)」를 차지한 무리도 있다.「권력과 부」그리고「지배와 이득」의
인과관계(因果關係)는 국내의 일부 계층과 외국의 이윤추구자들을 20여
년 간 끊을 수 없는 인연으로 맺어지게 하는 결과를 낳았다. 1971년 9월
일본의 외무성 관계자는「미국과 중공의 수뇌회담에서 남북한의 현상을
고정화하는 안이 논의될 것이다」라는 희망적인 논평을 내렸고 같은 무렵
미국의 유엔 사무총장은 남북한을 포함한 분단국의 일괄 동시 유엔가입
안을 공공연히 지지했다. 통일을 열망하고 있는 한국의 인민은 이러한 논
의 속에 무언가가 숨겨져 있거나 무언가가 획책되고 있는 것은 아닌가 하

고 불쾌하게 생각하지 않을 수가 없다.

　서독의 브란트 수상이 노벨평화상을 받은 것은 경하할 일이지만 그가 동서독의 유엔 동시가입을 지지한 사실을 흥미롭게 생각하지 않을 수가 없다. 독일민족의 재통일이 유럽의 평화에 불안을 가져다 주리라는 것은 역사적 상식으로 되어 있다. 프랑스, 오스트리아 등 유럽제국이 분단국가의 일괄 동시 유엔가입론을 내걸고 동서 독일의 분단을 영구화하려 하고 있는 것은 지극히 자연스러운 추세라고 하지 않을 수가 없다. 「일괄 동시가입」쪽이 편리하다는 것은 장차 한국이 재통일하고 대만이 중공에 복귀했을 때 동서독만이 분단되어 있어서는 불편한 일이 일어날 가능성이 있기 때문이다.

　한국의 신문(모두 보수계)은 한국의 통일문제에 대해서 구미 학자들의 소론을 다투어 게재하고 있지만 그 대부분이 분단국가의 유엔 동시가입 불가피론에 가까운 것들이다. 한때 월남파병을 지지한 적이 있는 한국 혁신정당의 모씨와 보수계 야당이라고 일컫는 신민당의 김모 의원 등도 남북의 동시 유엔가입론에 상당한 관심을 나타낸 적이 있었고 소수이기는 하지만 서구 유학생들 사이에서도 비슷한 의견을 주장하는 사람이 있다. (추가…특히 신민당의 김모 의원은 7·4 남북공동성명의 발표가 있었음에도 불구하고 그 직후인 7월 13일 남북의 유엔 동시가입을 주장했다)

　전 유엔사무총장 우 탄트 및 그 후임인 발트하임 등이 분단국가의 일괄 동시 유엔가입을 주장하고 있는데 그 이론적 근거가 구미제국 논자들의 영향에 의한 것인지 또는 이해 관계국의 논리에 동조한 것인지 또 혹은 단순한 사무적, 물리적인 이유에 기초한 것인지는 분명하지 않다 (발트하임 총장은 작금 모스크바와 북경을 방문했는데 남북의 동시 유엔가입을 강력히 주장한 것으로 알려져 있다).

한국과 독일

서독의 브란트 수상이 동서독일의 동시 유엔가입을 주장하고 있는데 대해 한국의 박정희 대통령과 북한의 김일성 주석이 모두 남북의 통일을 주장하고 있는 사실은 독일과는 국제적 국내적 사정이 근본적으로 다르기 때문이다. 양국이 당면하고 있는 조건과 문제점을 개괄하면 대략 다음과 같은 것을 들 수가 있다.

1. 외교적 현안

한국의 통일문제는 유엔에 있어서는 유엔 자체의 한국휴전 후의 제네바 정치회외에 있어서는 관계국 간의 외교적 현안문제가 되었다. 그런고로 한국에 관한 한 국제회의에서는 우선 통일문제부터 시작하지 않으면 안되는 순서로 되고 있다. 그러나 독일의 경우는 그러한 역사적 경위가 없는 것이다.

2. 국제적 분위기

한국과 관계가 있는 대국, 미국 및 중공, 소련은 모두 한국의 통일을 「공약」하고 있는 데 반해 독일을 둘러싼 동서진영 제국은 독일민족의 재통일을 두려워하고 있거나 또는 독일민족의 분열을 바라고 있다. 동서 독일이 동시에 유엔에 가입함으로써 독일 민족의 분열이 고정화하고 그것이 유럽의 평화를 보장하는데 일조가 된다고 한다면 그것을 주장한 서독 수상이 노벨평화상을 받았다는 것은 어쩐지 아이러니와 비정(非情)을 느끼게 된다

3. 민족의 단일성

한국민족은 신라의 통일이래 1,300년 이상에 걸쳐서 통일민족으로서의 문화권 및 정치권을 쌓아 온 데 반해서 독일민족의 경우는 프러시아가 독일제국을 건국하고 각 봉건영주들을 통합하고 나서 100년 정도에 지나지 않는 것이다. 한국의 분단이 유기적 개체의 절단이라고 한다면 독일의 그것은 물리적 조건의 변화에 다름 아니라고 할 수가 있다.

남북의 동시 유엔가입은 긴장완화를 가져오지 않는다

남북의 동시 유엔가입을 주장하는 자의 희망적 논거는 그렇게 함으로써 남북 간의 긴장을 완화하고 서서히 교류의 길을 트며 오랜 세월에 걸쳐 평화통일에의 조건을 조성하는 데에 있다고 한다. 그것은 바람직한 일이며 빨리 그렇게 되어 준다면 더 반가운 일은 없다. 그러나 현실은 그렇게 되어 있지를 않다. 아니, 오히려 그 반대 방향으로 갈 가능성이 더 강한 것이다.

한국은 통일정부의 수립을 전제로 하는 국제적 공약과 그 관계 기구의 영향 하에 있었음에도 불구하고 남북이 두 개의 적대적 정권이 성립하여 한국정부는 북한정권을 범죄집단으로 규정하고 북한정권은 한국의 권력집단을 미제국주의의 앞잡이라고 비난했다. 힘에 의한 통일에의

초조감은 마침내 한국전쟁을 발발시켜 피로 피를 씻는 비극을 초래했고 씻을 수 없는 원한의 흔적을 남기고 말았다. 휴전이 성립되어 평화통일을 서로 논의하면서도 남북의 두 정권은 휴전선 양쪽에 대군을 대치시키고 있다. 두 정권은 입버릇처럼 평화통일을 주장하면서 한국은 60여만의 상비군과 250만의 예비군을 무장시켰고 북한은 45만의 상비군과 200만 이상의 민병을 무장시키고 있다.

실제로 남북의 두 적십자가 대화를 벌이고 있는 가운데 한국에서는 비상사태가 선언되어 준전시 태세가 진행되었고 북한에서도 전시체제 강화에 힘쓰고 있다고 한다(1972년 7월 4일의 남북공동성명은 통일의 희망을 국내외에 부풀게 했으나 그 직후에 열린 한국국회에서의 논의 내용은 남북대결의 상황에서 한 걸음도 전진하지 못하고 있음을 나타내고 있다). 이러한 사태의 불행한 진전은 지금까지「유엔결의」,「휴전회의에서의 합의」와 미국, 중공, 소련 등의 국제적 제어 하에 전개되어 온 것이다. 만일 남북이 동시에 유엔에 가입하고 각기 독립국으로서의 국제적 지위를 획득, 외교정책에 자주성이 강화되어 국제적 제어가 풀렸을 때 일부의 사람이 기대하고 있는 것 같이 남북의 긴장이 완화될 수 있을까? 상식을 지닌 사람이라면 결코 그렇게 되리라고 생각하지는 않을 것이다.

1970년 8월 15일 박정희 대통령은 평화통일에 관한 성명을 발표하여 북한이「자유화의 물결로 변질」할 것을 기대했고, 북한정권은 한국에 있어서 공산주의 세력의 성장에 기대해 왔다. 쌍방이 모두 상대를 압도하는 형태로서의 통일을 생각하고 있는 것은 부인할 수 없다. 게다가 한국의 박정권은 유엔이 합법적이라고 인정하고 있는 정권이라고 일컬어지고 있지만 그 내용은 군사쿠테타에 의한 군인중심의 정권이며, 북한

정권은 민족해방운동을 역사적인 발판으로 하고 있는 공산주의자의 정권이다. 이러한 성격의 정권 하에 있어서 한쪽이 바라는 것 같은 정치적 변질이 자연스럽게 또 자발적으로 일어날 수 있었던 역사적 실례가 있었을까? 또 이러한 상황 하에서 정권교체가 평화적으로 이루어진 역사적 사례가 있었을까? 그러한 일은 일찍이 있어 본 일이 없고 앞으로도 또한 기대할 수 있는 일이 아니다.

요컨대 남북한의 역사적 경위와 두 정치권력의 성격으로 보아서 남북의 동시 유엔가입은 남북 간의 긴장을 격화시키는 가능성을 안고 있을 뿐 완화할 전망은 없는 것이다. 특히 한국이 북한을 실지(失地)로 간주하고 그 수복을 꿈꾸고 북한정권도 오래 전부터 그 정치적 목적을 남조선해방에 두고 있는 것을 생각하면 남북 간의 긴장은 분단 상태가 계속되고 있는 한 어떤 상황 하에서도 완화되리라고는 생각되지 않는다.

지배(支配)와 이득(利得)

국가 또는 지역사회에 있어서 정치적 지배세력과 경제적 특권층은 토양(土壤)과 화초(花草) 같은 관계에 있다. 그 지면의 물리화학적 조건에 적합한 화초는 무성하고 토양에 적합하지 않는 화초는 시들어 버리고 마는 법이다. 외국군대의 주둔과 외국의 경제원조에 의해 국가가 성립되고 또한 유지되고 있는 지역에는 그 지역의 인민이 바라든 바라지 않든 스스로 거기에서 반성할 수 있는 「화초」의 종류도 정해지게 마련이다. 제2차 세계대전 후 4반세기 이상이나 한국은 분단된 형태로 두 진영의 불화의 씨름판 같은 역할을 해왔다. 한국에서는 친미파 신사와 자본주의 연극의 유상무상(有象無象)이 활개를 쳐왔다. 외국제 각본이 외래 연출가에 의해 정치무대에 올려지고 내외혼성(內外混成)의 연기자들에 의해 무대가 꾸며져 왔다. 여기에 지도(지배)와 이득의 수수관계(授受關係)가 성립되고 4반세기라는 시간은 이 악연을 철쇄 같은 강고한 것으로 만들고 말았다.

통일을 원하는 민족의 본능적 요구 앞에, 또 민족과 국토와 통치의 분단에 의해서 생기는 원천적인 민족적 피해 앞에 또한 남북이 휴전선을 중심으로 대치하는 조건에서 오는 거대한 국방비의 지출 앞에, 정치적 연기자들은 공공연하게 「분단」, 「유엔 동시가입」 등을 주장하지는 못하지만(추기…1973년 6월 23일 박정희 대통령은 남북의 유엔 동시가입을 주장) 남북의 긴장상태가 가져다 주는 「권력과 부」에의 그들의 집착은 상상하기에 어렵지 않다. 거기에 더하여 호시탐탐 노리고 있는 외래 연출가들의 끊기 어려운 집념을 생각하면 분단가입에 의해 야기될 민족적인 비극이 두려움으로 다가옴을 느끼게 된다.

한국에 있어서 평화통일을 주장했다는 이유만으로 많은 민족 지도자가 살해되고 또 많은 정치집단이 소멸되었으며 그 주검 위에 오늘의 정치무대가 마련되었다는 것을 여기에서 논할 생각은 없으나 연출가와 투자가 및 연기자 등이 누리고 있는 특권 유지를 위해서 국토의 영구분단이 획책되고 그것이 큰 민족적 비극을 초래하게 될 사태를 묵과할 수는 없다. 민족이 사라져 버린다면 모든 것이 끝장이다. 이는 획책한 자들에게 있어서도 자업자득이 될 것이다. 아니, 그들에게는 탈출의 준비가 되어 있기 때문에 스릴 있는 모험에 지나지 않을지도 모른다. 그 때문에 생기는 민족 전체의 비참한 피해자는 무엇으로 보상할 수 있을 것인가? 한국을 남북으로 분단하고 쌍방을 동시에 유엔에 가입시키는 것이 남북간의 긴장을 완화시키는 것이 아님이 명백하다면 무대연출가들의 주관에도 스스로 수정이 가해지지 않으면 안된다.

한국의 분단과 일본

1969년 7월 닉슨 미대통령은 이른바 닉슨 독트린과 관련하여 「미국과 일본의 파트너쉽은 아시아에 있어서 닉슨 독트린의 성패를 가름하는 열쇠가 된다」라고 역설했고 동년 9월 사또(佐藤) 일본수상은 「일본은 아시아의 안정에 주역을 담당한다」고 말했다 또한 동년 11월의 미일 공동성명은 「한국의 안전은 일본의 안전에 있어서 긴요하다」라고 강조했다. 1970년 2월 사또 수상은 국회답변을 통해 「한국에의 개입 강화를 중심으로 하는 새로운 안보정책의 추진」을 적극적으로 표명하여 재한 일본인의 생명・재산을 보호하기 위해서는 자위대의 파견도 가능하다고 말하여 한일 안전일체론(安全一體論), 즉 한일방어의 일체화론을 암시했다. 동년 4월 미하원 외교위원회의 아시아 특별조사단 보고는 「미국의 보호 하에 일본의 신군국주의(新軍國主義)는 아시아 지배의 꿈을 품기 시작했다」라고 지적했다. 일본 자민당의 나까소네(中曾根) 의원은 「한국의 통일은 바람직스러운 것이기는 하지만 현재의 상황 하에서는 남북한을 동시에 유엔에 가입시킬 필요가 있다」라고 말했다.

1971년 가을에 도쿄도(東京都)의 미노베(美濃部) 지사가 북한의 초청에 의해 평양을 방문하고 귀로에 북경에 들렀는데 그때 그는 자민당 정부의 유력자의 서한을 중공 정부에 전하는 메신저 역할을 했다고 외신은 전하고 있다. 또한 그는 귀국 후 북한 및 중공의 상황을 솔직히 보고하여 「북한 및 중공은 전시체제 하에 있다」고 말했다고 한다. 미노베 지사는 일본의 저명한 마르크스 경제학자이며 사회당 및 공산당의 지지하에 도쿄도의 지사로 선출된 사람인데 이러한 입장에 있는 그가 일본의 「국가이익」을 위해서는 기꺼이 보수정권의 심부름꾼 역할을 하고 있다는 것은 흥미로운 일이다. 미노베지사까지도 이러한 상황이라면 여타에 대해서는 말할 필요조차 없을 것이다. 일본에 있어서는 설사 그것이 보수정권의 정책이라 하더라도 또 국제적 관례에 어긋나는 것이라 하더라도 일본의 이른바 국가이익에 도움이 된다고 판단될 때는 누구나 여기에 동조해야 한다는 것일까? 우려할 만한 일이 아닐 수 없다.

전술한 바와 같이 일본정부의 동향과 일본국민의 심적 상황을 아울러 생각할 때, 일본은 자국의 이익을 위해서는 한국민족의 실정은 아랑곳할 것 없이 그 분단을 바라고 있다고 밖에는 생각할 수가 없다. 1950년 6월 25일부터 3년 동안 우리나라에서는 강대국이 제공한 무기를 들고 형제동포가 서로 살해하며 국토전역을 초토로 만들었으나 그 피비린내 나는 폐허화 과정이 일본으로서는 뜻하지 않았던 경제부흥의 발판이 되었다는 것은 주지의 사실이다. 장마다 망둥이식의 달콤한 추억에 끌려 인간은 그 방향에 주사위를 던지고 싶어하는 법이다. 남북한이 동시에 유엔에 가입했을 때 일본 지배계급의 제국주의적 향수는 어떻게 비약할 것인가?

① 한국은 일본을 위한 방패·교두보의 구실을 해주어서 고맙다.
② 한국에 투자한 일본자본이 지배적 위력을 발휘할 테니까 더욱 더 고맙다.
③ 북한에도 한국에 수출한 것과 비슷한 정도의 프렌트를 수출할 수 있다.
④ 남북한이 적대 관계를 계속하는 한 일본의 군수산업은 돈을 벌 수

있다.
⑤ 북한정권이 국제적인 승인을 받으면 국내의 혁신정당을 달랠 수 있는 구실이 생긴다.
⑥ 분단과 적대의 결과가 남북전쟁의 재연(再演)으로 번지면 그것은 또 그것대로 다시없는 시장을 제공하는 것이다.

이러한 계산은 휴전선이「국경」으로서 안정될수록 생산 가능성이 크다. 그런데 이 휴전선은 전술한 것처럼 결코 안정될 것 같은 상황 하에 있지 않은 것이다. 이러한 상황의 판단을 그르쳐 민족에 쐐기를 박고 그 희생에 의해 한몫을 보려는 타산은 버려야 한다. 물론 일본의 지배계급이 불난 틈을 타서 돈벌이를 하려는 흉계를 꾸미고 있다고 믿고 싶지는 않지만…

비극을 막는 것은 평화통일 뿐이다

남북의 전인민은 통일을 원하고 있다. 분단은 민족의 경제적 발전을 저해하는 것이지만 단지 그 이유만으로 무리를 하면서까지 통일을 주장하고 있는 것은 아니다. 역설적 논리가 될지도 모르지만 분단론자가 남북의 동시 유엔가입의 근거로서 지적하는 전술한 여러 문제점이야말로 평화통일을 주장하지 않을 수 없는 어쩔 수 없는 이유인 것이다. 그렇기 때문에 필자는 곤란을 배제하면서까지 평화통일에의 길을 쟁취하지 않으면 안되겠다고 주장하는 것이다. 불운한 역사적 조건 하에 있는 우리 민족에게 있어서 국가경제생활에 대한 불만은 억제할 수 없다고 하더라도 동족상잔의 전쟁에 의한 파괴와 비극의 재연만은 절대로 피하지 않으면 안되는 것이다.

① 한국정부는 평화통일론자를 억압하고 정치적 중립의 입장에 있는 진보적 민족세력을 붕괴시키고 있다.
② 미국의 극동정책에 충실한 한국의 반공연기자(演技者)들은 각본에 충실한 나머지 북의 공산주의자를 극악의 범죄자로 규정하고 멸공통일을 정치신념으로 하고 있다.
③ 북한의 공산주의세력은 미국의 대한정책을 제국주의적 식민지정책으로 간주하고 여기에 동조하는 정치세력을 모두 식민지 매국노라고 간주하고 있다.
④ 1950년 동란 발발 이후 한국정부와 북한정권은 서로 상대방을 불구대천의 원수로 보기에 이르렀다.
⑤ 제 2차 세계대전 후의 4반세기라는 세월은 남북한을 완전히 이질적인 사회로 바꾸어 놓고 있다.
⑥ 공산주의자의 정치노선은 자본주의체제의 타도와 무산계급의 독재에 있다.
⑦ 남북한은 서로 거대한 군사력을 비축하고 준전시(準戰時) 태세로 대치하고 있다.

여기에 열거한 것은 남북의 평화통일을 위해 재검토하지 않으면 안될 문제들이다. 이러한 상태를 방치해 두면 도저히 평화통일에의 가망은 보이지 않으며, 이는 어쩔 수 없으니까 현상을 유지해야한다든가 아니면 남북을 동시에 유엔에 가입시키는 외에는 다른 방법이 없다고 주장하는 자의 논거에 이용된다. 그러나 이러한 제 문제가 민족분단에 의해

야기되고 이대로의 상태로는 머지않아 불을 뿜을 수밖에 없다는 데에 주목하지 않으면 안된다. 한국민은 보다 바람직스러운 조건에서의 통일을 바라고 있지만 전쟁에 의한 통일만은 피하고 싶고 그러기 위해서는 다소 불만스러운 조건하에서라도 평화통일 쪽이 그래도 낫다고 생각하고 있다.

현실적으로 박정희 대통령은 비상사태를 선언하고 금새라도 불이 붙을 것처럼 경고하고 있다. 그러한 선언의 이면에는 어떠한 정치적 목적이 숨겨져 있는지는 모르지만 불이 붙을 것 같다는 발언 자체가 이미 긴장상태를 나타내는 중대한 문제점인 것이다. 그 불씨가 결국 분단된 조건에서 비롯되고 있다는 것은 객관적 사실일 것이다. 현재의 남북의 여러 조건 밑에서는 분단상태가 계속되는 한 불씨는 결코 소멸되지 않을 것이다. 불씨는 분단상태의 소멸, 즉 민족의 통일에 의해서만 사라질 수 있는 것이다.

한국의 통일은 국제적 공약

1943년이래 한국은 통일되게끔 국제적으로 공약되어 있으며 분단고정이 공식으로 인증된 예는 없다. 그 역사적 경과를 간략하게 서술하면 다음과 같다.

1. 카이로 선언(1943년 11월), 포츠담 선언(1945년 7월) 등에서 제 2차 세계대전 당시의 동맹국이었던 미·영·중(美英中)은 「한국을 자유독립국으로 만든다」라는 데에 합의했고 또 세계를 향해 그 취지를 선언 공약했다.

2. 모스크바 3상회의(1945년 12월)에 있어서 미·영·소 3국 외상은 민주적 통일한국정부수립의 실천 방안에 합의했다.
3. 유엔총회는(1947년 11월) 유엔 감시 하에 한국의 통일선거를 실시한다는 결의를 채택했다.
4. 1954년 12월 유엔총회는 유엔 한국부흥통일위원단의 보고를 양해하여 불모의 한국통일결의를 채택하고, 그 이후 1970년까지 해마다 똑같은 결의를 계속 확인했다.
5. 제네바에서의 한국문제회의(1954년 4월~6월)에 있어서 한국전쟁에 참전한 미국, 한국, 중공, 북한 등 사이에서 중립국감시하의 통일선거 실시가 논의되었다.

이러한 국제적 경위를 앞에 놓고 미·중·소가 어떻게 한국의 분단을 공공연히 주장할 수 있을 것인가. 따라서 이들 강대국들은 한국의 통일을 위해 선의의 노력을 기울여야 할 것이 요망되는 것이다.

남북의 인민은 통일을 바라고 있다

1945년에 해방된 이래 남북인민은 오로지 조국의 통일을 열망하여 왔다. 그것은 역사적 관점에서 보더라도, 민족적 감정에서 보더라도, 또 경제 발전의 견지에서 보더라도, 특히 전쟁의 비극을 피한다는 관점에서 보더라도 당연한 열망이다. 그런 고로 한국의 정부, 정당, 사회단체 등은 명분으로서 모두 통일을 내걸고 분단을 부정하여 왔다. 이것을 간단하게 열거하면 다음과 같다.

1. 해방 후 진보적 민족주의 세력이었던 한국독립당(대표 김구), 민족자주연맹(대표 김규식), 근로인민당(대표 여운형), 민주독립당(대표 홍명희), 통일독립촉진회(대표 김구, 김규식) 등은 자주적 통일선거의 실시를 주장하고 남북분단을 전제로 한 정치활동(선거 및 정권)에의 참가를 거부했다.
2. 1948년 2월의 유엔소위원회 결의를 지지하여 38도선 이남 지역의 단독선거에 참가하여 한국정부의 수립을 추진한 한국민주당 및 이승만파(친미 자본주의 세력), 그 후계 집단인 민주당, 신민당 및 자유당도 슬로건으로서 유엔 감시하의 총선거를 내걸었다.
3. 1970년 8월 15일 국군을 기반으로 하는 민주공화당 정부의 박정희 대통령은 북한이 무력통일, 폭력혁명의 방침을 버린다면 남북의 장벽을 제거해 나갈 용의가 있다고 성명했다.
4. 1971년 4월 북조선 최고인민회의는 미군의 남조선 철거, 남북의 교류, 연방제, 총선거 등 8개 항목의 평화통일방안을 발표했다.
5. 1972년 7월 4일 남북 당사자는 통일을 지향하는 공동성명을 발표하여 자주와 평화통일, 그리고 사상·제도를 초월한 민족 대단결 3원칙 하에 민족의 자주적 평화통일을 실현할 것을 만천하에 서약했다.

통일선거야말로 가장 확실한 방법이다

한국을 재통일하는 것은 한국에서 전쟁의 불씨를 완전히 소멸하고 남북의 전인민에게 생활의 안정과 번영을 안겨 주며 아시아의 평화를 돕는 일이 된다. 따라서 전쟁에 호소하는 통일은 어디까지나 피하지 않으면 안된다. 위험을 해소하기 위해서도 오히려 자주적 평화통일이 촉진 되어야 한다. 이미 거기에 대한 대화의 길은 열린 것이다. 민족 전체가 평화통일을 원하고 있으며 그것은 국제 안의 외교적 초안으로서도 초미 (焦眉)의 문제가 되어 있다. 외세와 얽혀 있는 일부의 사람들과 부질없는 참견을 하려는 외세만 물러가면 되는 것이다.

남북의 인민이 한결같이 염원하고 있는 것은 다만 하나「무엇보다도 민족의 평화통일」이다. 그러기 위해서는 한국전역에서의 정치활동의 자유가 보장되고 민족재통일을 지향하는 정치세력의 재편성과 자유로운 정견의 발표가 행해지는 것이 선결 조건이다. 이것을 기반으로 한 통일선거에서 자본주의를 지지하는 세력은 미·일 양국 지원 하에 자유민주주의세력의 승리를 원할 것이고 공산주의를 지지하는 세력은 중·소의 지원 하에 사회주의세력의 승리를 원할 테지만 그 선택은 어디까지나 한국인민 자신에게 맡겨져야 하며 누구에 의해서도 강요될 성질의 것이 아니다. 한국이 경제발전이나 민주적 기본권의 문제 등「모든 점에 있어서 북한을 능가하고 있다」는 한국정부, 미국 당국의 발표가 만일 사실이라면 그들이 남북의 자유로운 통일선거에 반대할 이유는 없다고 생각한다.

그러나 그 경우에 하나의 민족적 비운을 발견한다. 그것은 자국의 민족과 국토를 재통일함에 있어서 아직도 자주적 민족주의세력의 결집이 없다는 사실이다. 한국독립당, 민족자주연맹, 민주독립당 등의 진보적 민족주의 정당은 괴멸했고 김구, 여운형, 조봉암 등 진보적 민족주의자, 혁신계 지도자는 살해되었으며 김규식, 조만식 등은 북쪽 땅에서 죽었다. 관계 대국이나 국내 특권계급의 이익보다도 민족의 이익과 조국의 자주통일독립을 원했고 국가 체제의 추진성을 극복하기 위해 애쓰며 민족의 긍지와 행복을 추구한 민족주의세력은 한국에서는 용공적이라고 하여 말살되었다. 한국에서는 전후의 세계사적 변동의 큰 물결 앞에 민족의 당위는 존립의 여지가 없었던 것이다.

중공의 유엔가입에 의한 국제 세력관계의 변화, 미·중과의 외교적 접촉에 의한 아시아정세의 변화는 반드시 한국의 통일문제를 현실문제로서 떠오르게 할 것이다. 우리는 이러한 아시아정세의 진전을 포착하고 그것을 통일에의 큰 계기로 활용하지 않으면 안된다고 믿는다. 특히 남북 통일선거에의 과정은 두 세력의 경합과 피투성이의 대립에 의해 곡절을 겪지 않을 수 없으며 따라서 남북 어느 체제에도 치우치지 않는 정치적 중도세력으로서의 민족주의세력의 참여가 있음으로써만 바람직한 것이 된다고 생각한다.

부록 2 민족통일문제 연구원 설립 취지문

　우리는 민족통일문제 연구원을 설립하여 조국통일과 관련이 있고 또 관련될 것으로 생각되는 사항에 대하여 객관적인 관찰과 과학적 분석을 가하고 개개의 문제를 둘러싸고 있는 제 조건을 조사 및 연구하기로 했다. 회고컨대 26년 전인 해방 당시 우리는 카이로 회담, 얄타 협정, 포츠담 선언, 모스크바 협정 및 유엔 총회 등에서 공약된 「조국의 민주적 통일독립」을 포착하지 못하고 「조국과 민족의 분열」이라는 비운을 짊어져야 했고 대립과 증오, 부정과 모해를 되풀이했고 결국 한국전쟁의 참극을 연출하고 말았다. 오늘의 정치적 불안, 사회적 혼란, 경제적 빈곤은 이러한 동족상잔의 끝없는 대립이 가져다 준 소모와 부조리의 결과이다. 이렇듯 뼈에 사무치는 불행이 양대세력의 세계사적 각축의 결과로 초래된 필연적인 추세로서 체념하는 수밖에 없다고 하더라도 이 비극의 밑바닥에 민족 전체의 이익을 외면하고 개인 및 자기집단의 이익만을 추구한 국내 정치세력군(政治勢力群)의 부화(附和)가 준용하고 있다는 사실을 망각해서는 안된다.
　뼈에 사무치는 이 고통, 미칠 듯한 이 부조리, 빠져 나올 수 없는 이 타락의 밑바닥, 도둑질을 않고는 견딜 수 없는 이 빈곤, 숨막히는 이 폭정의 압박, 이 모든 것이 「조국과 민족의 분열」을 가져온 정치세력의 반민족적 죄악의 결과임을 알고 있는가.

꿈에도 잊을 수 없는 고향, 하늘과도 바꿀 수 없는 부모, 나의 정애(情愛)를 다하여 사랑한 자매, 가슴이 미어질만큼 그리운 아내, 누가 우리로 하여금 이 천륜(天倫)의 정을 끊게 했는가. 이 모든 것이 「조국과 민족을 분열」케 한 정치세력의 반민족적인 죄악이 저지른 결과인 것이다.

어째서 우리는 국제 공산세력이 제공한 무기를 가지고 동포를 살해하고 어째서 우리는 국제 자본주의세력이 제공한 총검을 가지고 우리 동포를 죽이지 않으면 안되었던가. 이유와 명분이 어디에 있든, 옳고 옳지 않음이 어디에 있었던 간에 세계사의 모순에 이끌려가 동족상잔의 비극을 연출한 우리의 모습은 외국사람들의 눈에는 양대세력의 불쌍한 용병(傭兵) 이상의 것으로는 비치지 않았던 것 같다. 대한민국이 유일한 합법정권이며 북한이 불법 범죄자의 집단이라고 하더라도 과거 26년간에 걸친 동족상잔의 피비린내 나는 역사는 무책임한 제3자의 눈에는 가련한 희비극의 한토막으로 밖에는 비치지 않았을 것이다.

우리는 비참한 민족의 운명에서 빠져나오지 않으면 안된다. 미대통령 닉슨씨는 수차의 성명을 통하여 미국이 아시아에 가하고 있던 무력적인 압력을 완화할 것임을 밝히고 있고, 지난 7월에는 중화인민공화국(中華人民共和國)을 무시하고 세계의 평화적 안정은 있을 수 없다는 것을 지적했다. 다시 금년 10월 전후에는 스스로 중공을 방문할 것이라고 발표하고 있다.

멀지않아 중공은 유엔에 가입하게 될 것이고 그것을 계기로 하여 전개될 극동정세의 변화는 하나의 거대한 세계사적 변혁이 될 것이다. 이러한 국제 세력 간의 변천과 소장(消長)은 반드시 「조국의 통일」을 국제적인 정치문제로서 구체화하게 될 것이다. 따라서 우리 한국민족은 이

기회를 놓쳐서는 안되는 것이다. 통일은 국가 기본조건의 회복과 안정을 위한 길이다. 통일은 이 민족의 역사적 당위의 과업이다. 통일은 남북 양정권에 짊어지워져 있는 제반 정치적 모순에서 해방되는 결정적인 방법이다. 그런 고로 통일은 「사상과 제도」보다도 높은 차원의 기본적인 영위이다. 우리는 나와 우리 집단의 위치에서 조국과 민족의 입장에 결집되지 않으면 안된다. 모든 동포는 민족통일이라는 하나의 목표를 향해 총진군하지 않으면 안된다. 우리는 이 민족의 광장을 준비하고 이 민족의 진로를 개척하기 위해 여기에 조그마한 연구원을 조직하고 「조국과 민족의 통일을 위한 제문제를 조사 연구하려고 한다. 모든 애국자와 학자들은 말할 것도 없고 뜻을 같이 하는 국민 대중도 함께 참가하여 한 줌의 흙이라도 쌓아 올려 줄 것을 염원하는 바이다.

1971년 9월 9일
민족통일문제 연구원

우리 조국은 우리 동포의 것이며 따라서 어느 누구도 우리 조국을 분단할 수는 없고 누구도 우리 동포를 분열에 몰아 넣을 수는 없다.

국토가 남북으로 갈라져 있기는 하지만 그 어느 부분도 모두 우리 조국이며 민족이 남북으로 분단되어 있기는 하지만 그 어느 쪽도 모두 우리 동포이다.

우리 조국을 사상의 제물로 삼는 데에 반대한다. 우리 동포를 독점자본의 노예로 삼는 데에 반대한다. 우리 조국의 통일을 정권유지의 도구로 삼는 데에 반대한다.

사상도 제도도 국제관계의 체면도 모두 우리 동포의 생존에 우선할 수는 없다.

우리 동포를 강대국의 용병으로 만드는 데에 반대하며 우리 조국을 국제 세력의 각축장으로 만드는 데에 반대한다.

후 기

　한국에 있어서의 정치의 존재 양식과 우리 민족의 통일문제는 이제 전 세계의 관심사가 되었다고 해도 과언이 아니다. 그러나 해방 후 30년 이상에 걸친 민족분열의 벽을 무너뜨리고 민족재통일, 자주독립에의 새로운 길을 열기 위해서는 극복되어야 할 많은 난관과 장애가 있다.

　필자는 해방 후 오늘에 이르기까지의 한국에 있어서의 정치적 영위에 초점을 맞추어 그 과정을 더듬으면서 한국에 있어서의 민주주의의 확립과 민족의 자주적 평화통일의 길이 얼마나 험준한가를 새삼 체험하는 느낌이었다. 그 험준함의 대부분이 한국정치와 통일문제에 얽힌 관계 대국의 이해(利害)와 세력관계에 유래하고 있음은 재언할 필요도 없다. 그러나 1970년대에 들어와서 한국과 아시아를 둘러싼 정세는 격변하여 우리 민족의 자주통일독립에 있어서도 유리한 조건이 조성되어 가고 있다. 아시아와 세계를 뒤덮은 민족자결의 조류는 어떠한 대국도 이를 막을 수는 없게 되었고 유엔도 특정 대국의 지휘에 의해 좌우되지 않게 되었다는 것은 작년의 제30차 총회의 한국문제 결의를 보더라도 아주 명료하다.

　한국정치에 있어서 참된 의미에서의 민주주의의 확립과 민족의 자주적 평화통일은 우리 민족의 의사이며 숙원이다. 현재 한국정치의 소용돌이에서 한 걸음 물러나 있는 필자는 이러한 정세의 진전에 고무되면서도 전해지는 한국정치의 상황에 가슴아픔을 느끼며 민족의 깊고 무거운 당위에 쫓기면서 이 글을 적었다.

　이 책은 해방된 지 30년에 해당하는 1975년 8월까지를 다루고 있다. 이 책을 통해서 필자는 통일문제에 관한 주장을 서술한 마지막 장과 몇 몇 부분을 제외하고는 한국정치사의 과정에서 발생한 제반 사상(事象)에 대한 결론적인 판단은 되도록 삼가하기로 했다. 역사적 사상에 대한 해석과 이해의 정도는 사람과 입장에 따라 당연히 다르기 때문이다. 그러나 어떠한 정치사의 저술이든 그것이 정치사인 한, 필자의 사상과 경험, 그리고 입장을 전혀 반영하지 않을 수는 없는 것이며 문제의 선택과 서술의 경중(輕重), 사실(史實)의 평가에 필자의「주관」이 존재한다는 것은 부정할 수 없다.

필자는 해방 후 한국의 정치사를 통해 진보적 민족주의 세력에 속하여 행동해 왔으나 앞으로도 이 입장을 고수할 생각에는 변함이 없다. 따라서 친미반공의 자본주의적 입장, 또는 공산주의적 입장의 어느 것에 대해서도 거리를 두고 있으며 정치체제의 선택보다도 민족의 통일독립을 우선하는 입장에 서 있다.

아름다운 우리 조국의 땅에 통일독립의 국가를 세우고 5천만 전 동포가 평화롭고 풍요한 생활을 구가할 수 있도록, 사람이 사람답게 생활할 수 있도록 미력이나마 헌신하고 그러기 위해서는 모든 방책과 노력을 아껴서는 안된다고 확신하고 있다. 필자는 또 한국의 일개 국민으로서 한국의 합법적 정치인의 입장을 존중하기 때문에 한국의 민주적 질서의 확립과 준수를 위해 애쓸 생각이다.

부록으로 수록한「한국의 분단에 반대한다」라는 글은 필자가 1972년 4월 20일의 민족통일문제 연구원 제8차 세미나 및 동년 8월 11일의 제12차 세미나에서 행한 강연과 추가 토론의 요지로서 발표한 것에 일부 수정을 가한 것이다.

1975년 가을
南九州에서 지은이 씀

(Abstract)

The Political History of the Republic of Korea

By Ki Chool Park

The Institute for Korea
Reunification Problems

Ki Chool Park

Chief Director of the Institute for the Korean Reunification Problems,
Ex-vice-President of the Progressive Party,
Ex-vice-Presidential Nominee of the Anti-Autocratic League for Safeguarding Democracy,
Ex-Presidential Nominee of the National Party

THE POLITICAL HISTORY OF THE REPUBLIC OF KOREA

Part I ······ Anti-colonial Struggle under the Rule of Japanese Imperialists
Part II ······ Movements for National Independence after the World War II
Part III ······ Change of Political Regimes under the Supervision of U.S.A.
Part IV ······ Struggle for Korea's Reunification in the Age of Multilateral World Politics

(Total: 41 Chapters)

(1st chapter)
National Reunification Must Be Achieved Independently And Peacefully On a Basis of the North-South Joint Statement And the Spirit of the UN Resolution

1. North-South Reunification Negotiations

The North-South Joint Statement, which was received with enthusiastic welcome and won overwhelming support at the 29th UN General Assembly, provides the following principles for Korea's reunification:

Firstly, reunification should be achieved independently without any outside interference;

Secondly, peaceful means, instead of recourse to armed force, should be used;

Thirdly, great national unity should have priority before difference in ideology, idea and system.

How good have the north and the south been in word and deed? They went on record as solemnly subscribing to the above set of principles.

Even after the publication of the North-South Join Statement, the Park Chung Hee regime has continued to rely on the United States and Japan for political, economic and military support, with the inflow of foreign capital increasing, rather than eliminate foreign intervention and end dependence upon outside forces. Assistance from foreign powers has remained crucial for Park's grips on power; as a matter of common knowledge, the Park regime is maintained with American weapons and Japanese money, With martial law declared upon the whole of south Korea, they carried out what they call "Yushin revitalization reforms of October," abolishing nominal parliamentary democracy and party politics and establishing one-man anti-communist dictatorship. They are headed for a showdown with the northern side, with all the anti-government forces contained under the pretext of "National power cultivation" and "every effort for national security."

North Korean, while reinforcing the proletarian dictatorship, has switched to and anti-U.S., anti-Park hard line in its search for reunification, with lesser emphasis on the north-south dialogue in the present situation. Nothing is known as to whether or not its bolsheik rule has been softened so as to fit in with a peaceful north-south reintegration through great national unity.

1) Considering the spirit of great national unity, both the north and the south Korean authorities can advocate their own doctrine and system but must refrain from imposing their own upon the other side. Mutual respect must prevail. The post-reunification politico-social structure is a matter to be decided depending upon the free will of the whole nation; either side should

not seek to have its own way.

2) Since the question of reunification concerns the right to national self-determination, the free will of our nation among others should be respected by big powers which in turn should discontinue their national interests-first policy. Intervention for influence by alien forces leaves no space for national sovereignty and prevents satisfactory solution of domestic issues in interests of a people concerned.

3) The north and the south Korean authorities are urged to create "Plazas for National Reunification" where anybody in two parts can express himself freely concerning the reunification question and take part in its democratic settlement. Establishing reunified state along democratic lines is a mission impossible unless great national unity is put above ideology and belief. It is necessary to terminate restriction of human rights and democracy and arbitary thinking.

4) The following policy-statements and proposals made by the north and the south Korean authorities after the announcement of the Joint Statement should be subjected to close scrutiny in light of its three principles:

On July 8, 1972 immediately after the North-South Joint Statement was announced, south Korean Premier Kim Jong Pil, addressing the National Assembly, stated, "We cannot have our destiny determined by a sheet of paper... No hope is to be pinned on the North-South Joint Statement." In a speech before Capitol, he on July 6 remarked, "UN troops in south Korea cannot be considered foreign forces." On October of the same year, Park Chung Hee said, "Time has come for us to make all-out effort for national security. All the national resources must be mobilized with all the citizens taking guns in their hands."

On June 23, 1973, Park called for a north-south agreement on non-interference in each other's affairs and on non-aggression and proposed separate UN membership for the two part. The same day Kim Il Sung made a counterproposal for (1) ending military Confrontation and diffusing tension existing between the north and the south, (2) undertaking north-south collaboration and exchange in various areas, (3) holding an all-Korea congress composed of representatives of north and south Korean political parties and public bodies and personalities in various walks of life, (4) forming a north-south confederation under the title of the Confederal Republic of Koryo, and (5) joining the UN as a single state under the above title.

On August 28, 1973, Kim Yong Ju, Pyongyang's Co-Chairman of the North-South Coordinating issued a statement, holding the Park regime responsible for the kim Dae Jung kidnap incident and denouncing its ruthless crackdown upon its people. In the statement he demanded KCIA chief Lee Hu Rak's removal from the commission as he was the mastermind behind the sweeping repressive measures. He also said that the repression must be stopped and democratic liberties restored. He added that the Coordinating Commission ought to be expanded to comprise representatives of south Korean political parties and public organizations and individual personalities.

In a statement issued the following day Seoul's Co-Chairman Lee Hu Rak called upon Kim Yong Ju to retract his statement and declared in press conference that the KCIA had nothing to do with the Kim Dae Jung case. In a New Year Press conference held on January 18, 1974, Park Chung Hee urged the northern side to conclude a north-south non-aggression treaty. The proposed treaty bans armed aggression and non-interference in internal affairs between the north and the south and presupposes the maintenance of the current armistice agreement. On March 25, 1974, the north Korean Supremen People's Assembly sent a letter to the US counterpart, offering to replace the present cease fire accord with a DPRK-US peace agreement on grounds that it was senseless and absurd for the south Korean authorities having no prerogative of supreme command of their own army to talk of a north-south non-aggression treaty.

2. National Cause vs. War Danger

North Korea under the leadership of Kim Il Sung is reported to be firmly committed to political independence, economic self-sustenance and self-defense. Without first-hand knowledge, it is not wise for us to try to evaluate north Korean policy aims and functions and their impact. It is clear that the north Korean people's government was created with Russian backing after the August 15, 1945 liberation. There is no doubt that in the pre-liberation anti-Japanese armed struggle Kim Il Sung followed a pro-Russian stand. It is open secret that north Korea planned liberation of south Korea in the Korean War. Today north Korea intends to reunify the country for the emancipation of the whole Korean nation. A renewed military conflict between the north and the south, comparable to the Korean War in scale, would most likely explode into a fatherland liberation war for north Korea.

There is a universal public awareness that the Park Chung Hee regime is maintained with American assistance as an offspring of Washington's Far Eastern anti-communist policy in which south Korea plays a vital part. Once a loyal officer in the defunct Japanese Imperial Army, Park joined the south Korea armed forces as an intelligence officer after the August 15 liberation. Since his rise to power as a key figure in a coup d'etat—motivated with anti-communism and anti-reunification—he has been a pro-American, anti-communist dictator, longer in tenure than Syngman Rhee. Being an incorrigible anti-communist champion, Park sees no reason to take any initiative for reunification with the Communists as his counterparts in any talks. Of greater and immediate concern for him is building up south Korean national strength whereby to perpetuate himself in power and attempt to neutralize communism and reunify the country.

In the post-liberation period, against the background of the protracted national-liberation movement in the preceding years, the issue was a rivalry for leadership in the reunification effort among the nationalist forces, the pro-American, anti-communist forces and the pro-russian communist forces. Thirty years since then, the systems established in the northen and southern halves have become too different from each other, breeding confrontation and antagonism. It is interference by capitalist big powers and support by socialist big powers, respective patrons of the two, that have added oil upon this inflammable hostility.

In order to carry through the pan-Korean undertaking of independent reunification, it is essential to preserve our indigenous interests and address ourselves to the question as a purely domestic affair. The long-standing pressure and intervention from outside forces must be frustrated and terminated once and for all.

In case big powers concerned and the north and the south Korean authorities, driven by their own selfish interests, make a departure form the Korean cause and the stand of national sovereignty, or attempt a hasty reunification, a bloody civil war is bound to occur and instantly develop into a full war involving big powers. The authorities in north and south Korea are called upon to fulfill their own responsibility in the cause of our nation for peaceful and independent reunification. They must renounce war as means for their communist or anti-communist purposes.

3. Big Powers Concerned Duty-Bound to Remove Obstacles in the Way of Reunification

Peaceful north-south reintegration presupposes national sovereignty and self-determination. This principle consequently precludes any interference from Washington and other powers concerned and rejects local elements subservient to them. A successful struggle for Juche entails expropriation of comprador capitalists.

Important here is an anti-comprador popular struggle. It is also necessary to expose big powers as protecting and fostering comprador forces in a bid to tighten their foodhold in south korea. These countries should desist from bolstering up the comprador forces and privileged classes whose business is to keep Korea divided, to abuse powers and seek for their own personal prosperity and pleasures. They should pressure their south Korean proteges to rectify their anti-national stance and work for the cause of national reunification.

The historic role of the south Korea nationalist forces in the reunification process should be set in proper perspective. After Korea was liberated, Kim Gyu Sik-led progressive nationalist forces and Kim Gu-led feudal nationalist forces-both objected to the homeland being divided and called for national reunification and independent through north-south negations. But, the US-backed pro-American, anti-communist forces persecuted them. The successive governments persisted in tracking down them. They have never been daunted in fighting for national sovereignty, reunification and independence, however. As jealous guardians of the pan-national interests, they have followed a middle-of-the-road course. With the north and south Korean socio-political systems left hostile to each other, there must be phased approach to complete reunification in which the nationalist forces will play a significant role. Sooner or later, this role will be brought home to the US and its allies credited with having curbed and undermined the nationalist forces in south Korea for the last 30 years.

Let me repeat what I want to say. The US and other big powers concerned must take steps to remove all the factors in splitting our nation and dismantle all the obstacles standing in our way for reunification; the proverb goes, "As a man sows, so shall he reap." The principal cause of the division of our homeland is never indigenous but to be found in the Korean policy followed by the US and other big powers. What is expected of them is to discontinue fanning north-south confrontation, distrust and misunderstanding to promote their own national interests, agree to the right of the Korean nation to self-determination, in-dispensable for peaceful reunification and great national unity and adopt relevant policy, with all their pressure and intervention terminated.

Something remains yet to be learned by them from the Indochinese situation. Quite evident therein is the criminal nature and the miserable end of an attempt by a big power to trample underfoot the right of smaller nations to self-determination.

Why on earth should the peoples of Vietnam and Cambodia have suffered such bloodbath and had their lands and livelihoods uprooted? A big power's selfish policy and conduct of barbarous war is to blame — the tow peoples' will went unheeded. The demands for national liberation and independence have survived power politics supported with tanks, cannons, aircraft and warships. War and split is a mere scene quickly disappearing into oblivion in an endless chapters of history. A nation is eternal. The blunder in Indochina should not be repeated on the Korean Peninsula. The overiding need is to admit the misconceived Korean policy dating back to 1945 and seek for a new policy designed to aid the right of our nation to self-determination, our effort to restore democracy in south Korea and bring about peaceful reunion.

〈 박기출(朴己出) 〉

민족통일문제연구원이사장

▣ 정치경력
- **미군정시대(1945~1948년)**
  - 민족자주연맹(대표 김규식) 중앙상무위원, 경상남도위원장
  - 민주독립당(대표 홍명희) 중앙상무위원, 경상남도위원장
  - 건민회(대표 이극로) 중앙상무위원, 경상남도위원장
  - 통일독립촉진회(대표 김구) 경상남도위원장

- **한국정부수립후**
  - 진보당 (대표 조봉암) 부위원장(1956년)
  - 반독재민주수호연맹 최고위원회위원(1960년)
  - 사회대중당창당준비위원회 최고위원회위원(1960년)
  - 반독재재야민주세력단일화추진위원회의장(1966년)

  - 진보당(대표 조봉암)의 부통령후보로 지명되다(1956년).
  - 반독재민주수호연맹(대표 장택상)의 부통령후보로 지명되다(1956년).
  - 국민당(총재 윤보선)의 대통령후보로 지명되다(1971년)

▣ 정치적박해
- 1946년 한국민주당의 음해 때문에 투옥되다.
- 1956년 이승만정부의 음해 때문에 투옥되다.
- 1958년 진보당 사건으로 투옥되다.
- 1959년 진보당 사건으로 재투옥되다.
- 1960년 허정내각과 민주당의 음해 때문에 투옥되다.
- 1961년 박정희 군사정권의 박해를 피해 잠행
- 1967년 박정희정부의 박해를 피해 잠행
- 1972년 박정희정권의 유신체제를 피하여 일본으로 가다.
- 1977년 지병으로 운명을 달리하다.

▣ 저 서
- 『내일을 위한 마음』
- 『인간을 위한 종교』
- 『민주적민족세력의 집결을 위하여』
- 『조선의 분단을 반대한다』

박기출박사와 한국정치사

독립운동·민족자주노선과 『한국정치사』

서 중 석(성균관대교수·역사문제연구소장)

1.

2004년 4·15총선은 의회민주주의의 하나의 혁명이었다. 외세의존적인 극우반공냉전 세력이 지배하던 국회에 역사상 처음으로 중도노선의 의회민주주의자 또는 진보적 정치세력이 주류를 형성했다. 수구냉전세력이 의회쿠데타라고도 불린 어처구니없는 탄핵결의를 해치우다가 국민적 저항을 만나, 진보적 정치세력들은 이렇다 할 투쟁을 하거나 고초를 겪지도 않고 저절로 의회의 다수파가 되어버렸다. 이 때문에 4·15총선의 혁명적 성격은 제대로 부각되지 않았고, 또 중도노선의 의회민주주의자들의 수구냉전세력과 얼마나 차별성 있는 정책을 펼지도 미지수다.

해방후 현대사에서 박기출박사가 말하는 진보적 민족주의자 — 비슷한 의미로 필자는 중도파 민족주의자라는 말을 자주 사용한다 — 가 정치적 영향력이 약했던 것은 결코 아니다. 해방이 되면서 조직되어 민족의 자주성·자치능력을 과시한 건국준비위원회는 그 시기에 가장 영향력 있는 단체였고, 건준위원장 여운형은 풍채나 연설솜씨, 서민적 풍모가 덧붙여져 대중적 인기가 대단했다.

김규식과 여운형이 우와 좌를 대표하여 벌인 좌우합작운동에 대해 한국인은 큰 기대를 가졌다. 왜 해방이 되었는데 좌와 우로 갈라져 그렇게 격렬히 싸우는지 이해할 수 없었던 민중들은 민족적 대단결로 민족국가를 건설하자는 좌우합작운동에 박수를 보내지 않을 수 없었다.

분단을 코앞에 두고 김구, 김규식이 북행을 했을 때에도 지식인 뿐만 아니라 일반 유권자들의 성원이 아주 컸다. 한 번도 분단의 역사를 겪지 않았으며, 분단이 되면 참혹한 동족상잔의 전쟁이 발발할 것은 필연적이었고, 어려운 경제를 더욱 힘들게 만들 것이 분명했기 때문에 어떻게 해서든 분단은 막아야 한다고 생각했던 것이다.

1956년 5·15선거 때 진보당추진위원회 대통령후보 조봉암의 인기도 높았다. 『한국정치사』에서도 구체적으로 지적하였지만, 선거운동의 불공정성은 차치하고, 투개표만 공정하게 했더라도 누가 대통령에 당선되었을지 알기 어려운 판국이었다.

그렇지만 1945년 9월 미군의 진주를 앞두고 우익은 중경임시정부 추대를 들고 나오고 좌익은 인민공화국을 만들면서 여운형의 영향력은 한계에 부닥쳤고, 좌우합작운동은 극좌 극우의 공격과 미국과 소련의 냉전으로 실패로 돌아갔다. 남북협상은 어차피 민족의 큰 이정표를 놓는 작업이었고, 국제상황이 분단을 막기가 어렵게 되어 있었다. 1956년 정부통령 선거는 조봉암이 표현한 바 "투표에 이기고 개표에 지고"(『한국정치사』, 일어판 166쪽. 이하의 쪽수는 모두 이 책 일어판의 것을 가리

킴)의 상황이 되었다. 다만 진보당추진위원회의 박기출이 부통령후보를 사퇴함으로써 민주당의 장면이 부통령에 당선되어 이승만과 자유당을 당황하게 만든 것이 그래도 위안이라면 위안이었다.

민주노동당이 4·15총선에서 10명의 국회의원 당선자를 낸 것도 정당사로 보나 의회사로 보나 쾌거였다. 이들의 노선이 어떠한 것인지는 명확한 것만은 아니지만, 과거의 활동이나 당선된 후의 언행으로 볼 때 사회민주주의 또는 진보적 민족주의에 가까운 것으로 생각된다.

분단 정부가 수립된 이후 진보적 민족주의자 또는 사회민주주의자들은 5·16군부쿠데타가 일어나기 이전까지는 시기에 따라 차이가 있으나 국회에서 일정하게 활동했다. 특히 1950년 5·30선거에는 조소앙, 장건상, 안재홍, 조봉암, 윤기섭, 원세훈, 오하영, 조시원, 여운홍, 김칠성 등이 당선되었던 바, 이들은 전쟁만 나지 않았더라면 비중 있는 역할을 맡았을 것이고, 따라서 외세의존적인 극우반공냉전세력이 견제당해 현대사가 상당 부분 달라졌을 것이 틀림없다.

진보당이 이승만정권과 또 하나의 친미일변도의 사대주의집단인 민주당(164쪽)의 야합에 의해 간부들이 옥고를 치르고 당이 붕괴되지만 않았어도 의회에서 보수와 혁신이 공존하고 경쟁하는 정치틀이 민로당 의회진출 반세기전에 어느 정도 형성될 수 있었다. 진보당은 5·15정·부통령 선거의 여세를 몰아 서상일측의 반대를 물리치고 급속히 창당하였고, 그리하여 1958년 5월에 있을 총선에 대비코자 했다. 그러나 1958년 벽두에 진보당사건이 발생함으로써 허사로 돌아갔다. 이 부분과 관련해서 『한국정치사』는 중요한 증언을 소개하고 있다. 1957년 10월 경기도 시흥에 있는 장택상별저에서 자유당의 이기붕, 민주당의 조병옥과 장택상이 저 유명한 '선거법협상안'을 마련했던 바, 그 자리에서 옛날 공산당출신의 조봉암과 남북협상파의 박기출이 지도하는 진보당을 배제하자는 데 합의했던 것이다(173~174쪽).

2.

필자는 『한국현대민족운동연구』 1·2, 『남북협상—김규식의 길 김구의 길』, 『조봉암과 1950년대』 상·하 등 여러 저서에서 진보적 민족주의자(중도파 민족주의자)의 평화적 통일독립운동과 민족자주노선을 중시했다.

해방 후 가장 시급하고 중대한 과업은 남북에 걸친 민족국가의 건설이었는데, 미국과 소련군대가 엄연히 주둔하고 있는 상황에서, 또 한국처럼 중국, 러시아 등 2대 대륙세력과 미국, 일본 등 2대 해양세력에 끼어 있는 상태에서는 자주적이면서도 주위 강대국에 우호적인 관계를 갖고, 내적으로 단결과 개혁을 해야 민족국가 건설이 가능했다. 그 점에서 여운형과 김규식의 좌우합작노선은 결코 이상에 치우친 것이 아니었고, 가장 현실적이면서도 정확한 노선이었던 것이다.

또한 분단정부 출현이 코앞에 닥친 상황에서 남북지도자들의 머리를 맞대고 민족의 위기에 대처하려는 노력을 하지 않았다는 것은 그들이 만난 신고를 무릅쓰고 수 십 년간 해온 독립운동을 부정하는 것에 다름 아니다.

1950년대의 상황에서 조봉암만큼 냉전체제를 넘어 민족의 입장에 확고히 서서 사고한 정치인은 찾기 어렵다.

진보적 민족주의자들은 미·소 어느 쪽에도 가담하지 않았기 때문에 그만큼 융통성 있는 정책을 펼 수 있었다는 점도(72쪽) 중시되어야 한다. 뿐만 아니라 극우와 극좌는 이들을 회색분자, 기회주의자로 공격했지만, 진보적 민족주의 또는 중도노선처럼 용기를 필요로 하는 노선도 없다는 점을 간과해서는 안된다. 이들은 친미 친소세력처럼 기댈만한 거대한 세력이 없었고, 오로지 민중만 자기편이었다. 그럼에도 불구하고 이들이 일제강점기에도 해방 후에도 한결같이 똑같은 길을 걸었다는 것에서 우리는 이들의 고매한 인격과 확고한 신념, 민중에 대한 신뢰를 엿볼 수 있다. 여운형의 죽음, 김구의 죽음, 조봉암의 죽음은 이들 개인의 비극이 아니라 민족의 비극이었다.

3.

필자는 진보적 민족주의자들이 큰 어려움을 맞으면서도 기사회생하여 또 다시 정치력을 발휘할 수 있게 되는 것을 보고 역사란 무엇인가, 한국인을 어떻게 평가할 것인가를 자주 되새겨 본다.

탁월한 대중적 지도자 여운형이 암살되었는데도 불구하고, 좌우합작세력은 민주독립당, 민족자주연맹으로 다시 구심점을 마련하였고, 이것에 김구·한독당이 가담해 남북협상파로 발돋움하였다 – 박기출도 민독당에 참여한 이후 계속 행보를 같이함으로써 남북협상파로 불리었다. –

김구 암살은 민족주의자들에게 큰 타격이었다. 그런데 민족주의자들의 수난과 곤경은 김구 암살로 끝난 것이 아니었다. 그것은 이승만·친일경찰의 반민특위 습격, 국회프락치사건과 하나의 세트를 이루고 있었다. 또 김구가 암살되자마자 한독당이 혹독한 탄압을 받았고, 진보적 민족주의자들의 규합 활동이 큰 어려움을 겪었다. 그것에 이어 5·30선거에서 특히 부산지역이 심했지만, 입후보한 진보적 민족주의자들은 이승만정권으로부터 공산주의자와 연계된 것처럼 몰렸고, 심한 탄압을 받았다. 부산에서 장건상 등은 구속되었다. 그럼에도 불구하고 옥중당선을 포함해 저명한 진보적 민족주의자들이 상당수 당선되었다.

만약 김구 암살에 의해 민족주의 세력의 결집이 와해되지 않고, 관헌의 평화통일세력에 대한 방해가 없고, 남북협상파의 자유로운 정치활동이 보장되었더라면, 제2대국회는 민족주의 세력을 중심으로 하는 평화통일세력이 장악했을 것이라는 평가(121쪽)는 설득력이 있다.

필자는 민주노동당이 우리 역사에서 배울 수 있는 정당이 있다면 어느 것이냐는 질문을 받을 때 사회대중당이나 통일사회당을 거론하지 않고 서슴없이 진보당을 제시한다. 진보당이야말로 당대의 역사가 부여한 임무, 곧 평화통일과 피해대중을 위한 정치를 실현시키려고 했기 때문이다. 그것은 역사에 대한 투철한 소명의식을 갖고 민중한테 진정으로 요청되는 과제가 무엇인가를 통찰력을 가지고 응시한데서 나온 결론이었다. 그것은 한국의 진보세력, 사회주의자들이 건듯하면 내세웠던 것처럼 진보사상, 과격사상을 도식적으로 대입한 것이 아니었고, 당시의 상황을 볼 때 어떠한 과격사상보다도 용기 이상의 용기를 필요로 하는 결단이자 의지의 발로였다. 그 때문에 진보당이 창당될 때까지 겪은 고초는 민주노동당 관계자들이 80년대와 그 이후에 겪었던 것보다 한층 더 컸다.

1950년 한국전쟁은 이승만 정권에 의한 보도연맹원 대량학살 등 주민집단학살, '부역자', 연좌제로 피해대중을 대량 산출했고, 참혹한 동족상잔은 민중으로 하여금 간절히 평화통일을 기원하게 했다. 전쟁이 발발하자 민족자주연맹 민주독립당 사회당 한국독립당 등 민족주의 세력에 속하든가 그것에 관계있는 사람들이 체포 구금되어 상당수가 죽음을 맞았다(137~139쪽). 박기출은 전쟁직후 체포되어 무수한 정치범이 학살되는 것을 목격했고 들었다.

조봉암은 전시하의 살벌한 공포정치 하에서 창당작업을 서둘렀으나, 그와 연관있는 농민회의는 바로 정부의 탄압을 받았고, 1951년 12월초 신당준비사무국 책임자 이영근 등은 대남간첩단사건으로 구속되었다. 1952년 8·5정부통령선거에서 대통령후보 조봉암은 임시수도 부산을 중심으로 이승만정권의 학정을 고발하고 책임있는 정치를 주장하여 차점자가 되었다. 그것에 대한 답변으로 조후보의 선거사무차장이었던 김성주가 헌병총사령부에 끌려가 비명횡사했고, 조봉암 자신은 소위 동해안반란사건에 걸려들어갈 뻔했다. 조봉암과 그의 주변에는 사신(死神)이 어른거리고 있었다. 1954년 5·20선거에 조봉암은 그의 출신구인 인천에서도, 또 서울과 부산에서도 후보등록을 할 수 없었다(158~159쪽). 아무리 정치의 귀재라지만 정계에서 강제로 추방당하고 말았다.

그럼에도 불구하고 역사의 힘은 역풍의 정치인을 다시 등장하게 만들었다. 1954년 11월 사사오입개헌이 불법적으로 이루어지게 되자 다급해진 야당정치인은 호헌동지회를 만들어 범야당을 조직하고자 했다. 서상일, 박기출, 신도성 등은 조봉암의 참가를 강력히 주장하다가 보수사대주의정당인 민주당이 탄생하자 기사회생한 조봉암과 함께 진보당추진위원회를 만들었다. 그리하여 1956년 5·15정·부통령선거에서 조봉암·박기출후보는 자유당 민주당의 정체를 여지없이 폭로하고 평화통일과 피해대중을 위한 정치를 펼 것임을 피력했다.

진보당사건으로 조봉암은 형장의 이슬로 사라지고 박기출 등 간부들은 옥고를 치렀다. 그러나 진보적 민족주의자들은 다시 활동할 기회를 갖게 되었다. 이승만이 3·15부정선거를 치렀던 것이다. 2004년 탄핵사태가 발생하기 이전, 외세의존적인 극우세력은 권력남용 부정선거 날치기통과 쿠데타 등으로 권력을 휘둘렀고, 그래서 이번에도 그와 유사한 행태인 탄핵결의를 해치웠다. 하지만 극우들의 3·15부정선거, 박정희 유신도당의 1979년 김영삼 의원제명사건, 전두환·신군부도당의 1987년 4·13호헌조치처럼 끝없이 이어가려는 더러운 권력욕은 결국 자신의 무덤을 자신이 파게 했다.

3·15부정선거에 대한 항거로 4월혁명이 일어났고, 그리하여 여운형의 인민당 — 근로인민당계, 김규식의 민족자주연맹계, 민련 등이 다수 포함되었던 진보당계가 다시금 역사의 전면에 등장해 사회대중당 — 통일사회당, 사회당 등을 만들어 진보적 민족주의자의 소임을 펼치고자 했다.

그렇지만 4월혁명으로 극우반공체제에 큰 균열이 생기자 극우반공체제의 무장력으로서 박정희, 김종필 등 친미친일의 군부가 쿠데타를 일으킴으로써 진보적 민족주의 세력은 어느 때보다도 엄혹한 상태에 놓이게 되었다.『한국정치사』에는 박정희 등 주동자들의 쿠데타 직후 청년학생 정치가들을 3만5천명 정도 체포 구금한 것으로 쓰여 있는데, 사대주의적인 군부는 쿠데타명분으로 내세웠던 부패무능한 민주당이나, 3·15부정선거를 저지르고 총기를 난사한 자유당정권 원흉들의 처단은 결국 흐지부지한 대신에 진보적 민족주의자들에 대해서는 지극히 가혹하였다. 감옥에 갇히지 않은 경우도 중앙정보부의 망과 개악된 국가보안법, 신설된 반공법 등을 동원해 감시하고 억눌렀다. 그래서 일부는 보수야당과 연결되어 활동했고, 학생들이 부분적이지만 진보적 민족주의자들의 역할을 대신하였다.

4.

　필자는 『한국현대민족운동연구』 2, 『조봉암과 1950년대』 상, 『남북협상 – 김규식의 길 김구의 길』을 저술하는데, 『한국정치사』에서 많은 새로운 사실을 알게 되어 큰 도움이 되었다. 이 책을 필자가 복사해 볼 수 있게 해준 정태영은 역저인 『조봉암과 진보당』 등을 저술할 때, 민족자주연맹계가 진보당에서 얼마나 중요한 역할을 맡았는가를 이 책에서 비로소 알게 되었다고 말씀했다. 물론 필자도 동의했다.

　이 기회에 필자는 『한국정치사』가 아니었더라면 중요한 사항인데도 실증적으로 체계를 세워 논리를 전개하지 못할 뻔한 것 하나를 소개하고 싶다. 필자는 1948년 12월에서 1월 사이에, 그리고 김구가 암살 당하기 한 달 전인 1949년 5월에 있었던 민족진영대동단결론을 중시하고 있었다. 김규식·민련계의 활동과 연관지어서도 중요하지만, 김구암살과 무관하지 않다고 보았기 때문이다. 그런데 이 부분에 관해서는 다른 연구자가 필자와 다른 주장을 개진한 바 있었다.

　김규식은 1948년 2월 26일 유엔소총회에서 남한만의 선거를 결의했을 때 몹시 실망했지만, "남조선 선거에는 (자신은)물론 불참하겠다. 그러나 남조선 선거에는 반대치 않겠고"라고 피력했다. 사실 분단이 가시화되고 있을 때 한독당은 물론이고 민련에서도 현실적으로 남한 선거에 참여해야 하지 않겠느냐는 주장이 만만치 않았다. 이러한 주장은 2월에 남북요인회담이 추진되면서 일단락되었으나, 김규식은 유엔소총회결의 직후 '불참가 불반대'를 제시하여 중도파 민족주의자들의 선거참여를 열어놓았다. 이것은 대단히 의미있는 주장이었다. 김구, 김규식 같은 분은 남한 단선에 참여할 수 없는 일이고 또 통일독립운동을 적극 펴야

하지만, 일부는 선거에 참여해서 국회를 중심으로 친일파 처단, 농민적인 토지개혁 주장을 하면서 통일독립운동에 호응하는 것은 중요한 활동이었고, 외세의존적인 이승만·한민당을 견제하는 것도 필요했다. 김규식의 논리는 남북협상 때문에 현실화되지 못했다.

김규식은 5·10선거가 끝난 7월 21일 통일독립촉진회발기회 및 결성대회에서도 치사에서 김구와는 사뭇 다르게 "어제 남조선국회에서 대통령이 선출되었는데, 나는 과거에 나의 성명과 같이 반대도 안하고 참가도 아니하는 동시에 그것나마도 잘 돼나가기를 바라며"라고 말했다. 실제로 김규식의 혜안은 제헌국회에서의 소장파 활약에서 입증되었다. 그런데 그해 12월부터 이승만, 김구, 김규식의 '3영수 합작설'이 유포되고 민족진영협의체구성이 보도되었다.

필자는 김구가 1949년 6월에 암살된 것은 김구, 김규식 등의 민족주의자들이 통일독립운동을 벌이는 것을 이승만정권과 미국이 위험시한 것이 기본 요인이지만, 민족진영대동단결의 외피를 쓰고 5·10선거를 보이코트한 민족주의자들이 다음해 5월에 치러질 선거에 참여하려고 한 것도 한 요인이라고 오래 전부터 생각하고 있었다. 또한 김구는 그 선거 뒤에 치러질 1952년 정·부통령선거에서 이승만의 유력한 라이벌이 될 수 있었다.

필자는 1948년 12월, 49년 정초의 움직임과 1949년 5월의 움직임이 의미심장하다고 파악했지만, 그것을 뒷받침해줄 증거가 불충분했다. 특히 김구쪽의 태도와 관련해 필자의 주장을 입증할 자료가 부족했다. 이러한 처지에서 다음과 같은 구절을 『한국정치사』에서 발견한 것은 광산업자가 광맥을 발견했을 때의 심정과 비슷했을 것이다.

"이 무렵 남조선 단독선거를 보이코트한 민족주의세력 중에서 경상도그룹(박기출, 윤우현 등), 한성일보그룹(안재홍, 박용희 등), 좌우합작 그룹(윤기섭, 운세훈 등)은 전민족적 반대에도 불구하고 신정부가 기성사실로서 성립하고 국가체제가 굳혀가고 있는 현실적 여건을 고려하여, 권력기구의 개변, 장악이 평화통일에의 지름길이라고 판단하고, 그래서 평화통일세력의 조직적 정비의 필요성을 강조했다. 1949년 초두부터 남북협상파로 불린 통일세력은 공동전선을 형성하기 위해 협의하고, 1950년에 예견되는 국회의원선거에 대거 첨가할 계획을 세웠다. 이러한 민족주의세력의 동향은 이승만정부의 친미매판·민족분열·정치탄압에 반발하고 있던 민중의 압도적인 지지를 기반으로 해 추진되었던 바, 그것은 친미파 집권세력한테 큰 위협이 되었던 것이다. 곧 이승만정권은 5월선거를 앞두고 남북협상파의 의회진출을 저지하기 위한 분위기 조성에 몰리고 있었던 것이다.

경상도지방을 중심으로 한 지방민족주의세력의 건의와 노력에 의해 한국독립당의 김구, 민족자주연맹의 김규식, 사회당의 조소앙 등 자주통일세력 지도자들은 통일선거대책위원회의 발족에 합의하기까지에 이르렀지만, 이승만·민주국민당의 음험한 책모와 김구 암살에 의해 민족주의세력의 결집은 실현되지 못하고 말았다."(117~118쪽)

요즈음 진보세력에 대한 관심이 높아지면서 조봉암·진보당 등에 대한 관심도 다시 커가고 있다. 필자는 왜 4월혁명기에 조봉암이 없다고 해서 진보당 간부들이 단결하지 못하고 여러 정당으로 이합집산을 하는가, 어찌해서 진보당 관계자가 전두환·신군부에 협력했는가 등등의 질문을 받는다. 전자에 대해서는 대개 진보당이 다핵(多核) 피라미드형 정당이 아니라, 조봉암을 중심으로 한 단핵원심정당이라는 정태영의 설명을 인용한다. 그와 함께 다음과 같은 지적도 강조하는데, 그것은 진보당 관계자의 변신, 변절을 설명해 줄 수 있을 것이다.

"이들 반정부세력은 현실의 제약된 여건을 감안해 서상일, 조봉암 등의 현실적응성을 보고 그 주위에 모였고, 진보당을 결성한 것이다. 거기에는 처음부터 통일된 사상이나 정치이념, 또 인간적 혹은 동지적인 깊은 끈이 있었던 것이 아니고, 무엇보다도 현실의 정치에 대한 격렬한 불만과 혁신에의 의욕이 공통점이 되었다고 할만하다. 이들 정치가 다수는 이조말기의 봉건적 가족제도의 영향하에 성장해 일본의 식민지노예로서의 굴욕을 강요받은 각각의 개인사를 짊어지고 있다. 곧 봉건적 신분제와 식민지 지배하에 형성된 정치의식・생활감정으로부터의 탈피 없이 해방을 맞았고, 그것의 충분한 청산을 거치지 않고 분단된 조국의 자주통일독립이라고 하는 사명을 떠맡게 된 사람들이다."(170쪽)

『한국정치사』는 어떠한 정치체제를 택할 것인가보다도 민족의 통일독립을 우선시한 진보적 민족주의 세력에 중심을 두고 서술한 역사서이다. 그럴 수밖에 없는 일이지만, 진보적 민족주의자들과 대극적인 위치에 있었고, 그래서 그들을 탄압・투옥・학살한 바 있는 이승만정권 및 그것에 연관되어 있는 한민당–민국당–민주당의 성격과 활동도 상세히 기술되어 있다. 다시 말하면 이 저서는 진보적 민족주의자의 입장에서 쓰여진 남한정치사이자 자신의 체험적 역사서라는 점에서 특별히 의미가 있다.

우리는 이 저서에서 민주주의와 통일독립의 길, 민족자주의 길이 얼마나 험난했는가, 극우반공체제가 얼마나 몹쓸 정치체제인가를 새삼 깨닫게 된다. 이 저서에서는 김구・한독당에 관해서도 흥미있는 기술을 볼 수 있다. 해방후 김구・한독당의 활동에 관해서는 부정확하게 알려진 것들이 많다. 이 저서에서 김구를 때로는 봉건적 민족주의자로 호칭하기도 한 것은 시사해주는 바가 적지 않다.

여해 선생님의 "한국정치사" 출판을 기념하며…

유 정 열(정치학박사, 한국외국어대학교 명예교수)

"정치를 하고 싶거든 통일된 뒤에 하라. 우리 민족 모두를 한집안 식구로 생각하라."는 내용의 유서를 남기고 1977년 8월 7일 타계하신 여해(如海) 박기출 선생은 68년의 인생을 선구적인 정치철학과 비존 속에서 마무리하였다. 그는 외과의사출신으로 정계, 의료계, 체육계, 한글학계에 숱한 업적을 남긴 부산-경남의 거목이셨다.

여해선생과 나의 인연은 1952년에 시작되었다. 6·25사변 당시 부산이 임시수도였으며, 서울대학에 입학한 본인은 여러 대학의 30여명 학생들과 "상록회"라는 연구 및 친목단체를 만들고 여해선생님을 고문으로 모셨다. 본인은 동래중학교 대선배이신 여해선생의 인품과 학구열에 매력을 느꼈었다.

여해선생은 "진보"라는 정치적 신념으로 삶의 대부분을 수난생활로 보내신 어른이시다. 광복을 맞이한 직후부터 그의 사회활동은 활발해져 임기 일년의 경남의사회장직을 1947년부터 1951년까지 초대에서 4대까지 맡았으며 경남체육회 초대회장, 한글학회 경남지회장으로 광복된 조국건설에 정열을 쏟았다.

그의 정치활동은 건국 초기 민족자주연맹 경남위원장, 민주독립당 경남위원장, 건민회 경남지회장 등을 역임하시며 이극로선생, 김규식선생 등과 교분을 맺고 해방 후 좌우의 극한대립의 와중에 온건 중도를 지향하셨다. 후일에는 진보 진영의 죽산 조봉암선생 등과 정치생활을 함께 하셨다.

여해 박기출선생은 "정치 윤리"를 신봉하신 훌륭한 전무후무한 참된 "정치인"(Politician) 아닌 "정치가"(Statesman)였으며, 오늘날 실추된 정치윤리의 표상이시며 현대 정치인들에게 많은 교훈을 남기고 있다. 선배를 위해 국회의원, 또 부통령 후보를 포기하는 용기와 여해라는 아호에 걸맞게 넓은바다와 같은 도량을 보이셨다.

여해선생은 6·25 직전인 1950년 5월에 실시된 제2대 국회의원선거에 처음으로 출마할 기회를 맞았다.

전국적으로 10.5대 1의 경쟁률을 보인 후보자가 난립한 이 선거에서 "대한국민당"과 제1야당인 민주국민당이 각각 24석을 차지했을 뿐 무소속 출마자가 126명이 당선되었으니 당시의 혼란했던 정국을 감히 짐작하고도 남는다.

부산 동구가 기반인 여해선생은, 그러나 상해 임시정부요인 출신이며 혁신계의 거물이었던 장건상선생이 이 지역에서 무소속으로 출마하게 되자, "대를 위해 소를 희생한다."는 정신으로 출마를 포기하며, 오히려 장건상선생의 선거운동을 도와 옥중당선의 영예를 안겨주는 데 큰 역할을 하셨다.

1956년에는 진보당 부통령 후보가 된 뒤 사퇴한 일이 있었다.

1955년 말에 조봉암, 서상일, 박기출, 김성식, 윤길중선생 등 12인이 진보당 추진위원회를 만들고 1956년의 5·15 제3대 정·부통령선거에 대통령 후보로 조봉암선생, 부통령 후보로 여해선생을 지명하였다.
  진보당추진위는 선거가 임박해짐에 따라 신익희선생과 장면선생을 정부통령 후보로 내세운 민주당과 야권연합 문제를 협의하게 되었다. 따라서 4월 27일에 양당의 정·부통령 후보 4인이 회담을 갖기로 약속하였으나, 장면선생의 불참으로 3인 회동이 되었다. 이때 조봉암선생은 대통령 신익희, 부통령 박기출이란 파격적인 안을 내놓았고, 신익희 선생은 이에 찬동하면서 장면 선생과 다시 회동해서 결론을 내기로 하고 헤어졌다.
  그러나 5월 5일 신익희 선생이 호남유세도중 급거함에 따라 야권의 대통령 후보는 자연히 조봉암선생으로 단일화되었다. 여해선생은 5월 9일에, "부통령 후보단일화를 위해 용퇴한다."는 성명을 내고 후보를 사퇴한 미담이 있다.
  야인으로서 생을 마무리한 여해선생은 "양심있는 정치가"였다. 부산에 내려와 있다 4·19혁명을 맞은 여해선생은 그의 논설집 "내일을 찾는 마음"에서 이렇게 적었다. "15년간 이승만 정권타도를 위해서 싸워왔으나 그것을 이루지 못하고 결국 청년학도의 피로써 이승만을 축출케 됐구나. 나의 정치적 투쟁이 좀더 슬기로웠다면 수많은 이 땅의 꽃들을 죽이지 않았을텐데. 부끄러운 마음을 금할 길이 없다."고 비통해 하셨다.
  우여곡절 끝에 여해 박기출선생의 "한국정치사" 한국어판이 나오게 되었다.
  출판을 진심으로 축하하며 광복직후의 암담하고 격동했던 한국현대정치사를 조명해주는 훌륭한 사료가 될 것이다.

1973년에 정계를 은퇴하신 여해선생은 다음해인 1974년에 일본 큐슈로 건너가 1977년 귀국하실 때까지 그곳에서 생활하시며, 일본어판 "한국정치사"를 집필하신 것이다. 비록 이승만정부와 박정희정부에 대한 비판적인 내용이 많아 1989년까지 국내에선 금서로 지정되기도 하였으나, 그 당시의 진보적인 성향을 지닌, 중도적인, 또 민족주의자였던 한 정치인의 솔직한 현실을 조명한 사료로 소중한 저서이다. 이 점을 여해선생 본인도 저서의 서문에서 언급하고 계시다.

이 출판을 계기로 "혁명적 민족주의 운동가, 진보적 민족주의 운동가"로서의 여해 박기출선생의 생애를 되새기며, 그의 삶을 기리고자 한다.

박기출박사님의 『한국정치사』의 출간에 붙여

정 태 영(정치학박사)[*]

　본인이 박기출선생이 집필한 "한국정치사" 일본어판을 입수하여 읽게 된 것은 1988년 여름쯤 되어서 죽산 조봉암선생의 문집 발간을 위해 자료를 수집하고 있을 때였다.
　진보당 중앙간부로서 책이나 자료를 남긴 분이 거의 없는 상태였다. 그런데 이 책이 입수되어 놀라웠다.
　박기출선생은 1956년의 정·부통령선거 때 조봉암선생과 한 티켓으로 진보당 부통령 후보로 출마까지 한 분이지만 부산에 근거를 두고 정치활동을 하였기 때문에 중앙의 정계에는 그리 널리 알려진 일이 없었던 분이었다. 역자 역시 당시 젊은 나이로 전국에 걸쳐 비교적 활발한 활동을 하고 있을 때 밤새워 술자리를 함께 한 일이 있는 사람조차 박기출선생에 관하여는 많은 것을 알고 있지 못했던 것이 사실이다. 그런데 이 책을 접하고서 비로소 선생의 모습을 올바로 보게 된 것이었다.

---

[*] 전 진보당 청년부장, 전 동양통신 외신부 기자, 『조봉암과 진보당』(1991년, 한길사) 저자.

처음에는 대수롭게 생각지 않고 읽어나갔지만 차츰 긴장하게 되었다. 내용이나 책의 체제도 그렇거니와 그 책에 흐르고 있는 기본사상에 일관성이 있는데 놀랐다.

해방 후 의사로서 뿐만 아니라 다양한 정치사회활동에 참여했던 선생은 이극로, 홍명희 선생들을 비롯한 많은 민족지도자들과 활동을 함께 했으며 특히 민족자주연맹(민련) 경남위원장으로 김규식선생과 함께 중간파 운동을 활발히 전개했고 그 활동의 과정에서 조봉암선생과도 깊이 접촉을 하게 되었다는 것을 알게 되었다.

본 『한국정치사』만 하더라도 선생이 발행했던 일간지 '민중중보'의 내용을 정리해서 완성한 것으로 당시 중간파 지도자들의 기본사상과 정치에 대한 시각을 알기에 충분한 것이었다. 그런 의미에서 이 책은 학문적 가치를 지니고 있는 것이라고 확신하게 되었으며 정치학도들에게 일독을 권할 가치가 있다고 믿는다.

조봉암선생이 1959년 날조된 '진보당사건'으로 법살된 직후 1960년 3·15부정선거를 전후해서 부산·대구를 중심으로 혁신계 재규합운동이 있었는데 서상일·이훈구·김성숙·정화암 등 구 민혁당계 지도자들의 일부와 장택상과 더불어 '반독재 민주수호 연맹'을 결성하여 1960년의 정·부통령선거에 임한 일 등은 압살적 군부독재 하에서 양심적 진보세력의 정치활동이 얼마나 어려웠던가를 보여주는 상징적인 일이라고 할 수 있다. 그 후 군부독재와 싸우기 위해 혁신계를 이끌고 신민당에 입당하여 투쟁하신 것은 선생께서 어떠한 교조적 사고에 빠지지 않으시고 민족번영과 조국통일을 위하여 폭넓은 생각과 활동을 계속 하셨다는 사실은 정치지도자로서 우러러 볼 일이라고 본다. 박정희 유신에 이르러 일본으로 망명 아닌 망명을 하셔서 계속하여 투쟁하시고 불의와 타협하지 아니한 선생의 지조는 오늘날 우리들의 귀감이라 하겠다.

 선생은 일본에서 암으로 투병하는 동안 자료들을 정리하여 이 책을 남겼다. 고통의 순간순간을 이겨내며 이 책을 완성한 선생에 깊은 경의를 표하며 삼가 명복을 빈다.

보도자료 - 국제신문 <1992년 8월 8일>

부산경남 政脈 - 如海 朴己出 ①

「進步黨사건」연루 平生을 政治的 박해 속에

李承晩 독재정권 막바지 무렵인 1958년 1월 13일.

自由黨, 民主黨과 함께 3대 정당의 하나로서 성장하던 進步黨의 曺奉岩위원장과 朴己出 金達鎬부위원장 尹吉重간사장 등 핵심 黨간부 9명이 전격 구속되는 이른바 「進步黨사건」이 터졌다.

반공이데올로기와 美國의 영향력을 등에 업은 李承晩정권은 부산정치파동, 사사오입개헌 등으로 헌정사에 오점을 남기면서 정권연장에 몰두해 오다, 당시 최대 정적으로 부상하던 竹山 曺奉岩을 이중간첩 梁明山과 연루시켜 제거작전에 돌입한 것이다.

이듬해인 59년 7월 31일 竹山은 결국 사형이 진행되나 부위원장이던 朴己出은 다른 간부들과 함께 무죄로 풀려나왔다.

進步黨 창당부터 핵심멤버로 활약하면서 竹山의 죽음과 進步黨의 궤멸상을 지켜봤던 朴己出은 진보성향을 가졌다는 이유만으로 이 사건 말고도 평생을 정치적 박해 속에 살다간 정치인으로 기록된다.

그의 정치인으로서의 정상적인 의정활동은 7대 국회에 등원한 것이 고작이다. 이처럼 가시적인 큰 업적을 남긴 것이 없음에도 해방 후 우리

나라 진보진영의 흥망성쇠와 궤를 같이 해왔다는 점에서 그의 족적은 높이 평가되고 있다.

그는 특히 당시 정치인으로서는 보기 드물게 외과의사 출신으로 부산 의료계에도 적지 않은 업적을 남겨 부산시민과 끊기 어려운 연을 맺기도 했다.

如海 朴己出은 1909년 4월 28일 부산 西區 富民洞에서 양조장을 하는 비교적 유복한 집안에서 태어났다.

富民소학교를 졸업한 그는 24년 東萊高普에 입학, 학업성적은 상위권이었다.

현 東萊高校에 남아 있는 그의 학적부에는 1학년 때 6등, 이후 5학년 때까지 줄곧 2등으로 기록돼 있다. 또 그의 평가란에는 「온후담백, 언어 능변 명쾌. 용의단정 침착」이라고 기록돼 있다.

6회 졸업생인 그의 東萊高普동문들은 한결같이 그에 대해 성적이 우수하고 의지가 굳으며 웅변에 능했던 학생으로 기억하고 있다.

『활달하고 스케일이 커 상대방을 압도하는 능력이 있었습니다. 日帝치하의 사회상에 대한 비판의식도 강했던 것으로 기억되는데 그의 스타일로 볼 때 醫大에 입학한 것은 의외였어요.』 동기생인 文翔煥씨(83·東萊기영회이사장)의 회고이다. 如海가 高普졸업후 정치경제학 등 사회과학계가 아닌 東京醫專에 입학한 의외성을 그의 장남인 朴元枃씨(57·한남대교수)는 이렇게 설명했다. 『日帝치하의 한국인으로서 사회과학을 택하게 되면 日帝 앞잡이가 되기 쉽다는 판단에서 醫大로 진학한 것으로 압니다. 의술로서 한민족에 봉사하겠다는 뜻을 가지셨죠.』

그는 東京醫專재학중 웅변능력이 뛰어나 2학년 때 도쿄서 열린 전국대학생웅변대회에 참가, 1등을 차지하기도 했다.

如海는 醫專을 졸업한 해인 35년 귀국, 徐福童씨와 결혼했으며, 이때부터 1943년 개업하기 전까지 부산府立병원에 근무했는데, 이 기간중 42년 日本 九州大에 재차 유학, 의학박사학위를 취득했다. 부산출신 의사중 3번째로 日本서 학위를 취득한 인물로 부산醫史에 기록돼 있다.

43년 부립병원을 그만둔 如海는 부산 東區 草梁洞에 光本외과(해방후에는 朴외과로 개칭)를 개업, 61년 5·16군사쿠데타 전까지 생업으로 삼았다.

8·15해방직후인 1946년 如海는 美군정청 부산지방 초대 후생국장직을 받았으나 국장직에 오른지 8개월만에 美군정청과 의견충돌로 사임했다.

朴己出의 매제이며 원로의사인 崔曎達씨(65·중앙외과원장)는 당시를 다음과 같이 회고했다.

『당시 세계적으로 호열자(콜레라)가 만연, 국내에서도 피해가 극심한 상황이었으나 美군정청이 귀국동포들에 대한 검사를 제대로 하지 않고 입국시켜 이를 못마땅히 여긴 如海와의 마찰이 심했습니다. 특히 日人들이 남기고 간 敵産병원 불하를 놓고 如海는 귀환동포 등 재산이 없는 의사들에게 돌아가기를 바랐으나 美군정청이 이미 개업한 부유한 의사들에게 불하하자 크게 반발해 결국 사표를 냈지요.』

朴己出은 이무렵부터 사회활동에 적극적으로 참여하기 시작한 것으로 알려졌다.

47년부터 51년까지 임기 1년의 慶南의사회장직을 초대에서 4대까지 맡은 것을 비롯, 慶南체육대회 초대회장을 지냈고, 民族自主聯盟 慶南위원장, 民主獨立黨 慶南위원장, 健民회 慶南위원장, 한글학회 慶南지회장 등도 이 당시에 역임했다.

그가 특히 한글학회지회장을 할 때 그의 문패를 『밝기출』이라고 써

붙였는데 「朴」이 「밝다」는 뜻임을 강조한 것이라고 가족들은 말했다.

이처럼 해방이후부터 그의 사회 활동은 두드러졌으나 진보정치인으로서의 행보가 언제부터 어떤 계기로 시작됐는지는 분명치 않다.

다만 그와 같은 노선을 걸었던 정치인들의 증언을 종합해보면 42년 조선어학회사건으로 투옥되는 등 한글학자이자, 민족주의자인 李克魯와의 만남이 如海의 정계입문과 관계가 있는 것으로 짐작된다.

1946년 李克魯가 창설한 健民會에 如海가 慶南위원장으로 참여한 기록이 있으며, 이때부터 중앙무대를 오가면서 金奎植, 曺奉岩 등 민족주의 정치인들과 교류가 시작됐다는 시각이 지배적이다.

특히 그는 民族自主聯盟에 관계하면서부터 중앙정치무대의 주요인물로 부각됐으며 尤史 金奎植과의 친분관계도 쌓게 된다.

如海를 아는 사람들은 그가 애초에는 李克魯의 영향으로 진보진영에 발을 들여놓았으며, 정치적 활동은 金奎植 등과 같이 한 것으로 보고 있다.

朴己出의 정치적 노선을 정확히 파악하기 위해서는 당시의 사회상황과 金奎植, 李克魯의 위치를 좀더 알아볼 필요가 있다.

해방후 左右의 극한대립이 계속되던 중 남북통일을 기대하던 민족진영은 1946년 5월 8일 제 1차 美蘇공동위원회가 결렬되자 美군정의 통일중재에 의심을 갖기 시작했다.

그에 민족진영은 左右합작운동을 본격화하기 시작했다. 당시 좌익세력제거에 매진하던 美군정은 여론무마작업의 하나로 온건한 중간파를 내세워 합작운동을 적극 지원했다.

당시 중간파로서 左에 가깝던 夢陽 呂運亨과 右에 가깝던 尤史 金奎植이 각각 左右의 대표격이 되어 합작을 추진했다. 그러나 夢陽은 左파로부터 인정을 받지 못했고, 尤史 역시 右파로부터 좌익인물로 치부돼

합작운동자체가 성사되기 어려운 상황이었다.

그뒤 47년 5월부터 美蘇2차공동위원회가 개최됐으나 뚜렷한 진전을 보지 못하고 지지부진하던 중 같은 해 7월 19일 夢陽이 암살당함으로써 민족통일은 고사하고 좌우합작운동마저 궤멸될 위기에 놓였다.

이때 金奎植은 左右의 편향을 배제하고 民族자주노선을 지향한다는 기치아래 당시 중간파에 속하던 19개 정당 및 단체를 결집, 47년 10월 民族自主聯盟을 결성하기에 이른다.

민족자주연맹에 참가한 인물로는 尤史를 비롯, 元世勳, 安在鴻, 崔東昨, 金炳魯, 洪命熹 등이 있으며, 健民會를 이끌던 李克魯도 이에 가세했다.

물론 朴己出도 健民會의 일원으로 민족자주연맹에 참가했으며 민족자주연맹 慶南위원장을 맡았다.

朴己出과 尤史와의 교분은 이때부터 본격화된 것으로 유추되며 향후 朴己出의 정치 성향은 尤史의 영향을 크게 입게 된다.

보도자료 - 국제신문 〈1992년 8월 22일〉

부산경남 政脈 - 如海 朴己出 ②

3代大選 부통령후보 용퇴 張勉당선一助

如海 朴己出은 6·25직전인 50년 5월 실시된 제2대 국회의원 선거에 처음으로 출마할 기회를 맞는다.

전국적으로 10·5대1의 경쟁률을 보일 정도로 후보자가 난립한 이 선거에서 人韓國民黨과 제1야당인 民主國民黨이 각각 24석을 차지했을 뿐 무소속 출마자가 1백26명이 당선돼 당시의 혼란상을 미루어 짐작케 한다.

부산 東區가 기반인 朴己出은 그러나 임정요인 출신이며 혁신계의 거물이었던 宵海 張建相이 이 지역에서 무소속으로 출마하게 되자 「大를 위해 小를 희생한다」는 심정으로 출마를 포기하기에 이른다.

오히려 張建相의 선거운동을 도와 옥중당선의 영예를 안겨주는데 일조했다.

그해 한국전쟁이 발발하자 좌익분자검거령이 내려지면서 6월 28일 朴己出도 경찰서에 구금되고 만다.

동료의사로서 如海와 친분이 있었던 崔基大씨(76·崔소아과의원장)는『전쟁이 터진 뒤 좌익으로 분류된 인사들은 모두 정보부에 끌려가 목숨을 잃는 상황이었기 때문에 朴己出의 경찰서감금은 오히려 그에게 피신의 기회를 제공한 꼴이 됐는지도 모른다』고 당시를 회고한다.

한국전쟁 이후에도 진보진영은 李承晩정권의 갖은 탄압으로 세력이 크게 줄어들었다. 54년 9월 사사오입개헌으로 李承晩정권이 영구집권체제를 갖추게 되자 民國黨과 무소속 국회의원 등 61명은「호헌동지회」를 만들어 新黨운동을 펴며 이에 맞섰다.

이때 진보진영의 竹山 曺奉岩도 호헌동지회에 참여코자 했으나 趙炳玉, 張勉, 鄭一亨 등 보수파의 반대로 뜻을 이루지 못했다.

호헌동지회에 참여한 인사들 중 徐相日, 張澤相, 愼道晟, 錢鎭漢, 尹致瑛 등 18인은 竹山이 비토당하자 탈퇴, 43명의 의원들만 모임에 남아 55년 9월 19일 民主黨을 결성했다.

이에 앞서 호헌동지회 탈퇴인사들은 기존 혁신세력들과 함께 진보적 신당의 결성을 모색하기 위해 9월 1일「광릉회합」을 마련했다.

이 자리에는 曺奉岩, 徐相日, 張建相, 尹吉重, 愼道晟 등 40여명이 참석했다.

이들은 같은해 12월 22일 進步黨추진위원회를 결성하고 曺奉岩, 徐相日, 朴己出, 金成淑, 尹吉重 등 12인이 발기인으로 참여했다.

이듬해 5·15 제3대 정부통령선거를 앞두고 進步黨추진위는 대통령후보에 曺奉岩, 부통령후보에는 朴己出을 지명했다.

진보당추진위는 선거가 임박해짐에 따라 申翼熙와 張勉을 정부통령후보로 내세운 民主黨과의 野圈연합문제를 본격 거론하기 시작했다. 마침내 그해 4월 27일 兩黨의 정부통령후보 4人이 회담을 갖기로 약속했다.

그러나 이 자리에 張勉이 불참, 결국 3자회담이 되고 말았다.

이날 竹山은 △대통령후보는 申翼熙로 하고 △당선되면 民主黨단독으로 내각을 구성해도 좋으며 △부통령후보는 朴己出에게 양보한다는 등 파격적인 案을 내놓았다.

당시의 상황에 대해 朴己出은 59년「인물계」12월호에 투고한「民主黨 내분을 보고 야당연합운동을 상기한다」는 글에서 다음과 같이 회고했다.

『그때 竹山은 자기를 버리고 정권교체를 갈망하는 국민의 여망에 따르려했다. 이날 申翼熙도 竹山의 제안에 대해「曹奉岩의 요구는 지당하다. 다만 張勉씨가 참석치 않았으니 선거전에 다시 만나 재론하자」고 말했다. 두 사람 사이에 이견은 없었던게 분명하다.』

이 회담에 대해 당시의 신문들은「결렬」로 보도했으나 朴己出은 그렇게 보지 않았던 것이다.

그러나 5월 5일 申翼熙가 湖南유세도중 急逝함에 따라 野圈의 대통령후보는 자연히 曹奉岩으로 단일화되었다.

朴己出도 5월 9일『부통령후보단일화를 위해 용퇴한다』는 성명을 내고 후보를 사퇴했다.

이렇게 해서 李承晩과 曹奉岩이 1대1로 맞붙게 된 제3대 대통령선거 결과로 李承晩이 5백46만여표를 얻어 당선된 반면 竹山은 2백16만여표를 얻는데 그쳤다.

그러나 부통령선거에서는 朴己出의 사퇴에 따라 民主黨 張勉후보가 4백1만여표를 획득, 3백80여만표를 얻은 自由黨의 李起鵬후보를 누르고 당선됐다.

여당대통령에 야당부통령이 탄생한 기록을 남기게 된 것이다.

朴己出은 進步黨창당이 본격 추진될 즈음 집은 부산에 있었으나 서울서 활동해야 할 일이 많아지면서 그에게 제2부인이 생긴 것으로 알려진다.

如海의 제2부인은 서울에서도 알아주는 부호집안의 딸로서 남몰래 進步黨에 정치자금을 대오다 그와 사랑에 빠졌다는 것이 당시 進步黨동지들의 전언.

如海는 丁씨성을 가진 이 여인과의 사이에 아들을 하나 두었는데 현재 美國의 시카고에 거주하고 있는 것으로 알려져 있다.

제3대 大選후부터 李承晩은 曺奉岩 제거에 몰두하게 된다.

李承晩이 이 선거에 적지않은 표차이로 이겼다고는 하나 관권개입 등이 많았던 점을 감안하면 차기선거에서는 낙관할 수 없는 입장이기 때문이다.

당시 선거상황에 대해 朴己出은 그의 저서 「한국정치사」에서 「…투개표관리권을 독점하고 있던 自由黨과 정부기관은 進步黨관계자의 입회를 허락지 않고 竹山의 표를 크게 줄이는 한편 李承晩 표를 불려놓았다. 李承晩의 당선은 날조된 것이었다. 샌드위치표 등 부정개표가 난무한 전형적인 관권선거였다…」고 기술하고 있다.

大選후 進步黨추진위는 모든 在野를 망라한 野圈단일정당을 추진했으나 내분이 생겨 曺奉岩, 朴己出, 金達鎬 등의 進步黨과 徐相日, 李東瑩, 朱基瑩, 劉天, 高貞勳 등의 民主革新黨으로 양분된다.

결국 56년 11월 10일 進步黨측은 서울시공관에서 창당대회를 열어 위원장에 曺奉岩, 부위원장에 朴己出, 金達鎬, 간사장에 尹吉重 등을 뽑고 정식 출범한다.

그뒤 進步黨의 黨勢확장에 위협을 느낀 李承晩은 제4대 민의원선거를 앞둔 58년 1월 進步黨간부들을 보안법 위반혐의로 전격 구속시켜 竹山제거작업에 착수하기에 이른다. 소위 말하는 「進步黨사건」이 그것이다.

같은해 2월 25일 進步黨은 불법단체로 규정돼 정당등록이 취소됐다. 이에 따라 5월로 예정된 민의원선거에 참여할 길이 막혀버렸다.

進步黨간부들이 구속된 주된 이유는 북한간첩과 내통, 정치자금을 받아썼다는 것인데 특히 曺奉岩은 이중간첩 梁明山(梁利涉)과 접선, 정치자금을 수수한 혐의를 받았다.

이들은 재판에 회부돼 58년 6월 13일 1심에서 曺奉岩, 梁明山은 死刑, 尹吉重은 無期, 朴己出, 金達鎬는 징역 20년 등을 각각 구형받는다.

그러나 같은해 7월 2일 1심선고공판에서 柳秉震재판장은 曺奉岩에 대해 간첩혐의는 무죄판결을 내리고 기타죄에 대해 징역5년을 언도했다. 1심은 梁明山에게도 5년 징역형을 내리고 나머지 17명에게는 무죄를 선고했다.

進步黨간부들이 억지간첩이 되었음을 여실히 증명해 준 결과였다.

그러나 선고 3일 후 自由黨 사주를 받은 반공청년단원 2백여명이 「타도 柳秉震판사」를 부르짖고 『曺奉岩에게 보안법을 적용해 극형에 처하라』고 외치며 법원에 난입함으로써 이른바 「사법파동」을 겪는다.

그결과 10월 25일 있는 항소선고공판에서 曺奉岩, 梁明山에게 死刑, 朴己出, 尹吉重, 金達鎬에게 징역 3년이 언도되는 등 19명 전원에게 실형판결이 내려졌다.

변호인단은 즉시 상고, 이 사건이 대법원에 올려진 뒤 59년 2월 16일 최종판결에서 曺奉岩과 梁明山에게만 死刑이 선고됐고 朴己出을 비롯, 전원이 무죄석방 되었다.

그해 7월 30일 竹山 曺奉岩의 마지막 재심청구가 기각되고 다음날인 31일 竹山은 西大門형무소에서 극비리에 사형이 집행됐다.

竹山은 『나의 罪는 정치활동을 한 것 뿐이다. 국민을 잘 살게 해보자는 것이 이렇게 됐구나. 마지막 술 한 잔을 달라』는 말을 남기고 형장의 이슬로 사라졌다.

보도자료 - 국제신문 <1992년 8월 29일>

부산경남 政脈 - 如海 朴己出 ③

67년 총선 신민당후보로 첫당선

進步黨사건에서 무죄석방된 如海 박기출은 竹山이 사형을 당한 뒤 참담한 심정으로 낙향, 부산에 머물렀다.

이즈음 진보진영 정치인들은 거의 활동정지상태에 들어간 것은 물론이다.

그후 自由黨정권의 종착역을 향한 막바지 폭압정치가 극에 달하고 있을 즈음인 1959년 12월부터 진보진영은 물밑으로 서서히 勢규합작업에 나서 다시금 일어설 기회를 엿보기 시작했다.

이때 적극적으로 나선 사람은 醒民學會의 金培英 金漢德 舊進步黨系의 尹竹鄕 金在奉 林甲守 등이었다. 이들은 民主革新黨系의 徐相日 金成璹, 進步黨系의 金達鎬·尹吉重, 민족주의 민주사회당 소속의 李勳求·錢鎭漢 共和黨系의 張澤相 무정부주의자인 鄭華岩 등과 잇달아 접촉하면서 新黨을 추진했다.

마침내 60년 2월 2일 부산서 上京한 朴己出을 비롯 徐相日 張澤相·金成璹 鄭華岩 등이 주축이 되어 「反獨裁民主守護聯盟」을 결성했다.

이들은 2월 8일 3·15 정부통령선거에 대비, 대통령후보에 張澤相, 부통령후보에 朴己出을 각각 지명해 大選준비작업에 돌입한다.

반독민련은 후보등록마감일인 2월 13일이 임박해 등록서류준비에 나섰으나 서울 西大門구청 앞에서 自由黨정권의 사주를 받은 폭도들의 습격으로 서류를 강탈 당하고 연맹원 수십명이 부상을 입는 사태가 발생, 등록 조차 못하고 말았다.

이로 인해 반독민련은 결성된지 11일만에 와해됐으며 如海 朴己出은 부산에 있는 자신의 병원에 감금됨으로써 정치활동의 길이 다시 막혔다.

그뒤 自由黨정권은 3월 15일 정부통령선거에서 엄청난 부정을 자행, 정부통령에 李承晩과 李起鵬이 각각 당선됐으나 전국적으로 일어난 부정선거 규탄시위에 직면해야 했다.

이같은 시위는 마침내 4월 혁명으로 발전, 4월 26일 李承晩은 『국민이 원한다면 대통령직을 사임하겠다』는 성명을 발표하고 下野함으로써 李承晩독재정권은 종지부를 찍었다.

부산에 내려와 있다 4월 혁명을 맞은 朴己出은 그의 논설집 「내일을 찾는 마음」에서 自由黨정권의 몰락에 대한 심증을 다음과 같이 피력했다.

『15년간 李承晩정권의 타도를 위해 싸웠으나 그것을 이루지 못하고 결국 청년학도의 피로써 李承晩을 축출케 됐구나. 나의 정치적 투쟁이 좀더 슬기로웠다면 수많은 이땅의 꽃들을 죽이지 않았을 텐데. 부끄러운 마음을 금할 길이 없다….』

4월 혁명후 진보 및 혁신 세력은 수면위로 부상, 새정치시대에 동참하기 시작했다.

당시 여러 갈래의 혁신계가 태동했는데 이중 舊進步黨과 民主革新黨 勤民黨系 인사들이 광범위하게 참여한 社會大衆黨이 그 중심세력으로 떠올랐다.

如海도 徐相日 尹吉重 등과 社會大衆黨에 참여, 정계에 복귀했다.

大衆黨은 이해 5월 13일 발기한 뒤 창당준비위를 발족, 대표에 徐相日, 간사장에 尹吉重을 각각 선출했으며 如海는 총무위원으로 선임된다.

4월 혁명 뒤의 과도 정부를 이끌던 許政내각은 일단 3·15선거의 결과를 모두 무효화하고 7월 29일 총선거 실시를 공고, 정국은 다시 선거 국면에 들어갔다.

朴己出도 이 때 처음으로 釜山鎭甲구에서 출마했다.

그러나 如海는 이 선거에서 1만 2천여 표를 획득, 民主黨후보로 나선 李鍾南(2만5천9백67표)에 뒤져 낙선하고 만다.

7·29총선은 혁신계의 대참패였다.

당시 혁신계 정당중 社會大衆黨이 1백29명, 錢鎭漢이 이끈 韓國社會黨이 21명, 韓國獨立黨이 12명을 각각 공천해 후보를 내보냈으나 社會大衆黨 4명, 韓國社會黨과 韓國獨立黨이 각 1명씩 당선시켰을 뿐이었다.

이에 반해 보수정당인 民主黨은 1백 75명의 당선자를 내 전체의 75.1%를 차지, 당시의 民意가 비록 自由黨독재정권에 반기를 들긴 했으나 급격한 개혁을 원치 않았음을 반영했다.

7·29총선 후 진보진영내부에서는 총선패배에 대한 책임론이 대두, 각 정파간 이합집산을 거듭했다.

社會大衆黨은 金達鎬계와 尹吉重계로 양분된 상태에서 60년 11월 24일 金達鎬계만이 결당을 선언했다.

그뒤인 61년 1월 21일 朴己出과 尹吉重 徐相日 등 社會大衆黨 이탈파와 金成璹 중심의 韓國社會黨 鄭相九계의 혁신연맹, 高貞勳의 社會革新黨 등도 統一社會黨 창당을 위해 통합한다. 이로써 統一社會黨은 혁신계를 대표할 만큼의 세력을 형성했다.

그러나 이해 5월16일 朴正熙소장을 중심한 군부의 쿠데타가 발생, 모든 혁신계 인사들의 검거령이 내려졌으며 朴己出은 수배당한채 도피생활에 들어갔다.

女海는 자연 朴正熙 군사정권에 대해 비판적일 수 밖에 없었다.

그는 자신의 저서 「내일을 찾는 마음」에서 朴정권을 이렇게 비판했다.

「…朴政熙장군은 軍핵심에서 소외된 인물이었다. 金鍾泌씨를 비롯, 불평불만에 가득찬 젊은 장교들이 朴장군과 접촉하면서 거사를 계획해 그 본질과 세계관이 뚜렷하지 못했다… 이들이 4·19 정신을 계승한다고 말하고 있으나 4·19는 자유민주주의의 꽃이요 朴正熙군사정권은 독선과 독재와 정권욕에 사무친 독재집단에 불과하다.…」

朴己出은 이렇게 해서 근 6년간 칩거해 있다가 67년 제7대 국회의원 선거를 앞두고 다시 정계에 복귀한다.

朴己出은 民衆, 新韓黨이 총선을 앞두고 통합, 거대야당으로 발돋움한 新民黨에 참여해 67년 6월 8일 실시된 총선에 출마한다.

평생을 집보진영에 몸담아온 그로서는 新民黨 참여란 커다란 변신이었다.

『당시의 시대상황은 혁신 보수를 따지기 이전에 「민주」냐 「독재」냐의 이분법으로 봐야 한다는게 아버지의 생각이셨지요. 그래서 혁신계를 이끌고 新民黨에 참여하신 겁니다.』

그의 아들 朴元杓씨(57)는 이렇게 해석했다.

6·8총선에서 부산東구에 출마한 朴己出은 4만6천1백88표를 얻어 3만여 표를 획득한 共和黨의 李鍾諄후보를 누르고 당선된다.

그는 20여년의 정치생활 중 처음으로 국회의원이 된 것이다.

그뒤 朴政熙정권은 69년 3選개헌을 통해 장기집권의 발판을 마련했다. 제1야당인 新民黨은 내부적으로 金泳三 金大中 李哲承의원 등 40대 소장파의원들이 「40대 기수론」을 내세우며 세대교체를 선언하고 있었다.

이즈음 尹潽善은 在野인사 및 新民黨 일부 인사를 흡수하여 新黨인 國民黨 창당에 착수, 71년 1월 6일 결당식을 갖는다.

國民黨은 大選후보로 李範奭을 내세우려 했으나 李範奭이 이를 거절하자 같은해 3월 22일 新民黨의 朴己出을 후보로 지명한다.

如海는 그의 저서 「韓國政治史」에서 『민족통일을 전제로 민족적 자각을 환기시키기 위한 운동의 일환이라면 후보수락을 고려하겠다고 했는데 다음날 「후보수락」이라고 발표됐다』고 밝혀 그가 후보로 나선 이유는 당선이 아니라 유세를 통해 국민들에게 민족의식을 고양시키기 위해서였음을 명백히 했다.

國民黨은 그러나 선거일을 나흘 앞둔 4월 23일 운영위원회를 열어 大選포기를 결의했다. 朴己出은 이를 거부하고 전국적으로 돌면서 유세하는 등 끝까지 선거전에 참여했다. 그는 결국 이 선거에서 4만3천7백여표를 얻는데 그쳤다.

如海는 73년 2월 27일 실시된 9대 총선에서 서울 東大門구에 무소속으로 출마, 5천73표를 얻어 낙선한다.

이로써 사실상 정계를 은퇴한 朴己出은 이듬해인 74년 渡日, 九州에서 의사로 보건소 등에서 근무하다 77년 위암이 발병, 서울로 돌아왔다.

그는 日本에 머물면서 해방이후 국내정치의 역사를 담은 日本語판 「韓國政治史」를 집필했는데 李承晩과 朴正熙정권에 대한 비판적인 내용이 많아 지난 89년까지 금서로 지정되기도 했다. 그의 아들 朴元杓씨는 현재 한글판 출판을 위해 동분서주하고 있다.

如海는 자식들에게 『정치를 하고 싶거든 통일된 뒤에 하라』 『우리민족 모두를 한집안 식구로 생각하라』는 내용의 유서를 남기고 77년 8월 5일 쓸쓸히 눈을 감았다.

보도자료 - 東萊高等學校同窓會報 <2003년 12월 3일>

도쿄에서 만난 박기출 대선배님의 눈물

동래공립고등보통학교(5년제) 제6회(1926년) 졸업생, 동래고등학교 제1대 동창회장 박기출(朴己出), 제7대(1964년) 국회의원 당선 - 한국 현대 정치사에서 잊을 수 없는 걸출한, 그러나 불출세의 인물이었던 박기출 선배님의 이름과 함께 그의 정치행적을 기억하시는 동문이 얼마나 생존하고 있을까? - 공연히 이런 감상에 젖으며 망명의 노정객으로 이역의 병실에 누워 고국의 장래를 걱정하시던 그 기억을 이야기하고자 한다.

내가 고교 1학년 때의 어떤 기념식 날, 그 날이

「동고의 날」이었는지 「3·1절」이었는지, 혹은 다른 어떤 날이었는지 기억이 뚜렷하지 않다. 그 날 다른 내빈들과 함께 단상에 앉아 있을 때는 몰랐으나, 소개를 받고 연단으로 나와 연설하는 모습을 보았을 때, 그 풍모와 그 청청한 목소리, 그리고 그 말씀의 뜻, 참으로 우리 선배님들 중에 저렇게 훌륭한 인물도 계시는구나 하고 감명했던 기억은 지금도 나의 뇌리에 남아 있다.

그 후 오랫동안 내가 그 선배님의 모습을 본 적은 없다. 신문지상에 실린 기사와 함께 사진을 본 적은 있는 것 같으나 그 기사 내용이 무엇이었던가는 모르겠다.

내가 박기출 선배님을 직접 보게 된 기회는 그로부터 약 20년이 지난 70년대 중반, 도쿄의 어느 다방에서였다. 유신정권 하에서 구속의 위험을 피하여 고국을 탈출한 망명정객으로 머무는 사이에 박선배님과 내가 서로 잘 알고 지내는 동일인(재일동포 의사)의 주선으로 이루어진 회동이었다.

박 선배님께서는 그 당시 남큐슈 어느 무의촌 병원에 의사로 근무하면서 그동안 집필한 『韓國政治史』 원고를 가지고 상경하여 출판사와 교섭하기 위해 도쿄에 머물고 있었다.(이 책은 1977년 7월에 출판)

그 후 78년 봄의 어느 날, 박 선배님께서 신쥬쿠 도쿄대학 병원에 입원하고 있다는 연락을 받고, 나는 한철우(27회) 선배님과 함께 병실로 문병을 갔다. 독실 침대에 누워 있는 박 선배님을 간호하는 사람은 70이 넘은 할머니였다. 그때 박 선배님께서 우리에게 이야기한 내용 중 잊지 못할 부분을 아래에 옮겨 본다.

『10월 유신 선포 때 극히 위험했지만 요행으로 구속되지 않고 빠져 나왔는데, 결국 이처럼 초라한 망명신세로 이국의 병실에 누웠다. 지난 가을부터 건강상태가 점점 나빠지는 것을 느끼고 처신하기가 고통스러워 모교인 이 대학병원으로 와서 진찰을 받았더니 무슨 암이라는 거야 그것도 이미 수술이 불가능한 단계에 왔다는 것이다. 입원을 하고, 서울 가족들에게 연락했지만 아무도 국외로 나올 수 없다는 소식이다. 한국 정부가 우리 가족들에게 여권발급을 거부하기 때문이다.

지금 이 방에서 누운 채로 내 오줌, 똥을 받아내고 하루 한 번씩 물수건으로 몸을 닦아주는 할머니는 일제말기 자기 남편이 초량역장으로 근무하고 있을 때 부산에서 살았던 일본사람이다.

부산근무 기간에 남편이 혹독한 감기에 걸려 죽을 변을 당했을 때 역에서 가까웠던 우리 병원에서 치료를 받고 다행히 완치했고, 그것을 인연으로 계속해서 가족 모두가 몸이 좋지 않을 때는 우리 병원을 찾았다.

나는 다만 의사로서 환자에게 할 수 있는 사명을 다했을 뿐인데, 이분은 그 때의 은혜를 갚을 수 있는 기회가 지금이라고 하면서 가족도 하기 어려운 극진한 간호를 다하고 있다. 국가와 민족적 차원에서 생각할 때 유감 많은 나라지만 이 할머니 같은 변함없는 인간성의 참됨에는 우리가 배울 점이 많을 것 같다. 입장을 바꾸어 생각해 보면 상상할 수 있겠지!

그런데 말이야 내가 출판문제로 도쿄에 머물고 있는 동안 근무하는 병원 숙소에 두고 온 여권과 서류를 도난당했는데, 그 도둑놈은 한국 정보부 요원이라는 것이 뒷날 밝혀졌어. 그들은 내가 근무하는 병원주인과 그 지방 행정장을 찾아가 나에게 그렇게 많은 보수(월50만엔)를 주지 말 것과 빨리 해직하고 일본에서 추방하도록 공작했다는 것이다.

참으로 부끄러운 일이지. 그런 짓을 하도록 지시한 사람, 그런 의사결정을 하는 사람은 도대체 어떤 인간일까? 어지러운 세태가 오래 지속되니 인간성도 점차 악질화하는 것일까? 생각해 보면 그것도 다 분단상황에 기인하는 민족적 비애인 것 같아…』

박 선배님께서는 여기까지 이야기하다 말고, 말문이 막힌 듯 이야기를 끊었다. 어느새 눈시울은 젖어 있었다.

그 후 두 주일쯤 후에 내가 다시 문병 갔을 때, 박 선배님의 안색은 전보다 해말갛게 변해 있었고 몸은 무척 수척해 보였다. 그 즈음 병원에서는 환자에게 회복 가능성이 전혀 없음을 밝히고 한국의 가족이 와서 서울 자택으로 이송하도록 수속을 추진했으나, 한국정부는 그의 가족들에게 끝내 여권 발급을 거부했다.

그러나 미국의 모 의과대학병원에서 의사로 근무하고 있는 둘째 아들이 일본으로 와서 산송장이 된 박 선배님을 비행기 편에 실어 귀국하게 되었다. 박 선배님께서는 공항에서 바로 서울대 부속병원으로 옮겨져 입원했으며 그 얼마 후에 영면하셨다는 소식이 뒷날 나에게 전해왔다.

여기서 우리가 생각해 보아야 할 문제는 몇 가지 있겠으나, 모두 독자들의 심사에 맡기며 두고두고 원망스러운 한국정부의 처사에 관하여 언급해 두고자 한다.

당시의 집권당과는 정견을 달리하는 사람이었지만 그는 해방 후 한국 정계에서 드문 지조와 신념으로 일관한 진정으로 민족을 사랑하고 나라의 장래를 우려한 걸출한 정치인이 아니었던가.

그가 망명의 이방에서 산송장이 된 몸을 고국으로 이송하려는 데 한국국적을 가진 가족들은 국가권력에 묶여 움직이지 못했고 미국국적을 가진 덕택으로 차남만이 한국 출입국의 자유가 보장되었다는 사실을 우리가 어떻게 이해해야 할 것인가?

앞으로는 이와 같은 또는 이와 유사한 국가적 민족적 비애는 절대로 있을 수 없다고 단언할 수 있겠는가? 이것이 문제라고 나는 생각하면서 기우이기를 바란다.

박기출박사 논집 Ⅰ
韓國政治史

2004년 12월 24일 인쇄
2004년 12월 31일 발행

저 자 : 朴 己 出
번 역 : 새한학회
발행인 : 성 정 화
발행처 : 이화

대전광역시 동구 중동 21-26 수협빌딩 3층
전화 (042) 255-9708~9 · 팩스 (042) 255-9709
ISBN 89-91165-17-6 04300
　　　89-91165-16-8 (세트)
정가 18,000원

※ 잘못된 책은 교환해 드립니다.